Astrid Luise Mannes

HEINRICH BRÜNING

Astrid Luise Mannes

HEINRICH BRÜNING

Leben · Wirken · Schicksal

Mit einem Vorwort von
Bundesminister a.D. Dr. Gerhard Stoltenberg

OLZOG

Die Deutsche Bibliothek - CIP-Einheitsaufnahme

Mannes, Astrid Luise :
Heinrich Brüning : Leben, Wirken, Schicksal / Astrid Luise Mannes. –
München : Olzog, 1999
ISBN 3-7892-9384-9

**In memoriam
Dr. Ludwig Mannes †**

Bildnachweis:
Die Fotos entstammen dem Stadtarchiv Münster.

ISBN 3-7892-9384-9
© 1999 Olzog Verlag GmbH, München

Umschlagentwurf: Gruber & König, Augsburg
Satz: Fotosatz H. Buck, Kumhausen
Druck: Himmer, Augsburg
Bindung: Thomas, Augsburg
Printed in Germany

INHALTSVERZEICHNIS

Vorwort

Heinrich Brüning gehörte zu den wichtigsten Persönlichkeiten der Weimarer Republik. So haben es die meisten Zeitgenossen während seiner Kanzlerschaft vom März 1930 bis zum Mai 1932 empfunden. Auf diese Periode kurz vor der verhängnisvollen Machtübernahme durch Hitler konzentriert sich unverändert das Interesse der Historiker in immer neuen Analysen und Monographien ganz besonders.

Auch mit dem wachsenden zeitlichen Abstand und der Erschließung neuer Quellen bleiben die Urteile über die Persönlichkeit und Politik des letzten demokratischen Reichskanzlers sehr unterschiedlich. Für die einen war das Kabinett Brüning, ohne stabilen parlamentarischen Rückhalt mit Notverordnungen regierend, eine Übergangsform zur Diktatur, ein „Vorspiel zum Schweigen". So wurde die betonte Berufung des Kanzlers auf das persönliche Vertrauensverhältnis zum Reichspräsidenten als prinzipielle Absage an die parlamentarisch-demokratische Staatsform verstanden. Andere bewerteten die Berufung Brünings auf die präsidialen Notstandsrechte als temporär gebotenen Ausweg, um unter den Vorzeichen der dramatisch verschlechterten wirtschaftlichen und sozialen Lage Handlungsfähigkeit zu sichern, nachdem die Parteien sich als unfähig erwiesen hatten, eine von ihnen verantwortete Regierung zu bilden und aktiv zu unterstützen.

Hierüber hat es bis in die jüngste Zeit eine anhaltende Kontroverse namhafter Historiker gegeben, am signifikantesten in mehreren Beiträgen von Karl-Dietrich Bracher und Werner Conze. Für Bracher war auch nach dem Scheitern der letzten Großen Koalition Anfang 1930 die politische Situation nach wie vor offen. Er warf Brüning vor, die Möglichkeiten einer neuen parlamentarischen Mehrheitsbildung im Reichstag nicht ausgelotet, sondern statt dessen von vornherein den Ausweg der Abstützung des neuen Kabinetts auf die präsidiale Autorität angestrebt zu haben. So sei der fatale Weg „eines angeblich unausweichlichen, in Wahrheit verhängnisvoll diktaturnahen, schließlich die Diktatur herbeiführenden Präsidialsystems" beschritten worden.

Conze betonte demgegenüber in Anknüpfung an Friedrich Meineckes und Golo Manns Einschätzung, daß die demokratischen Parteien mit dem Unvermögen, sich im März 1930 auf die erforderlichen gemeinsamen Entscheidungen unter dem Vorzeichen einer dramatisch verschlechterten Wirtschaftslage zu einigen, selbst ausgeschaltet hätten. So sei der Übergang zum Präsidialsystem „wenn nicht zwingend, so doch naheliegend gewesen". Brüning habe sich mit den Fragen einer Änderung der Reichsverfassung beschäftigt, aber zu keinem Zeitpunkt die Grundlagen eines freiheitlichen Rechtsstaates in Frage gestellt.

9

Auch die zweite große Kontroverse über die Wirtschafts- und Finanzpolitik der Ära Brüning ist nicht beendet. Hier geht es weiterhin um die Frage, ob es eine überzeugende Alternative zu der strengen, vorrangig auf Haushaltsdisziplin, Stabilität und internationale Glaubwürdigkeit bedachten Austeritätspolitik gegeben hatte. Diese Debatte ist natürlich eng mit der national-ökonomischen Diskussion über die Ursachen und Formen der Weltwirtschaftskrise jener Zeit verbunden und damit auch dem sehr aktuellen Thema, ob nach 1945 hieraus in der internationalen wirtschafts- und währungspolitischen Kooperation angemessene Folgerungen gezogen wurden. Nach dem Siegeszug von John Maynard Keynes Konzeption einer aktiven antizyklischen Konjunktur- und Finanzpolitik wurde das vorherrschende Urteil über Brünings Kurs zunächst noch kritischer als zuvor. Aber nachdem die Faszination des Keynesianismus nach den Enttäuschungen der siebziger Jahre verblaßte, ist in neueren Untersuchungen der äußerst begrenzte Spielraum in der konkreteren Situation des durch Kriegsfolgen, Inflation und die Last der Reparationen geschwächten Deutschen Reiches wieder stärker herausgearbeitet worden als zuvor.

Vor allem Knut Borchardt hat mit seiner stark beachteten Studie „Zwangslagen und Handlungsspielräume in der großen Wirtschaftskrise der frühen dreißiger Jahre" eine Revision des bis dahin vorherrschenden Geschichtsbildes eingeleitet. Er wies darauf hin, daß die Scheinblüte der deutschen Wirtschaft Mitte der zwanziger Jahre eine „unnormale, kranke Situation" nur begrenzte Zeit überlagert habe. Das Reich habe mit einer viel zu hohen Auslandsverschuldung und einer überzogenen Umverteilungspolitik über seine Verhältnisse gelebt. Aufgrund dieser „ungeheuerlichen Zwangslage" sei für Brüning nach dem Ausbruch der großen Krise keine realistische Alternative zu seiner Wirtschaftspolitik mehr gegeben gewesen. Auf dem Hintergrund dieser anhaltenden wissenschaftlichen Auseinandersetzungen ist es überraschend, daß die Persönlichkeit und der Werdegang Heinrich Brünings in der umfangreichen Literatur zu seiner Regierungszeit meistens undeutlich und blaß geblieben sind. Rudolf Morsey hat in den siebziger und achtziger Jahren mehrfach das Fehlen einer Biographie, die seine persönliche Entwicklung verdeutliche und den neuesten Stand der wissenschaftlichen Forschung einbezieht, beklagt. Es hat seitdem einige wichtige Spezialuntersuchungen über die Geschichte der Zentrumspartei und der christlich-sozialen Bewegungen, aber keine vertiefte Darstellung des letzten demokratischen Reichskanzlers der Weimarer Republik gegeben.

Schon deshalb verdient die Arbeit von Astrid Luise Mannes Beachtung. Sie beruht auf einer sorgfältigen Auswertung der wissenschaftlichen Literatur und ist durch abgewogene Urteile wie eine Konzentration auf das Wesentliche bestimmt. Es wird das Bild eines durch Tradition und persönliche Reflexion geprägten katholischen Christen anschaulich, eines westfälischen Einzelgängers, der zugleich zur Freundschaft fähig war und zunehmend starke öffentliche Wirkungen erzielte. Er tat sich mit seinen Entscheidungen oft schwer, vertrat sie aber dann mit beachtlicher Standfestigkeit. Neben katholisch geprägten Professoren wurden auch protestantische und liberale Hochschullehrer, wie Albert Schweitzer und Friedrich Meinecke, für seine Entwicklung bedeutsam. Brüning war nicht einfach einzuordnen. Er verband in seinen Überzeugungen und Loyalitäten scheinbare Gegensätze. So gehörte er im rheinisch-westfälischen Katholizismus zu der wichtigen Minderheit, die, trotz des Kulturkampfes und der Spannungen mit Berlin entschieden die Hohenzollernmonarchie bejahte und 1918 den Übergang zur Republik zunächst nur zögernd vollzog. Der katholische Intellektuelle war im Ersten Weltkrieg ein Frontoffizier, für den Vaterlandsliebe, Tapferkeit und soldatische Kameradschaft viel bedeuteten. Unter dem Einfluß Adam Stegerwalds wurde er 1920 hauptamtlicher Geschäftsführer des interkonfessionellen christlich-nationalen Deutschen Gewerkschaftsbundes. Durch den engagierten katholischen Seelsorger und Sozialpolitiker Carl Sonnenschein kam er in Berlin in enge Verbindung mit den Existenzsorgen der Arbeiterfamilien und Arbeitslosen.

1924 wurde Brüning in den Reichstag gewählt. Dort gehörte er bald zu den führenden Abgeordneten seiner Zentrums-Fraktion. Politisch wurde er mehr dem konservativ-nationalen Flügel zugeordnet. Aber zugleich war er ein engagierter Sozialpolitiker. Er verstand das Zentrum als Verfassungspartei und setzte sich in einer Reihe von Artikeln sehr entschieden mit den antisemitischen Kräften in Deutschland auseinander. Durch seine persönliche Integrität und Kompetenz gewann er zunehmend über seine Parteifreunde hinaus Vertrauen. 1929 trat er als neugewählter Fraktionsvorsitzender in den Vordergrund der parlamentarischen Debatten und Verhandlungen.

So war es keine Überraschung, daß der Reichspräsident im März 1930 Heinrich Brüning mit der Bildung einer neuen Regierung beauftragte. Wenn er sich für den Weg der Notverordnungen entschied, dann kam zu seiner sehr skeptischen Einschätzung der Situation im Reichstag auch eine persönliche Bindung an Hindenburg hinzu. Er bewunderte in ihm den zunächst erfolgreichen militärischen Führer des Ersten Weltkrieges und vertraute nach den Erfahrungen der vorhergehenden Jahre Hindenburgs Verfassungstreue. Mehrfach haben Zeitgenossen und Historiker gefragt, ob diese stark emotionale Beziehung nicht im Laufe der Zeit zu einem Mangel an realistischer Einschätzung der Lage führte. Allerdings gab es für den Reichskanzler kaum eine konkrete Alternative. Das komplizierte System seiner Regierungsfähigkeit beruhte auch auf der Tolerierung durch die Sozialdemokratie, der stärksten Fraktion des Reichstages. Sie war nicht bereit, unmittelbar Regierungsverantwortung für eine zunehmend unpopuläre Politik zu übernehmen.

Aber sie widerstand allen Versuchungen und Pressionen, die Notverordnungen durch Mehrheitsbeschlüsse im Parlament aufzuheben.

Brüning glaubte Anfang 1932, seinem wichtigsten Ziel, der Aufhebung der Reparationslasten, nahe zu sein. Die Stimmen für eine solche radikale Lösung waren in den USA und Großbritannien lauter geworden. Es war bereits für den Herbst eine Konferenz nach Lausanne einberufen worden, als Brüning am 30. Mai plötzlich entlassen wurde, „100 Meter vor dem Ziel". Im Frühjahr 1932 gab es auch erste Anzeichen für ein Nachlassen der Weltwirtschaftskrise. Um so überraschender kam für die meisten Menschen der Bruch zwischen Präsident und Kanzler. Diese verhängnisvolle Entwicklung war maßgeblich von der persönlichen Umgebung Hindenburgs herbeigeführt, dessen physische und psychische Konstitution deutlich verfiel. Dabei spielten großagrarische Interessen ebenso eine Rolle wie der Ehrgeiz einiger unverantwortlicher Berater.

So kam es zum Übergang von einer parlamentarisch tolerierten Präsidialregierung zu einem kurzen Interim von Günstlingen des Präsidenten, die keinen Rückhalt im Reichstag oder der Öffentlichkeit besaßen und schließlich Hitler die Türe öffneten. Brüning ging als politisch Gescheiterter. Daran hat er bis zu seinem Tod schwer getragen. Wie immer man bestimmte Fehleinschätzungen oder Versäumnisse bewertet, mit seiner Entlassung wurde die letzte Chance vertan, die schwere politische und wirtschaftliche Krise mit ungewöhnlichen aber verfassungskonformen Mitteln zu bewältigen. Brünings mehr skizzenhafte Erwägungen zu einer Verfassungsreform betrafen eine Neugewichtung der Kompetenzen des Präsidenten, der Regierung und des Parlaments. Aber er unterschied sich grundlegend von den Vorstellungen eines Carl Schmitt und anderer Staatsrechtler, die den befristeten Ausnahmezustand als Normalzustand eines künftigen „starken Staates" propagierten. Wir haben es Ende der fünfziger Jahre in Frankreich erlebt, daß eine permanente politische Krisensituation durch eine neue Verfassung beendet wurde, die dem Präsidenten der Republik weitreichende Vollmachten gab, aber zugleich das Parlament, eine unabhängige Justiz und die Bürgerrechte garantierte. Auch im nächsten Jahrhundert bleiben die letzten Jahre der Weimarer Republik und damit die Ära Brüning ein wichtiges Thema für die Historiker, die Staatsrechtler und Nationalökonomen. Für ihre Diskussionen leistet Astrid Luise Mannes' Biographie einen wichtigen Beitrag.

DR. GERHARD STOLTENBERG
Bundesminister a.D.

26.11.1885 – 30.3.1970

**Demokratie und Parlament werden mehr
gesichert durch den Mut zur
Verantwortung,
auch zu unpopulären Maßnahmen,
als durch Gesetze und
große öffentliche Reden.**

Heinrich Brüning

LEBENSDATEN VON HEINRICH BRÜNING

26.11.1885	Geburt Heinrich Brünings in Münster
1904	Abitur am Gymnasium Paulinum, Münster
1904–1911	Studium der Rechtswissenschaften, Geschichte, Germanistik und Philosophie in München und Straßburg
1911–1915	Promotion im Fach Nationalökonomie in Bonn
1915–1918	Kriegsteilnehmer an der Westfront
1919	Mitarbeiter von Carl Sonnenschein in Berlin
1919–1921	Persönlicher Referent Adam Stegerwalds
1921–1930	Geschäftsführer des Christlich-nationalen Deutschen Gewerkschaftsbundes
1924–1933	Reichstagsabgeordneter der Zentrumspartei
1928–1930	Mitglied des Preußischen Landtages
1929–1930	Fraktionsvorsitzender der Zentrumsfraktion im Reichstag
30.3.1930–30.5.1932	Reichskanzler
Mai–Juli 1933	Vorsitzender der Zentrumspartei
Mai 1934	Emigration, Aufenthalte in Holland, der Schweiz, Großbritannien und den USA
1937–1939	Gastprofessuren in Oxford und Cambridge/USA (Harvard)
1939–1952	Lehrtätigkeit an der Universität Harvard
1951–1955	Lehrtätigkeit an der Universität Köln
1955	Zweite Emigration in die USA
30.3.1970	Tod Heinrich Brünings in Norwich/Vermont, USA

Einleitung

In den nur vierzehn Jahren zwischen Kaiserreich und nationalsozialistischer Diktatur, die der Weimarer Republik in der deutschen Geschichte zugedacht waren, wurden ihre Geschicke von zwölf Reichskanzlern und insgesamt zwanzig Koalitionsregierungen unterschiedlichster Parteien gelenkt. Heinrich Brüning war der drittletzte Reichskanzler der jungen Republik. Oft wird er als der letzte demokratische Kanzler vor Hitler bezeichnet. Nach seinem Sturz ging die Staatsgewalt an Franz von Papen und nur sechs Monate später für ein kurzes Zwischenspiel von acht Wochen an Kurt von Schleicher über, um dann endgültig an Adolf Hitler zu fallen.

Brüning weist mit zwei Jahren und zwei Monaten die längste zusammenhängende Amtszeit aller Weimarer Kanzler auf. Vor dem Horizont bundesrepublikanischer Nachkriegserfahrung nur eine kurze Epoche. Auch für Brüning war sie zu kurz, um das Rad der Geschichte noch herumzureißen, zu kurz in jenen hektischen Tagen, um mit den Möglichkeiten, die ihm die Verfassung und die realen politischen und wirtschaftlichen Verhältnisse zur Hand gaben, das Unheil abzuwenden. Seine Regierungspolitik wurde zum Wettlauf gegen die Zeit, gegen das Unheil, das heraufzog.

Und obwohl Brüning die längste Kanzlerzeit für sich verbuchen kann, eine exponierte Stellung einnimmt und wohl der bis heute meist umstrittene Reichskanzler der Weimarer Zeit ist, ist er ein Stiefkind der Geschichtsschreibung und Forschung. Füllen die Biographien über andere Persönlichkeiten meterlang die Bücherregale, so bleibt das Verzeichnis der Biographien über Brüning kurz. Der gesamten bundesrepublikanischen Zeit war er bisher nur eine einzige schmale Biographie wert, die ihm in keiner Weise gerecht wird.

Auch in der umfangreichen Literatur über die deutsche Emigration 1933–1945 vergaß man Heinrich Brüning, den prominentesten deutschen Emigranten, häufig schlichtweg. Seine Todestage werden in der Öffentlichkeit – mit sehr wenigen Ausnahmen – ignoriert. Erst in den jüngsten Tagen wird der Exkanzler hin und wieder erwähnt. Die Tatsache, daß in Deutschland im Jahre 1997 eine solch hohe Arbeitslosigkeit wie zuletzt in der Endphase der Weimarer Zeit erreicht wurde, lädt zu Vergleichen zwischen den heutigen Tagen und der Kanzlerzeit Brünings ein. Dabei muß sein Name häufig als Synonym für eine verfehlte Wirtschaftspolitik herhalten.

Die Brüning-Forschung hat sich zu einer Art Spezialwissenschaft weniger Fachleute entwickelt, bei der darüber gestritten wird, ob der Westfale das letzte Bollwerk vor der nationalsozialistischen Diktatur war und versuchte, in einem fast aussichtslosen Kampf die Demokratie zu retten, oder ob er der erste Kanzler im Auflösungsprozeß der Weimarer Republik war und zu den Wegbereitern Hitlers gezählt werden muß. Brünings oberstes Ziel war es, die Streichung der erdrückenden Reparationszahlungen zu erreichen. Zur Durchsetzung dieses Ziels betrieb er eine rigorose Sparpolitik, welche die Wirtschaft nicht anzukurbeln vermochte, sondern im Gegenteil die Krise erst einmal verschärfte. Die Historiker streiten nach wie vor heftig über die Fragen, ob Brüning die Krise bewußt verschärfte, eine falsche Wirtschaftspolitik betrieb, oder ob er wegen der Bestimmungen des Youngplanes gar nicht anders handeln konnte und es für ihn damit keine Alternative zu seiner Wirtschaftspolitik gab.

Wenn überhaupt, dann wird also Brünings Kanzlerzeit, vor allem seine Wirtschaftspolitik, untersucht, selten jedoch sein persönlicher Lebensweg oder gar der Mensch Brüning. Und in der Tat wird der Westfale auch bei näherer Beschäftigung menschlich schwer greifbar. Immer ist und bleibt er der nüchterne, sachliche, korrekte, pflichtbewußte und fleißige Asket, der sich ganz seinen Aufgaben und dem Dienst an seinem Vaterland widmet. Nie läßt er sich persönlich etwas zuschulden kommen. Es gibt keine Skandale, alle seine Entscheidungen sind überlegt und halten der moralisch-ethischen Überprüfung stand. Er bereichert sich nicht, nutzt seine Position nie zu eigenen Vorteilen aus.

Eine besondere Tragik umgibt das Leben dieses einzelgängerischen Reichskanzlers. Heinrich Brüning lebte aufopfernd und entbehrungsvoll für die Pflicht, die er übernommen hatte. Was er tat, tat er überlegt und nach bestem Wissen und Gewissen. Persönlich hat er sich nichts vorzuwerfen. Dennoch überschattet ihn der Ruf des Gescheiterten. Aus Liebe zum Vaterland meldete er sich freiwillig in den Krieg, wurde Offizier und zeichnete sich durch seine Zuverlässigkeit und Kameradschaftlichkeit aus. Der Krieg wurde verloren. Als Reichskanzler hob er sich durch seinen nüchternen Sachverstand hervor. Er stürzte auf den berühmten „letzten 100 Metern". Die Erfolge seiner Politik durfte er als Reichskanzler nicht mehr erleben. Er scheiterte an dem Zerfall der Demokratie, den er nicht aufhalten konnte, und an dem alternden, starrköpfigen Reichspräsidenten, von dessen Wohlwollen sein Amt abhing. Nach Brüning steuerte das Reich direkt in die Katastrophe hinein. Im Dritten Reich verfolgt, mußte er fliehen, war heimatlos. Seine Bemühungen im Exil, den Krieg zu verhindern und die US-amerikanische und britische Regierung von einer für die Deutschen positiveren Deutschland- und Nachkriegspolitik zu überzeugen, blieben überwiegend ergebnislos. Im Deutschland nach 1945 war er politisch einflußlos. Von seinem früheren Zentrumskollegen

Konrad Adenauer trennten ihn unterschiedliche grundsätzliche politische Ansichten.

Heinrich Brünings Schicksal ist sicher kein Einzelschicksal, er steht vielmehr stellvertretend für seine Generation, für Menschen, die in äußere Umbruchzeiten hineingeboren wurden und deren Ideale zerbrachen, deren Staaten zerfielen: verlorener Erster Weltkrieg, Zerfall des Kaiserreiches, gescheiterte Weimarer Republik, Drittes Reich und verlorener Zweiter Weltkrieg.

In allen diesen Abschnitten mißlungener deutscher Geschichte spielt Brüning eine wichtige Rolle. Doch in gewisser Hinsicht scheitert er nicht mit, denn niemals scheitert er endgültig, er rafft sich immer wieder auf, findet zu neuer Größe und neuer Mitwirkung in der nächsten geschichtlichen Etappe, bis diese scheitert und er wiederum gestaltend in der nächsten auftaucht. Offizier mit Auszeichnung, Zentrumspolitiker, Reichskanzler, Wissenschaftler – ist ein Mensch mit diesen persönlichen Stationen ein ewig Gescheiterter?

Sofern man ihn überhaupt noch kennt, versinnbildlicht sich für viele Zeitgenossen in seiner Person das Bild des Hungerkanzlers und mit seiner Regierungszeit eine Zeit von Massenarbeitslosigkeit, Wirtschaftskrise und Aufstieg der NSDAP. Weiter wird mit seinem Namen die Auflösung der Zentrumspartei verbunden. Andere Zeitgenossen sehen in ihm den Kanzler, der Deutschland von der drückenden Last der Reparationen befreite und den Weg zur politischen wie auch zur militärischen Gleichberechtigung Deutschlands ebnete.

Wer ihn fair und genau betrachtet, muß ihn den großen Persönlichkeiten unseres Volkes zuzählen. Brüning war nicht bloß Politiker, er war ein Staatsmann.

Vielleicht werden wir ihm gemeinhin deshalb nicht gerecht und bewerten ihn mit kritischeren Maßstäben, als wir es sonst täten, weil wir aus der Kenntnis der späteren Zeit wissen, daß er wohl die letzte wirkliche Chance gewesen ist, die die Geschichte gab, um Hitler aufzuhalten, um das Dritte Reich zu verhindern. Ist es nicht eher seine chronologische Stellung in der Geschichte als seine Politik, die uns so vorwurfsvoll auf ihn blicken und fragen läßt: Warum konnte er die Katastrophe nicht verhindern, warum hat er nichts gegen die Radikalisierung der Massen getan, warum hat er nicht gesehen, daß die hohe Arbeitslosigkeit zu Hitler führte? Und dabei vergessen wir andere Fragen: Warum wußte er während des Weichenstellens seiner Politik nicht, daß Hindenburg ihn eines Tages vorzeitig stürzen würde? Warum hat Brüning nicht seine Politik mit dem Wissen von uns Nachgeborenen gestaltet? Warum wußte er nicht, daß nach ihm das Dritte Reich kommen würde?

Auch in der Forschung wird Brünings Kanzlerschaft oftmals zu sehr am Wissens- und Erkenntnisstand heutiger Jahre gemessen. Brüning werden damit prophetische Fähigkeiten abverlangt. Gerecht werden kann man einer historischen Persönlichkeit auf diese Weise allerdings nicht.

Kaum ein Staatsmann hat sich jemals so bedingungslos und selbstlos für sein Vaterland aufgeopfert.

Heinrich Brüning – ein verkannter Kämpfer für sein Vaterland?

KINDHEIT

Familie und Herkunft

Soweit es sich feststellen läßt, lebten Heinrich Brünings Vorfahren väterlicherseits wie vermutlich auch mütterlicherseits auf dem Lande. Auf Generationen haben seine Vorfahren im Münsterland gelebt – Heinrich Brüning darf also als gebürtiger Münsterländer bezeichnet werden.

Heinrich Brüning wird am 26. November 1885 in der Stubengasse 16/17 in der westfälischen Provinzhauptstadt Münster geboren. Sein Geburtshaus wird im Zweiten Weltkrieg zerstört. Zu Ehren ihres großen Sohnes hat die Stadt Münster die Stubengasse im nördlichen Teil, der die Bombenangriffe überstand, zum 80. Geburtstag ihres Ehrenbürgers 1965 in „Heinrich-Brüning-Straße" umbenannt.

Heinrichs Vater, Friedrich Wilhelm Brüning, aus westfälischem Bauerngeschlecht stammend, geht nach seiner Goldschmiedelehre nach Wien. Schließlich kehrt er nach Münster zurück und übernimmt eine Essigbrennerei, daneben einen kleinen Weinhandel. 1873 heiratet er Bernardine Beringhoff aus altem Osnabrücker Bürgeradel. Ihre Ehe gilt als harmonisch. Beide verbindet die Liebe zur westfälischen Heimat sowie der streng gelebte Katholizismus. Aus der Verbindung gehen sechs Kinder hervor, von denen drei jedoch schon in frühen Kindheitsjahren sterben. Friedrich Wilhelm Brüning stirbt 1887 im Alter von 60 Jahren. Die wirtschaftliche Grundlage der Familie ist solide, doch bescheiden. Bernardine Brüning zieht nun die drei verbliebenen Kinder Hermann Joseph (geboren 1876), Maria (geboren 1880) sowie Heinrich alleine groß.

Am 1. Dezember 1885 wird Heinrich in St. Ludgeri auf die Namen Heinrich Aloysius Maria Elisabeth getauft, die Familie nennt ihn meist jedoch „Harry".

Die Erziehung der Mutter ist katholisch-konservativ, das Milieu der Familie bürgerlich-ländlich. Der Historiker Rudolf Morsey spricht von einem handfesten Konservatismus ländlicher Prägung, in dem Heinrich Brüning aufwächst.[1]

---

[1] Vgl. R. Morsey, Brünings politische Weltanschauung vor 1918, in: Gesellschaft, Parlament und Regierung. Zur Geschichte des Parlamentarismus in Deutschland, hrsg. von Gerhard A. Ritter, Düsseldorf 1974, S. 327.

Heinrichs älterer Bruder Hermann verläßt das Gymnasium vorzeitig und tritt als Novize in einen belgischen Missionsorden ein. Hermanns Ausbildung zum Geistlichen vollzieht sich vor allem in der belgischen Ordenshochschule in Louvain/Löwen. 1900 wird er im Dom zu Münster zum Priester geweiht. Von nun an lebt er fernab der Familie – im pazifischen Ozean auf den Hawaii-Inseln in einer Leprakolonie, später in England und den USA.

Heinrich Brüning mit seinem Bruder Hermann

Maria Brüning vervollständigt ihre hauswirtschaftliche Ausbildung in einem von den „Töchtern vom heiligen Kreuz" geführten Mädchenpensionat nahe Emmerich. Anschließend tritt sie als Fürsorgerin in den Dienst der Stadt Münster.

Heinrich Brüning mit seiner Mutter und seiner Schwester

Zu beiden Geschwistern hat Heinrich Brüning ein enges und harmonisches Verhältnis. Da Heinrich seinen Vater schon im Alter von eineinhalb Jahren verliert, wird sein um neun Jahre älterer Bruder für ihn eine Art Ersatzvater und Vorbild. Heinrich wird als fröhliches Kind beschrieben, jedoch klein und von schmaler Statur. Er leidet unter Kurzsichtigkeit. Mit sieben Jahren erleidet er einen Herzkrampf bei einem Sprung vom Turm ins Wasser, so daß ihm sportliche Betätigungen verboten werden. Und so ist er auch in der Schule vom Turnunterricht befreit.[2] Von der Mutter wird er besonders umsorgt, vor dem Hintergrund des Verlustes dreier Kinder eine psychologisch sicherlich verständliche Reaktion auf die labile Gesundheit des jüngsten Kindes.

Der musikalische Junge spielt Klavier, nicht nur nach Noten, sondern variiert selber zum Beispiel Beethoven-Sonaten. Seiner Liebe zur Musik und besonders auch zur Oper bleibt er sein Leben lang treu. Ebenso früh prägt sich eine Liebe zur Literatur aus. Schon als Kind ist er das, was man gemeinhin eine Leseratte nennt. Auch liest er schon früh die örtliche katholische Zeitung. Wir haben es hier also mit einem geistig regen, aber auch ausgesprochen schöngeistigen Menschen zu tun.

Heinrich besucht die Volksschule „Ludgeri" in Münster. Er erreicht ohne Probleme die Klassenziele. In seinen Zeugnissen spiegelt sich der korrekte, pünktliche, zuverlässige und fleißige Charakter des Jungen wider. Die sommerlichen Schulferien verbringt er meist bei Freunden der Mutter in Frankreich an der Seine. Seine Gymnasialzeit absolviert Heinrich am traditionsreichen humanistischen Paulinum in Münster. Als erfolgreicher Absolvent dieses ältesten humanistischen Gymnasiums Nordwestdeutschlands darf sich Heinrich Brüning zur damaligen Zeit schon zur Elite des Landes rechnen. Auf der Schola Paulina wird Brüning – dem Zeitgeist entsprechend – ein stark preußisch und national ausgerichtetes Staats- und Geschichtsbild vermittelt.[3] Die Preußen- und Kaiserbegeisterung darf in der damaligen Zeit für ein traditionelles Gymnasium mit hauptsächlich katholischen Schülern in der westfälischen Metropole nicht überraschen, denn schon in den 80er Jahren des letzten Jahrhunderts gibt es in Westfalen ein ausgeprägtes Nationalbewußtsein. Am 28. März 1904 schließlich hält Heinrich das Reifezeugnis in den Händen. Er ist wegen hervorragender, ausgezeichneter Leistungen von der mündlichen Prüfung befreit worden.[4]

---

[2] Vernekohl, S. 312.

[3] Münster fiel 1803 an Preußen, 1816 wurde es Hauptstadt der preußischen Provinz Westfalen und Sitz des Oberpräsidenten.

[4] Vernekohl, S. 311.

STUDIENZEIT

Studienbeginn in München

B rüning beginnt 1904 sein Studium der Rechtswissenschaften. Er immatriku-
liert sich an der Königlichen Ludwig-Maximilians-Universität in München
und bezieht eine Studentenbude in der Adalbertstraße. München ist nicht nur Isar-
metropole, sondern darf sich im gesamten Reich, ja sogar in Europa, in diesen Jahren schon in die allerersten Ränge der Kulturstädte einreihen.

Unter anderem hört er bei Professor Lujo von Brentano, der im Fach Wirtschaftsgeschichte liest, eine Vorlesung über die Entwicklung der Volkswirtschaft
und ihrer Organisationen seit dem Untergang des Römischen Reiches bis ins 19.
Jahrhundert. Auch die Vorlesung bei Professor Georg Freiherr von Hertling „Über
Recht, Staat und Gesellschaft" befindet sich in seiner Quästurliste.[5]

Im Sommersemester 1904 tritt Brüning der katholischen Studentenverbindung
KDStV Langobardia München (CV) bei. Diese Verbindung wurde erst ein halbes
Jahr zuvor als eine Tochterkorporation der Aenania gegründet. Brüning trägt nun
das blau-rot-blaue Fuchsenband als Zeichen für die Neumitgliedschaft, später die
Farben schwarz-blau-rot.

Auf Grund eines Stipendiums einer Familienstiftung in Münster ist Brüning in
der glücklichen Lage, sich ohne finanzielle Sorgen und zeitlichen Druck seinem
Studium hinzugeben zu können.[6]

Studienortwechsel nach Straßburg

D ie Rechtswissenschaften scheinen diesen schöngeistig veranlagten Menschen
nicht sehr anzusprechen, und er wird sich wohl immer klarer darüber, daß er
kein Jurist werden möchte. So entschließt er sich schließlich, München zu verlassen und sich für das Wintersemester 1904/05 in Straßburg für Geschichte, Philoso-

---

[5] Vgl. R. Morsey: Brüning und Bayern, S. 203.
[6] R. Morsey: Von Windthorst bis Adenauer, S. 423.

phie und Germanistik zu immatrikulieren, wo auch sein Vetter Clemens Baeumker lehrt. Brüning gibt zwar nun das juristische Studium auf, besucht aber dennoch weiterhin staatswissenschaftliche Vorlesungen. Er findet während der Studienjahre, die er später als die glücklichsten Jahre in seinem Leben bezeichnet[7], Studienfreunde wie Theodor Abele, Hermann Platz, Alexander Schnütgen und Paul Simon, die ebenfalls katholisch-konservativ eingestellt sind.

In Straßburg wird Brüning bei der CV-Verbindung Badenia aktiv und ist anfangs vom Verbindungsleben begeistert, bis im Dezember 1905 ein Streit die Badenia spaltet. Anlaß sind Herabwürdigungen der Freundin von Brünings Leibburschen, die Wellen schlagen hoch. Brüning fühlt sich nun mit seinen moralisch fundierten und ehrhaften Einstellungen dort offenbar in der Minderheit. Auch scheint er sich sehr in dieser Angelegenheit zu engagieren, denn schließlich wird er am 19.2.1906 aus der Badenia ausgeschlossen. Mögen anfangs auch Enttäuschung, Zorn und Verbitterung überwogen haben, so hält er doch den Kontakt zu einigen Bundesbrüdern, wie zum Beispiel zu seinem Freund Theodor Abele, zu Theodor Steinbüchel und zu seinem Vetter Baeumker.[8] Ende 1928 wird mit seiner Zustimmung seine Reaktivierung bei Badenia erfolgreich beantragt. Durch Beschluß des Convents vom 3. Februar 1929 wird er reaktiviert und philistriert.[9]

In Straßburg hört er Vorlesungen bei den Professoren Clemens Baeumker, Georg Friedrich Knapp, Friedrich Meinecke, Karl J. Neumann, Martin Spahn und Theobald Ziegler. Besonders die Ausführungen des Historikers Friedrich Meinecke über die politischen Ideologen und Denker der Antike fesseln ihn, schärfen seine kritische Bewertungsfähigkeit der Geschichtsschreibung und prägen ihn im Sinne preußischer Geschichtsauffassung. Meinecke verläßt Straßburg jedoch bereits im Herbst 1905 wieder. Brüning überlegt, seinem Professor nach Freiburg zu folgen, bleibt schließlich aber doch in Straßburg, um dann bei Martin Spahn, Ordinarius für neuere Geschichte, zu hören. Spahn gehört zum konservativ-nationalen Flügel der Zentrumspartei, für die er 1910 in den Reichstag gewählt wird. Auch Spahn verkörpert das preußisch-konservative bismärckische Staatsdenken.

Sein politisches Ziel, die Umwandlung des Zentrums in eine interkonfessionelle Staatspartei, wird Brüning später übernehmen und aktiv verfolgen.

Während seiner Studienzeit entwickelt sich Brüning zu einem gebildeten Bürger mit humanistischer Prägung. Er verfügt über gute Sprachkenntnisse, hat tiefes Verständnis für Musik und Baukunst und ist literarisch bewandert. Seine gesamte

---

[7] Vgl. R. Morsey: Brünings politische Weltanschauung vor 1918, S.329.
[8] Vgl. Kammerschen, academia, S. 30.
[9] Vgl. hierzu: Kammerschen, academia 1/86, S. 29 ff.

Studienzeit über liest er regelmäßig das „Deutsche Tageblatt". Brüning liebt den Besuch von Konzerten; eine besondere Vorliebe hegt er für Orgel- und Kirchenmusik. Zu seinen Lieblingsautoren gehören Dostojewski, Baudelaire und Verlaine. Auch Nietzsche fasziniert ihn, Plato liest er voller Begeisterung im griechischen Originaltext.[10] Zusammen mit seinem Freund Theodor Abele diskutiert er unzählige Abende lang über philosophische Themen.

Am meisten wird Brünings Denken wohl durch den 1894 verstorbenen englischen Dichter und Philosophen Walter Horatio Pater geprägt. Die Staatsgedanken Paters faszinieren ihn so sehr, daß er sich intensiv mit dessen Schriften beschäftigt und beschließt, ein Buch über den englischen Philosophen zu schreiben. Er sammelt Material, sichtet es und wertet es aus. Doch schließlich wird der Erste Weltkrieg sein Projekt durchkreuzen und unvollendet lassen.[11]

Seine religiösen Überzeugungen werden stark durch den in Straßburg dozierenden evangelischen Theologen Albert Schweitzer geprägt, dessen Orgelkonzerte und sonntagnachmittägliche Predigten er regelmäßig besucht.[12] Viel denkt er über seine Religiosität nach. Mit seinem Freund Leo Tigges korrespondiert er über Glaubensfragen. In diesen Briefen werden auch seine Zweifel an seinem Glauben und am Katholizismus ersichtlich. Aus seiner Glaubenskrise geht er schließlich als zeitlebens gefestigter und tiefgläubiger Christ hervor.

Während seiner Studienjahre prägt sich Brünings Persönlichkeit aus. Dazu gehört auch eine schwermütige Unentschlossenheit, die Neigung zum Hinausschieben von Entscheidungen. Die den Westfalen allgemein zugeschriebene Schwermütigkeit findet sich auch bei dem sensiblen Brüning. Er grübelt viel und ist starken Stimmungsschwankungen unterworfen. Jahrelange Orientierungs- und Sinnkrisen bestimmen seine Studienjahre; Lebensfreude und depressive Zurückgezogenheit wechseln. Er ist eher ein Einzelgänger, viel allein, widmet sich seinen Gedanken und philosophischen und literarischen Studien. Er unterhält wenige wirklich enge Freundschaften.

Brüning beginnt eine größere Arbeit über Erasmus von Rotterdam, vermutlich als Dissertation gedacht. Tief arbeitet er sich in die Materie ein in der Erkenntnis, daß dieses Thema undankbar ist. Er entwickelt eine Abneigung gegen den Skeptizismus des Erasmus. Seine Verzweiflung über die Arbeit wird in vielen Briefen an seinen Professor deutlich.[13] So heißt es in einem Brief Brünings an Professor

---

[10] Treviranus: Das Ende von Weimar, S. 22.
[11] Vgl. Beer, S. 9f; Nobel, S. 12.
[12] Treviranus: Das Ende von Weimar, S. 22.
[13] Vgl. Briefe Brünings an Spahn, Nachlaß Spahn, Archiv für Christlich-Demokratische Politik, Konrad -Adenauer-Stiftung. Kopien im Besitz der Autorin.

Spahn im Oktober 1908: „*Nachdem ich jetzt die ganze Literatur übersehe, merke ich noch mehr, wie schwierig es ist, etwas wesentlich Neues zu bringen, wenn man keine neuen Briefe auffindet.*"[14] Brüning verzweifelt an seiner Arbeit, gibt 1910 schließlich die Arbeit zurück. Er entscheidet sich, sein Studium durch Ablegen der philosophischen Lehramtsprüfung zu beenden, und läßt sich eine Staatsarbeit über den Osnabrücker Staatsmann, Schriftsteller und Geschichtsschreiber Justus Möser (1720–1794) geben.[15] Nach Abgabe dieser Arbeit muß er eine weitere im Fach Philosophie anfertigen. Diese empfängt er von seinem Vetter Clemens Baeumker. Seine Studienkollegen, die ihre Studienzeit nun ebenfalls beendet haben, verlassen Straßburg nach und nach und Brüning fühlt sich allein. Er überlegt, Oberlehrer zu werden. Für eine Tätigkeit als Privatdozent an der Universität sieht er keine Möglichkeiten. In Straßburg jedoch möchte er auf keinen Fall bleiben. Das Examen belastet Brüning psychisch und physisch sehr. Er gerät in großen Zeitdruck, die schriftlichen Arbeiten rechtzeitig fertigzustellen. Das Verhältnis zu seinem Vetter gestaltet sich immer schwieriger, und er schreibt in einem Brief an seine Mutter, daß er Angst habe, daß dieser ihm sein Examen verpfusche. Brüning schätzt seine Examenschancen eher negativ ein. Die Durchfallquoten im Examen sind zur damaligen Zeit recht hoch. Brüning, der kein ausgeprägtes Selbstbewußtsein hat, gerät am Morgen des Prüfungstages in Panik und verläßt Straßburg Hals über Kopf mit dem Zug – eine regelrechte Flucht. Seine Hauswirtin benachrichtigt Professor Spahn, der in Metz anruft. Dort überredet eine mit ihm befreundete Familie den nervösen Studenten zur Rückkehr nach Straßburg. Als er dort wieder eintrifft, ist sein Prüfungstermin schon vorbei. Professor Spahn, der Brünings schriftliche Arbeit mit der Note „sehr gut" bewertet hat, setzt sich dafür ein, daß die Prüfung am Nachmittag nachgeholt werden darf. Brüning besteht sein Examen.[16]

Von seiner späteren Führungs- und Entschlußkraft ist in diesen Tagen weiß Gott noch wenig zu spüren. Mit seinem Examen ist sein Plan, Oberlehrer zu werden, vergessen. Ohne ein neues konkretes Berufsziel vor Augen zu haben, entschließt er sich nun, an der Universität zu bleiben und im Fachbereich der Nationalökonomie zu promovieren. Als Doktorvater sucht er sich den in Bonn in den Fächern Wirtschaftstheorie, Handelspolitik und Finanzwissenschaften lehrenden Professor Heinrich Dietzel aus, der ihn mit dem Thema „Die finanzielle, wirtschaftliche und gesetzliche Lage der englischen Eisenbahnen unter Berücksichtigung der Frage ihrer Verstaatlichung" betraut. In den kommenden drei Jahren reist

---

[14] Brief Brüning an Prof. Spahn, Münster 8. Oktober 1908, Nachlaß Spahn, Archiv für Christlich-Demokratische Politik, Konrad-Adenauer-Stiftung. Kopie im Besitz der Autorin.

[15] Morsey, a.a.O., S. 322.

[16] Vgl. Morsey, Brünings politische Weltanschauung vor 1918, S. 322, Fn. 26.

Brüning zur Literatur- und Quellenrecherche immer wieder nach England. Sein Bruder Hermann lebt in Burnley bei Manchester, für Brüning eine erfreuliche Besuchsmöglichkeit. Brüning soll die Vor- und Nachteile der staatlich oder privatwirtschaftlich organisierten Eisenbahnbetriebe in England herausarbeiten – ein Thema, das nach dem Krieg große Aktualität gewinnt. Er konzentriert sich auf seine Arbeit, am Studentenleben in Bonn nimmt er wenig teil.

1914 – der Krieg ist schon ausgebrochen – beendet Brüning seine Arbeit. Sie erfüllt die höchsten wissenschaftlichen Ansprüche, ist logisch aufgebaut, in sich schlüssig und sachlich. Der Doktorand kommt zu dem Ergebnis, daß dem privaten Eisenbahnbetrieb in England gegenüber dem deutschen System der staatlichen Eisenbahnverwaltung der Vorzug zu geben sei, da die zentralistische und bürokratische Leitung in Deutschland hemmend wirke. Seine Arbeit wird mit „gut" bewertet.[17]

In seinen Urteilen und Ergebnissen geht Brüning nicht konform mit den Auffassungen seines Doktorvaters. Sie widersprechen vielmehr dessen theoretischen Auffassungen.[18] Ihm ist das während seiner gesamten Promotionszeit bewußt, doch will er keine weitere Zeit mehr verlieren und behält deshalb sowohl seinen Lehrer als auch sein Thema. Er ist reifer geworden, zuverlässiger, charakterstärker. Er steht zu seinen Erkenntnissen, verteidigt diese. Er gehört nicht zu denen, die anderen gefallen wollen oder nach dem Mund reden. Gerne würde sich Brüning habilitieren. Das wissenschaftliche Arbeiten entspricht seinem Naturell: genau, präzise, zurückgezogen. Da sich jedoch eine wissenschaftliche Zusammenarbeit mit Professor Dietzel wegen konträrer Auffassungen zu grundlegenden politischen und ethischen Grundanschauungen problematisch gestalten könnte, spielt Brüning wieder mit einem alten Traum, Journalist zu werden. Er nimmt Kontakt zu Zeitungen wegen Möglichkeiten auf, entweder seine Habilitation nebenher zu finanzieren oder sogar ganz und gar die journalistische Laufbahn einzuschlagen. Eine Stelle am Zentrumsblatt in Düsseldorf wird ihm zu früh – nämlich noch in seiner Dissertationszeit – angeboten. Einem Freund schreibt er Ende 1913: „*Ich bin langsam zur Überzeugung gekommen, daß für mich für die nächsten Jahre irgend eine Stellung als Journalist das Richtige ist. Ich habe mir sehr viel Mühe hier gemacht, um mit Korrespondenten von deutschen Zeitungen in Berührung zu kommen und habe die Erfahrung gebracht (sic), daß, wenn es einem gelingt, für eine oder zwei größere Zeitungen eine Korrespondentenstelle zu bekommen, die Sache sehr einträglich ist. Für mich wäre ein solcher Posten ideal, zumal er mir die Möglichkeit*

---

[17] R: Morsey: Brünings politische Weltanschauung, S. 324.
[18] Brief Brünings an Herrn Friedrich, 18. Juni 1956, Harvard Archives, HUG FP 93.10, vgl. auch Morsey, Brünings politische Weltanschauung vor 1918, S. 326, Fn. 55.

gäbe, genügend Geld für Lebensunterhalt zu gewinnen und zu gleicher Zeit frei zu arbeiten, unter denkbar günstigen Bedingungen. Was mein Ideal ist, nämlich mit dazu beizutragen zu besserer theoretischer Fundierung dessen, was man unter nationaler, im weiten Sinne des Wortes ‚konservativer' Weltanschauung versteht, hätte dann die größeren Chancen auf Verwirklichung."[19]

Zum Jahreswechsel 1913/1914 ergibt sich eine weitere reizvolle berufliche Möglichkeit für Brüning. Durch Vermittlung eines Freundes erhält er das Angebot des preußischen Landwirtschaftsministers Klemens Freiherr von Schorlemer-Lieser, eine Biographie über dessen Vater, den Zentrumspolitiker und westfälischen Bauernführer Burghard Freiherr von Schorlemer-Alst, zu schreiben.

Brüning besucht weiterhin die Seminare seines Doktorvaters Dietzel, der trotz der inhaltlichen Gegensätze von Brünings Fleiß und Fähigkeiten sehr überzeugt und beeindruckt zu sein scheint, denn er bietet ihm im Sommer 1914 eine Habilitation an.[20] Letztendlich enthebt ihn der Kriegsausbruch der weiteren Berufsentscheidung.

---

[19] Zit. nach Morsey, Brünings politische Weltanschauung vor 1918, S. 331.
[20] R. Morsey: Brünings politische Weltanschauung, S. 324.

KRIEGSZEIT

Der Ausbruch des Ersten Weltkrieges

1913 feiert man überall im Reich mit großem Pomp das 25jährige Regierungsjubiläum des deutschen Kaiserpaares Wilhelm II. und Auguste Viktoria. 42 Friedensjahre, industrieller Fortschritt, wachsende Produktionszahlen, positive Handelsbilanzen und zunehmender Wohlstand aller Volksschichten führen zu einer Jubel- und Hochstimmung im Reich. Die Lobredner auf den Kaiser überschlagen sich und treffen mit ihren Lobpreisungen auch das Gefühl weiter bürgerlicher Kreise. Diesem Hochgefühl des Kaiserreiches entziehen sich viele jugendliche Deutsche, denen der Optimismus als zu oberflächlich erscheint. Sie suchen neue Ideale und Ziele. Auch Brüning ist mit den Gegebenheiten nicht zufrieden. In seinen Memoiren beschreibt er später: *„Wir waren eine Zwischengeneration, voller Verachtung gegenüber dem herrschenden Materialismus, der vom klassischen Liberalismus übrigblieb."*[21] In diesen Tagen wendet er sich häufig religiösen Themen zu. Brüning und seine Freunde lehnen den nach außen gekehrten, demonstrativen kirchlichen Katholizismus ab. Sie suchen die wahre, die echte und innere Religiosität und finden im Düsseldorfer „Verein akademisch gebildeter Katholiken" eine neue geistige Heimat. Dieser Kreis widmet sich in erster Linie der liturgischen Erneuerung; er zählt schließlich 90 Mitglieder, darunter den späteren französischen Außenminister und Ministerpräsidenten Robert Schuman. In der Karwoche 1913 fahren Brüning, Paul Simon, Hermann Platz, Wilhelm Göcking und Robert Schuman in die Benediktiner-Abtei Maria Laach, um dort mit Pater Ildefons Herwegen über eine liturgische Erneuerung zu sprechen. Die Osterpilger plädieren dafür, die Predigt stärker in den Mittelpunkt des Gottesdienstes zu rücken und die Volkssprache mehr zu berücksichtigen. Pater Ildefons wird ein Jahr darauf zum Abt gewählt und stellt sich an die Spitze dieser Reformbewegung. Papst Pius XI. nennt das erste Treffen Ostern 1913 in Maria Laach später ein „divini cultus solemne monumentum" (feierlicher Beweis göttlicher Verehrung).[22] Brüning ist der einzige

---

[21] H. Brüning: Memoiren, S. 17.
[22] Vgl. Kampmann: Gelebter Glaube, S. 86.

dieser Osterpilger, der fünfzig Jahre später erleben darf, daß sich die Mehrheit der Konzilsväter im Zweiten Vatikanischen Konzil 1965 diesen Neuerungen anschließt. Aus diesen Anfängen erwächst die „Katholische Akademiker- und die liturgische Bewegung".

Auch wenn sich die Möglichkeit eines Krieges schon seit längerem abzeichnet, wird Brüning vom Ausbruch im August 1914 letztendlich doch überrascht. International war die Lage in den letzten Jahren gereizt, besonders auf dem Balkan gab es immer wieder Spannungen. Die Beziehungen der europäischen Mächte werden durch ein umfassendes Bündnissystem bestimmt. Die Chancen auf ein Einlenken und den Erhalt des Friedens sind zwar vor Kriegsausbruch größer als in den Jahren zuvor, doch die Ermordung des österreichischen Erzherzogs Franz Ferdinand verursacht die plötzliche Eskalation. Dem Attentat in Sarajevo ist eine Reihe anderer Terrorakte serbischer und kroatischer Geheimgesellschaften vorausgegangen. Für Österreich wird es zu einer Existenzfrage, den Rückhalt dieser Bewegung in Serbien zu zerschlagen. In den Balkankriegen 1912/13 hatte Deutschland Österreich noch davon abgehalten, gegen Serbien vorzugehen, da es ein Ausweiten des Balkankrieges verhindern wollte. Deutschland war nie bereit gewesen, sich wegen der Balkaninteressen seines Bündnispartners in einen Krieg gegen Rußland hineinziehen zu lassen. Nun, nach der Ermordung des österreichischen Erzherzogs jedoch, versichert es Österreich seine Bündnistreue. In den Balkankriegen zeigte Rußland starke machtpolitische Bestrebungen; die militärische Aufrüstung der östlichen Großmacht macht Deutschland Sorgen. Und auch der Mord von Sarajevo ist nichts als eine Provokation serbischer Nationalisten, die sich von Rußland gedeckt wissen.[23] Der deutsche Generalstab geht davon aus, daß Rußland sein Rüstungsprogramm im Jahre 1916/17 abgeschlossen hat. Die deutsche Führung verwirft zwar einen Präventivkrieg, entscheidet sich in dieser Situation des Juli 1914 jedoch für eine Politik, die zum Kriege führen kann. Letztendlich überwiegt die Hoffnung, daß Rußland sich zurückhalte, da es noch nicht schlagkräftig sei.

Der Krieg ist nicht gewollt, doch seine Möglichkeit wird nun in Kauf genommen.

Vermittlungsversuche von englischer Seite scheitern, Österreich erklärt Serbien am 28. Juli 1914 den Krieg. Der deutsche Kaiser sieht nach der serbischen Antwort auf das österreichische Ultimatum an Serbien keinen Grund mehr für einen Krieg und versucht ein Einlenken Österreichs zu erwirken. Doch vergeblich. Die Kriegsmaschinerie ist schon angelaufen und läßt sich nicht stoppen.

---

[23] Karl Dietrich Erdmann; Der Erste Weltkrieg, 10. Aufl., München 1997, S. 80.

Kam es in den Julitagen in vielen deutschen Städten zu Demonstrationen gegen den Krieg, so führt der Kriegsausbruch die meisten Deutschen doch zu neuem nationalem Hochgefühl. Sie sind bereit, gemeinsam ihr Vaterland zu verteidigen. Das Reich wird von einem Gemeinschaftserlebnis ergriffen, wie vorher nie gekannt und alle Schichten umfassend. Diese Hingabebereitschaft zur Verteidigung des Vaterlandes geht auch an Brüning nicht vorüber. An der Notwendigkeit des Krieges zweifelt so gut wie niemand im Kaiserreich, auch die katholische Kirche ist von der sittlichen Gerechtigkeit des deutschen Handelns überzeugt.

Das Vertrauen in die Führungsfähigkeit des Kaisers ist ungebrochen. Für Brüning ist es keine Frage, nein, es ist fast schon eine Selbstverständlichkeit, am Krieg teilzunehmen. Seine Enttäuschung ist groß, als er sich vergebens zu den Waffen meldet. Zu seinen körperlichen Nachteilen der Kurzsichtigkeit und Schmächtigkeit kommt die Tatsache, daß er bislang nicht gedient hat, nicht gerade erleichternd hinzu. Er wird in etlichen Kasernen vorstellig, jedoch von ebenso vielen Kommissionen als „frontdienstuntauglich" abgelehnt. Er wird zum Landsturm eingeteilt, zu den älteren und weniger wehrtauglichen Männern.

Nach Fertigstellung der Promotionsarbeit legt er am 3. März 1915 das Rigorosum in den Fächern Nationalökonomie, Finanzwissenschaften und Philosophie mit „cum laude" ab, eine Benotung, die für ihn eine Enttäuschung darstellt. Die Pläne einer Veröffentlichung seiner Promotionsarbeit werden vom Kriegsausbruch durchkreuzt. Seine Urkunde erbittet er sich übrigens erst 1924 von der Universität, um während des Wahlkampfes möglichen Anschuldigungen über ein unberechtigtes Führen des Doktortitels vorbeugen zu können.[24]

Frontsoldat

Die deutsche Kriegsführung steht vor einem Zweifrontenkrieg. Dafür strebt sie eine schnelle Entscheidung im Westen an, um dann mit der Hauptmacht – nach der Niederwerfung der französischen Armee – an die vorläufig nur schwach gesicherte Ostfront zu ziehen.

Im Westen scheitert die französische Offensive, doch auch der deutsche Kriegsplan mißlingt früh. Im September 1914 wird der deutsche Angriff in der Marneschlacht ostwärts Paris aufgehalten. Es entsteht eine durchlaufende Front von der Nordseeküste bis zur Schweizer Grenze. Auf beiden Seiten graben sich die kämpfenden Soldaten in improvisierte Feldbefestigungen ein.

---

[24] R. Morsey: Brünings politische Weltanschauung, S. 325.

Februar 1915: Deutschland hat viele Soldatenleben zu beklagen, Lücken sind an der Front entstanden. Brüning tritt erneut zur Musterung an. Endlich: Diesmal bescheinigt ihm die Musterungskommission die Kriegsverwendungsfähigkeit, nachdem ein Verwandter im Offiziersrang als sein Fürsprecher fungiert hat.[25] Er wird dem Ersten Rekrutendepot des zur preußischen Garde gehörenden ersten Ersatz-Bataillons des Infanterieregiments 70 in Saarbrücken als einfacher Soldat, in der Soldatensprache „Musketier" genannt, zugeteilt.

Noch am Abend seines Rigorosums verläßt Brüning Bonn und reist nach Münster, um seine Sachen zu ordnen, zu packen und sich zu verabschieden. Damit ist seine ungewöhnlich lange Studienzeit von über zehn Jahren beendet. Brüning ist dabei nicht unter den Begriff des ‚Bummelstudenten' zu fassen. Er ist diszipliniert und fleißig, arbeitet viel. Er lernt gerne, ist unstillbar wißbegierig und kann kein Ende beim Lernen und Erforschen von Themen finden. Lernen als Selbstzweck und als Leidenschaft. Resultat der langen Studienzeit ist eine umfassende und sehr breit angelegte Bildung.[26]

Am 5. März 1915 meldet er sich morgens bei seiner Truppe in Saarbrücken. Seine Stimmung ist gut, auch vor körperlichen Strapazen hat der Schmächtige keine Scheu. Schon nach kurzer Zeit wird er ins Infanterie-Regiment 30 Graf Werder nach Saarlouis befohlen. Dort setzt er seine militärische Grundausbildung als „Landsturmmann" fort. Die Ausbildung in der neuen Kompanie ist hart, ja anfangs fast schon tyrannisch. Auch bei ihm beginnt die Kriegserfahrung mit Drill, Muskelkater und drückenden Schuhen.[27] Brüning genießt die Zeit dennoch, denn er muß sich keine quälenden Gedanken über sein berufliches Fortkommen mehr machen, er ist nicht mehr auf die finanzielle Unterstützung seiner Mutter angewiesen und auch nicht mehr den damit einhergehenden Vorwürfen wegen seines langen Studiums ausgesetzt sowie all den anderen Mahnungen und Sorgen der Mutter und Geschwister. Er befreit sich aus den Fesseln der Vergangenheit.

Der Krieg wird zum Stellungskrieg, Gasmasken und Stahlhelme prägen die Bilder der Grabenkämpfe. Erstmals kommt es nicht mehr auf die taktische Kriegsführung an, sondern entscheidend wirken sich vielmehr die technischen Entwicklungen, Materialien, industriellen Massenproduktionen aus.

Brüning kommt nach zwei Monaten – und damit verhältnismäßig früh – an die Front, und zwar in die schweren Kämpfe der Argonnenfront. Im September 1914 ist dieses dichte, undurchdringliche und dunkle bergige Waldgebiet in die Kämpfe mit einbezogen worden. Es sind hier nicht nur Kämpfe gegen den Feind, nein, es

[25] Vgl. R. Morsey: Zeitgeschichte in Lebensbildern, S. 252, Beer: Heinrich Brüning, S. 14.
[26] A. Nobel, S. 10.
[27] R. R. Beer, S. 15.

sind auch Kämpfe gegen die Naturgewalten. Ein Brief aus diesen ersten Tagen seines Fronteinsatzes an einen Freund ist erhalten geblieben, und so wissen wir von seiner Todesangst, von dem schrecklichen Eindruck, den der Anblick der Leichen um ihn herum auf ihn hinterlassen hat. Nie wird er diese Bilder wieder loswerden. Brünings Selbsterhaltungstrieb zwingt ihn, sich davon freizumachen und seine Aufgabe zu erfüllen. Er überwindet den ersten Schreck, stumpft ab, weil er abstumpfen muß, weil er den eigenen Überlebenskampf kämpft.

Die Kämpfe in den Argonnen gehen als besonders grausam und gefährlich in die Geschichte des Ersten Weltkrieges ein. Der Kampf wird in einer Art Belagerungstechnik ausgetragen. Die Entfernung zwischen den feindlichen Fronten beträgt nur wenige Meter. Die Soldaten verschanzen sich in einem Grabensystem unterirdischer Festungen. Von beiden Seiten aus werden unterirdische Stollen bis ins Feindesgebiet gegraben, mit Sprengstoff gefüllt und in die Luft gesprengt. Die Handgranaten fliegen in beide Richtungen zu jeder Tages- und Nachtzeit.

Im Juli 1915 stößt Brünings Infanterie-Regiment zusammen mit anderen Regimentern zum Angriff vor. Die deutschen Truppen dringen tief in die Reservestellungen der Franzosen ein, kämpfen zwei Wochen lang einen erbitterten Kampf Mann gegen Mann und unterwerfen schließlich den Feind. Ein wichtiger Erfolg! Neben großen Mengen an gegnerischem Kriegsmaterial nehmen sie 2.500 Gefangene. Doch die eigenen Verluste sind hoch. Das Bataillon verliert in jenen Tagen ein Sechstel der Ist-Stärke. Auch Brüning wird durch einen Streifschuß am Kopf und einen weiteren Schuß durch die rechte Schulter verwundet. Ein Unteroffizier findet den schon als vermißt geltenden, blutüberströmten Verwundeten Stunden später und bringt ihn in Sicherheit.

In sein Tagebuch trägt Brüning später ein: „*Allein im Drahtverhau, aus 2 Wunden blutend nach Nahkampf. Glaubte, weil der Angriff stockte, allein vorgehen zu sollen. Kompanie wich zurück, ohne daß ich im Nahkampf es merkte. Konnte nicht mehr laden. Da entdeckte ich, daß ich ich allein war. Fr[anzosen] warfen Handgr[anaten] nach mir. Stellte mich tot. Wollte fühlen, ob Kugel im Kopf steckte. Bei leichter Bewegung MGfeuer (Maschinengewehrfeuer) aus franz[ösischer] Reservestellung. Neue Minen… um mich. Hörte Hurra. Unser neuer Angriff [war] geglückt. Noch langes Warten, bis zweiter Graben hinter mir aufgerollt. Jetzt erst konnte ich rufen und wurde in den Graben hineingerissen, wanderte an den Toten vorbei, [die] zum Teil schon schwarz [waren]. Dann verbunden.*"[28]

Die nächste Zeit nun verbringt Brüning im Etappenkrankenhaus in Stenay und wird am 7. Juli ins Reservelazarett Trier gebracht. Dort informiert man ihn über

---

[28] Tagebucheintrag Brünings vom 10.7.1935, Lüttich, Harvard-Archives HUGFT 93.35, Box 1, Kopie im Besitz der Autorin.

seine Beförderung zum Unteroffizier. Nach fünf Wochen Krankenhausaufenthalt ist er wieder genesen und reist nach Saarlouis, um dort für die nächsten Wochen als Ausbilder zu dienen.

Am 30. August 1915 wird er zu einem zweieinhalb Monate andauernden Ausbildungslehrgang für Offiziersanwärter nach Munsterlager bei Hannover abkommandiert. Nach erfolgreicher Absolvierung dieses Lehrganges wird er im November 1915 zum Vizefeldwebel und kurze Zeit darauf zum Leutnant der Reserve ernannt.[29] Bis zu seinem erneuten Einsatz an der Front am 6. März 1916 tut er in Saarlouis Dienst. Er bleibt bei seinem alten Regiment, das inzwischen in der Champagne liegt. Kaum fünf Wochen im Feld, zieht sich Brüning durch die naß-kalte Witterung eine Rippenfellentzündung zu. Vielleicht sein Glück, denn während er nun drei Monate lang in einem Sanatorium in Kassel-Wilhelmshöhe kuriert wird, ziehen seine Kameraden nach Verdun. Der deutsche Angriff auf die Festung Verdun kostet insgesamt 599.000 Soldaten auf beiden Seiten das Leben. Schon im Herbst 1915 hatten die Gegner im Artois und in der Champagne durch eine Materialschlacht vergeblich versucht, einen Durchbruch zu erzielen. Für 1916 war eine Steigerung des Materialeinsatzes anzunehmen, da die USA die Entente mit Hilfsmitteln zunehmend unterstützte; zugleich führte England die allgemeine Wehrpflicht ein. Weiter stand zu befürchten, daß sich Rumänien nach italienischem Vorbild der Entente anschließen würde. Vor diesem Hintergrund versucht die deutsche Heeresführung die Kräfte gegen Frankreich zu bündeln und Verdun, den Eckpfeiler der französischen Front, einzunehmen. Der Gegner soll dabei seine materiellen Kräfte verschleißen. Der Kampf um Verdun dauert Monate, doch die Festung bleibt unbezwungen. Die Kämpfe müssen schließlich abgebrochen werden, weil die Engländer und Franzosen an der Somme seit Juni 1916 die deutsche Front zu zerschlagen suchen. Doch hier erleidet der zahlen- und materialmäßig überlegene Gegner weitaus höhere Verluste als die Deutschen.

Das Reich sucht im Dezember 1916 erstmals um Friedensverhandlungen nach, die von den Alliierten jedoch abgelehnt werden. Das Deutsche Reich ist die erste der kriegführenden Mächte, die vom Frieden spricht. Reichskanzler Theobald von Bethmann Hollweg hält die Eroberung von Bukarest für einen guten Zeitpunkt für Friedensverhandlungen, ohne daß dieser Schritt als Schwäche ausgelegt werden könnte. Die Gegner setzen den allgemein gehaltenen deutschen Worten von „Frieden und Aussöhnung" in ihrer Antwort nur die Begriffe „Sühne, Wiedergutmachung und Bürgschaft" entgegen.[30] Keiner ist zu einem Frieden auf der Grundlage

---

[29] R. R. Beer, S. 16.
[30] K. D. Erdmann; Der Erste Weltkrieg, S. 133.

des status quo bereit. Die Kräfte im Reich, die einen Sieg um jeden Preis anstreben, erhalten dadurch neuen Auftrieb und wenden sich gegen demokratische Aufweichungen innerhalb des Deutschen Reiches.

Nachdem Brüning nach seiner Genesung einen Maschinengewehrkursus absolviert hat, wird er Anfang 1917 der Ersten Kompanie der Königlich Preußischen Maschinengewehr-Scharfschützen-Abteilung Nr. 12 zugeteilt. Diese Muster- und Elitetruppe der Armee kämpft nicht im Verbande einer Armee, sondern wird unmittelbar von der Obersten Heeresleitung befehligt.[31] Brüning bewährt sich auch hier als zuverlässige, pflichtbewußte und kameradschaftliche Persönlichkeit, was ihn zu einem allseits beliebten Soldaten macht. Ende Februar 1917 kommt er wieder an die Front. Bis zur deutschen Niederlage wird er mit seiner Truppe von einem Großkampfplatz zum anderen geworfen, immer ist er an den Hauptdurchbruchstellen des Feindes. Aufgabe der Truppe ist es, zwischen der Infanterie und der schweren Artillerie das Eindringen des Gegners aufzuhalten, bis Reserve eingetroffen ist. Der Leutnant dieser Elitetruppe, Brüning, wird bald Zug-, dann Kompanieführer.

Wegen der Aussichtslosigkeit den Krieg im Felde erfolgreich zu entscheiden, nimmt das Deutsche Reich 1917 den U-Boot-Krieg wieder auf. England soll dadurch friedensbereit gemacht und die Zufuhr US-amerikanischen Materials und von Truppen nach Europa unterbunden werden. Nachdem wiederholt Schiffe neutraler Staaten dabei versenkt werden, darunter US-amerikanische, treten die USA am 6. April 1917 in den Krieg gegen Deutschland ein. Der U-Boot-Krieg entpuppt sich als Fehlschlag.

Die Zentrumspartei hat den uneingeschränkten U-Boot-Krieg gedeckt. Im Juli 1917, als der Reichstag zur Bewilligung neuer Kredite einberufen wird, wird von dem Zentrumspolitiker Matthias Erzberger lautstarke Kritik am U-Boot-Krieg vorgebracht. Da deutlich wird, daß die Widerstandskraft des Verbündeten Österreich begrenzt ist und eine glimpfliche Beendigung des Krieges rasch angestrebt werden muß, bilden sich im Reichstag neue Friedensinitiativen heraus. SPD, Zentrum und die Fortschrittliche Volkspartei bilden einen interfraktionellen Reichstagsausschuß mit dem Ziel der Einführung der parlamentarischen Monarchie und eines Verständigungsfriedens ohne Sieger und Besiegte. Das Programm wird im Juli 1917 zur Grundlage der Friedensresolution des Reichstages. Zwischen Parteien, Regierung und Oberster Heeresleitung entsteht ein verworrenes Bild.

Reichskanzler Bethmann Hollweg, der den uneingeschränkten U-Boot-Krieg entgegen seiner persönlichen Überzeugung gedeckt hat, erbittet und erhält am 13. Juli 1917 seine Entlassung, nachdem der Reichstag ihm jeden Rückhalt gegenüber

---

[31] Vgl. Brüning: Memoiren, S. 17f.

der Obersten Heeresleitung verweigerte und auch der Kaiser ihn daraufhin fallen-ließ. Mit dem Amt des Reichskanzlers wird Georg Michaelis betraut, der unter den zunehmenden Einfluß der Obersten Heeresleitung gerät.

Gegen Ende des Krieges kommt es nun zu einer Polarisierung zwischen Front und Heimat. Durch das deutsche Volk geht ein tiefer Riß. Brüning ist wegen der Folgen der Friedensresolution deprimiert. Er ist enttäuscht, daß Millionen von Soldaten im Felde bluten, während die Politik im Reich von „Drückebergern" ge-macht wird. In seinen Memoiren schreibt er: „*Die Diskussionen im Reichstage und in der Presse über Friedensziele waren für die Front fast lächerlich, aber man är-gerte sich, wenn Annexionisten[32] dann eine umgekehrte Politik vertraten. Da be-gann die Verachtung des Parlaments zu wachsen. Die im militärpflichtigen Alter stehenden Abgeordneten wurden in Deutschland, im Gegensatz zu den alliierten Ländern, gleich reklamiert oder nicht an der Front verwendet.*"[33]

Brüning hält nichts von der Parlamentsherrschaft, die sich im Reichstag gebil-det hat; er hält auch die Politik des Zentrumspolitikers Matthias Erzberger und sei-ne Friedensresolutionspolitik für fatal. In der Erzbergerschen Politik sieht er eine Überrumpelung der bis dahin vorherrschenden konservativen-gouvernementalen Kräfte gerade zu einem Augenblick, da die militärische Lage besser ist als vor der Marneschlacht.[34] Die Zentrumspartei ist gespalten, von überall innerhalb der Par-tei wird Kritik an dem Parteikollegen Erzberger laut, die sich in erster Linie gegen seine Verfassungsexperimente während des Existenzkampfes des deutschen Volkes gegen die feindlichen Nationen richtet.

Das fächerförmige Vorgehen gegen Engländer und Franzosen gleichzeitig überansprucht die deutschen Kräfte im Westen. Taktische Fehler kommen hinzu und verhindern durchgreifende, entscheidende militärische Erfolge. Die Todesop-fer an der Westfront sind unermeßlich hoch. Auch Brüning teilt mit seinen Kame-raden das Gefühl, in immer neuen und aussichtslosen Angriffsunternehmungen verbraucht zu werden. An der Front betreiben die radikalen Linken eine starke Propaganda, die geistig zersetzend wirkt. Die Zähigkeit des Feindes wird mi-litärisch unterschätzt, die Leistungsfähigkeit der deutschen Kräfte wird von der ei-genen Heeresleitung überbewertet. Der Plan, den feindlichen Kampfeswillen durch immer neue Teilschläge zu zermürben, stößt ins Leere.

Seine schlimmsten Kriegstage erlebt Brüning wohl in den Flandernschlachten. In seinen Erinnerungen schreibt er später, daß am letzten Tage der Flandern-schlacht von 1917 die Gefahr eines vollen Durchbruchs seitens der Engländer so

---

[32] Damit ist vor allem der Zentrumspolitiker Erzberger gemeint.
[33] Brüning: Memoiren, S. 39.
[34] Vgl. R. Morsey: Brünings Weltanschauung vor 1918, S. 334.

groß gewesen sei, daß sich Ludendorff entschlossen habe, diese von ihm selbst geschaffene Elitetruppe restlos zu opfern. „*Unsere Leute hatten seit Tagen und Wochen in Schlamm und Wasser gelegen, so daß die Maschinengewehre angerostet waren. Aber sie trieben mit Handgranaten und Pistolen die zu Tode ermüdeten Engländer am Abend zurück, bis neue Verstärkungen auf unserer Seite kamen. Der gute Ruf, den unsere Abteilung seit diesem Tage erhielt, erschien unseren Leuten in ihrer Bescheidenheit übertrieben; sie hatten mehr Bewunderung für den Todesmut der englischen Angreifer.*"[35]

Als Anerkennung für seine Tapferkeit in den Flandern-Schlachten und in der Tankschlacht bei Cambrai erhält er im Januar 1918 das Eiserne Kreuz 1. Klasse.

Unter dem Eindruck des Waffenstillstandes und des Separatfriedens mit Rußland im März 1918 strebt die Oberste Heeresleitung im Reich in der Annahme, die Lage der Mittelmächte sei nun militärisch günstiger als je zuvor in diesen Kriegsjahren, die Entscheidung im Westen an. Die im Osten durch den Frieden von Brest-Litowsk frei werdenden deutschen Soldaten können nun die deutschen Truppen an der Westfront unterstützen.

Im März 1918 stehen an der Westfront 192 Divisionen mit über 3,5 Millionen Soldaten. Aus dem Osten werden weitere Divisionen, meist ältere Jahrgänge, nach Westen gezogen. Der Kampf beginnt am 21. März 1918 in 70 km Breite südlich von St. Quentin, wo sich der französische und englische Frontabschnitt berühren. Den deutschen Truppen gelingt der Durchbruch, doch verfügt die deutsche Führung nicht mehr über die notwendigen beweglichen Reserven, um durch die Frontlücken den Angriff weiterzuführen. Weitere Anläufe bringen der deutschen Seite Geländegewinn, viele Gefangene, große Waffenbeute. Doch dann ist die Kraft erschöpft, ein Gegenangriff am 18. Juli 1918 drängt die Deutschen von der Marne zurück. Im August 1918 durchbrechen englische und französische Armeen den Bogen zwischen Albert und Noreuil.

Das deutsche Volk rechnet bis zum bitteren Ende des Krieges nicht mit einer Niederlage seiner Truppen, ist es doch erfolgsverwöhnt und siegesgewiß durch immer neue Siegesmeldungen. Niemand wagt eine Aufklärung des Volkes über die nahende Katastrophe. Nach den Zerfallserscheinungen des österreichisch-ungarischen Staates und unter dem Eindruck des Zurückweichens der deutschen Front legen Feldmarschall Paul von Hindenburg und Beneckendorff und Generalquartiermeister Erich Ludendorff ihre letzte Hoffnung in einen sofortigen Waffenstillstand, um den Schaden zu begrenzen. Der Feind bricht aber nun von allen Seiten in die deutsche Front ein, die Widerstandskraft der Deutschen reicht nicht mehr aus.

---

[35] H. Brüning: Memoiren, S. 19.

Auch bei der Abwehr der Durchbruchsangriffe im August 1918 macht Brüning durch besonderen Einsatz und Tapferkeit auf sich aufmerksam. Der Abteilungskommandeur der MGSS 12, Hauptmann Athos von Schauroth, schlägt ihn deshalb für das Ritterkreuz des Hausordens von Hohenzollern mit Schwertern vor, dessen Verleihung jedoch durch den bald darauf erfolgenden deutschen Zusammenbruch verhindert wird.

Nun zieht Brünings Truppe in dauerndem Rückzug mit großen personellen Verlusten bis zur Siegfried-Stellung[36], die sie Ende September 1918 erreicht. Vergeblich versuchen die deutschen Soldaten in einem letzten aussichtslosen Kampf das Blatt noch einmal zu wenden.[37] Am 29. September ergeht der Befehl, die Siegfried-Stellung nach Norden abzuriegeln, da die nördlich liegende Division ohne Befehl die Stellung geräumt habe. Die gut ausgebaute Stellung hält dem Ansturm der Feinde aber nicht mehr stand. Brüning und einem großen Teil seiner Leute gelingt es, in der Nacht des 29. September die englische Umzingelung zu durchbrechen und wieder Anschluß an die deutsche Front zu finden.

Angesichts der fortschreitenden Angriffe auf die deutsche Westfront verlangt Ludendorff von der politischen Führung ein Waffenstillstandsersuchen. Die Nation stürzt – psychologisch völlig unvorbereitet – ins Bodenlose, glaubte sie doch bis dahin an die Überlegenheit der deutschen Waffen. Aber nicht nur die Öffentlichkeit, auch die politische Führungsspitze und das Parlament sind auf diese Situation nicht vorbereitet. Die Ereignisse überstürzen sich. Kaiser Wilhelm wird zur Abdankung überredet, die er in Spa schließlich erklärt. Kanzler Hertling tritt zurück. Neuer Reichskanzler wird Prinz Max von Baden. Er kann nicht verhindern, daß die vier dominierenden Parteien im Reichstag das parlamentarische Regierungssystem einführen – unter dem Druck des US-amerikanischen Präsidenten Woodrow Wilson. Brüning erhält am 30. September morgens den Befehl, sich unverzüglich ins westliche Hauptquartier der Scharfschützenabteilungen nach Tongern bei Lüttich zu begeben. Dort soll er seine Eindrücke von der Front und vor allem von der Stimmung der Soldaten berichten. Er gibt seine Befürchtungen kund, daß die Armee Gefahr laufe zusammenzubrechen, und schlägt die Opferung der „Bolschewiken"-Divisionen sowie der Etappe und den Rückzug auf die Reichsgrenze vor, da dies die kürzeste Verteidigungslinie sei. Keinesfalls solle man die dauernd an der Westfront kämpfenden Divisionen mit Soldaten des Ostheeres auffüllen, da damit der gute Zusammenhalt der Westtruppen verlorengehe. Die

---

[36] Die Siegfriedstellung verlief von Arras über St. Quentin nach Reims. Sie war das rückwärtige deutsche Stellungssystem in Frankreich. Aus der Siegfriedstellung heraus erfolgte im März 1918 der Vorstoß zur Großen Schlacht in Frankreich. Nach dem Scheitern zogen sich die deutschen Truppen wieder in die Siegfriedstellung zurück, bis sie sie im Oktober 1918 aufgeben mußten.

[37] Vgl hierzu: Brüning: Memoiren, S. 21.

Scharfschützenabteilungen und die Heeresartillerie könnten – so Brüning – das rückziehende Heer decken, wenn sie durch Kraftwagen schnell mobil gemacht würden.[38] Nach dieser Unterrichtung muß Brüning der Tageszeitung entnehmen, wie die Oberste Heeresleitung wegen des übereilten Waffenstillstandsangebotes gezwungen ist, die immer schärferen Bedingungen der Siegermächte anzunehmen. Am 12. Oktober lautet der Befehl, nach Fourmies im französischen Flandern zu marschieren, um dort während des Winters Ersatzleute für die Scharfschützenabteilung auszubilden. Am Abend der Ankunft in Fourmies lautet jedoch der Befehl der Obersten Heeresleitung, am nächsten Tag nach Tongern zu marschieren. In Tongern eingetroffen, lautet der weitere Befehl nun, sich für Straßenkämpfe auszubilden. Die Soldaten ahnen nichts von einer drohenden Revolution in Deutschland und vermuten hinter dem Befehl, daß ihre Einheit zur Niederschlagung von Aufständen in Antwerpen, wo sich größere Mengen von Deserteuren aus den Ostdivisionen verborgen halten, herangezogen werden soll.

Revolution und Kriegsniederlage

Die November-Revolution, die mit der Meuterei der Marine beginnt, besiegelt schließlich den Zusammenbruch des Deutschen Reiches. Und in der Tat kommt die Oberste Heeresleitung anläßlich der rasanten Ausweitung der revolutionären Umtriebe nun zu der Erkenntnis, daß das Feldheer eingreifen müsse, wenn man die Lage noch retten wolle. Brünings Truppe liegt noch bei Tongern in Belgien mit dem Befehl, sich im „Falle X“, mit dem innere Unruhen gemeint sind, bereitzuhalten. Am 7. November tritt der „Fall X“ ein. Brünings Truppe erhält die Meldung, daß in Berlin und anderen Städten die Revolution ausgebrochen sei. Erstes Ziel sei die Sicherung von Aachen, dann von Köln. So fährt die Truppe nach Aachen, um dort als Spitze einer neuzubildenden Kampfgruppe die Revolution niederzuschlagen. Aufgefüllt mit den frisch ausgebildeten jungen und kampfunerfahrenen Ersatzleuten muß die Abteilung einen Teil davon schon bald als unbrauchbar wieder entlassen. So besteht die Abteilung aus zwei zuverlässigen, aber geschwächten Kompanien sowie einer weiteren mit Rekruten aufgefüllten, der niemand traut.[39] Brüning kann die revolutionäre Stimmung in weiten Teilen des Landes nicht nachvollziehen, da sie den geordneten Rückzug der deutschen Truppen, den Aufbau einer neuen Verteidigungslinie und somit die letzte Chance auf einen ehrenvollen Frieden verhindere. In Aachen besetzt Brünings Abteilung die

---

[38] Vgl. Brüning: Memoiren, S. 23.
[39] Brüning: Memoiren, S. 26.

Bahnhöfe, um die Aussetzung der ihr folgenden Division gegen Störungen zu schützen. Die Lage in Aachen verschlechtert sich durch die zunehmende Zahl an Meuterern dermaßen, daß die Oberste Heeresleitung Befehl gibt, die Abteilung nach Herbesthal zurückzuverlegen, um dort den Grenzbahnhof von belgischen Bergleuten und einem meuternden Landsturmbataillon zu befreien. Dadurch sollte der Nachschub für vier Armeen gesichert werden. Außerdem müssen die zur Niederschlagung der Revolution eingesetzten Einheiten zur Erreichung ihres Einsatzortes die dort entlangführende Bahnstrecke benutzen. Gleichzeitig ergeht der Befehl, nicht auf die Revolutionäre zu schießen. Dieser Befehl löst viel Unverständnis und Widerstreben bei Brüning und den anderen Offizieren aus.

In Herbesthal bringt die Scharfschützen-Abteilung die Lage unter Kontrolle. Die belgischen Bergleute sind friedlich und bitten nur um Weiterbeförderung nach Mons oder Charleroi, und auch der Bahnhofskommandant erweist sich als kaisertreu und unterstellt sich Brünings Kommando. Von einer Meuterei ist nichts zu merken. Brüning telefoniert diese Meldungen der Obersten Heeresleitung in Spa durch. Er muß das Telefonat wegen plötzlichen Lärms einlaufender Züge mit Deserteuren abrupt beenden, ohne sich den Namen seines Gesprächspartners geben lassen zu können. Die positive Meldung wird dem Kaiser, Hindenburg und Groener am Morgen des 9. November 1918 völlig verfälscht wiedergegeben. Der Bahnhof Herbesthal sei von aufrührerischen Truppen besetzt worden. Diese Fälschung hat fatale Auswirkungen, da dieser Bahnhof auch das Große Hauptquartier gegen das Vordringen aufständischer Truppenteile schützt. So fühlt man sich im Hauptquartier in Gefahr; verschiedene Alternativen für das weitere Handeln werden außer acht gelassen. Wegen der geglaubten Nachschubunterbrechungen kann an eine Aufrechterhaltung des Widerstandes an der Westfront nicht mehr gedacht werden. Brüning vermutet rückblickend, daß die Meldung deswegen gefälscht wurde, um den Kaiser zur Abdankung und Flucht zu bewegen.[40] Ob die Geschichte allerdings hätte anders geschrieben werden können, wenn die Meldung nicht verfälscht worden wäre, ist fraglich. Die Situation im Deutschen Reich ist schon zu verfahren; der 9. November wird zum Todestag der Monarchie. Die Armee ist nicht mehr bereit zu kämpfen, weder für die Monarchie, noch gegen den Bolschewismus. Kaiser Wilhelm dankt als Deutscher Kaiser ab. Er flieht am 10. November in der Dunkelheit des noch nächtlichen Morgens über die holländische Grenze – ein ruhmloses Ende der deutschen Monarchie. Brüning, der davon am Abend erfährt, ist erschüttert. Zwar ist er kein Freund der Person des Kaisers, aber doch stets ein treuer Verfechter der Monarchie. Für ihn ist die Monarchie etwas Selbstverständliches und die für die Deutschen ideale Staatsform. Brüning bleibt seiner

---

[40] Vgl. Brüning. Memoiren, S. 34.

monarchistischen Grundhaltung treu. Damit liegt er voll auf der Linie der rheinischen und westfälischen Zentrumsmitglieder, die bis zum letzten Kriegstag ihr Bekenntnis zur Monarchie ablegen sowie den Willen zum Durchhalten bekunden. Sie widersetzen sich der Abdankung des Kaisers. Die Abschaffung der Monarchie Ende 1918 entzieht dem deutschen Volk sein nationales Symbol und den seelischen Boden unter den Füßen. Der Wegfall der gesellschaftlichen Integrationsfunktion des Kaiserhauses hinterläßt ein Vakuum, dessen Existenz sich noch als verheerend erweisen wird.

Am 11. November erhält Brünings Einheit von der Obersten Heeresleitung den Befehl, einen Soldatenrat zu bilden. Die Irritation der Soldaten, die vom politischen Geschehen weitgehend abgeschnitten und noch in der Erwartung sind, weiter zur Niederwerfung der Revolution in Köln und Berlin eingesetzt zu werden, ist groß.

„Alle Angehörigen der Abteilung sollten an der Wahl teilnehmen. So war der Befehl einfach nicht auszuführen. Hätten wir die an den Ausgängen von Herbesthal stehenden Posten zu der Versammlung berufen, so wäre es für die vorbeiziehenden Deserteure und Marodeure ein leichtes gewesen, uns im Bahnhof einzuschließen. Von diesem Augenblick ab verloren wir das Vertrauen, daß in der Obersten Heeresleitung irgendeine klare Auffassung über die Lage bestünde.“[41]

Deshalb verweigern sie zunächst die Befolgung des Befehls. Schließlich jedoch findet die Wahl statt, und Brüning wird zum Vorsitzenden des Soldatenrates gewählt.

An diesem schicksalhaften 11. November wird der Waffenstillstand unterzeichnet. Brünings Abteilung erhält den Befehl, am nächsten Morgen in Richtung Bonn abzumarschieren. Singend ziehen die Soldaten durch die Straßen, die Bevölkerung empfängt die tapferen Heimkehrenden mit Blumen und anderen Gaben. In Bonn ist die Lage ruhig. Brüning beschreibt die Stimmung später folgendermaßen: *„In Eupen waren die Straßen leer, die Fensterblenden geschlossen. Aber die guten Bürger mußten wohl die goldenen Kreuze unseres Soldatenrats gesehen haben. Als einige Stunden später die Abteilung durchmarschierte, unter dem Gesang „O Deutschland, hoch in Ehren“, kamen die Leute aus den Häusern mit Blumen und den besten Weinen, die sie hatten. Das war die Gesinnung der rheinischen Bevölkerung, wenn sie frei war vom kommunistischen Terror. (…) Wir wußten nicht, wie die politische Lage in Köln und Bonn war. Ich fuhr mit dem Rade voraus, um Auskunft einzuholen. Unvergeßlich bleibt mir der erste Anblick des Siebengebirges, mit großen düsteren Wolken im Hintergrund, die es gewaltiger erscheinen ließen, als es ist. In Mehlem erfuhr ich von Freunden, daß in Bonn alles in Ordnung sei. Ein christlicher Gewerkschaftler sei dort Vorsitzender des Arbeiter- und Soldaten-*

---

[41] Brüning: Memoiren, S. 33.

rates und habe sofort die Anordnung erlassen, die Häuser zum Empfang der zurückkehrenden Truppen mit der Reichsflagge zu schmücken."[42] Die Revolution stellt sich nun nur als Wolke dar, die kurz über Deutschland zog und nun – bei Einzug der Truppen – von der alten kaisertreuen Einstellung wieder abgelöst wird. Den Aufenthalt in Bonn nutzt Brüning, um seinen Doktorvater Prof. Dietzel zu besuchen. Dieser gibt Brüning ein Empfehlungsschreiben mit, um Brüning bei der Stellensuche zu unterstützen.

Der Oberbürgermeister von Köln, Konrad Adenauer, gibt die Stimmung mit seinen euphorisch patriotischen Worten, die er anläßlich des Empfanges der heimkehrenden Soldaten zum Kölner Arbeiter- und Soldatenrat spricht, gut wieder: *„Unsere feldgrauen Brüder kehren zur Heimat zurück. Sie kehren zurück, nachdem sie mehr als vier Jahre mit dem größten Heldenmut, den die Weltgeschichte je gesehen hat, in dem furchtbarsten Kampfe, den sich die menschliche Phantasie überhaupt ausmalen kann, die Heimat, Haus und Hof mit ihren Leibern beschützt haben; sie kehren zu uns zurück, nicht besiegt und nicht geschlagen"*. Weiter versichert er, *„daß wir ihnen niemals vergessen werden, was sie für Deutschland getan haben"*.[43] Diese Stimmung und die Lobreden sind Balsam für die Wunden der Krieger, doch die Realität wird bald anders aussehen. Während die Soldaten im Felde fernab der Familien ihre Gesundheit und ihr Leben riskierten, machten andere in diesen Jahren daheim Karriere. Nun steht eine große Schar der Soldaten, zum Teil verletzt und verkrüppelt, ohne Anstellung und arm, wieder in der Heimat.

Für Brünings Scharfschützen der MGSS 12 geht es am 21. November nach Köln-Wahn zur Verladung in Richtung Berlin; während die anderen Truppen demobilisiert werden, sollen die Scharfschützen eventuell gegen die Polen marschieren. Die Bereitschaft in der Truppe ist gering, haben sie doch dem Kaiser den Eid geschworen. Da es keinen deutschen Kaiser mehr gibt, fühlen sich auch viele Soldaten nicht mehr verpflichtet, weiter zu kämpfen. Die ständig wechselnden Befehle und Marschziele verstärken die Demoralisierung der Truppe. So kommt es auch auf der Zugfahrt zu Problemen mit der Disziplin. Als Brüning dem Oberkommando die Probleme berichtet, ergeht von dort der Befehl, zur Demobilisierung nach Frankfurt an der Oder zu fahren.[44] Am 24.11. trifft die Abteilung dort ein, wo sie mit roten Fahnen empfangen wird, die Waffen abgeben muß und die Offiziere von den Mannschaften getrennt werden. Die Offiziere, darunter Brüning, werden in einem Kasernenraum gefangengenommen. Die Einsperrung dauert zwar nur eine halbe Stunde, doch Brüning empfindet sie als Erniedrigung und Demütigung. So

---

[42] Brüning: Memoiren, S. 35f.
[43] Kölner Stadtverordnetenversammlung, 21.11.1918, S. 399, zit. nach Hans-Peter Schwarz, Adenauer, S. 194.
[44] Vgl. Brüning: Memoiren, S. 37.

wird also der rastlose Einsatz der letzten beiden Kriegsjahre gedankt! Überdies hat Brüning Geburtstag. Seine Stimmung ist pessimistisch, und aus dieser Erfahrung heraus bleibt der Bolschewismus für ihn nicht eine bloße abstrakte Ideologie, sondern stets wird sich damit eine traumatische Erinnerung an diese Tage und Wochen nach dem Zusammenbruch verbinden. Als Brüning am Abend einen langen Zug von Scharfschützen durch die Stadt ziehen sieht, die roten Fahnen von den Häusern niederreißend und jedem drohend, der revolutionäre Parolen von sich gibt, wird er in seiner Überzeugung bestärkt, daß es möglich gewesen wäre, die Revolution niederzuschlagen, selbst mit verhältnismäßig geringen Truppenverbänden, und daß der Sturz der Monarchie zu verhindern gewesen wäre.

Die drei Jahre Fronteinsatz haben Brünings Persönlichkeit stark geprägt und eine Wende in seinem Leben herbeigeführt. Nichts ist geblieben von der einstigen Unentschlossenheit und Zaghaftigkeit der Jugend- und Studienjahre. Brüning ist stolz auf sein Eisernes Kreuz Erster Klasse und spricht rückblickend fast schon schwärmerisch vom „aristokratischen Erlebnis" des Schützengrabens, welches nicht auf einzelne Schichten, Stände und Berufe beschränkt gewesen sei. „*Wenn es nach langen, harten Kämpfen in einem der geräumten Dörfer für eine Weile Ruhe gab, konnten die Mitglieder dieser Abteilung an Fröhlichkeit und natürlich tadellosem Benehmen nicht übertroffen werden. Weder früher noch später in meinem Leben habe ich etwas Gleiches an gegenseitigem Vertrauen, unabhängiger Gesinnung, Anpassungsfähigkeit, Humor und Selbstaufopferung erlebt.*"[45] Das Erlebnis der Kriegskameradschaft ist prägend und verbindend für die gesamte Frontkämpfergeneration und wird bei Brüning ein starkes, ja vielleicht sogar das stärkste überparteiliche Bindeglied seiner späteren politischen Arbeit. Soldatische Tugenden wie Aufopferungsbereitschaft, Disziplin, Pflichterfüllung, Vaterlandsliebe und Härte erfüllt nicht nur er selbst zeit seines Lebens, er verlangt auch dem deutschen Volke diese Tugenden während seiner Kanzlerjahre ab.

Der erste Kommandeur der Maschinengewehr-Scharfschützen-Abteilung, der spätere Generalleutnant von Schauroth, gibt folgende Beurteilung ab: „*Nur wenig jünger als ich, genoß Brüning bald mein volles Vertrauen. Unter den Kameraden war er hochgeehrt, von den Untergebenen wurde er geliebt und verehrt. Er gehörte zu den seltenen Persönlichkeiten, die keine Feinde haben. Unbedingt pflichttreu, zuverlässig, tapfer, kameradschaftlich und charakterlich hochanständig und vornehm, bewährte er sich in den… Schlachten in Flandern, der Tankschlacht von Cambrai, der großen Angriffsschlacht im März 1918 sowie in den anschließenden Abwehr- und Rückzugskämpfen bis zum traurigen Ende.*"[46]

---

[45] H. Brüning, Memoiren, S. 18.
[46] Zit. nach Lohe, a.a.O., S. 18.

1931 schrieb der erste Brüning-Biograph Rüdiger Robert Beer:

„Auch der Krieg hat keinem etwas hinzugetan, was nicht in ihm lag. Aber er deckt bei manchem auf, was verborgen oder verschüttet war. Bei Heinrich Brüning, in dem blassen Büchermenschen, entwickelte er über Intellekt und Wissen hinaus als Beherrschendes der Persönlichkeit und ihres künftigen Weges den Willen. Was der Krieg in Brüning bestätigte, war die stille Phrasenlosigkeit, die Verachtung der großen Worte und der großen Redner, die Verhaltenheit jeder Leidenschaft".[47] An anderer Stelle führt er aus: *„Seine alte Skepsis gegen die Helden des Wortes hatte dort, wo es nur auf den Mann und die Tat ankam, eine ernste Bestätigung erfahren. Jetzt steigerte sie sich zu einem tiefen Pessimismus, der ihn nie wieder ganz verließ und ihn in jeder Schätzung auch die schwärzesten Möglichkeiten als wahrscheinlich einsetzen läßt. Daher legte sich eine Kargheit und Verschlossenheit über ihn, die vielleicht überhaupt nur die Kameraden jener männlichsten Zeit ganz lockern können und die ihn in eine stete, doch untragische, weil völlig bejahte Einsamkeit hüllt. Im Positiven hat das trotz allem nicht umsonst gebrachte Opfer jener Jahre seine christliche Haltung zur Opferbereitschaft bestätigt. Sie hat ihn ohne Hochmut den Wert eines Führers- und Gefolgschaftsverhältnisses für das Leben eines Volkes erkennen lassen."*[48]

Brüning selber urteilt Jahre später: *„Das Erlebnis des Krieges stärkt bei denen, die große und zugleich schreckliche Ereignisse mitgemacht haben, soweit sie dadurch nicht seelisch zerrüttet oder resigniert worden sind, allgemein die Erfahrung und die Erkenntnis, daß die großen Geschicke in der Welt nur durch Opfer, Selbstlosigkeit und freiwillige Disziplin zu bewältigen sind. Das ist eine Erkenntnis, die nichts Neues ist. Gewöhnlich sind die Menschen instinktiv davon erfüllt, bis eines Tages dieses Erbteil von Erfahrungen durch die Zeiten wieder verloren ist. Dann muß die Menschheit unter Schmerzen sie wieder neu für sich bilden. Dagegen wird man vieles einwenden. Ein solches Erlebnis ist, soweit es stark bewußt wurde und damit erst das Leben dauernd bestimmen konnte, nur bei verhältnismäßig wenigen. Dieser Einwand ist zum Teil richtig, aber dieses aristokratische Erlebnis ist nicht auf Schichten, Stände und Berufe beschränkt; es ist vielmehr ein Erlebnis aller derjenigen, die im einfachsten menschlichen und seelischen Sinne eine Elite darstellen."*[49]

Gottfried Treviranus berichtete, daß Brüning auch bei späteren Stellenbesetzungen die Maßstäbe des Kompaniechefs anlegte. Das Befehls- und Gehorsamsdenken habe auch sein Verhältnis zu Reichspräsident von Hindenburg bestimmt.[50]

---

[47] R. R. Beer: Heinrich Brüning, S. 14.
[48] R. R: Beer, a.a.O., S. 27.
[49] Zit. nach Beer, a.a.O., S. 27f, ebenso A. Nobel: Brüning, S. 16.
[50] Vgl. R. Morsey: Im Zeichen des Adlers, S. 184.

Der Reserveoffizier Brüning bewundert Hindenburg wie auch Ludendorff. Über Hindenburg schreibt er später: *„Das Ende des Krieges hinterließ in mir eine Auffassung über den Feldmarschall, die voller Bewunderung für seine militärische Leistung, die Schuld an dem Zusammenbruch ausschließlich der Politik zuschrieb. Ein einziger Punkt blieb in diesem Bild dunkel. Ich konnte in den Tagen von Herbesthal nicht verstehen, daß Hindenburg den Kaiser aufgegeben hatte. Noch weniger war es mir verständlich, daß Hindenburg so weit ging, mit seinem Namen die Errichtung von Soldatenräten bei den Fronttruppen anzuordnen. Aber sehr kurze Zeit nachher stand bei mir, wie bei allen Kameraden, die Auffassung fest, daß Groener die Schuld an den schmählichen Begleitumständen des Zusammenbruches trug. Ich muß gestehen, daß sich in mir ein jahrelanger Haß gegen Groener bildete, der sich erst [...] allmählich legte.“*[51]

Brüning ist 1918, bei Kriegsende, 33 Jahre alt und in seinen Charaktereigenschaften geprägt. In den kommenden Jahrzehnten seines Lebens werden mit zunehmender Lebenserfahrung vorhandene Konturen stärker hervortreten, doch in seinen wesentlichen Zügen ist er schon fest geformt.

Ebenso wie für die meisten Deutschen bricht mit der Kriegsniederlage im November 1918 auch für Brüning eine Welt zusammen. Wieder ist er arbeitslos und muß sich eine neue Existenz aufbauen. Aber immerhin, er lebt, seine Verwundungen sind verheilt, während fast 2 Millionen deutsche Soldaten ihr Leben ließen und noch 100.000 Soldaten vermißt werden.

Anfang Dezember trifft Brüning nach drei Jahren wieder in Münster ein und findet Unterschlupf bei seiner Schwester. Ohne Erfolg bewirbt er sich zunächst als Volkswirtschaftler um eine Stellung bei der Stadt Münster.[52]

Sein Doktorvater, Professor Heinrich Dietzel, will ihm den Weg in die wissenschaftliche Laufbahn freimachen, doch Brüning lehnt ab: *„Ich kann in dieser Zeit, in der unser Volk aufgewühlt und unsicher in die Zukunft blickt, nicht an einem Katheder stehen. Ich muß unter Menschen gehen, die in Bedrängnis sind!“*[53] Mit dieser Einstellung ist Brüning typisch für die Männer der Frontkämpfergeneration, welche nach der Enttäuschung über die Kriegsniederlage die revolutionäre Umwälzung in Deutschland ablehnen und in die politische Aktivität drängen.

---

[51] Memoiren-Fragment Y, S. 1, Harvard University Archives, HUG (FP) 93.4, ähnlich Brüning: Memoiren S. 145.
[52] Vernekohl, S. 317.
[53] Zit. nach R. Morsey, Heinrich Brüning, 1970, S. 11.

POLITISCHE ANFÄNGE

Der Ruf der Politik

Brüning ist von seinen politischen Überzeugungen eher dem konservativ-natio-nalen Flügel des politischen Katholizismus zuzurechnen, allerdings mit einem ihn kennzeichnenden spezifischen Einschlag sozialer Prägung. Schon zu Schulzeiten sympathisierte er mit der Zentrumspartei. Das politische Interesse Heinrich Brünings wird durch den „Volksverein für das katholische Deutschland" geweckt, einem Verein, dem die gesamte Familie Brüning nahesteht. 1890 gegrün-det, entwickelt er sich bis zum Ersten Weltkrieg zum größten Massenverein des Reiches. Seine Aufgabe sieht der Verein in der sozialpolitischen Schulung der Ka-tholiken und in der Hinleitung zum staatsbürgerlichen Engagement. Der Verein steht in enger Verbindung zur Zentrumspartei und unterhält mit ihr personelle Ver-flechtungen und informellen Austausch. Die Staatsform der Monarchie stellt der Volksverein nicht in Frage, wenngleich er vom monarchischen Staat mehr Demo-kratie verlangt. Der Verein fordert die geistige Führungsschicht, die Akademiker, auf, das Streben der Arbeiter nach geistiger und politischer, wirtschaftlicher und sozialer Hebung zu wecken und zu unterstützen. Der katholische Geistliche Dr. Carl Sonnenschein leitet das für diese Zwecke in Mönchengladbach eingerichtete ‚Sekretariat Sozialer Studentenarbeit'. Brüning hält als Student auch selbst Arbei-terschulungskurse ab.

Erste Anstellungen

Mitarbeiter von Dr. Sonnenschein

In der Georgenstraße in Berlin richtet Dr. Sonnenschein nach dem Krieg seine Studentenseelsorge ein, die sich rasch zu einem umfassenderen sozialen Hilfs-werk ausweitet. Hier, im Sekretariat Sozialer Studentenarbeit, findet der arbeitslo-se Westfale schließlich eine Arbeit, zunächst als Ordner der Kartei. Aber immerhin, die Arbeit von Sonnenschein, dem Sozialpriester und Studentenseelsorger, ist ihm ja schon bekannt. Sie richtet sich an die katholische Studentenschaft, die in die so-

ziale Arbeit integriert werden soll. Dazu hat Sonnenschein in jeder Universitäts-
stadt sozialstudentische Zirkel und Arbeitskreise gegründet. So muß Brüning nun
von morgens bis abends Zeitungsartikel aufkleben, die von Zeitungsausschnitt-
büros geliefert werden. Später werden an ihn auch organisatorische Aufgaben und
Ausarbeitungen von Referaten herangetragen. Mit Brüning und Sonnenschein treffen zwei völlig konträre Charaktere aufeinander. Der eine, Westfale, ist skeptisch,
überlegt, vorausplanend, logisch und ruhig, der andere, Rheinländer, überschweng-
lich, lebhaft, impulsiv, sprunghaft, spontan und leutselig. Sonnenscheins Einfälle
überschlagen sich nur so, dabei ist er warmherzig und nimmt sich eines jeden Bitt-
stellers an. Die Spenden werden zur Linderung der Not verwendet, nicht für die
Organisation selbst. Mit seiner Bedürfnislosigkeit gibt Sonnenschein selbst ein
großes Vorbild. Die planende, ordnende Hand des jungen Frontkämpfers ist die
ideale Ergänzung zu Sonnenschein. Brüning hingegen tut sich mit der agilen Ge-
schäftigkeit und den wechselnden Ideen seines Arbeitgebers, die stets wieder ver-
worfen zu werden drohen, schwer. Brüning richtet aber nicht nur die Kartei ein, er
besucht Tagungen und spricht auch nach Beendigung seiner Arbeit bei Sonnenschein noch als Redner auf dem Göttinger Studententag 1920. Eine weitere Aufgabe Brünings ist es, Soldaten beim Übergang in Studium und Beruf behilflich zu
sein und ihnen zugleich soziales Verständnis zu vermitteln. Es ist schließlich eine
lohnende Tätigkeit, denn über die Arbeit bei Sonnenschein knüpft er Kontakte, die
ihm schon im September 1919 – also nach noch nicht einmal einem Jahr – eine
Stelle als persönlicher Referent des preußischen Wohlfahrtsministers Adam Stegerwald ermöglichen. Alternativ war ihm eine Stelle bei Erzberger angeboten worden, doch in Erinnerung an Stegerwalds Rede in Münster und dessen Ankündigung
seines Plans einer großen, auf christlichen Traditionen beruhenden und beide Konfessionen verbindenden Partei entscheidet er sich für Stegerwald. So bezieht er seinen neuen Dienstraum im Wohlfahrtsministerium in der Leipziger Straße in Berlin.

Persönlicher Referent des
Wohlfahrtsministers Stegerwald

Stegerwald hat einen Werdegang vom Tischler zum Gewerkschaftsführer absolviert, gehört dem Zentrum an und bekleidet von 1919 bis 1921 das Amt als
Wohlfahrtsminister; 1921 ist er zugleich preußischer Ministerpräsident. Während
der Novemberrevolution hatte er den Deutschdemokratischen Gewerkschaftsbund
als Dachorganisation aller christlichen und nationalen Arbeitnehmerverbände und
als Gegengewicht zum Allgemeinen Deutschen Gewerkschaftsbund (ADGB) gegründet und sich somit an die Spitze der Bewegung gegen die Novemberrevolution gestellt.

Brünings Arbeitszeit ist lang, meist kommt er nicht vor 1.00 Uhr in der Nacht ins Bett. Er erledigt die für Assistenten von Ministern typischen Aufgaben wie die Sichtung und Bearbeitung aller Posteingänge an den Minister, die Beantwortung von Kabinettsfragen, das Entwerfen von Antwortschreiben, Reden, Vorträgen, Grußworten usw.

Später berichtet er darüber: „*Eine für mich sehr anstrengende und zeitraubende Tätigkeit war das Durchlesen der täglich einlaufenden Weltverbesserungspläne, für die ein Teil des deutschen Volkes eine ungewöhnliche Begabung besitzt. Dazu kam das Wiederaufleben von jahrhundertealten Besitzstreitigkeiten in der Landwirtschaft, vor allem in Westfalen, die schon längst durch die Gerichte entschieden waren …*

Die Mitarbeit an der Beratung Stegerwalds in Verfassungsfragen führte zu meiner Ernennung zum Koreferenten für staatsministeriale Sachen, was meine Stellung in den Augen der Beamten festigte. Der größte Teil meiner Arbeit aber war mit dem Bestreben Stegerwalds verbunden, eine enge Verbindung aller nichtsozialistischen Gewerkschaften durchzuführen. In dieser revolutionären Zeit war es ratsam, obwohl gegen alle Traditionen, daß Gewerkschaftsführer, die als Politiker in die Kabinette eintraten, gleichzeitig die Gewerkschaften selbst fest in der Hand behielten. So wurden die Gewerkschaften neben den neugebildeten militärischen Organisationen das stärkste Bollwerk gegen den Bolschewismus (…) Eine andere Aufgabe hielt mich jeden Abend im Ministerium bis nach zehn Uhr fest: das Lesen der Berichte des merkwürdigen neuen Staatskommissariats für Öffentliche Ordnung, das mit reichen Staats- und privaten Mitteln gegründet worden war, um die kommunistische Organisation und Agitation ebenso wie die der äußeren Rechten zu bewachen. In ihrer Leitung war Ottmar Strauß, eng verbunden mit der Firma Otto Wolff, die mit dem Ankauf und der Verwertung von noch vorhandenen Kriegsmaterialien zur Beherrscherin des deutschen Schrottmarktes wurde. Man kann sich schwer die Lage in Berlin und in anderen Teilen des Landes um diese Zeit vergegenwärtigen. Im obersten Stock des Wohlfahrtsministeriums hauste noch 1919 der rote Vollzugsrat. Kommunistische Agenten gingen ständig aus und ein. Im Frühherbst 1919 löste ein erfahrener alter Beamter dieses Problem durch Sperrung der Wasserleitung in den oberen Räumen, und im November löste Noske den kommunistischen Vollzugsrat für Groß-Berlin endgültig auf."[54]

Stegerwald und Brüning vertreten die Idee, die erst nach dem Zweiten Weltkrieg zur politischen Wirklichkeit wird, nämlich alle christlichen Arbeiterverbände und politischen Bewegungen in einer Gewerkschaft und Partei zu vereinen. 1920 erarbeiten sie ein Programm für eine neue Partei, die auf die Grundeigenschaften

---

[54] Brüning: Memoiren, S. 59 ff.

deutsch, christlich, demokratisch und sozial gestützt sein soll – eine starke Mittel-
partei von Protestanten und Katholiken, da beide Konfessionen für sich zu
schwach oder widersprüchlich sind. Auch will man die positiven Elemente und
Kräfte der Sozialdemokratie einbinden in den Wiederaufbau des Staates und so
verhindern, daß sie in grundsätzliche Opposition zum Staat gedrängt werden. Das
Programm für diese Partei, vorgestellt im November 1920 auf der ersten General-
versammlung in Essen, darf auch als frühes großes politisches Programm Brünings gesehen werden. Dabei decken sich seine Vorstellungen gut mit denen seines
Dienstherren, denn schon früh neigt Brüning zum katholischen Ökumenismus. Er
möchte seine Partei, das Zentrum, und die Politik entkonfessionalisieren und
strebt die enge Zusammenarbeit zwischen Katholiken und Protestanten an. Sein
Verhältnis zu den klerikalen Kreisen und zur vatikanischen Bürokratie bleibt di-
stanziert. Brüning repräsentiert eine gleichermaßen konservative wie moderne
Richtung des Katholizismus.

Die Idee der Parteineugründung läßt sich nicht verwirklichen. Ein Ergebnis
bringt der Essener Kongreß dennoch: Die Gründung des Deutschen Gewerkschaftsbundes ist aus Sicht Stegerwalds deshalb notwendig geworden, weil der
Deutschdemokratische Gewerkschaftsbund sich als zu breit und zu wenig stoß-
kräftig erwies. Die Idee, den Freien Gewerkschaften eine nichtsozialistische Ar-
beitnehmervertretung christlich-nationalen Zuschnitts entgegenzustellen, erweist
sich als erfolgreich.

Geschäftsführer des Deutschen Gewerkschaftsbundes

Brüning bekleidet von Ende 1920 bis 1930 den Posten des hauptamtlichen Ge-
schäftsführers des Deutschen Gewerkschaftsbundes, dessen Vorsitzender
Stegerwald ist. Unter den Mitgliedern befinden sich etliche Zentrumspolitiker so-
wie Deutschnationale und Vertreter der Deutschen Volkspartei. Wegen der Fülle an
Arbeit als Generalsekretär legt Brüning seinen Posten als Persönlicher Referent im
Winter 1920 nieder.

Er übernimmt die Redaktion der von Stegerwald 1921 gegründeten Berliner
Tageszeitung „Der Deutsche", das Presseorgan des DGB. Es ist eine zumindest
anfangs sehr undankbare und nervenaufreibende Aufgabe, da Brüning erst einmal
zwischen den einzelnen Verbänden und ihren Interessen vermitteln und schlichten
muß – zum einen, um eine gemeinsame Grundlage für die Zeitung zu schaffen,
zum anderen, weil ihm alle Aufgaben zur Erledigung zufallen, die der Gewerk-
schaftsvorsitzende Stegerwald nicht alleine bewältigen kann. Die durch die Essener Erklärung erwartete Reformierung der Zentrumspartei bleibt aus. Über die

Zeitung schaltet sich Brüning nun auch in Streitigkeiten des Zentrums ein, verfallen doch Kreise, die während der Revolution Schutz bei der christlichen Arbeiterschaft suchten, wieder in ihr altes Milieudenken zurück. So nimmt zum Beispiel dieser Zentrumsflügel die geplante Wahl eines Maschinenschlossers und Dortmunder Stadtverordneten zum Oberpräsidenten der Provinz Westfalen zum Anlaß, dagegen zu polemisieren, daß in einer so wichtigen Provinz ein früherer Arbeiter zum Oberpräsidenten gewählt wird. Brüning argumentiert dagegen, daß eine weitschauende und aufbauende Staatspolitik bestrebt sein solle, Persönlichkeiten aus der Arbeiterbewegung, die über große Erfahrung verfügten und das Vertrauen der breiten Masse genössen, durch ihren Eintritt in den Staatsdienst zu gewinnen.[55]

Bei seiner gewerkschaftspolitischen Arbeit geht es Brüning nicht allein um Lohnpolitik. Im Vordergrund steht auch hier die positive Einstellung der Arbeitnehmer zu Christentum und Nation.[56] Im Reich geben die Finanzen immer größeren Anlaß zur Sorge. Der Wertverfall der Mark schreitet immer weiter fort. Der Deutsche Gewerkschaftsbund stellt daraufhin ein währungspolitisches Programm auf und wendet sich mit Forderungen an die Reichsregierung.

Brüning fordert in einer Artikelserie im „Deutschen" seit August 1923 eine Deflationspolitik und die Ordnung des Staatshaushaltes, die dafür Voraussetzung sei. Nur so könne das Reich langfristig Auslandskredite einholen. Zwar bringe dies zunächst eine höhere Arbeitslosenquote mit sich, doch steige die Produktion wieder und bekomme Übergewicht über die Spekulation – so Brünings Argumentation. Weiter fordert er die Vereinfachung der Verwaltung, überflüssige Ministerien sollten aufgelöst oder zusammengelegt werden, und die Steuerverwaltung solle auf der selbständigen Finanzpolitik der Gemeinden aufbauen und sei für den Bürger durchsichtiger zu gestalten.

„Es darf so nicht weitergehen, daß man glaubt, wegen der Unsicherheit der Reparationslösung überhaupt keine durchgreifenden Sanierungsmaßnahmen für den Reichshaushalt treffen zu müssen. Wenn man glaubt, dadurch die wirkliche Steuerfähigkeit Deutschlands zu verschleiern, so gibt man sich einer großen Täuschung hin…. Allergrößte Sparsamkeit, durchgreifende Reformen in der Verwaltung zur Vereinfachung und Verbilligung ist unbedingte Pflicht. Die Erfolge dieses Vorgehens müssen bereits sichtbar sein, bevor die Reparationsfrage ihre endgültige Lösung findet."[57]

Auch gegen die Sozialdemokratie richten sich in diesen Jahren seine Artikel: *„Der tiefe Grund der Zuspitzung der innerpolitischen Lage liegt in der mangeln-*

---

[55] Artikel zur Ernennung Gronowskis als Oberpräsident von Westfalen, in: Der Deutsche; zit. nach Nobel, S. 29. Vgl. auch Lohe, S. 25f.

[56] A. Nobel, a.a.O., S. 30.

[57] Zit. nach Treviranus: Das Ende von Weimar, S. 76.

den nationalen Einstellung weiter Kreise der Sozialdemokratie und im Fehlen der schöpferischen Ideen in ihren Reihen. Wenn man aus der Republik ein kaudinisches Joch macht und sie als eine willkommene Agitationsphrase benutzt, so wird allerdings auf die Dauer die größte Gefahr für ihren Weiterbestand sich herausbilden. Wenn die Sozialdemokratie in kritischen Momenten sich jeweils der Verantwortung entzieht, um das Odium auf die bürgerlichen Parteien abzuladen, so muß sie sich nicht wundern, wenn alle verantwortlich denkenden Kreise immer weniger Hoffnung haben, daß die Sozialdemokratie sich wirklich zu einer verantwortungsvollen, staatsmännisch geleiteten Partei entwickelt ... Wer im Staate herrschen will, der muß den Willen haben, auch die Verantwortung nach jeder Richtung hin zu übernehmen. Er muß den Staat restlos bejahen und darf nicht fürchten, gelegentlich auch unpopuläre Maßnahmen zu treffen.“[58]

Im ‚Deutschen‘ dieser Jahre kann man auch Brünings Warnungen vor dem zunehmenden Antisemitismus im Reich nachlesen. In seiner Würdigung des ermordeten Außenministers und jüdischen Industriellen Walther Rathenau schreibt er: „Mit Rathenau ist eine Persönlichkeit dahingegangen, die mit den besonderen Eigenschaften des Juden eine starke Sehnsucht verband, für Deutschland alles zu tun und vieles zu leiden und gewisse Begabungen seiner Rasse restlos in den Dienst...seines Vaterlandes Deutschland zu stellen. Von diesem Juden allein war zu hoffen, daß er nach einiger Zeit bei seinen völkischen Gegnern Achtung errungen hätte.(...) Deshalb wäre er auch der Jude gewesen, der seinen Stammesgenossen den Weg zeigen und ein Vorbild hätte sein können, um das Judentum in der richtigen Weise in das Gesamtleben der deutschen Nation einzufügen und es erträglich und wertvoll zu machen.“[59] Brüning schreibt von der zunehmenden antisemitischen Propaganda. Vor allem stellt er den Antisemitismus bei der jungen Generation fest, regional fänden sich die meisten Anhänger in Ost- und Nordwestdeutschland. Überhaupt hält er die Stimmung und Moral im Land für schlecht. Den Deutschen attestiert er: „Rechthaberei, Unfähigkeit, das eigene Ich freiwillig größeren Zielen unterzuordnen, Nichtgeltenlassen eines anderen Standpunktes, der Glaube, mit Theorien die Welt schematisch gestalten zu können, Engherzigkeit, Unduldsamkeit, geistige Erstarrung, Intriguen (sic), die, weil sie nicht schweigen, sondern mit Ruhmredereien geführt werden, sofort zu durchschauen sind, der Wille, den Gegner nicht nur als Politiker kaltzustellen, sondern auch mit allen Mitteln moralisch zu vernichten.“[60]

Der Chefredakteur der Augsburger Postzeitung, Dr. Alphons Nobel – ein Zeitgenosse Brünings –, erkennt zutreffend, daß Brüning diese negativen deutschen

[58] In: Der Deutsche vom 20.7.1923, zit. nach Nobel, a.a.o., S. 31.
[59] Zit. nach Nobel, a.a.O., S. 36.
[60] Zit. nach: Vom Frontoffizier zum Reichskanzler, S. 20, ebenso Nobel, a.a.O. S. 37.

Eigenschaften auch in seiner Werteskala menschlicher Eigenschaften unten ansiedelt. Brüning wirft den Juden vor, allzusehr diese Fehler zu übernehmen. Doch genauso gesteht Brüning Juden und Deutschen auch ihre Qualitäten und Stärken zu. Er warnt davor, die wertvollen Eigenschaften der Juden zu übersehen und nur auf ihre problematischen Seiten zu schauen. Er legt die gleichen strengen moralischen Maßstäbe an das Volk wie an sich selbst an – und diese sind hoch. Keine vermeidbare Schwäche zu dulden, weder bei sich noch bei anderen, ist auch von Teilen der Geschichtsschreibung an ihm kritisiert worden. *„Politiker müssen in und mit der rauhen Wirklichkeit zurecht kommen (sic). Sie müssen ihre Wähler, die ihnen Gesetzgebung und Macht anvertrauen, in ihren menschlichen, d.h. nicht gerade tugendsamen Belangen verstehen.(...) Im politischen Leben gegen solcherlei tagtägliche Untugenden auf dem direktesten Wege anzugehen, erwies sich – zu spät – nicht als Weg des gewünschten und notwendigen Erfolges.“*[61]

Werfen wir kurz einen Blick auf die Lebensverhältnisse Brünings in dieser Zeit:

In Berlin lebt Brüning in der Kirchstraße, nicht weit des Stadtbahnhofs Bellevue. Er verbringt sehr viel Zeit im Büro in der Kaiserallee. Ab und zu schlendert er durch den Tiergarten oder verbringt am Wochenende einige Stunden in Potsdam. Abends sieht man ihn meist in seiner Stammkneipe „Rheingold“ in der Berliner Bellevuestraße, in der er seine Stamm-Nische hat. Nobel berichtet, daß er meist auch an Abenden, an denen eine politische oder gewerkschaftspolitische Veranstaltung in seinem Terminkalender steht, zu später Stunde noch im „Rheingold“ erscheint. So liegt auf jenem Tische schon traditionell seit acht Uhr der Zettel: „reserviert für Dr. B.“.[62]

In diese frühen zwanziger Jahre fällt ein schwerer persönlicher Schlag für Brüning. Kurz nach einem Wiedersehen mit seinem Bruder Hermann stirbt dieser am 7. Januar 1924 an den Folgen einer Rippenfellentzündung. 1914 ist Hermann in England vom Krieg überrascht worden und wanderte in die Vereinigten Staaten aus. Im September 1920 wird er von den deutschen Bischöfen zu ihrem Delegierten in den Vereinigten Staaten für die Sammlung des „Bonifatius-Vereins“ ernannt. Von Amerika aus kämpft er unermüdlich gegen das Elend und Schicksal der Kinder aus den ärmeren Schichten in Deutschland. Im April 1922 kehrt Prälat Brüning wieder nach Deutschland zurück. Die beiden Brüning-Brüder reisen im Sommer 1922 gemeinsam nach Rom, weil Hermann Joseph mit dem Vatikan Kontakt aufnehmen möchte. Heinrich wird in Rom krank und muß vorzeitig wieder zurückreisen.

---

[61] Zit. nach Lohe, S. 27f.
[62] Zit. nach A. Nobel, S. 40.

Das Deutsche Reich muß als vermeintlicher Kriegsverursacher den Alliierten des Ersten Weltkrieges Reparationen zahlen. Doch schon 1921 ist die deutsche Zahlungskraft erschöpft und stößt 1922 an ihre äußerste Grenze. Das Ausbleiben deutscher Metalllieferungen interpretiert die alliierte Reparationskommission als ein schuldhaftes Versäumnis deutscher Verpflichtungen. Frankreich und Belgien besetzen daraufhin das Ruhrgebiet. Die deutsche Regierung ruft die Bevölkerung zum passiven Widerstand gegen die Besetzer auf.

Auch Heinrich Brüning unterstützt die Abwehr im Ruhrkampf, bekämpft die französische Besatzungsherrschaft. Ihm in seiner Funktion als Geschäftsführer des Deutschen Gewerkschaftsbundes ist es mit zu verdanken, daß der passive Widerstand organisiert wird und so lange standhalten kann. Ende März 1923 entsendet der Papst Monsignor Gustavo Testa als Gesandten in das okkupierte Ruhrgebiet, Hermann Josef Brüning wird zu seinem Begleiter ernannt. Die Brüder arbeiten eng zusammen, um die durch die Besetzung entstandene Not zu lindern.

In seinen Erinnerungen berichtet Brüning über seinen Einsatz: *„Die Schwierigkeit in den Besprechungen in Elberfeld, an denen ich regelmäßig teilnahm, war, den Bergarbeitern und Eisenbahnern klarzumachen, daß sie nicht den Versand der Kohle überhaupt behindern durften, da soweit wie möglich die Kohlenversorgung des unbesetzten Gebietes aufrechterhalten werden mußte. Das gelang im Anfang, aber später nicht mehr."*[63]

Brüning setzt sich für eine Organisation des passiven Widerstandes ein, um zu verhindern, daß dieser unter die Kontrolle der Radikalen gerät. Er nimmt Kontakt auf zu dem Offizier Friedrich Wilhelm von Willisen, um die Reichswehr als ordnende Hand der Widerstandsaktionen zu gewinnen. Die Reichswehr könne sich nicht heraushalten, wenn die Franzosen nationalistische Aufstände provozierten, um Grund für eine weitere Besetzung deutscher Gebiete zu haben. Dies könne jedoch nicht verhindert werden, wenn nicht die Reichswehr ihre Hand in dem ganzen Gewirr habe, ohne daß sie in irgendeiner Form verantwortlich gemacht werden könne, so argumentiert Brüning. Er fragt Willisen, ob es nicht besser sei, bei einem völligen Zusammenbruch der Währung einem General vorübergehend diktatorische Gewalt zu geben. *„Angenommen, alle die von mir befürchteten Gefahren werden gleichzeitig akut, dann werden Sie alsbald an jeder Straßenecke einen Diktator finden mit einer fanatischen Anhängerschaft.... Wenn ausländische Truppen überall in Deutschland einmarschieren, angeblich zur Unterdrückung einer kommunistischen Revolution – was dann?"*[64] Brüning ist auch von der Haltung der Politiker enttäuscht: *„Mich bedrückte am meisten die Tatsache, daß die Mit-*

---

[63] Brüning: Memoiren, S. 90.
[64] Ebenda, S. 91.

glieder des Reichstages sich nicht der drohenden Gefahren und der unter der Oberfläche sich vollziehenden politischen Strömungen bewußt wurden. Bei den Rechtsparteien und in Regierungskreisen entwickelte sich eine bedenkliche Stimmung; viele hielten den Zeitpunkt für gekommen, auf Grund der Meinung der englischen Kronjuristen, daß die Ruhrbesetzung eine Verletzung des Versailler Vertrages sei, den Vertrag zu kündigen."[65] Er bespricht seine Bedenken mit Ludendorff, der anschließend Reichskanzler Cuno bittet, jedem gefühlsmäßigen Patriotismus Widerstand zu leisten.

Kurz nach Beendigung des Ruhrkampfes im September 1923 reist Hermann Brüning zurück in die Vereinigten Staaten, um sich dort mit neuen Plänen an Hilfsaktionen für Deutschland zu beschäftigen, wo er dann am 7. Januar 1924 stirbt. Im selben Jahr muß Brüning auch seine Mutter beerdigen.

Reichstagsabgeordneter

Brüning zieht in den Reichstag ein

Stegerwald klagt oft über die Überalterung in seiner Partei. Deshalb nutzt er die bevorstehenden Reichstagswahlen 1924, um den 39jährigen Brüning als Kandidaten des Zentrums vorzuschlagen. Im Herbst des Vorjahres war der Abgeordnete Mathias Höner verstorben, eine günstige Gelegenheit zum Nachrücken. Am 31. März 1924 faßt die Parteileitung der Schlesischen Zentrumspartei und der Niederschlesischen Arbeitervertreter in einer gemeinsamen Sitzung den Beschluß, Heinrich Brüning auf die Liste des schlesischen Wahlkreises zu setzen. Brüning steht auf der Liste an dritter Stelle. Er kann sich nicht sicher sein, daß dieser Listenplatz zieht, doch es reicht. Brüning zieht für den Wahlkreis Breslau (Wahlkreis 7), den er bis 1933 behält, in den Reichstag ein. Für ihn bedeutet der Wahlkreis Breslau nicht nur das Sprungbrett in den Reichstag, sondern eine wirkliche Verpflichtung. Er nimmt sich dieses Wahlkreises voller Verantwortung und Engagements an. Nicht nur während des Wahlkampfcs ist er vor Ort, redet zu den Bürgern und erscheint häufig auf Veranstaltungen, auch während der Legislaturperiode verbringt er dort unzählige Wochenenden. Niederschlesien wird ihm zur zweiten Heimat.

Es ist fast überraschend, daß sich der feinsinnige Brüning auf das Feld der Politik begibt, wo es in dieser Zeit besonders rauh, polemisch und radikal zugeht. Brüning sucht im Reichstag Verbindungen zu Politikern anderer nichtsozialistischer Parteien, wobei er dabei an Kontakte aus seiner Gewerkschaftsarbeit an-

---

[65] Ebenda, S. 92 f.

knüpfen kann. Der Schwerpunkt seiner politischen Arbeit liegt im Finanzwesen, eine Aufgabe, für die er ja die besten Voraussetzungen und Kenntnisse mitbringt. Immer wieder warnt er nun vor den Gefahren und Folgen der Haushaltspolitik, die dem Reich schwer zu schaffen macht, und er macht sich als Mitglied im Steuerausschuß einen Namen. Im Mittelpunkt seiner Finanzpolitik steht das Bemühen um soziale Gerechtigkeit für den Mittelstand wie für die Arbeiterschaft.

Schon zur Kanzlerzeit Gustav Stresemanns läßt sich Brüning nicht von der Euphorie und Sorglosigkeit dieser „goldenen Jahre" täuschen. Er warnt vor der Scheinblüte der Wirtschaft und sieht die Gefahren, denen der Staat durch die Kriegsschulden ausgesetzt ist. Brüning ist maßgeblich an der 1925 durchgeführten Schliebenschen Steuerreform beteiligt. Die Thesaurierungspolitik[66] des von Brüning sehr geschätzten Finanzministers Hans August von Schlieben besteht in einer vorsichtigen Steuerkalkulation und einer noch vorsichtigeren Ausgabenpolitik.[67]

Schlieben sieht zwei Gefahren: die Gefährdung der Währung und das Drohen ausländischer Finanzkontrolle. Brüning teilt diese Einschätzung des Finanzministers und verweist gegenüber der häufig vorgebrachten Kritik einer Thesaurierungspolitik zum Schaden der Wirtschaft auf die steigenden Reparationsverpflichtungen. Auf von Schlieben folgt Peter Reinhold von der Deutschen Demokratischen Partei (DDP), der den politischen Kurs seines Vorgängers nicht beibehält. Brüning wird nun zum Kritiker der Finanzpolitik und kämpft erbittert gegen die Herabsetzung der Börsenumsatzsteuer vom 26. April 1926 und gegen die außerordentlich hohe Spanne in den Debet- und Kreditzinsen der Banken. Brüning streitet weiter für die Thesaurierungspolitik und die Entlastung der breiten Masse. Er wirft Reinhold vor, die 1925 erzielten Haushaltsüberschüsse „zur künstlichen Vermeidung von Arbeitslosigkeit"[68] im Winter 1925/26 vergeudet und anschließend ein Arbeitsbeschaffungsprogramm durch eine Anleihe finanziert zu haben.

Brüning ist pessimistisch für die Zukunft, wenn die Ausgaben nicht begrenzt werden. Alle seine Befürchtungen werden wenig später Wirklichkeit. Brüning selbst: *„Die Verhandlungen über den Nachtragshaushalt im Dezember 1926 zeigen, daß alle Anstrengungen fruchtlos sind, wenn die Oppositionsparteien, die die Mehrheit haben, sich zufällig bei der Bewilligung von Ausgaben zusammenfinden … Die Parteien sollen sich darüber im klaren sein, daß sie nicht aus Agitationsbedürfnis Anträge zu stellen haben, sondern daß sie ihre Wünsche planvoll zu-*

---

[66] Unter Thesaurierung versteht man die Ansammlung von Geld bzw. Reichtum in Form eines Geldschatzes.
[67] Zit. nach A. Nobel, a.a.O., S. 57.
[68] Zit. nach F. Blaich; Der Schwarze Freitag, S. 91.

sammenstellen und dann die notwendigen Mittel aus Steuern bewilligen müssen."[69] Brüning wird zum „einsamen Rufer in der Wüste".[70]

Im Januar 1927 findet abermals ein Wechsel auf dem Stuhl des Reichsfinanzministers statt. Diesmal übernimmt ein Zentrumspolitiker, Dr. Heinrich Köhler[71], diese Aufgabe im vierten Kabinett Marx. Brüning erwartet von dem Wechsel auf dem Ministerstuhl die Rückkehr zu einer vorsichtigen und soliden Finanzpolitik. Da jedoch auch Minister Köhler eine Politik hart am Rande des Defizits betreibt, findet sich Brüning nun auf Gegenkurs zu seinem eigenen Parteikollegen wieder.

Besonders die Erhöhung der Beamtengehälter kann Brüning nicht akzeptieren, obwohl die Beamten in der Tat nach der Stabilisierung der Mark Einbußen hinnehmen mußten. Zwar strebt er stets nach Verbesserung der finanziellen Verhältnisse der breiten Masse, so auch der Beamten, doch weiß er in diesem Falle zu gut um die Folgen der beschlossenen Erhöhung. Er befürchtet das Ansteigen der übrigen Löhne und Gehälter, eine Verteuerung der Produktion, den Rückgang des Exports, ein Ansteigen der Arbeitslosigkeit sowie einen negativen Eindruck im Ausland. So kämpft Brüning im Haushaltsausschuß innerhalb der Regierungskoalition eine Festlegung durch, wonach die Erhöhung um 10 Prozent beschränkt bleiben solle. Er warnt vor einer leichtsinnigen Fehleinschätzung der Wirtschaftskonjunktur, die gerade einen Aufwärtstrend verzeichnet, der sich später in der Tat als kurze Scheinblüte herausstellen wird.

Brüning reist anschließend – im Frühjahr 1927 – im Rahmen seines Mandates nach Rio de Janeiro zum Internationalen Handelskammer-Tag. Als er wieder in Deutschland eintrifft, erfährt er zuallererst von der geänderten Besoldungsreform. Die neue Kabinettsvorlage sieht für die unteren Beamtenstufen eine Erhöhung der Besoldung um 27 Prozent, für die mittleren Stufen um 21 Prozent und für den höheren Dienst, einschließlich der Reichsminister, um 17 Prozent vor. Brüning kann nichts mehr dagegen unternehmen, die Mehrheiten dafür sind im Reichstag gesichert. Brüning stimmt, konsequent seiner Überzeugung folgend, gegen diese Reform und somit gegen die Vorlage seines Parteikollegen. Mit seinen Befürchtungen, das Ausland könne negativ auf dieses Gesetz reagieren, behält er recht. Der US-amerikanische Generalagent für die Reparationszahlungen in Berlin, Seymour Parker Gilbert, äußert sich kritisch über die Reform und die Gefährdung der deutschen Finanzlage. Brüning fühlt sich von Finanzminister Köhler hintergangen, es kommt zum Bruch. Die Kluft zwischen beiden Politikern wird sich nie wieder schließen.

---

[69] Zit. nach A. Nobel, a.a.O., S. 59.
[70] Ebenda.
[71] Januar 1927 bis Januar 1928.

Brüning zieht aus all den Finanz- und Steuerdebatten auch persönliche Konsequenzen. Er will mit gutem Beispiel vorangehen. Sein Gehalt beim Gewerkschaftsbund, für den er bis 1930 tätig ist, läßt er von sich aus um eine Gehaltsstufe herabsetzen, um so nicht selbst von diesem Gesetz zu profitieren.[72]

Baupolitik

Neben den Finanz- und Steuerfragen engagiert sich Brüning im Bereich der Wohnungsbaupolitik. Er entwickelt das Konzept, einen Teil der Hauszinssteuer zur Sicherstellung einer Auslandsanleihe einzubehalten, die man dann für den Wohnungsbau verwenden könne. Er glaubt, daß das Wohnungsproblem mit einer Kombination von Auslandsanleihen und Hauszinssteuer gelöst werden könne. *„In irgendeiner Weise strömen doch die von der Industrie im Auslande aufgenommenen Kapitalien in Form von Löhnen oder Vergütungen in andere Hände und werden von diesen als Spargelder angelegt, so daß sich letzten Endes in diesen Sparkassengeldern die ausländischen Anleihen wiederfinden. Umgekehrt würde, wenn man eine Wohnungsbau-Anleihe im Auslande aufnähme, wiederum durch Löhne und Gewinne sich anlagesuchendes Kapital bilden. Daraus geht hervor, daß es an und für sich gleichgültig ist, ob Auslandsgelder unmittelbar oder mittelbar dem Wohnungsbau zugewendet werden.“*[73]

Lex Brüning

Die Öffentlichkeit nimmt von Brünings Arbeit besonders durch die sogenannte „Lex Brüning" Notiz, von der Presse und Hörfunk viel berichten. Dieses Lohnsteuerbegrenzungsgesetz bestimmt, daß beim Ansteigen der Löhne eine feste Grenze für das Aufkommen aus der Lohnsteuer für die Arbeitnehmer festgelegt werden soll. Damit soll eine automatische Mehrbelastung durch diese Steuer, wie es zum Beispiel in der Inflationszeit in extremem Maße geschehen war, vermieden werden. 1925 bringt die Zentrumspartei also die von Brüning formulierte Entschließung in den Reichstag ein: *„Der Reichstag wolle beschließen, die Reichsregierung zu ersuchen, beim Abschluß der jetzigen Steuerreform einen Gesetzentwurf vorzulegen, der das Gesamtjahresaufkommen aus der Lohnsteuer so lange auf 1,2 Milliarden Reichsmark beschränkt, bis ein steuerfreies Existenzminimum von 1200 Reichsmark jährlich für die Lohnsteuerpflichtigen nicht erreicht ist.“*[74] Damit soll ein Zwang zur automatischen Anhebung des Existenzminimums und

---

[72] Treviranus: Das Ende von Weimar, S. 79f.
[73] Zit. nach Nobel, a.a.O., S. 55.
[74] Zit. nach Nobel, a.a.O., S. 62.

der Kinderabzüge geschaffen werden. Kritik muß Brüning wegen der Benachteiligung der Länder und Kommunen hinnehmen, die dadurch weniger Zuweisungen aus der Lohnsteuer erhalten. Brüning hat diesen Punkt durchaus durchdacht. Neben sozialen will Brüning mit seinem Gesetz auch steuerpolitische Anliegen verwirklichen. In der schematischen Verteilung der Reichshaushaltseinnahmen aus der Einkommensteuer durch Steuerüberweisungen an Länder und Gemeinden sieht er die größte Schwäche der Finanzreform Erzbergers. Nach der Lösung Erzbergers zahlte die Reichskasse die Überweisungen an die Kommunen nach einem festen Schlüssel, unabhängig von dem jeweiligen Ausgabeverhalten der Gemeinden.

Die Verschwendung der Städte und Gemeinden ist Brüning ein Dorn im Auge; immer wieder prangert er die fehlende Einsicht mancher Gemeinden zur Notwendigkeit des Sparens an. Die oftmals überflüssigen und überzogenen Ausgaben für Gebäude, Ausstellungen, Kongresse und sonstiges müssen nun genauestens durchgerechnet und überlegt werden. Dabei scheut sich Brüning nicht, auch Zentrumsvertreter in diese Vorwürfe mit einzubeziehen, wie zum Beispiel den Kölner Oberbürgermeister Konrad Adenauer. Diesem wirft Brüning später noch vor, es in den Jahren von 1924 bis 1930 fertiggebracht zu haben, pro Kopf der Bevölkerung der Stadt Köln rund 1.000 Reichsmark langfristige und kurzfristige Schulden aufgenommen und Düsseldorf zu einer ähnlichen Politik angestachelt zu haben. Dieses Verhalten habe zum Zusammenbruch der rheinischen Landesbank geführt, wozu es aber auch ohne Reparations- und Bankenkrise gekommen wäre.[75]

Nun zwingt Brüning die Länder und Gemeinden über dieses in erster Linie sozialpolitische Lohnsteuergesetz zum sparsamen Wirtschaften. Trotz aller Kritik und Widerstände wird die Lex Brüning angenommen. Allerdings wird sie nach der Erhöhung der Beamtengehälter – gegen die Stimme Brünings – dahingehend geändert, daß die Summe von 1,2 Milliarden auf 1,3 Milliarden Reichsmark erhöht wird.

Brüning erarbeitet einen Kompromiß, die zweite Lex Brüning, für die er am 17. Dezember 1927 im Reichstag auch eine Mehrheit erhält. Für den Etat 1928 wird damit festgeschrieben, daß die Reichsregierung, wenn das Aufkommen aus der Lohnsteuer 1928 oder später den Betrag von 1,3 Milliarden RM übersteigt, einen Gesetzentwurf vorzulegen hat, der eine Senkung der Lohnsteuer herbeiführt. Und abermals wird die Lex Brüning geändert, nun durch Gesetz vom 12. Juli 1929, und zwar dahingehend, daß im Falle des bestimmten Ertrages von 1,3 Milliarden RM der Überschuß nicht mehr zur Senkung der Lohnsteuer verwendet wird, sondern dennoch weiterhin erhoben und der Sozialversicherung als Reichshilfe zur Verfü-

---

[75] Brief Brünings an Herrn Friedrich, 18. Juni 1956, Harvard Archives, HUG FP 93.10.

gung gestellt wird. Ein bestimmter Betrag wird der Knappschaft zur Verfügung gestellt, der weitere Überschuß soll dann der Invalidenversicherung zugeführt werden.

1928 wird Brüning von seinem Freund Theodor Abele zu einer Diskussion katholischer Persönlichkeiten nach Boppard am Rhein eingeladen. Unter den Teilnehmern befinden sich auch die Professoren Romano Guardini und Carl Schmitt sowie Brünings Freund August Winkelmann. Brüning spricht dort über das Thema „Der Staatsmann", ein Thema, das er nicht zum letzten Mal vom Katheder aus abhandeln wird. „*Der Staatsmann von heute muß die in fast allen Parteien latente Mehrheit für Ordnung stabilisieren. Nur der Staatsmann ist manövrierfähig, der kein persönliches Machtstreben kennt und keine Vorteile sucht, auch nicht für seine Partei – und nicht einmal für die Kirche. Er muß treu, dankbar, objektiv, verschwiegen, arbeitsam und opferbereit sein, um überzeugen zu können. Der Staatsmann muß jederzeit bereit sein, die eigene Existenz bedingungslos einzusetzen. Seine Aufgabe ist eine therapeutische Heilung der kranken Willen und ihre Hinführung zum volkspolitischen Ziel einer Einordnung für das Ganze.*"[76]

Brüning übernimmt den Fraktionsvorsitz der Zentrumspartei

1928 wird Brüning auch Abgeordneter des Preußischen Landtages, dem er bis 1930 angehört, ohne hier aber eine bedeutende Rolle zu spielen.

Den Parteitag des Zentrums im Dezember 1928 in Köln verläßt Prälat Kaas als neuer Parteivorsitzender. Im Dezember des darauffolgenden Jahres wird Brüning einstimmig zum Vorsitzenden der Zentrumsfraktion im Reichstag gewählt, die zu dieser Zeit aus 62 Mitgliedern besteht. Er ist mit seinen 44 Jahren der jüngste Fraktionsvorsitzende in der Geschichte der Zentrumspartei. Der Öffentlichkeit ist er zu der Zeit noch weitgehend unbekannt. Der Chefredakteur der Berliner „Deutschen Allgemeinen Zeitung", Fritz Klein, würdigt Brünings Amtsübernahme in der Weihnachtsausgabe 1929 seiner Zeitung: „*Der Parlamentarismus wird für alle, die in seinen Bannkreis treten, eine Schmelzprobe ihres menschlichen Gehalts. Die meisten erweisen sich als Parlamentarier. Ihr Mandat, ihr Sitz bekommen Gewalt über sie, und wenn ihr Leben köstlich gewesen ist, so ist es ein bißchen taktisches Bemühen und sehr viel Ausschußarbeit gewesen. Einige wenige bewähren sich als Politiker. Sie vergessen nie, daß auch das Parlament kein Selbstzweck, sondern dienendes Instrument am Volkswohl sein soll, daß die Fühlung mit dem Leben draußen nicht bloß wichtige Funktion, sondern absolute Voraussetzung al-*

---

[76] Zit. nach Treviranus: Das Ende von Weimar, S. 86.

len politischen Wirkens ist. Nur aus dieser Sphäre kann der Staatsmann hervorge-hen. Es ist nicht schwer, an Heinrich Brüning, dem jüngsten Fraktionsführer des Zentrums, den geborenen Politiker zu erkennen. Auf der Tribüne verschmäht er Ti-raden und billige Effekte, der sachliche Inhalt geht über die Form, die glatt, aber nicht brillierend, die gedankliche Leistung für sich sprechen läßt. Im Ausschuß, wo die parlamentarische Stärke liegt, erweist er sich als sachlicher Kämpfer und als Sachkenner von einer Gründlichkeit, die vorbildlich zu nennen ist. Die Steuerpoli-tik, die seine Hauptdomäne bildet, wird seit Jahren maßgeblich von ihm beeinflußt. Seine größten politischen Qualitäten entfaltet er aber in der Stille: im Fraktions-zimmer, in den schwierigen interfraktionellen Besprechungen, die seit Jahren den klug vermittelnden, ausgleichenden Einfluß des heute Vierundvierzigjährigen er-fahren haben. 1924 zog er in den Reichstag ein – heute ist er schon unentbehrlich geworden. Brüning ist Westfale, aber sein äußeres Wesen gemahnt an norddeutsche Steifheit. Sehr straff, sehr streng, geht er schnellen Schrittes durch die Wandelhal-le. Sein Haar ist schon angegraut. Sein Blick hinter den Brillengläsern wirkt di-stanzierend. Der Ausdruck des mageren, blassen Gesichts ist sehr ernst, fast aske-tisch. In froher Gesellschaft kann dieser Mann jedoch auftauen. Im Reichstag wirkt Brüning, zwischen vielen wohlgenährten Leuten, wie ein Urlauber aus dem Kriege, der am nächsten Tag den feldgrauen Rock wieder anziehen wird."[77]

Andere politische Zeitgenossen empfinden ihn als verschlossen, schwer durch-schaubar, oft auch hochmütig. „Der Mann mit dem hageren, blassen Gelehrtenge-sicht, dem man nicht ansah, was ihn bewegte, mit der randlosen Brille und dem schmallippigen Mund, sprach nicht häufig, seine Antwort auf Fragen konnte gele-gentlich wohl auch ein Um- oder Ausweg sein, aber wenn er bedachtsam zu reden begann, hatte jedes Wort Gewicht."[78]

Im Januar 1930 gibt Brüning sein Amt im Gewerkschaftsbund ab, um sich ganz der parlamentarischen Arbeit widmen zu können. Es regiert gerade das Kabinett Müller. Eines der wichtigsten Themen auf der Tagesordnung des Reichstages ist der Young-Plan, der an Stelle des untragbar gewordenen Dawes-Planes treten soll.

Während der Dawes-Plan dem Deutschen Reich zeitlich unbegrenzte Reparatio-ns-Jahreszahlungen auferlegte, soll es nach dem Young-Plan 112 Mrd. Goldmark in 59 Jahresraten von durchschnittlich 2 Mrd. Mark zahlen – bei einem Gesamt-haushalt von ungefähr 10 Mrd. RM! Die Widerstände gegen diese Neuregelung der Reparationszahlungen sind groß, besonders erregen sich die Gemüter an der Tatsache, daß die nachfolgenden Generationen noch zu Zahlungen herangezogen werden sollen. Vielmehr warten alle sehnsüchtig darauf, daß das Land von den er-

---

[77] Zit. nach R. Morsey: Ungeliebte Deutsche, hrsg. von Venohr, S. 154.
[78] L. Graf Schwerin von Krosigk: Es geschah in Deutschland, S. 131.

drückenden Lasten befreit wird. Doch die finanzielle Krise des Reiches schwächt die Verhandlungsposition. Schließlich zerplatzen alle Hoffnungen, der Young-Plan wird zum Diktat. Brüning bringt Young-Plan und Finanzsanierung in einen politischen Zusammenhang. Die Zustimmung der Zentrumsfraktion zum Young-Plan macht er von einer vorherigen Sicherstellung eines Ausgleichs des Haushalts abhängig. Im Parlament erklärt er: „... *wenn der Reichstag in einer schweren und historischen Stunde einen Beschluß von dieser Tragweite faßt, dann muß man verlangen, daß bereits vom nächsten Tage an die Konsequenzen auf allen politischen Gebieten gezogen werden. Es gibt auch keine Erleichterung der inner- und wirtschaftspolitischen Lage, wenn das Ziehen dieser Konsequenzen auch auf wirtschaftlichem Gebiete nur um wenige Wochen verzögert wird.*"[79]

Das Kabinett Müller ist angeschlagen, ist nicht mehr stark genug, die notwendigen harten Beschlüsse zu fassen und parlamentarisch durchzusetzen.

Den Schlußstein auf dem Weg der parlamentarischen Krise der Regierung Müller bildet die Streitfrage, ob das Defizit der Arbeitslosenversicherung durch erhöhte Beiträge und Reichszuschüsse oder durch Herabsetzung der Versicherungsleistungen ausgeglichen werden solle. Brüning unterbreitet einen vermittelnden Vorschlag, der die Entscheidung über Beitragserhöhung oder Leistungssenkung auf einen späteren Zeitpunkt zurückstellt. Die Koalitionsparteien stimmen dem Vorschlag zu, doch die sozialdemokratische Fraktion lehnt ab. Die Große Koalition bricht auseinander.

Das Kabinett Müller muß schließlich die Konsequenzen ziehen und zurücktreten.

Zurück bleibt ein „ernstes parlamentarisches Dilemma".[80] Die führende Partei – die SPD – zieht sich zurück, die Deutschnationale Volkspartei (DNVP) bleibt bei ihrer oppositionellen Haltung. Den Mittelparteien fehlt die Grundlage zur Bildung eines Minderheitskabinetts, denn weder von der linken noch von der rechten Flügelpartei können sie eine Tolerierung erwarten. „*Der selbstmörderische Entschluß der demokratischen Parteien hatte den Boden für eine Lösung bereitet, die auf außerparlamentarische Hilfsmittel und gleichsam wilhelminische Regierungsformen zurückgriff.*"[81]

General von Schleicher, Chef des Ministeramts im Reichswehrministerium, schlägt dem Präsidenten als neuen parlamentarischen Führer Brüning vor, der in seiner Fraktion und im Reichstag als besonders guter Kenner des Reichshaushalts- und Steuerwesens hervorgetreten ist.

---

[79] Zit. nach: Vom Frontoffizier, S. 21.
[80] K. D. Bracher: Die Auflösung der Weimarer Republik, S. 271.
[81] Ebenda.

Brüning übernimmt das Kanzleramt

Ende 1929 auf den Zentrumspolitiker aufmerksam geworden, meint auch Reichspräsident Hindenburg, in dem erfahrenen Politiker und national gesinnten Frontsoldaten eine geeignete Persönlichkeit zur Führung einer stärker nach rechts orientierten Regierung gefunden zu haben. Brünings Empfehlung ist sein Ruf von Sachlichkeit, Unbestechlichkeit, persönlicher Anspruchslosigkeit, Zurückhaltung und überlegener Ruhe.

Das Zentrum nahm eine Art Scharnierfunktion zwischen den politischen Lagern ein, zwischen Juni 1920 und März 1930 amtierten dreizehn Koalitionsregierungen, an denen das Zentrum stets beteiligt war. Die Zentrumspartei hatte bisher immerhin schon sieben Kanzler gestellt. Was lag in dieser Situation näher, als den Vorsitzenden der Zentrumsfaktion mit der Regierungsverantwortung zu betrauen?

Der Kurs lautet „antimarxistisch" und „antiparlamentarisch".

Heinrich Brüning 1929

KANZLERZEIT

Präsidialregierung

Im Gegensatz zu seinen Amtsvorgängern wird Brüning dem Reichspräsidenten nicht von der Mehrheit des Reichstages vorgeschlagen, sondern Reichspräsident Hindenburg beauftragt Brüning mit der Bildung des Kabinetts, ohne daß ein entsprechender Vorschlag des Reichstages erfolgt ist. Der Grund: Eine für die Mehrheitsbildung erforderliche Verständigung zwischen den Parteien und Fraktionen scheint zum Zeitpunkt des Amtsantrittes des neuen Kanzlers nicht möglich zu sein. Die SPD lehnt eine neue Koalition mit bürgerlichen Parteien ab, sie wird jedoch – zumindest nach den Neuwahlen und den Zugewinnen der radikalen Gruppierungen – die Regierungspolitik des Zentrumspolitikers tolerieren. Brüning hat im Reichstag keine Mehrheit hinter sich. Sein Kabinett ist nicht auf feste Koalitionsbindungen aufgebaut, es ist eine vom Zentrum, der Bayerischen Volkspartei, der Deutschen Volkspartei (DVP), der Deutschen Demokratischen Partei (DDP) und der Wirtschaftspartei getragene Minderheitsregierung. Eine Unabhängigkeit des Kabinetts vom Parlamentswillen deckt sich mit Hindenburgs Vorstellungen und Auflagen. Diese starke Abhängigkeit Brünings vom Reichspräsidenten soll nun die Politik Brünings in einem anfangs unabsehbaren, schicksalhaften Maße prägen.

Brüning übernimmt das Amt nach kurzem Zögern, schließlich aber seinem Pflichtgefühl folgend, am 30. März 1930, zu einem Zeitpunkt, an dem sich die strukturelle Krise der Weimarer Republik auf ihren Höhepunkt zubewegt und sich die Weltwirtschaftskrise gleichzeitig auf Deutschland ausdehnt.

Brünings anfänglicher Widerstand gegen eine Regierung auf der Grundlage von Notverordnungen liegt wohl in seiner Befürchtung, daß eine einmal begonnene Notverordnungspolitik auf Jahre hinweg durchgefürt werden müßte – je nach Lage der Dinge und Umfang der Reformvorhaben. Doch die Bedenken weichen, denn in diesem Durcheinander der politischen Fronten scheint Hindenburg loyal zur Verfassung zu stehen und ein Garant für die Rettung der Republik zu werden.[82]

---

[82] K. D. Bracher: Die Auflösung der Weimarer Republik, S. 274.

Von dem Zentrumsabgeordneten Joseph Joos weiß man, daß Brüning den Reichstag am liebsten durch den Hintereingang betritt, um den Journalisten und Fotografen zu entgehen.[83] Nein, er ist nicht der Mann, der sich ins Rampenlicht drängt, der von sich aus auf sich aufmerksam macht und nach Positionen strebt. Er sieht es als seine Pflicht, die ihm zugedachte Aufgabe zu übernehmen, und er weiß, daß sie eine verpflichtende Bürde ist. Brüning tritt sein Amt in der Ahnung an, daß die von ihm übernommene Aufgabe kaum zu lösen sein wird.

Das Regieren über den Artikel 48 wird in weiten Kreisen des Bürgertums positiv aufgenommen, ist man doch partei- und parlamentsmüde geworden. Die autoritäre Lösung scheint in dem politischen und oft ergebnislosen Hickhack der Vielzahl der Parteien im Parlament und angesichts der schlechten wirtschaftlichen Lage und des entsprechend großen Handlungsbedarfs erfolgversprechender zu sein. Außerdem entspricht eine autoritäre Staatsführung durchaus dem deutschen Obrigkeitsempfinden. Die Erinnerungen an die Monarchie sind schließlich noch frisch und positiv. Reichspräsident von Hindenburg, der wegen seiner Verdienste um die Tannenberg-Schlacht im Ersten Weltkrieg vom deutschen Volk schon fast als Held empfunden wird, scheint eine ideale Persönlichkeit zu sein, um dem ewigen Gezänk der Reichstagsparteien ein Ende zu setzen.

Wenn Brüning die Zustimmung des Reichstages zu Regierungs- und Gesetzesvorlagen nicht bekommt, muß er den Weg der Notverordnungen nach Artikel 48 der Weimarer Verfassung gehen, welche der Billigung des Reichspräsidenten bedürfen. Diese Verfassungsbestimmung ist eigentlich für zeitlich begrenzte Notstände gedacht, nun tritt sie an die Stelle der normalen Gesetzgebung. Brüning wird deshalb zu Recht auch als „Kanzler von Hindenburgs Gnaden" bezeichnet. Jederzeit läuft er Gefahr, bei Meinungsverschiedenheiten mit dem Reichspräsidenten entlassen zu werden. Das Parlament beschränkt sich darauf, die getroffenen Entscheidungen nachträglich zu billigen, indem es Aufhebungsanträge ablehnt.

Für Brüning ist diese Art des Regierens mühselig. Oft kommt es bei den Abstimmungen auf wenige Stimmen an, um die Brüning zum Teil lange mit den Parteiführern verhandeln muß. Der damalige Staatssekretär Meißner schreibt dazu: „*Auf die Anfrage des Reichspräsidenten erklärte sich Brüning bereit, ohne Bindung an die Parteien geeignete staatspolitische Kräfte innerhalb und außerhalb des Reichstages für eine sachliche Zusammenarbeit zu einem Kabinett zu vereinigen; Hindenburg erteilte ihm nun den Auftrag zur Regierungsbildung, wie es in der offiziellen Bekanntgabe hieß, mit der Maßgabe, daß es angesichts der Schwie-*

---

[83] R. Morsey: Festansprache zum Todestag, S. 12.

rigkeiten der parlamentarischen Lage nicht zweckmäßig erscheine, die künftige Reichsregierung auf eine koalitionsmäßige Bindung aufzubauen."[84]

Brüning selbst schildert die Situation in seinen Memoiren: *„In der Nacht überlegte ich. Nach zwei Stunden Schlaf ging ich am anderen Morgen zum Reichspräsidenten. Dieser war sehr gütig und kurz. Ich bat ihn um die Erlaubnis, ein nicht an die Parteien gebundenes Kabinett bilden zu dürfen, und um die Zusage, mir für dieses Kabinett im Notfall die Vollmachten des Artikel 48 zu erteilen. Er sagte das sofort zu mit der Bemerkung: „Aber selbstverständlich nur so weit, wie es sich mit der Verfassung, die ich vor Gott beschworen habe, vereinbaren läßt."*[85]

Schwere Erblast

Die Lage der Nation ist zum Zeitpunkt der Machtübernahme Brünings in jeder Beziehung schwierig, ja man darf sie wohl schon bedrohlich nennen. Die Auswirkungen des Ersten Weltkrieges hatten dem Deutschen Reich schweren Schaden zugefügt und waren immer noch zu spüren.

Das 14-Punkte-Friedensprogramm des US-amerikanischen Präsidenten Wilson ließ die Deutschen auf einen gerechten Frieden und auf die Chance für einen zukunftsträchtigen Neubeginn hoffen. Doch die politische Wirklichkeit sah anders aus; die Stellung des Präsidenten Wilson erwies sich als nicht stark genug, um sein Programm durchzusetzen. Die Alliierten hatten sich vor der Verkündung dieser Punkte bereits auf Kriegziele verpflichtet, die damit unvereinbar waren. Bei den Siegermächten, besonders durch den Druck der französischen Öffentlichkeit, siegte schließlich die Entschlossenheit, den Besiegten die Rückkehr zu politischer, wirtschaftlicher und militärischer Stärke unmöglich zu machen.

Als besonders bitter und ungerecht empfand das deutsche Volk die „Ehrenpunkte" des Versailler Vertrages, welche die Unterlegenen des Krieges zu moralisch Schuldigen stempelten, indem ihnen die alleinige Schuld am Kriegsausbruch zugesprochen wurde. Damit einher ging auch die Verweigerung der internationalen Gleichberechtigung. Das deutsche Volk war in seinem Nationalstolz verletzt. Die Chance, im Sinne eines dauerhaften Friedens nach den wirklichen Ursachen und der Wahrheit über den Ausbruch des Ersten Weltkrieges zu suchen, wurde nicht genutzt, die Sehnsucht der Völker nach einem sicheren Frieden nicht erfüllt. So kam es, wie der österreichische Historiker Eberhard Strohal formulierte, *„daß, wie wir heute längst wissen, in diesen Frieden bereits der nächste Krieg hinein-*

---

[84] O. Meißner: Staatssekretär unter Ebert – Hindenburg – Hitler, Hamburg 1950, S. 189.
[85] Brüning: Memoiren, S. 161.

programmiert war. Nicht unvermeidlich – denn die Entscheidung über Krieg und Frieden wird von Menschen getroffen. Und kein Mensch muß müssen, läßt Lessing seinen Nathan sagen."[86]

Der Versailler Vertrag hatte einige Gebietsverluste für das Deutsche Reich mit sich gebracht – es mußte alle Kolonien abtreten. Elsaß-Lothringen fiel wieder an Frankreich zurück. Das Saargebiet wurde der Verwaltung des Völkerbundes unterstellt, seine Industrien durften von Frankreich genutzt werden. Nach 15 Jahren sollte die weitere territoriale Zugehörigkeit durch eine Abstimmung entschieden werden. Auch Eupen und Malmedy, Nordschleswig, Südostpreußen und Oberschlesien wurden zu Abstimmungsgebieten erklärt. Polen wurden die Provinzen Westpreußen und Posen sowie Teile von Ostpreußen und Hinterpommern zugesprochen. Das Memelgebiet ging an die Alliierten, bis es 1923 von Litauen annektiert wurde. Danzig mit dem Mündungsgebiet der Weichsel wurde zur Freien Stadt unter Aufsicht des Völkerbundes erklärt. Ein Teil Oberschlesiens fiel ebenfalls an Polen. So besaß Polen eine Landbrücke zur Ostsee, durch welche Ostpreußen vom übrigen deutschen Reichsgebiet getrennt wurde. Die Gebietsverluste bedeuteten für das Reich auch wirtschaftliche Einbußen. Durch diese Schaffung des sogenannten „Polnischen Korridors" verlor Ostpreußen wichtige Bezugs- und Absatzgebiete. Die Handelsbeziehungen im Bereich der landwirtschaftlichen Produkte zu Posen und Westpreußen betrugen in den Vorkriegsjahren 35,5 Prozent des gesamten Güterversandes Ostpreußens und 14,8 Prozent des Güterimportes.[87] Dieser Güteraustausch kam durch die Gebietsveränderungen des Versailler Vertrages nun fast vollständig zum Erliegen. Ostpreußen mußte sich für seine Produkte neue Märkte suchen. Da die unmittelbar benachbarten Provinzen ausfielen, mußte Ostpreußen weite Entfernungen für den Absatz im Reichsgebiet in Kauf nehmen. Die dadurch entstandene höhere Frachtbelastung verteuerte die ostpreußische Ware gegenüber der Konkurrenz der anderen deutschen Gebiete um 10–12 Prozent.[88]

Der Eisenbahnverkehr durch den Korridor war im Pariser Abkommen vom 21. April 1921 geregelt worden. Dennoch kam es immer wieder zu Zwischenfällen in Form von polnischen Schikanen, durch welche sowohl der Güter- als auch der Personenverkehr behindert wurden. Die Landverbindungen zwischen Ostpreußen und dem übrigen Deutschen Reich unterlagen fremder Kontrolle. Der Korridor-Verkehr belastete auch die Devisenlage des Reiches, da die Fahrpreise für die polni-

---

[86] Eberhard Strohal: Der Erste Weltkrieg, Wien 1987, S. 119 f.

[87] Vgl. Wolfgang Wessling: Die staatlichen Maßnahmen zur Behebung der wirtschaftlichen Notlage Ostpreußens in den Jahren 1920 bis 1930, in: Jahrbuch für die Geschichte Mittel- und Ostdeutschlands, hrsg. vom Friedrich-Meinecke-Institut der Freien Universität Berlin, Bd. 6, Tübingen 1957, S. 215f.

[88] W. Wessling, a.a.O., S. 216.

sche Strecke in Devisen ersetzt werden mußten.[89] War die wirtschaftliche Situation im Reich insgesamt schwierig, so war sie durch diese Faktoren in den ostdeutschen Gebieten besonders drückend.

Durch Gebietsabtrennungen hatte das Reich insgesamt 11 Prozent seiner Wald-, 20 Prozent seiner Wiesenflächen sowie 24 Prozent seiner Weinberge und 15,6 Prozent des Ackerlandes verloren.

Die Verkehrsmittel hatten an Leistungsfähigkeit eingebüßt, die Böden waren infolge der Überbeanspruchung während der Kriegsjahre ausgelaugt, die Viehbestände dezimiert. Erst im Jahre 1928 erreichte die deutsche Landwirtschaft sowohl bei Ackerfrüchten als auch bei tierischen Produkten das Vorkriegsniveau. Der Kriegszeit mit ihrer Zwangswirtschaft folgte eine Inflation. Die Inflationszeit befreite zwar die überschuldete Landwirtschaft von ihren Hypothekenschulden, wirkte sich dafür aber negativ auf das Betriebskapital aus. In der Tat gingen die Landwirte aus der Inflation schuldenfrei heraus, doch verschlechterte sich ihre Lage mit der Währungsstabilisierung im November 1923. Die Kredite mußten nun zu sehr hohen Sätzen verzinst werden. Die nicht am Krieg beteiligten europäischen Länder verfügten über größere Kapitalreserven und konnten sich dadurch gegenüber der deutschen Landwirtschaft auf lange Zeit einen Vorsprung verschaffen. Hinzu kam verstärkt Konkurrenz aus Übersee, denn die USA und Kanada weiteten ihre Anbaugebiete aus, modernisierten ihre Landwirtschaft und exportierten nun Getreide nach Europa. Die weltweite Überproduktion wirkte sich negativ auf die Agrarpreise aus. Die Preise für agrarische Produkte sanken demzufolge zwischen 1923/24 und 1929 um 30 Prozent, während die Lagerbestände um 75 Prozent stiegen. Da den deutschen Landwirten nach der Inflation Kapital für erforderliche Investitionen fehlte, nahmen sie zu hohen Zinssätzen Kredite auf, eine neue Verschuldungswelle setzte ein. Während die erfaßbare Kreditbelastung der Landwirtschaft im Dezember 1925 noch 3.223,2 Mill. RM betragen hatte, belief sie sich im Dezember 1929 bereits auf 7.333,5 Mill. RM.[90]

1924 setzte eine Erholung der durch den Krieg gebeutelten deutschen Wirtschaft ein. Die Jahre von 1925 bis 1929 wurden zu den „goldenen Jahren" der Weimarer Republik. Produktion, Verbrauch und Volkseinkommen stiegen stetig. Die Haushalte des Reiches in diesen Jahren schlossen mit nur geringen Defiziten ab. Erst 1928/29 stieg das Haushaltsdefizit auf über eine Milliarde Reichsmark an. Doch

---

[89] Vgl. K. Forstreuter: Ostpreußen, in: Studium zum Deutschtum im Osten, hrsg. von der Senatskommission für das Studium des Deutschtums im Osten an der Rheinischen Friedrich-Wilhelms-Universität Bonn, Heft 3: Die deutschen Ostgebiete zur Zeit der Weimarer Republik, Köln 1966, S. 26.

[90] Vgl. Vierteljahreshefte für Konjunkturforschung, hrsg. vom Institut für Konjunkturforschung, 5. Jg., Heft 1, Teil A, S. 21.

auch während dieser goldenen Jahre stand die Wirtschaft auf schwankendem Boden, denn die Investitionen zeigten auch in diesen Jahren keinen gleichmäßigen Aufwärtstrend. So nahmen zum Beispiel die gesamten Bruttoinvestitionen in den Jahren 1926, 1928 und 1929 gegenüber dem jeweiligen Vorjahr ab. Auch die Handelsbilanz fiel nur im Jahre 1926 positiv aus. Die Investitionen hatten 1928 ihren Höhepunkt erreicht, entwickelten sich jedoch schon 1928 bzw. 1929 wieder zurück.

Die Vereinigten Staaten von Amerika waren nicht nur Geldgeber der europäischen Verbündeten im Ersten Weltkrieg, sie waren ebenso Finanzier des Wiederaufbaus in Europa nach Kriegsende. Durch ihre Geldpolitik und konkurrenzlose Vorrangstellung am Weltmarkt erlebten die USA eine konjunkturelle Hochphase, die zu übermäßigen Investitionen und Aktienkäufen führte. Im Oktober 1929 wurde das Ausmaß der Überproduktion sichtbar, viele Aktien wurden schnell verkauft, die Kurse sanken rapide. Am 29. Oktober 1929 brach die New Yorker Börse zusammen. Einzelne Aktien verloren bis zu 90 Prozent ihres Wertes. Der Aktienhandel basierte weitgehend auf Krediten, so daß die Kurseinbrüche an der Börse eine Liquiditätskrise gleichen Ausmaßes nach sich zogen. Daraufhin wurden kurzfristig gewährte US-amerikanische Kredite aus Europa abgezogen, was besonders im Deutschen Reich katastrophale Auswirkungen hatte. Es kam hier zu zahlreichen Banken- und Firmenkonkursen.

Der Zusammenbruch der US-amerikanischen Börse machte die deutschen Krisenherde wirklich akut. Das nächste Jahr, 1930, wurde ein dramatisches Krisenjahr mit fallender Produktion, sinkenden Einkommen und steigender Arbeitslosigkeit.

Auf anderen Wirtschaftsgebieten war die Situation zu Beginn der 30er Jahre nicht besser. Die Exportindustrie stieß durch die Weltwirtschaftskrise auf erhebliche Schwierigkeiten, da alle Welt zur Schutzzollpolitik überging. Der deutsche Außenhandel wurde jedoch gerade infolge der Krise besonders aktiv und erwirtschaftete 1930 einen Überschuß von eininhalb Milliarden Reichsmark, 1931 von immerhin 2,5 Milliarden Reichsmark und 1932 von einer Milliarde Reichsmark. Doch übertrafen die Abzüge an Auslandskrediten sowie die deutsche Kapitalflucht 1931 den Überschuß der Handelsbilanz. Der Gold- und Devisenbestand, der Anfang 1930 noch um die 3 Milliarden Reichsmark betragen hatte, ging bis zum Juli 1932 auf nur noch 970 Millionen zurück.

Die Steuereinnahmen des Reiches sanken im Zuge der schlechten wirtschaftlichen Lage und der damit verbundenen hohen Arbeitslosenzahl, das Kassendefizit wuchs. Die Verschuldung der öffentlichen Hand stieg zwischen 1926 und 1930 von 11 auf 23,5 Mrd. Reichsmark an.[91] Das Reich versuchte, sich mit Krediten und Anleihen zu helfen. Der Regierung Müller mit ihren Finanzministern Hilferding

---

[91] F. Blaich: Der Schwarze Freitag, S. 92.

(SPD) und Moldenhauer (Deutsche Volkspartei) war es nicht gelungen, ein klares Finanz- und Wirtschaftsprogramm gegen die divergierenden Ansichten der Parteien und Interessengruppen durchzusetzen. Letztendlich ist hierin ein Hauptgrund für das Scheitern der Regierung Müller zu sehen.

Durch *„halbe Maßnahmen, Improvisationen und Verschleppung erheblicher Fehlbeträge von einem Etatjahr ins andere waren die finanztechnischen Auswirkungen der Wirtschaftskrise derart verstärkt worden, daß der Rückgang der Steuereinnahmen, dem der steigende Zuschußbedarf der Arbeitslosenversicherung gegenüberstand,"*[92] schon zu Regierungsantritt Brünings eine Katastrophe unabwendbar erscheinen ließ.

Während die Zahl der Arbeitslosen Ende April 1928 noch 1,2 Millionen und im April 1929 „erst" 1,7 Millionen betrug, stieg sie bis Ende April 1930 auf 2,8 Millionen an. Das Ausmaß der wirtschaftlichen Depression läßt sich auch am Rückgang der Produktion und am Preisverfall ablesen. Setzt man das Jahr 1928 mit dem Index 100 gleich, dann ging die Industrieproduktion von 100,4 im Jahre 1929 auf 58,0 im Jahre 1932 zurück. Die Bruttoanlageinvestitionen nahmen von 1929 bis 1930 von 12,79 Mrd. RM auf 4,23 Mrd. RM ab[93], und das verfügbare Einkommen der Deutschen sank drastisch.

Der Niedergang des Welthandels und internationalen Kapitalmarktes wurde für Deutschland als einen Staat ohne den wirtschaftlichen Rückhalt eigener Kolonien zu einer besonders schweren Belastung.

Der 1929 ausgebrochenen Weltwirtschaftskrise folgte eine Weltagrarkrise, die ebenso auch Deutschland erfaßte. In den Jahren 1931 bis 1932 erreichte die deutsche Agrarkrise ihren Höhepunkt. Während die Verkaufserlöse im Jahre 1928/29 rund 10 Mrd. RM betrugen, sanken sie im Jahre 1931/32 auf 7,5 und betrugen schließlich 1932/33 nur noch 6,5 Mrd. RM.[94]

Als vermeintlichem Kriegsanstifter wurden dem Deutschen Reich von den Siegermächten Reparationsleistungen aufgebürdet.[95] Besonders England und Frankreich wollten sich mit Hilfe dieser Reparationsleistungen von ihren größtenteils durch die Vereinigten Staaten von Amerika finanzierten Kriegsaufwendungen befreien. Im Versailler Vertrag war eine genaue Fixierung der Summe nicht vorgenommen worden; erst 1921 wurde die Gesamtsumme der Reparationen mit 132 Milliarden Goldmark, zahlbar in 30 Jahren, festgelegt. Im Frühjahr 1924 legte ein unter dem US-amerikanischen Finanzexperten Charles G. Dawes gebildeter Sachverständigenausschuß einen neuen Finanzierungsplan vor. Der Dawes-Plan legte

---

[92] K. D. Bracher, a.a.O., S. 299.
[93] D. Walz, S. 24.
[94] Vgl. v. Dietze: Agrarkrisis, S. 24.
[95] Vgl. Art. 231 ff des Versailler Friedensvertrages.

keine Gesamtsumme für die Reparationen fest und ließ auch die Frage der zeitlichen Begrenzung unberührt. Die jährlichen Zahlungen von 1 Mrd. Reichsmark im Jahr 1924/25 sollten auf 2,5 Mrd. RM im Jahre 1928/29 steigen und dann in den Folgejahren diese Höhe beibehalten.

Der Dawes-Plan funktionierte nur einige Jahre befriedigend, bald stellte sich heraus, daß die deutsche Wirtschaft die festgesetzten Jahreszahlungen nicht aufbringen konnte. So trat im Februar 1929 in Paris eine Sachverständigenkonferenz mit dem Ziel zusammen, die Reparationen neu zu regeln.

Der neugegründeten „Bank für Internationalen Zahlungsausgleich" in Basel wurde die Verwaltung der deutschen Zahlungen übertragen. Das Deutsche Reich erhielt die alleinige Verantwortung für die Zahlungen in fremder Währung; die internationalen Kontrollen über Reichsbank und Reichsbahn entfielen. Dennoch löste der Young-Plan in Deutschland große Empörung aus, sah man doch die lange Dauer der Zahlungen als Knebelung der nächsten Generationen an, denn immerhin sollten die für das Reich enorm hohen Summen bis zum Jahre 1988 aufgebracht werden. Die jährlichen Zahlungen sollten 1931 1,7 Milliarden Reichsmark betragen und sich langsam bis zu einem Höchstbetrag von 2,4 Milliarden Reichsmark im Jahre 1965/66 steigern. In den darauffolgenden Jahren bis 1984/85 sollte Deutschland 1,7 Milliarden und in den letzten drei Jahren bis 1988 noch 0,9 Milliarden Reichsmark zahlen. Da die Alliierten als Gegenleistung für die Annahme des Young-Planes die vorzeitige Räumung der Rheinlande zugesagt hatten, erhielt der Plan schließlich – nach gescheitertem Volksbegehren, das radikale Parteien initiiert hatten – die Mehrheit im Reichstag und wurde dort am 12. März 1930 ratifiziert.

Die schwierige wirtschaftliche und finanzielle Lage im Reich leistete Radikalisierungen Vorschub. Besonders im Bereich der Landwirtschaft waren die Protestbewegungen und Radikalisierungstendenzen stark ausgeprägt. Im Februar 1929 schlossen sich die zahlreichen agrarischen Verbände zu einer „agrarischen Einheitsfront" zusammen, kurz „Grüne Front" genannt. Diese Entwicklung fand ihren ersten Höhepunkt in der schleswig-holsteinischen Landvolkbewegung. Mit radikalen Protesten reagierten die Landwirte auf die gesunkenen Preise für Schlachtvieh, die Verschuldung der Mästereien und die Zusammenbrüche beziehungsweise Zwangsversteigerungen vieler Betriebe. Am 28. Januar 1928 versammelten sich 140.000 Bauern zu einem Protestmarsch. Nach weiteren Aktionen des passiven Widerstandes und der friedlichen Gewalt folgte im Sommer 1929 eine Reihe von Sprengstoffanschlägen auf Landratsämter und andere Behörden. Auch im nördlichen Niedersachsen und in Thüringen entstanden revolutionäre Bauernbewegungen. In den Provinzen Ostpreußen und Pommern gab es gewaltsame Widerstände gegen die Einsetzung von Zwangsverwaltern. Durch diese Protestaktionen wurden die Politiker unter Druck gesetzt. Doch nicht nur die Landwirtschaft organisierte und radikalisierte sich. Die Gegner der Republik und des parlamentarischen Systems nutzten die allgemeine Katastrophenstimmung zu einer hemmungslosen Agitation gegen Regierung, Weimarer System und bürgerliche Parteien aus.

Dieses war also die Ausgangslage, in die Brüning mit seinem Kabinett gestellt wurde.

Das erste Kabinett Brüning

Brüning begibt sich sofort an seine Aufgabe: Die Regierungsmannschaft steht innerhalb von nur zwei Tagen, obwohl die vorbereitenden Verhandlungen durchaus nicht problemlos verlaufen sind. Dabei ist Brüning mit konkreten Vorstellungen über die Besetzung der Ministerämter in die Verhandlungen mit den Parteien getreten. Er muß allerdings zusätzliche Auflagen des Reichspräsidenten berücksichtigen. Dieser nämlich knüpft zwei Bedingungen an seine Zustimmung zu einer Regierung Brüning: Zum einen soll Brüning stärker nach rechts regieren, das heißt ohne die Sozialdemokraten und unter Bindung der rechtsgerichteten Parteien an das Kabinett, zum anderen soll das Kabinett einen Schwerpunkt seiner Politik auf die Unterstützung der Landwirtschaft richten.

Mit Ausnahme der Sozialisten übernimmt Brüning zum größten Teil die Minister seines Vorgängers Müller. Diesen Grundstock erweitert er nach rechts durch Vertreter der Wirtschaftspartei, des Reichslandbundes und des volkskonservativen Teils der DNVP, der sich schon von dem Parteivorsitzenden Hugenberg losgelöst hatte.

Hindenburgs Wunschkandidat für das Amt des Ministers für Ernährung und Landwirtschaft ist der Deutschnationale Dr. Martin Schiele, Präsident des Reichslandbundes, der von Brüning nun entsprechend in das Amt berufen wird. Schiele gehört dem Reichstag schon seit 1914 an. Unter Reichskanzler Luther war er Innenminister und im vierten Kabinett Marx Ernährungsminister. Mit dem Amt des Vizekanzlers wird Dr. Hermann Dietrich von der Deutschen Demokratischen Partei betraut, der im zweiten Kabinett Müller schon den Posten des Reichsernährungsministers innehatte. Später – Ende 1930 – wird Dietrich Vorsitzender der Deutschen Staatspartei, die aus der DDP hervorgegangen ist.

Brüning überträgt das Außenministerium Dr. Julius Curtius von der DVP, der dieses Amt schon seit Oktober 1929, also seit Stresemanns Tod, bekleidet. Reichsinnenminister wird der Zentrumspolitiker Dr. Joseph Wirth, der ehemalige Reichskanzler und Reichsminister für die besetzten Gebiete in der zweiten Regierung Müller. Dem Professor für Betriebswirtschaft Dr. Paul Moldenhauer von der DVP überträgt Brüning das Reichsfinanzministerium, welches dieser schon zuvor innehatte. Moldenhauer sitzt im Aufsichtsrat des IG-Farben-Konzerns und fungiert im Kabinett als Sprachrohr der Industrie.

Mit dem Amt des Reichsarbeitsministers betraut Brüning seinen ehemaligen Chef Adam Stegerwald (Zentrum). Auch dieser hatte unter Reichskanzler Müller schon ein Ministeramt bekleidet, nämlich das des Verkehrsministers.

Sozusagen ein Neuling in einem Ministeramt hingegen ist Justizminister Prof. Dr. Johann Victor Bredt von der Wirtschaftspartei, die damit erstmals an einer Regierung beteiligt ist. Bredt, Professor für Öffentliches Recht und Kirchenrecht, kann große parlamentarische Erfahrung aufweisen; er gehört dem Reichstag, ebenso wie Brüning, seit 1924 an und ist schon seit 1911 – mit Unterbrechungen – Mitglied des Preußischen Abgeordnetenhauses.

Den parteilosen Reichswehrminister unter Reichskanzler Müller, Dr. Wilhelm Groener, den letzten Generalquartiermeister des Ersten Weltkrieges, übernimmt Brüning in gleicher Funktion in sein Kabinett. Groener vertritt die Interessen der Reichswehr, um andere Ressorts kümmert er sich kaum. Ebenso wird Reichspostminister Dr. Georg Schätzel von der Bayerischen Volkspartei in seinem Amt bestätigt. Reichsverkehrsminister wird mit Theodor von Guérard ein Repräsentant des rechten Flügels der Zentrumspartei. Er ist mit 67 Jahren das älteste Mitglied im Kabinett Brüning. Jüngstes Kabinettsmitglied ist mit 39 Jahren Gottfried Reinhold Treviranus, der sich um die besetzten Gebiete kümmern soll. Ende 1929 hatte er die Reichstagsfraktion der DNVP verlassen. Sein Versuch einer Parteineugründung verlief erfolglos.

Nach späteren Angaben des Ministers Bredt ist der Umgangston im Kabinett angenehm kollegial *„auf der Grundlage formeller Höflichkeit"*, wobei der Reichskanzler eindeutig die dominierende Person gewesen sei. Er habe dem Kabinett das Gepräge gegeben.[96]

Kritischer beschreibt der Staatssekretär in der Reichskanzlei Hermann Pünder später die Lage im Kabinett. Danach drohten die Minister schnell mit Rücktrittsgesuchen, die Fassade des Kabinetts war bröckelig: *„Drei Minister nur halb bei der Sache. Aber wir bemühten uns, die Fassade in Ordnung zu halten. … Hinter der Fassade entwickelte sich die alles beherrschende Energie des Reichskanzlers Brüning, der seit langer Zeit wieder mal ein leitender Staatsmann in des Wortes edelster Bedeutung ist."*[97]

In seiner Regierungserklärung umreißt Brüning vor dem Reichstag klar seine Marschroute: *„Das neue Reichskabinett ist entsprechend dem mir vom Herrn*

---

[96] Johannes Victor Bredt: Erinnerungen und Dokumente 1914–1933, S. 226.
[97] Hermann Pünder, Politik in der Reichskanzlei, S. 78.

Reichspräsidenten erteilten Auftrag an keine Koalition gebunden. Doch konnten selbstverständlich die politischen Kräfte dieses hohen Hauses bei seiner Gestaltung nicht unbeachtet bleiben. Das Kabinett ist gebildet mit dem Zweck, die nach allgemeiner Auffassung für das Reich lebensnotwendigen Aufgaben in kürzester Frist zu lösen. Es wird der letzte Versuch sein, die Lösung mit diesem Reichstage durchzuführen. Einen Aufschub der lebensnotwendigen Arbeiten kann niemand verantworten. Die Stunde fordert schnelles Handeln. ... Endziel ist und bleibt ein wirtschaftlich gesundes, ein politisch freies und gleichberechtigtes Deutschland, das seinen Wiederaufbau im Schutze des Friedens vollenden kann, und das ein unentbehrlicher Faktor in der Staatengemeinschaft sein muß ...

Innenpolitisch gibt unsere Lage angesichts der sozialen und wirtschaftlichen Notstände und der mit ihnen verbundenen radikalen Strömungen Anlaß zu besonderer Wachsamkeit. Diesen Strömungen läßt sich nicht nur mit dem Einsatz staatlicher Mittel begegnen, sie müssen in erster Linie durch wirtschaftliche Aufbauarbeit behoben werden. Die Reichsregierung fühlt sich stark genug, mit den Mitteln, welche das Grundgesetz unserer staatlichen Ordnung, die Weimarer Verfassung, der deutschen Republik zur Verfügung stellt, allen gefahrvollen Bedrohungen entgegenzuwirken ...

Alle infolge der langwierigen Verhandlungen über den Young-Plan noch nicht erledigten finanziellen und wirtschaftlichen Maßnahmen müssen sofort durchgeführt werden. Sanierung der Finanz- und Kassenlage, Unterstützung der Länder und Gemeinden in ihrer schwierigen finanziellen Lage ist das dringendste. Ohne eine schnelle Ordnung der Kassen- und Finanzlage fehlt die Gewähr der dringend notwendigen Entlastung der Wirtschaft und der Milderung der Arbeitslosigkeit ...[98] Weiter kündigt er Sparmaßnahmen auf allen Gebieten des öffentlichen Lebens sowie Hilfsmaßnahmen für die Landwirtschaft an.

Die Grundlinie der Brüningschen Politik ist auf die Sicherung und Verbesserung der internationalen Wettbewerbsfähigkeit des Reiches durch binnenländische Preis- und Lohnsenkungen, auf eine grundlegende Sanierung des Reichshaushaltes durch Erhöhung von Steuern und Kürzung der staatlichen Personal- und Sachausgaben sowie auf die Sanierung der landwirtschaftlichen Betriebe gerichtet.

Der neue Reichskanzler läßt keinen Zweifel: In dem Fall, daß der Reichstag nicht zu Rande kommen sollte, wird die Regierung Brüning keine Scheu haben, den Reichstag aufzulösen oder ein Regiment mit dem Notverordnungsartikel 48 der Reichsverfassung zu führen. Somit steht zum ersten Mal seit 1923 wieder der Artikel 48 im Raume. Danach kann der Reichspräsident, wenn im Deutschen Rei-

---

[98] Abgedruckt in: Zwei Jahre am Steuer des Reichs. Reden aus Brünings Kanzlerzeit, S.9 ff.

che die öffentliche Sicherheit und Ordnung erheblich gestört oder gefährdet werden, die zu deren Wiederherstellung nötigen Maßnahmen treffen und erforderlichenfalls mit Hilfe der bewaffneten Macht einschreiten. Zu diesem Zwecke darf er vorübergehend die in den Artikeln 114, 115, 117, 118, 123, 124 und 153 festgesetzten Grundrechte ganz oder zum Teil außer Kraft setzen. Die Maßnahme, über die der Reichspräsident unverzüglich das Parlament informieren muß, kann auf Verlangen des Parlaments wieder außer Kraft gesetzt werden. Das Reichsgesetz, das laut Artikel 48 das Nähere bestimmen sollte, ist nie erlassen worden. Und so blieb es zu Weimarer Zeiten eine Auslegungssache, wann die „öffentliche Sicherheit und Ordnung erheblich gestört oder gefährdet" waren.

Die Sozialdemokraten beantworten Brünings Regierungserklärung mit einem Mißtrauensantrag, der jedoch von den Regierungsparteien mit deutschnationaler Hilfe abgeschmettert werden kann. Der Parteivorsitzende der Deutschnationalen, Hugenberg, kann kaum zu den Freunden oder Unterstützern Brünings gerechnet werden. Er lehnt den Zentrumspolitiker grundsätzlich ab. Wenn er dem Mißtrauensantrag gegen den Reichskanzler nicht zustimmt, dann aus dem einfachen Grunde, daß er sich von dessen angekündigter Agrarpolitik für seine Interessengruppe Positives verspricht.

Die Sanierungspolitik des ersten Kabinetts Brüning

Das zunächst drängendste Problem ist der Ausgleich des Staatshaushalts. Der neue Reichskanzler versucht über eine Erhöhung der Staatseinnahmen den Reichsetat auszugleichen. Das heißt, er schränkt die Staatsausgaben ein und erhöht gleichzeitig die Steuern. Dieser Weg ist praktisch durch den Young-Plan vorgegeben, der das Deutsche Reich verpflichtet, die Währung stabil zu halten.

Das Kabinett übernimmt von der Großen Koalition unter Reichskanzler Müller ein Haushaltsdefizit von 330 Millionen Reichsmark, welches das Kabinett Müller durch die Aufnahme eines Kredits sowie die Erschließung neuer Steuerquellen beseitigen wollte. Diese Deckungsvorlagen, die dem Reichstag von Reichskanzler Müller nicht mehr hatten zugeleitet werden können, übernimmt nun die Regierung Brüning. Die erste parlamentarische Hürde erweist sich für Brüning schon als hoch, denn nicht nur die Opposition meldet Widerstand gegen die Entwürfe an, auch innerhalb der Regierungsparteien werden Proteste laut. So stellt sich die Bayerische Volkspartei strikt gegen jede Erhöhung der Biersteuer. Wirtschaftspartei und Volkskonservative sind zwar nicht gegen diese Steuer, haben aber Bedenken hinsichtlich der geplanten Erhöhung der Steuern und plädieren als Alternative für die Heraufsetzung der Umsatzsteuer. Der Reichskanzler erklärt jedoch in der

Kabinettssitzung am 4. April 1930, daß das taktische Vorgehen der Reichsregierung dahin gehen müsse, bei den bevorstehenden Beratungen der Deckungsvorlagen im Steuerausschuß unter allen Umständen an der Regierungsvorlage festzuhalten, selbst auf die Gefahr hin, daß sich in den Ausschüssen keine Mehrheit für die Vorlagen ergeben sollte. Das Kabinett hat noch vor Beginn der interfraktionellen Beratungen beschlossen, die Steuergesetze auf normalem Wege verabschieden zu lassen. Im Falle einer Ablehnung durch das Parlament jedoch soll ein Ermächtigungsgesetz vorgelegt und gegebenenfalls bei dessen Scheitern der Reichstag aufgelöst werden.

In der Tat unterliegt die Regierung mit ihrer Vorlage im Steuerausschuß dann auch. Da auch im Kabinett Bedenken laut geworden sind, wegen Steuergesetzen einen Wahlkampf zu führen, zeigt sich das Kabinett vor der dritten und damit letzten Lesung im Reichstag kompromißbereit: Die Biersteuer soll nun nur noch um 50 Prozent – statt, wie anfangs geplant, um 75 Prozent – erhöht werden. Die dadurch entstehende Mindereinnahme soll durch eine Anhebung der Umsatzsteuer und die Einführung einer Warenhaussteuer ausgeglichen werden. Die Steuervorlagen werden mehrheitlich im Reichstag angenommen. Doch schon einen Monat später weist Finanzminister Moldenhauer in der Kabinettssitzung auf eine erneute Finanzlücke von 450 Millionen Reichsmark in der Arbeitslosenversicherung und ein Haushaltsdefizit von 136 Millionen Reichsmark hin, das innerhalb von nur zwei weiteren Wochen sogar auf 150 Millionen Reichsmark anwachsen wird. Der Finanzminister schlägt zur Kompensation der neuen Haushaltslöcher vor, von Beamten und Festbesoldeten ein Notopfer als einmaligen Zuschlag zur Einkommensteuer zu erheben. Dies läßt natürlich die Beamtenorganisationen lauthals protestieren. Als folgenschwerer jedoch erweisen sich andere Proteste, nämlich die der Deutschen Volkspartei, der Partei des Finanzministers. Moldenhauer erklärt daraufhin seinen Rücktritt. Schon wenige Monate nach Amtsantritt steckt die Regierung Brüning damit in einer ersten schweren Krise. Brüning faßt als neuen Minister für das Finanzwesen den preußischen Finanzminister Hermann Höpker-Aschoff ins Auge, der jedoch ablehnt. Auch Wirtschaftsminister Dietrich, an den Brüning nun herantritt, tut sich schwer, nimmt das Amt aber schließlich an.

Der Finanzminister wechselt, das Problem der Konsolidierung der Reichsfinanzen bleibt. Die schwierigen Verhandlungen des Kabinetts sowohl mit den Regierungs- als auch mit den Oppositionsparteien verfehlen ihr Ziel: Der Reichstag lehnt am 16. Juli 1930 das Notopfer der Festbesoldeten mit 193 gegen 256 Stimmen ab.

Dabei hat Brüning einen Tag zuvor im Reichstag eindringlich zum Mut zur Verantwortung aufgefordert und für seinen Kurs geworben: *„Wir stehen in einer wirtschaftlichen Entwicklung von einer Bedeutung, wie wir sie in den letzten drei*

Jahrzehnten nicht gehabt haben. Eine Preisrevolution internationaler Art auf allen Gebieten der Wirtschaft wird alle Staaten und alle Regierungen, nicht nur die deutsche Regierung, zwingen, in bezug auf die Beurteilung der Etatsvorschätzungen sich außerordentlicher Gewissenhaftigkeit zu befleißigen. Eine große Anzahl von Produkten haben auf dem Weltmarkt bereits das Vorkriegsniveau unterschritten. Die Entwicklung zur Erreichung des Vorkriegspreisindex' auf allen Gebieten ist im Gange. Ich will mich nicht darüber verbreiten, welche Gründe dafür maßgebend sind; die Meinungen darüber sind geteilt. Eines ist sicher: daß das, was die Reichsregierung vor Wochen erkannt und ausgesprochen hat, sich immer mehr bestätigt, daß wir es nicht mit einer konjunkturellen Depression vorübergehender Art zu tun haben, sondern mit einem völligen Strukturwandel der gesamten Weltwirtschaft.

Meine Damen und Herren! Das stellt jede Reichsregierung, wie sie auch aussehen mag, vor ungeheuerliche Aufgaben, und diese Aufgaben sind in vieler Beziehung weitaus schwieriger zu lösen und zu meistern als die Aufgaben des bisher schwersten Jahres der deutschen Republik, des Jahres 1923. Zwar haben wir eine absolut gefestigte und stabile Währung. Aber bis dahin sind die Krisen in Deutschland im wesentlichen auf Deutschland beschränkt gewesen. Auch noch im Jahre 1926 war es so, daß wir es mit einer deutschen Krise zu tun hatten, die sich deswegen verhältnismäßig schnell beseitigen ließ, weil die gesamte Weltwirtschaft sehr aufnahmefähig für deutsche Produkte war.

Wenn eine Reichsregierung in dieser Stunde darauf verzichten würde, alle Maßnahmen sofort durchzusetzen, die angesichts dieser Situation notwendig sind, so hätt sie die Pflicht vor der Geschichte und vor dem deutschen Volke schmählichst verletzt.

Deshalb mußten wird den Mut haben, den Parteien, die, in schwerster Verantwortung und unter dauernden Angriffen stehend, die ganze Verantwortung mit der Regierung getragen haben, auch jetzt zuzumuten, erneut neue Opfer dem deutschen Volke zur Sicherung unserer Finanzen und zur Stabilisierung unserer wirtschaftlichen und sozialen Verhältnisse aufzuerlegen. Denn, meine Damen und Herren, eines ist sicher: es ist kein Grund dafür vorhanden, wenn wir alle unsere Pflicht tun, sowohl was die wirtschaftlichen, wie was die finanziellen Maßnahmen angeht, einem schrankenlosen Pessimismus zu verfallen.

Deutschland hat in seiner Gesamtbilanz politisch und wirtschaftlich einen Vorteil gegenüber manchen anderen Ländern. Wir sind ein Land, das einen stark agrarischen Hintergrund hat, und wir sind zudem ein Land, das im wesentlichen in seiner Industrie auf der Veredlungstätigkeit beruht. Sinkende Rohstoffpreise, sinkende Geldsätze in der ganzen Welt bedeuten aber für ein solches Land keinen Anfang des Abstiegs, sondern einen Anfang zum Wiederaufstieg. Ein solcher Wie-

deraufstieg ist jedoch nur möglich, wenn wir in der Lage sind, die Aufgaben des Staates, die wir jetzt in Angriff genommen haben und in Angriff nehmen werden, auch tatsächlich in ihrer Durchführbarkeit zu sichern. Beispielsweise alle Maß-nahmen auf dem Gebiete der Arbeitsbeschaffung haben zur Voraussetzung, daß das Defizit im Reichsetat gedeckt wird. Was soll ein Ostprogramm, was soll ein Osthilfegesetz, meine Damen und Herren, wenn Sie zwar Ausgaben beschließen, aber für ihre Deckung der Mittel nicht bewilligen? Was sollen die Sicherungen zur Aufrechterhaltung, die getroffen und vorgeschlagen werden, wenn die Mittel nicht bewilligt werden, um die Arbeitslosenversicherung über die schweren Monate, die kommen werden, in finanzieller Beziehung hinwegzubringen?

Eines hängt mit dem anderen wesentlich und notwendig zusammen. Wenn wir den Mut und den Glauben haben, unsere Maßnahmen zur Behebung und Minde-rung der Arbeitslosigkeit erfolgreich durchzusetzen, dann gestattet die Erledigung der Deckungsvorlagen keinen Verzug mehr …

Wir müssen also in bezug auf unsere Kassensanierung und die Abdeckung der schwebenden Schuld alles das auf einmal nachholen, was in den vergangenen Jah-ren nicht rechtzeitig erledigt worden ist… Bringt dieses Hohe Haus, worauf die Reichsregierung hofft, das notwendige Ausmaß an Verantwortlichkeitsgefühl auf, dann hat es meines Erachtens zur Sicherung des Parlamentarismus und der De-mokratie mehr getan als in vielen früheren Jahren zusammengenommen.

Demokratie und Parlament werden mehr gesichert durch den Mut zur Verant-wortung, auch zu unpopulären Maßnahmen als durch Gesetze und große öffentli-che Reden.… Sollte es nicht möglich sein, so muß ich gleich zu dieser Stunde er-klären, wird die Reichsregierung im Interesse der Demokratie, im Interesse des Volkes, im Interesse der Wirtschaft von allen verfassungsmäßigen Mitteln Ge-brauch machen, die notwendig sind zur Beseitigung des Defizits des Reichshaus-halts. "[99]

Brüning hält an seinem Finanzprogramm fest, auf eine Sanierung des Haus-halts will er nicht verzichten. So läßt er die Deckungsvorlagen als Notverordnun-gen des Reichspräsidenten verkünden. Nach Artikel 48 (Absatz 3) der Reichsver-fassung können Notverordnungen auf Verlangen des Reichstages außer Kraft ge-setzt werden. Der entsprechende Antrag auf Aufhebung der Verordnung wird von den Sozialisten gestellt und erlangt durch die Unterstützung von Kommunisten, Nationalsozialisten und einem bedeutenden Teil der Deutschnationalen eine knap-pe Mehrheit. Daraufhin verliest Brüning eine Verordnung des Reichspräsidenten Hindenburg über die Auflösung des Parlaments. Durch eine erweiterte Notverord-nung, die am 26. Juli erlassen wird, werden die im Reichstag gescheiterten Steuer-

---

[99] Rede Heinrich Brünings, gehalten am 15. Juli 1930, Stenogr. Bericht Bd. 428, S. 6373 -6375.

gesetze wieder in Kraft gesetzt. Aber nicht nur diese, auch weitere umstrittene Gesetzesvorhaben werden in der Notverordnung veröffentlicht: die sogenannte Osthilfe, die Änderungen der Arbeitslosen-, Kranken- und Sozialversicherung und der Reichshaushaltsplan für das Rechnungsjahr 1930/31. Damit ist der Weg von der parlamentarischen Demokratie zum System der Präsidialkabinette beschritten. Doch anläßlich der schwierigen Lage im Land ist es notwendig, die erforderlichen Gesetze zu verabschieden und sie nicht an den Einzelinteressen der vielen Splitterparteien im Parlament scheitern zu lassen. Im Reichstag weiß Brüning von den 491 Mandaten insgesamt nur 193 Stimmen fest hinter sich, so daß er weitere Stimmen von Oppositionsparteien wie der SPD benötigt. Zeigen sich die Sozialdemokraten auch mehrfach kompromißbereit, so lehnen sie doch Leistungsminderungen in der Arbeitslosen- und Krankenversicherung strikt ab. Auch auf die Unterstützung der Deutschnationalen kann Brüning nicht zählen. Deren Fraktionsvorsitzender Dr. Oberfohren erklärt Brüning, daß seine Fraktion beschlossen habe, die der Deckungsvorlage der Regierung zustimmenden deutschnationalen Reichstagsmitglieder aus der Fraktion auszuschließen.[100]

Die Deckungsvorlagen für den Haushalt basieren auf einem ohnehin schon recht labilen Kompromiß der Regierungskoalition; neue Verhandlungen sind daher nicht ratsam. Die aktuellen politischen Gegebenheiten beschneiden das Kabinett stark in seiner Entscheidungsfreiheit, so daß Brüning nur diesen einen Weg als gangbar ansieht: Erlaß der Notverordnung, Aufhebung der Notverordnung durch den Reichstag, Rücktritt der Regierung oder Auflösung des Reichstages und damit verbundene Neuwahlen. Da mit den Sozialdemokraten und Deutschnationalen keine Einigung möglich ist, bleibt nur dieser Weg der Reichstagsauflösung.

Vom ersten Tage seiner Regierung an hat Brüning das Recht des Reichspräsidenten zu Notverordnungen und zur Reichstagsauflösung zur Anwendung bereitgehalten. Er setzt es als Druck- und Drohmittel ein, um die entscheidenden Gruppierungen hinter die Gesetzesvorlagen der Regierung zu bringen.[101] Doch zunehmend verliert die Drohung ihre Wirkung, denn die Mandatsträger arrangieren sich mit dem Gedanken der Reichstagsauflösung. Zum Teil erhoffen sie sich von Neuwahlen sogar eine Verbesserung der Lage. Nationalsozialisten und Kommunisten streben sie bewußt an. Die beiden katholischen Parteien Zentrum und Bayerische Volkspartei hatten die letzte Reichstagswahl 1928 als Niederlage empfunden und versprechen sich von Neuwahlen ein günstigeres Ergebnis. Ebenso wähnen sich

---

[100] Vgl. Vermerk des Staatssekretärs Pünder über Besprechungen des Reichskanzlers mit Vertretern der Parteien, 12. Juli 1930, Akten der Reichskanzlei, Bd. 1, Dok. Nr. 74, S. 302.
[101] Gerhard Schulz, Von Brüning zu Hitler, Erster Teil, S. 117.

die Christlich-nationale Landvolk- und Bauernpartei, DVP und Wirtschaftspartei im Aufwärtstrend.[102]

Finanzminister Dietrichs Vorstellungen über eine abschließende Finanzreform sehen vor, daß die Arbeitslosenversicherung aus dem Reichshaushalt herausgelöst werde, daß eine Senkung der Reallöhne die Wirtschaft entlasten und ankurbeln würden, und der Finanzausgleich zwischen Reich, Ländern und Kommunen grundsätzlich neu gestaltet werden solle. Diese Maßnahmen sind wegen der negativen Kassenlage des Reiches zwingend, denn der Finanzminister rechnet für das laufende Haushaltsjahr mit einem Defizit von 300 Millionen Reichsmark.

Die Neuwahlen

Die Neuwahlen finden am 14. September 1930 statt. Von ihrem Stimmrecht machen 6,4 Prozent mehr der nahezu 43 Millionen Wahlberechtigten Gebrauch als bei der Reichstagswahl 1928.[103] Brüning erhofft sich eine Stärkung der Parteien der Mitte. Doch die radikalen Parteien können den Wahlkampf gut zur Stimmungsmache nutzen. In dem großen Heer der drei Millionen Arbeitslosen sowie der weiteren unzähligen von Arbeitslosigkeit bedrohten Arbeiter und den von Zwangsversteigerungen bedrohten Unternehmern gehen sie auf Stimmenfang. *„In einer fieberhaften Versammlungskampagne, die Entfernung zwischen den einzelnen ‚Einsatzfronten' oft mit dem Flugzeug überbrückend, peitschten Hitler und seine erste Rednergarnitur erregte Massen in Städten und Dörfern vorwärts, ohne mit unqualifizierten Argumenten und Versprechungen zu sparen."*[104] Besonders in den protestantischen ländlichen Gebieten verzeichnen die Nationalsozialisten starke Zugewinne. Als zweitstärkste Fraktion können sie mit 107 – statt vorher 12 – Abgeordneten in den neuen Reichstag einziehen. Auch die Kommunisten dürfen sich als Wahlsieger fühlen, ihre bisherigen 54 Mandate sind auf 77 angewachsen. Verluste müssen die Sozialdemokraten und die Deutschnationalen hinnehmen. Das Zentrum gewinnt – obwohl Träger unpopulärer Regierungsmaßnahmen – leicht hinzu, ebenso die Bayerische Volkspartei. Die katholischen Parteien der Mitte ziehen nun mit 68 bzw. 19 Abgeordneten ins Parlament. Die Volkspartei hingegen büßt 15 ihrer bisherigen 45 Sitze ein.

Insgesamt zeichnet sich im neu gewählten Reichstag nun folgendes Bild ab: Die radikalen Systemgegner verfügen – auch ohne die Deutschnationalen unter

---

[102] Ebenda, S. 117 f.
[103] G. Schulz, a.a.O., S. 121.
[104] K. D. Bracher, a.a.O., S. 320.

Führung Hugenbergs – über 184 Sitze und damit über eine Sperrminorität. Die Sozialdemokraten sind allenfalls bis hin zur Deutschen Volkspartei koalitionsfähig. Bislang war das Parlament „koalitionsun*willig*", nun ist es „koalitionsun*fähig*".[105]

Die von Brüning erhoffte Stärkung seiner Mitte-Rechts-Regierung ist nicht eingetreten, eine regierungsfähige bürgerliche Basis ist nicht mehr vorhanden, ein Ergebnis, mit dem Brüning nicht gerechnet hatte. Die Hoffnung, die demokratische Mitte des Parteienfelds in eine arbeitsfähige und demokratische Kompromißmehrheit im Reichstag führen zu können, hat sich nicht erfüllt. Seine Annahme, mit einer Wahl zu diesem Zeitpunkt noch „dem erwarteten Anwachsen der nationalsozialistischen Stimmen zuvorkommen und auf vier Jahre eine arbeitsfähige parlamentarische Machtverteilung" schaffen zu können, „bis dann Krise und Notregierung überwunden und die radikalen Fieberbewegungen auf der Rechten und Linken erschöpft wären"[106], erwies sich als falsch.

Vor dem neuen Parlament appelliert Brüning: *„Die Reichsregierung erwartet, daß das Hohe Haus in vollem Bewußtsein der großen geschichtlichen Aufgabe an die Arbeit gehen wird. Die Not des deutschen Volkes verträgt keine Selbstzerfleischung der Parteien. Gegensätze aus dem Wahlkampf müssen vergessen werden."*[107]

Nach den Wahlen mit den Stimmengewinnen für die radikalen Parteien ändert die SPD ihren Kurs aus Angst vor dem, was nach Brüning kommen könnte. Die Sozialdemokraten praktizieren nun eine Tolerierungspolitik gegenüber der Regierung, das heißt, sie stimmen den Mißtrauensanträgen gegen den Reichskanzler nicht zu, ebensowenig den Anträgen auf Aufhebung der Notverordnungen. Bis auf Bagatellgesetze, die weiter vom Reichstag beschlossen werden, werden die Gesetze nun – überwiegend – in Form von Verordnungen des Reichspräsidenten nach Artikel 48 der Weimarer Reichsverfassung erlassen.

Finanzpolitik

Das Reich kann den Haushalt mit eigenen Mitteln nicht ausgleichen. Der Wahlausgang mit den starken Zuwächsen bei der nationalsozialistischen Partei hat einen Kurssturz der deutschen Papiere an den internationalen Börsen zur Folge. Gold, Devisen und Inlandskapital werden in Höhe von ungefähr einer Mil-

---

[105] Helmut Heiber, Die Republik von Weimar, dtv Weltgeschichte des 20. Jahrhunderts, Bd. 3, 10. Aufl. München 1977, S. 228.
[106] K. D. Bracher, a.a.O., S. 325.
[107] Verhandlungen des Reichstages, Bd. 444, S. 22.

liarde Reichsmark abgezogen, immerhin in der Größenordnung einer halben Jahresrate an Reparationsleistungen. Auch ausländische Kredite werden in hohem Maße aus dem Reich zurückgeholt. Diese Entwicklung geht so weit, daß die Reichsbank Mitte 1931 am Rande ihrer gesetzlich vorgeschriebenen Golddeckung angelangt ist. Reichsbank und Reichsfinanzminister bemühen sich beim US-amerikanischen Bankhaus Lee, Higginson um einen Überbrückungskredit in Höhe von 125 Millionen Dollar. Das Darlehen wird gewährt, aber es wird an Bedingungen geknüpft: Der Reichshaushalt 1931/32 muß auf dem normalen parlamentarischen Wege – und nicht durch eine Notverordnung – in Kraft gesetzt werden. Weiter soll ein Schuldentilgungsgesetz die Zinsen und Rückzahlung sichern; die Reichsregierung muß sich zu harten Sparmaßnahmen verpflichten.

Dies entspricht durchaus auch Brünings Programm.

Im September 1930 stellt der Reichskanzler der Öffentlichkeit ein umfassendes Wirtschafts- und Finanzprogramm vor. Dieses sieht neben dem Überbrückungskredit und dem Schuldentilgungsgesetz eine Kürzung der Beamtenbezüge vor. Dabei sollen auch die Gehaltsbezüge des Reichspräsidenten, des Reichskanzlers sowie der Reichsminister und die Diäten der Abgeordneten um 20 Prozent gekürzt werden. Die Tabaksteuer soll erhöht werden. Der Reichshaushalt 1931 soll ausgeglichen werden durch Abstriche bei Sachausgaben um rund 160 Millionen gegenüber dem Vorjahresetat sowie durch Abstriche bei den Personalausgaben und Kürzung der Länderüberweisungen um 95 Millionen aus der Gehaltskürzung. Diese betragen in Ländern und Gemeinden 285 Millionen RM, wovon ein Drittel dem Reich zufließen sollen. Schließlich soll eine Deckungssumme von 81 Millionen Reichsmark zum Ausgleich des Haushalts beitragen, indem dem Anleihetilgungsfonds Reichsbahnvorzugsaktien überwiesen werden. In den Reichstag soll ein Gesetz zur Sicherung der Haushaltspläne des Reiches und der Länder gegen weiteres Anwachsen des Haushaltsdefizits eingebracht werden. Weiter soll das Steuersystem vereinfacht werden und das Haushaltsrecht der Länder und Gemeinden den Grundsätzen des Reiches angepaßt und die Einflußnahme des Reiches auf das Finanzgebaren der Länder und Gemeinden ausgedehnt werden. Die Beiträge zur Arbeitslosenversicherung sollen erhöht werden. Die Krisenfürsorge soll dahingehend reformiert werden, daß Kurzanwärter aus dieser Fürsorge herausfallen sollen. Außerdem sollen die Bedürftigkeit strenger geprüft und der Unterstützungssatz gekürzt werden.

Weiter sieht das Programm Arbeitbeschaffungsmaßnahmen vor. Dazu gehören neben einer Förderung des öffentlichen Wohnungsbaus die verstärkte Berücksichtigung der Meliorationen[108] und der ländlichen Siedlung sowie die Weiterbauten des Mittellandkanals und des Dortmund-Ems-Kanals.

---

[108] Maßnahmen zur Bodenverbesserung

Auch bei diesem Programm läßt die Kritik nicht lange auf sich warten. Während die Länder- und Gemeindeverbände die Kürzung der Reichsüberweisungen und die Belastung der Kommunen durch die Wohlfahrtsfürsorge kritisieren, beanstanden die Gewerkschaften die Herauslösung der Arbeitslosenversicherung aus dem Reichshaushalt sowie die Beitragserhöhung, Lohn- und Gehaltskürzungen.

Da die Regierung eine Aufschnürung des Maßnahmenpaketes vermeiden will, beschließt sie, ihr Programm als Notverordnung in Kraft zu setzen. Brüning hat zuvor in Verhandlungen mit den Parteien sichergestellt, daß diesmal keine Reichstagsmehrheit für eine Aufhebung der Notverordnung zustande kommen wird. So kann Brüning sein Reformprogramm starten: Der Reichshaushalt wird entlastet, das Reich gewinnt Einfluß auf das Finanzgebaren von Ländern und Gemeinden, das Realsteuersystem wird vereinfacht, die Steuersätze gesenkt. Das Ziel ist der Ausgleich des Reichshaushalts 1931/32. Doch dieses Ziel scheint kaum erreichbar, denn das Haushaltsdefizit steigt weiter von Monat zu Monat, Ende April 1931 ist der Fehlbetrag auf 700 Millionen Reichsmark angewachsen.

Der Reichskanzler führt in einer Besprechung zur Vorbereitung einer neuen Notverordnung am 20. Mai 1931 aus, daß es Hauptaufgabe der Regierung sei, die Solidität der Finanzen zu sichern. Die neue Notverordnung müsse so aufgebaut sein, daß im Herbst kein erneuter Bedarf für eine Notverordnung aufkomme. Auch macht Brüning darauf aufmerksam, daß der Schrumpfungsprozeß nur bis zu einem gewissen Grade betrieben werden könne, darüber hinaus sei es ein Unding, weitere Maßnahmen zu treffen. Von neuen Steuern rät er nach Möglichkeit ab. Auch die Frage der Erhöhung der Umsatzsteuer könne nicht in Erwägung gezogen werden. Außerdem müsse man einen Fonds zur Arbeitsbeschaffung gründen. Als Hauptaufgabe bezeichnet er ferner die Sicherung des Brotpreises von 46 Pfennigen für das ganze Land.

Die Zweite Notverordnung zur Sanierung von Wirtschaft und Finanzen am 5. Juni 1931 sieht Sachmittelreduzierungen, Gehalts- und Pensionkürzungen sowie einzelne Gebührenerhöhungen vor.

Der sogenannte Tribut-Aufruf, mit dem die Reichsregierung dem Volk den Eindruck zu vermitteln versucht, die Revision der Reparationen sei schon eingeleitet, ruiniert die deutsche Kreditfähigkeit im Ausland. Er führt, zusammen mit der Erregung der deutschen Öffentlichkeit über den Abbau von Sozialleistungen sowie der Bankenkrise dazu, daß Brünings Hoffnung nicht in Erfüllung geht; es bedarf im Herbst 1931 einer weiteren Notverordnung.

Mit der Notverordnung zur Sicherung der Haushalte der Länder und Gemeinden vom 24. August 1931 versucht die Regierung, die in Zahlungsschwierigkeiten geratenen Gemeinden, deren Defizit im Frühjahr 1931 700 Millionen RM beträgt, finanziell zu sanieren. Die Länderregierungen werden ermächtigt, alle zum Haushaltsausgleich der Gemeinden erforderlichen Maßnahmen auf dem Verordnungswege zu erlassen. Die Gehälter der kommunalen Spitzenbeamten, die über denen der Reichs- und Landesbeamten liegen, sollen herabgesetzt werden. Außerdem soll die finanzielle Selbstverantwortung gestärkt werden.

Die Dritte Notverordnung zur Sicherung von Wirtschaft und Finanzen vom 6. Oktober 1931 korrigiert einige Fehlentwicklungen der Sommerkrise, kann aber nicht die Abwertung des britischen Pfundes vom 20. September 1931 abfedern.

Arbeitspolitik und Konjunkturpolitik 1930/31

Der Reichshaushalt wird besonders durch das Defizit der Arbeitslosenversicherung belastet. Das 1927 erlassene Gesetz über Arbeitsvermittlung und Arbeitslosenversicherung muß sicherlich als Meilenstein in der deutschen Sozialpolitik gewertet werden, denn es schreibt für unverschuldet arbeitslos gewordene Mitbürger einen Rechtsanspruch auf Zahlung der versicherungsmäßigen Arbeitslosenunterstützung fest. Die Reichsanstalt für Arbeitsvermittlung und Arbeitslosenversicherung war bei ihrer Gründung 1927 jedoch mit geringen finanziellen Reserven ausgestattet worden. Seit 1928 muß das Reich die Reichsanstalt mit Darlehen und Zuschüssen unterstützen. Die schwierige Lage der Arbeitslosenunterstützung wird durch die steigende Arbeitslosenzahl des Winters 1929/30 verstärkt. Die Staatsmittel, mit denen die Reichsanstalt für Arbeitsvermittlung und Arbeitslosenversicherung finanziell unterstützt werden mußte, wuchsen zwischen den Rechnungsjahren 1927/28 und 1929/30 von 50 auf 440,6 Millionen Reichsmark an.[109]

Zur Sicherung der Arbeitslosenversicherung beschließt die Regierung mit Gesetz vom 28. April 1930 eine Erhöhung des Beitragssatzes um ein halbes Prozent sowie eine Beschränkung der bisherigen unbegrenzten Zuschußpflicht des Reiches auf 150 Millionen Reichsmark für das Haushaltsjahr 1930/31. Dabei ist der Regierung bewußt, daß auch diese Bestimmungen nicht ausreichen werden, um die Fehlbeträge der Reichsanstalt vollständig zu beseitigen. Die Lage am Arbeitsmarkt sieht trostlos aus, Arbeitsminister Stegerwald rechnet mit 1.600.000 Arbeitslosen im Jahresdurchschnitt 1930.[110] Er bezweifelt, daß die Arbeitslosenversi-

---

[109] Statistisches Jahrbuch 1933, S. 417.

[110] Diese Zahl bezieht sich nur auf die Arbeitslosen, die von der Reichsanstalt für Arbeitsvermittlung und Arbeitslosenversicherung unterstützt wurden. Tatsächlich belief sich die Zahl im Jahresdurchschnitt auf 1.788.500 Arbeitslose. Die Zahl der beim Arbeitsamt als erwerbslos Gemeldeten betrug 1930 hingegen im Jahresschnitt 3.139.600 (Quelle: Statistische Beilage zum Reichsarbeitsblatt Nr. 1, 1931, S. 1; Nr 10, 1931, S. 169; Nr 4, 1932, S. 57; Nr. 34, 1932, S. 519; Nr. 1, 1934, S. 5 f, zit. nach Fritz Blaich, Der Schwarze Freitag, S. 165f.)

cherung überhaupt finanziell gesunden könne.[111] Diese düstere Einschätzung soll
sich schnell bewahrheiten, denn der Reichszuschuß von 150 Millionen Reichsmark verbraucht sich bereits innerhalb nur eines Monats. Der Regierung fehlen die
für eine dauerhafte Sanierung der Arbeitslosenversicherung notwendigen Mittel.
Der Fehlbetrag der Reichsanstalt wächst bis zum September 1930 auf 400 Millionen Reichsmark an. Die Reichsregierung sieht nun keine andere Möglichkeit
mehr, als den Beitragssatz um zwei Prozent auf 6,2 % zu erhöhen und 200 Millionen RM auf den Reichshaushalt zu übernehmen. Eine Entlastung der Arbeitslosenversicherung kann kaum gelingen, solange die Arbeitslosenzahlen weiter steigen.

Das Kabinett Brüning berät deshalb im Mai 1930 über Arbeitsbeschaffungsmaßnahmen, wobei die Vergabe von Aufträgen durch Reichspost und Reichsbahn
sowie die Förderung des Wohnungsbaus im Mittelpunkt stehen. Auch eine Finanzierungsmöglichkeit für den Autobahnbau wird diskutiert, doch faßt die Minister-
runde hierzu wegen der fragwürdigen volkswirtschaftlichen Rentabilität der Auto-
bahnen keinen Beschluß.[112] Das Kabinett verabschiedet schließlich ein Arbeitsbeschaffungsprogramm mit einem Volumen von 950 Millionen Reichsmark, das zum
größten Teil im Vorgriff auf den Haushalt 1930/31 finanziert wird. Ein spürbarer
Anstoß für die Konjunktur geht von diesem Programm jedoch nicht aus, es enthält
vielmehr kaum mehr als die jährlich notwendigen Investitionen der Reichsbahn,
Reichspost und des öffentlichen Wohnungsbaus. Die Möglichkeit, große konjunk-
turfördernde Projekte über den ausländischen Kapitalmarkt zu finanzieren, ist der
Regierung verwehrt, da dieser wegen der Mobilisierungsanleihen des Young-Plans
nicht aufnahmefähig ist.

Gegen Vorschläge einer staatlichen Exportförderung erhebt Finanzminister
Moldenhauer Einwände. Im Kabinettsprotokoll vom 19. Mai 1930 heißt es: „*Der
Reichsminister der Finanzen führte aus, daß er in den Vorschlägen des Reichswirtschaftsministers die Gefahr einer hemmungslosen Subventionspolitik er-
blicken müsse. Fast täglich kämen Industrielle zu ihm, dem Reichsminister der Finanzen, um ihm mitzuteilen, sie könnten einen großen Auslandsauftrag erhalten,
wenn das Reich die Differenz gegenüber dem ausländischen Konkurrenten trage,
der ihn im Preise unterbiete. Der Industrielle lege dann stets dar, daß das Reich
immer noch Vorteil von einem derartigen Geschäft hätte, denn andernfalls müsse
das Werk stillgelegt werden. Das Reich würde dann also keine Steuern erhalten
und müsse außerdem noch die Last der Unterstützungen an die Erwerbslosen
durch die Reichsanstalt tragen. Bisher habe er derartige Ansinnen stets abgelehnt,*

---

[111] Ministerbesprechung vom 19. Mai 1930, Akten der Reichskanzlei, Bd. 1, Dok. Nr. 37.
[112] Vgl: Akten der Reichskanzlei, Bd. 1, Dokumente Nr. 37, 46 und 47.

da andernfalls das Ende der Planwirtschaft bald abzusehen sei. Auch er sei unbedingt ein Freund der produktiven Erwerbslosenfürsorge. Der Präsident der Reichsanstalt für Arbeitsvermittlung und Arbeitslosenversicherung habe jedoch einmal ausgerechnet, daß die Kosten der produktiven Erwerbslosenfürsorge das Fünffache der einfachen Unterstützung betrügen. Auf jeden Fall sei es notwendig, daß Reichsbahn und Reichspost möglichst frühzeitig Aufträge erteilten. ... Der Reichskanzler wies darauf hin, daß auch die englische Regierung vor einigen Jahren durch Vorverlegung von öffentlichen Aufträgen die Wirtschaft belebt habe."[113]

In der Geschichtsforschung wird die Vermutung geäußert, die Industrieverbände – und als ihr Vertreter Minister Moldenhauer – hätten den staatlichen Arbeitsbeschaffungsmaßnahmen ablehnend gegenübergestanden, weil sie befürchteten, diese Politik weite den Einfluß der öffentlichen Hand in der Wirtschaft zu ihren Lasten aus.[114]

Für eine großzügige und breit angelegte Ankurbelung des Arbeitsmarktes sind keine Gelder vorhanden. Die Regierung versucht deshalb im Sommer 1930, den Arbeitsmarkt durch eine Senkung der Belastung für die Wirtschaft zu beleben. Dabei kann die Regierung jedoch kaum auf die Preisgestaltung einwirken, denn im Bereich der Landwirtschaftspolitik versucht Minister Schiele, die Preise der eigenen landwirtschaftlichen Produkte durch Schutzzölle hochzuhalten und damit die Verkaufserlöse der deutschen Bauern für ihre Produkte zu steigern. Die Regierung kann allenfalls versuchen, Druck auf die Industriekartelle und Hersteller preisgebundener Produkte auszuüben, damit diese die Preise ihrer Artikel senken. Doch ist mit dem Widerstand des Einzelhandels und der Industrie zu rechnen. In der schwierigen wirtschaftlichen Situation will niemand freiwillig auf Einnahmen verzichten. Und in der Tat bleiben die Appelle der Regierung an die Hersteller und Händler weitgehend erfolglos, die Lebenshaltungskosten einer durchschnittlichen Arbeiterfamilie sind bis November des Jahres um noch nicht einmal 1 % gesunken, die Kosten für Lebensmittel machen mehr als die Hälfte der Lebenshaltungskosten aus. Die Regierung erläßt daraufhin – im Januar 1931 – eine Verordnung über die Preisreduzierung von Markenartikeln um 10 Prozent. Der Reichskanzler erhofft von diesen ersten deflationspolitischen Schritten eine Verringerung der Produktionskosten und eine daraus resultierende Wiederbelebung der privaten Investitionstätigkeit. Zwar können die Lebenshaltungskosten minimal gesenkt werden, und es kommt zu einem wirtschaftlichen Zwischenaufschwung im Frühjahr 1931 – die erhoffte positive Auswirkung auf den Arbeitsmarkt bleibt jedoch aus. Mit 4,8 Millionen Arbeitslosen liegt die Zahl im Januar 1931 um ganze 2 Millio-

---

[113] Akten der Reichskanzlei, Bd. 1, Dok. Nr. 37.
[114] F. Blaich, Der Schwarze Freitag, S. 93.

nen höher als im April 1930. Die Reichsregierung setzt eine Kommission unter Vorsitz des ehemaligen Reichsarbeitsministers Brauns ein, welche Vorschläge zur Verringerung der Arbeitslosigkeit erarbeiten soll, die jedoch zu keinem nennenswerten Ergebnis kommt. Das von der Kommission im Mai 1931 vorgelegte Gutachten schlägt die Schaffung von Arbeitsplätzen durch die Vergabe öffentlicher Aufträge auf den Gebieten der Energiewirtschaft, des Verkehrswesens, der Landwirtschaft und des Wohnungsbaus vor. Zur Finanzierung wird die Aufnahme eines langfristigen Auslandskredits vorgeschlagen. Die kurz nach Erstellung des Gutachtens ausbrechende Bankenkrise raubt diese Finanzierungsmöglichkeit.

Die Regierung erreicht durch Lohnzuschüsse eine Ausweitung des Investitionsprogrammes der Reichsbahn, vornehmlich in Form von Projekten der Elektrifizierung größerer Strecken in Süddeutschland. Weitere Maßnahmen der Regierung zur Arbeitsbeschaffung sind die Gründung eines freiwilligen Arbeitsdienstes, der im Arbeitslosenversicherungsgesetz verankert wird, und die Einführung der Vierzigstundenwoche für Betriebe und Verwaltungen des Reiches. Überstunden sollen von einem gewissen Maße an genehmigungspflichtig sein. Die Regierung hält weiter an ihrer Lohn- und Preissenkungspolitik fest. Auch die Lohnkürzungen sind umstritten, da sie zu Einnahmeausfällen der Arbeitslosenversicherung führen und die politische Radikalisierung der Arbeiter fördern. Brüning sieht die Zusammenhänge durchaus, doch hält er bewußt an seiner Spar- bzw. Deflationspolitik fest.

Der abrupte Fall der Lebensmittel- und Rohstoffpreise war eines der ersten Anzeichen der Weltwirtschaftskrise. Der Preisverfall dehnt sich schnell auf alle Güter aus. Er dauert bis in die zweite Hälfte des Jahres 1932 an. Zur Erhaltung der deutschen Wettbewerbsfähigkeit auf dem Weltmarkt muß sich die Regierung um eine weitgehende Senkung des deutschen Preisniveaus bemühen.

Brünings Hauptziel ist es, das Deutsche Reich von den drückenden Reparationslasten zu befreien, weil diese auch die außenpolitische Handlungsfähigkeit des Reiches einengen. Brüning selbst äußerte 1946 einmal, *„daß 70 % all dessen, was ich zu tun hatte, diktiert war durch die Bedingungen der Reparationsabkommen"*.[115]

Brüning nennt in seinen Memoiren als wichtigste Aufgaben seiner Reichspolitik: die „Zurückführung der finanziellen und wirtschaftlichen Verhältnisse auf eine der unglücklichen Lage Deutschlands entsprechende Grundlage", die Streichung der Reparationsleistungen und die Gleichberechtigung Deutschlands in der Völkergemeinschaft.[116]

---

[115] Zit. nach R. Morsey, Brüning und Adenauer, Düsseldorf 1972, S.16, Anm.18.
[116] H. Brüning, a.a.O., S.274.

Die Reparationsgläubigerländer hatten Deutschland im Rahmen des Young-Planes auf bestimmte wirtschaftspolitische Verhaltensweisen festgelegt, um auszuschließen, daß sich Deutschland durch eine Inflationierung seiner Währung seinen Verpflichtungen entziehen könne. So war die Reichsbank gehalten, den Umlauf an Banknoten mindestens zu 40 Prozent durch Gold oder Golddevisen zu decken, weiter durfte sie keine autonome Geldpolitik betreiben. Der Kredit, den das Reich bei der Notenbank aufnehmen durfte, wurde auf 400 Mio. Reichsmark begrenzt, die Parität des Wechselkurses zum US-Dollar wurde auf 4,20 Reichsmark festgelegt.

Der Young-Plan bestimmte, daß Deutschland, wenn es seinen Reparationsverpflichtungen aus eigenem Verschulden nicht nachkomme, mit Sanktionen seitens der Reparationsgläubigerländer zu rechnen habe. Über die Art der Sanktionen waren keine Angaben gemacht,[117] und auch die Frage, wann eigenes Verschulden des Reiches vorliege, war nicht geregelt. Nach Meinung der Gläubigerländer träfe Deutschland im Falle, daß der Young-Plan nicht erfüllt würde, dann ein Verschulden, wenn die deutsche Regierung bei der Gestaltung des Etats und bei ihren wirtschaftspolitischen Maßnahmen die Maximen der Parallel-[118] und Deflationspolitik[119] nicht ausreichend beachtet und in bezug auf die Geld- und Kreditpolitik der Sicherung hinreichender Devisenvorräte für den Reparationstransfer nicht gebührend Rechnung getragen hätte. Die Kritik des Reparationsagenten Parker Gilbert an der deutschen Finanzpolitik der Jahre 1926 bis 1928 zeigte bereits deutlich, daß nur ein Nachweis einer objektiven Zahlungsunfähigkeit des Reiches die USA und Großbritannien veranlassen konnte, auf eine weitgehende Revision der Reparationen hinzuwirken. Praktisch wird die Deflationspolitik zum Zwang. So versucht Brüning den Vertrag pflichtgetreu durch eine Parallel- und Deflationspolitik zu erfüllen, um damit die Situation des Nichterfüllenkönnens des Vertrages durch eigenes Verschulden auszuschließen. Gleichzeitig jedoch glaubt Brüning, daß die Reparationsforderungen die deutsche Leistungskraft übersteigen und bemüht sich um den Nachweis, daß Deutschland trotz aller Bemühungen, den Young-Plan zu erfüllen, nicht mehr zahlungsfähig sei. Damit will er neue Verhandlungen um die deutschen Reparationszahlungen und nach Möglichkeit deren Streichung erreichen.

---

[117] Als Sanktionen waren die Wiedereinführung alliierter Reparationskontrolle und eine Rückgängigmachung der Räumung des Rheinlandes durch die Franzosen zu erwarten.

[118] Unter Parallelpolitik versteht man das Bemühen, die Haushalte der öffentlichen Hand im Gleichgewicht zu halten, obwohl die Einnahmen konjunkturbedingt sinken.

[119] Unter Deflationspolitik ist eine Preisniveausenkung, eine Anpassung der innerdeutschen Preise an die Weltmarktpreise zu verstehen.

Die Regierung muß erkennen, daß sie mit den wenigen ihr zur Verfügung stehenden politischen Mitteln die Arbeitslosigkeit nicht erfolgreich bekämpfen kann. Die Arbeitslosenzahlen steigen immer weiter, die Einnahmen des Fiskus sinken folglich weiter ab. Die Sozialversicherung gerät tief in die roten Zahlen. Die Bilanz im Mai 1931 ist düster: Die Arbeitslosenversicherung weist ein Defizit von 370 Millionen RM auf, die Krisenfürsorge eines von 288 Millionen, und der Wohlfahrtsfürsorge fehlen 350 Millionen Reichsmark. Die Kommunen sind finanziell überfordert. Trotz der Befürchtung des Kanzlers, dadurch 4–5 Millionen Arbeitslose unter das Existenzminimum zu drücken, sieht das Kabinett letztendlich keine andere Möglichkeit, als über die Notverordnung vom 5. Juni 1931 erhebliche Leistungskürzungen sowie Reformmaßnahmen für die Knappschafts-, Invaliden- und Krankenversicherungen vorzunehmen.[120] Die Proteste der Gewerkschaften und der SPD gegen die Kürzung der Krisenfürsorge für Saisonarbeiter, gegen die Herausnahme der Jugendlichen aus der Betreuung der Arbeitslosenversicherung, gegen die Aufhebung der Lohnsteuerrückerstattung, gegen die Möglichkeit von Zwangsabzügen bei der Arbeitslosenunterstützung zugunsten der Vermieter und gegen die Kürzung der Bezüge der behördlichen Angestellten bei Ländern und Gemeinden sind so stark, daß die Regierung zum Einlenken gezwungen ist. Durch eine Notverordnung werden am 6. Oktober 1931 die meisten beanstandeten Bestimmungen der Juni-Notverordnung wieder abgeschwächt, allerdings sieht sie eine Herabsetzung der Unterstützungsdauer von Arbeitslosen aus der Arbeitslosenversicherung auf 20 Wochen, für Saisonarbeiter auf nur noch 16 Wochen vor.

Immerhin gelingt es der Regierung, durch die Beitragserhöhung zur Arbeitslosenversicherung vom Oktober 1931 den Etat der Reichsanstalt zu stabilisieren und ihn schließlich vom Reichshaushalt loszulösen.

Agrarpolitik unter Reichsernährungsminister Schiele

Agrarprotektionistische Maßnahmen gab es nicht erst unter Brünings Kanzlerschaft; auch seine Vorgänger reagierten auf die Notlage der deutschen Landwirte. Schon seit Beginn der achtziger Jahre des 19. Jahrhunderts hatte die deutsche Getreideproduktion nur mit Hilfe einer starken staatlichen Schutzzollpolitik gegenüber der ausländischen Konkurrenz, vor allem gegenüber der aus Nordamerika und Rußland, bestehen können. Die Ausdehnung der Lebensmittelerzeugung während und nach dem Ersten Weltkrieg drückte auf die deutschen Agrarpreise. Seit 1922 gewährte der Staat Grenzlandhilfen für Kriegsschäden sowie für ver-

---

[120] Vgl. Akten der Reichskanzlei, Bd. 2, Dok. Nr. 289, S. 1048.

kehrspolitische, soziale und auch kulturelle Zwecke.[121] Allerdings bestanden bis 1928 die staatlichen Unterstützungen der Landwirtschaft, die sich besonders auf den ostdeutschen Raum konzentrierten, in einzelnen Maßnahmen, die nicht durch ein festes Programm aufeinander abgestimmt waren.

Von 1925 bis ins Jahr 1927 hinein wurde von staatlicher Seite aus versucht, der Landwirtschaft durch das sogenannte „Sofortprogramm" zu helfen. Diese Hilfe in Höhe von 41 Millionen RM für die östlichen Grenzgebiete Preußens bestand aus Zinserleichterungen und verschiedenen Zuschüssen, zum Beispiel für Saat- und Viehzucht, Seuchen- und Schädlingsbekämpfung und Beratungen. Mit dem „Reichsnotprogramm zur Behebung dringender Notstände in der Landwirtschaft" von 1928 wurden für vordringliche Maßnahmen 60 Millionen RM bereitgestellt, etwa 30 Millionen RM allein für die Pflege der Agrarmärkte. Bedeutung erlangte die sogenannte „Ostpreußenhilfe" von 1928. Auf Grund dieses Hilfsprogrammes flossen – einschließlich der Auslands- und Pfandbriefanleihen – etwa 170 Millionen Reichsmark in die Provinz Ostpreußen.[122] Das Schwergewicht der Hilfsleistungen lag auf der Umwandlung drückender schwebender Schulden in langfristige, niedriger verzinsliche Bodenkredite. Wegen finanzieller Schwierigkeiten lief die Ostpreußenhilfe im April 1929 aus. Die Maßnahmen hatten nicht ausgereicht, um eine allgemeine Betriebsstabilität wieder herzustellen.[123] Das „Gesetz über wirtschaftliche Hilfe in Ostpreußen"[124] vom 18. Mai 1929, auch „Ostpreußengesetz" genannt, sah neben Lastensenkungen und Kredithilfe die Förderung des Siedlungswesens vor. Nach Schätzungen wurden mit Hilfe von 120 Millionen RM um die 11.000 landwirtschaftliche Betriebe umgeschuldet.[125] Doch auch diese Hilfen reichten nicht aus. Trotz dieser Zuwendungen nahm die Zahl der Zwangsversteigerungen nicht ab, sie erreichte im Jahre 1931 ihren Höhepunkt. In seiner „Osterbotschaft" 1930 kündigte Reichspräsident von Hindenburg ein Ostprogramm an. Das Osthilfegesetz, das er erarbeiten ließ, wurde wegen der Auflösung des Reichstages unter Reichskanzler Müller nicht mehr verabschiedet. Statt dessen wurde eine Notverordnung des Reichspräsidenten „zur Behebung finanzieller, wirtschaftlicher und sozialer Notstände"[126] vom 26. Juli 1930 erlassen. Die bereitgestellten Mittel für die finanziellen Hilfsaktionen für Ostpreußen von 1926 bis zur Osthilfegesetzgebung vom 26.7.1930 beliefen sich insgesamt auf eine Summe

---

[121] H. Niehaus, a.a.O., S.191; L. Drescher, a.a.O., S. 5, Anm.1 (rechte Spalte).
[122] W. Wessling, S. 249.
[123] Ebenda, S.250.
[124] RGBl. 1929, Teil I, S.97.
[125] H. Niehaus, a.a.O., S.191.
[126] RGBl. 1930, Teil I, S.311 ff.

von 257,31 Millionen RM, wozu noch 18 Millionen RM zur Förderung der Siedlung und 20 Millionen RM Reichssiedlungszwischenkredite zu rechnen sind.[127]

Brünings Gesetzgebung zugunsten der Landwirtschaft ist somit nichts grundsätzlich Neues, der Reichskanzler kann vielmehr an die Politik seiner Vorgänger anknüpfen.

Reichsminister Schiele ist zugleich Präsident des Reichslandbundes. Seine Berufung ins Kabinett Brüning ist als Abkehr von der bisherigen industrie- und verbraucherfreundlichen Zollpolitik zu sehen. Schiele trägt nun die Forderungen der Agrarier, der Grünen Front, ins Kabinett hinein. Seine Ziele sind die Zollautonomie, Abkoppelung der Preise für deutsche Agrarprodukte von den Weltmarktpreisen und Autarkie. Seine erste Maßnahme zur Stützung der ostdeutschen Landwirtschaft ist die Einführung von Gleitzöllen für Getreide und Schweine. Diese Forderung läuft der Politik der Senkung der Lebenshaltungskosten zuwider und stößt deshalb auf Kritik im Kabinett. Besonders Arbeitsminister Stegerwald und Wirtschaftsminister Dietrich befürchten, daß sich steigende Lebensmittelpreise negativ auf die geplanten Lohn- und Preissenkungen auswirken werden. Außenminister Curtius befürchtet Boykottmaßnahmen der Agrarländer gegen deutsche Industriewaren als Gegenreaktion. Dennoch kann sich Schiele mit seinen Forderungen im Kabinett durchsetzen.

Trotz seiner Interessenvertretungspolitik zugunsten der Agrarier verliert Schiele den Rückhalt des Reichslandbundes und muß schließlich im Herbst 1930 sein Präsidentenamt aufgeben.[128]

Im November verlangt der Ernährungsminister weitere Zollerhöhungen zugunsten der Getreideproduzenten und eine umfangreiche Förderung der Veredelungswirtschaft. Im Kabinett kommt es zu heftigen Widerständen gegen den Agrarprotektionismus. Schiele setzt sich unter Androhung seines Rücktritts durch, gerät im Kabinett jedoch immer mehr in die Isolation. Er vertritt erfolgreich die Interessen der Landwirtschaft, welche dies aber nicht recht zu würdigen weiß, sich ihrerseits nie zufrieden gibt und immer neue Forderungen stellt. Der Reichskanzler versucht zu vermitteln und führt Gespräche mit Vertretern der Landwirtschaft, die jedoch unbefriedigend verlaufen. Brüning findet keine Bereitschaft der Agrarier, seine Regierungspolitik zu unterstützen. Statt dessen ruft der Reichslandbund öffentlich zum Kampf gegen das Weimarer System auf.[129] Währenddessen verhärten sich die Fronten im Kabinett weiter. Staatssekretär Trendelenburg warnt vor der Gefahr eines Rückganges des deutschen Exportes, verweist auf die ständige Abnahme der

---

[127] L. Drescher, a.a.O., S.8.
[128] Akten der Reichskanzlei, Bd. 1, S. XLII.
[129] Akten der Reichskanzlei, Bd. 1, S. XLIII.

Lebensmitteleinfuhren und warnt vor den negativen Folgen der künstlich hochgehaltenen Agrarpreise für die freie Marktwirtschaft und auch für die Deflationspolitik. Der Finanzminister will den Agrarprotektionismus wegen der schlechten Finanzlage des Reiches nicht länger mittragen, der Reichsarbeitsminister droht sogar mit seinem Rücktritt, weil er neue Lohnsenkungen vor dem Hintergrund erhöhter Agrarzölle nicht mehr vertreten kann.

Brüning stellt sich hinter Schiele in der Hoffnung, durch die Unterstützung der Agrarvorlagen die Grüne Front für die Regierung zu gewinnen und damit die rechte Opposition zu spalten. Für diese Möglichkeit ist er auch bereit, mögliche Exporteinbußen hinzunehmen. Doch der Reichslandbund bleibt bei seinem Anti-Regierungskurs und radikalisiert die Landbevölkerung mit aggressiven Parolen. Die angespannte Stimmung im Kabinett kommt eindrucksvoll in einem Brief des Reichsarbeitsministers Stegerwald an Reichskanzler Brüning vom 31. März 1931 zum Ausdruck, in dem es heißt: *„Wenn man sagen kann, ich habe in der Getreidefrage den deutschen Preis vom Weltmarkt abgehängt und bin im Begriffe, im Veredelungsverkehr dasselbe zu tun, dann ist es leicht, Ernährungsminister zu spielen. Wenn Schiele auf der ganzen Linie seinen stark von agitatorischen Gesichtspunkten bestimmten Willen durchsetzt und die übrigen Minister in diesen schwierigen Fragen sich ihm gleichsam wie Kreaturen fügen müssen, so möchte ich schon jetzt bitten, daß auch die Grüne Front den Arbeitsminister stellt und Agrarpolitik, Ernährungspolitik, Lohnpolitik und Sozialpolitik selbst gegenseitig abstimmt. Eine Agrarpolitik, für die der Reichsarbeitsminister im Zeitalter von 5 Millionen Arbeitslosen die ganze Zeche bezahlen soll, kann ich nicht mehr weiter mitmachen.“*[130]

Gegen die Stimme des Arbeitsministers billigt das Kabinett weitere Zollerhöhungen unter Ausklammerung des Butterzolls. Schiele sieht in den hohen Schutzzöllen und in der Autonomie der Lebensmittelpreise vom Weltmarkt *das Heilmittel* für die deutsche Landwirtschaft. Das Zollermächtigungsgesetz vom 27. März 1931 bedeutet für ihn die Verwirklichung seiner Ziele und der Erwartungen der Grünen Front, doch seine Position ist damit auch ausgereizt. Weitere Zollerhöhungen sind politisch nicht mehr durchzusetzen.

Die Osthilfe – Entschuldungspolitik unter Schiele

Brüning kündigt in seiner Regierungserklärung vom 1. April 1930[131] Um- und Entschuldungsmaßnahmen für die Landwirtschaft des Ostens an. Brüning spricht dabei von einer Hilfe für die östliche Landwirtschaft und nicht mehr nur

---

[130] Akten der Reichskanzlei, Bd. 2, Dok. Nr. 278, S. 1010 f.
[131] Abgedruckt in: Ursachen und Folgen, a.a.O., Bd. 8, S. 23.

von „Ostpreußenhilfe", wie sie von seinen Vorgängern gewährt wurde, sondern weitet die Ostpreußenhilfe seiner Vorgänger zur Osthilfe aus.

Nachdem der Reichstag mit knapper Mehrheit für die Aufhebung der Notverordnung über Steuererhöhungen stimmt, reagiert Brüning auf diese Absage an sein Programm mit der Auflösung des Reichstages. Durch die Parlamentsauflösung wird das Inkraftsetzen des Osthilfegesetzes auf normalem Wege illusorisch. So wird das Gesetz im Rahmen einer Notverordnung in Kraft gesetzt.

Die Notverordnung des Reichspräsidenten „zur Behebung finanzieller, wirtschaftlicher und sozialer Notstände" vom 26. Juli 1930 befaßt sich im dritten Abschnitt mit der Osthilfe, die nicht mehr nur Ostpreußen, sondern auch den Grenzgürtel umfaßt.[132] Die Reichsregierung wird zur Garantieübernahme in Höhe von 50 Millionen RM zur Förderung der landwirtschaftlichen Siedlung ermächtigt, der Reichsfinanzminister zu einer Garantieübernahme in Höhe von 100 Millionen RM für Umschuldungsmaßnahmen in den Ostgebieten. Sofern sich Preußen an der letzten Bürgschaft zur Hälfte beteiligt, soll diese Bürgschaft vom Reichsfinanzminister und der Preußischen Staatsregierung gemeinsam übernommen werden. Den Eigentümern oder Pächtern landwirtschaftlicher, forstwirtschaftlicher oder gärtnerischer Betriebe soll Schutz gegen Zwangsvollstreckungen, welcher bis zum 31. Dezember 1930 befristet ist, gewährt werden können. Die Aussicht auf Sanierungsfähigkeit des Hofes muß dafür allerdings gegeben sein.

Zur Durchführung der Umschuldung werden fünf „Landstellen" unter der Leitung eines Kommissars errichtet,[133] die der Reichskanzlei unterstellt werden. Die Oststelle wird mit zwei Osthilfekommissaren besetzt, von denen je einer von der Reichsregierung und einer von der Preußischen Staatsregierung vorgeschlagen wird.[134] Die beiden Osthilfekommissare sind der Minister Treviranus[135] und der preußische Wohlfahrtsminister Heinrich Hirtsiefer. Bei Meinungsverschiedenheiten zwischen den beiden Kommissaren entscheidet der Reichskanzler im Benehmen mit dem Preußischen Ministerpräsidenten.[136]

Als schwierig erweist sich die Bereitstellung der notwendigen finanziellen Mittel. Aufgrund der schlechten Lage der Reichsfinanzen scheidet die unmittelbare Verwendung von Steuergeldern aus. Grundsätzliche Bedenken gibt es auch gegen das Anlegen von Staatskapital in zweifelhafte Entschuldungshypotheken sowie

---

[132] RGBl. 1930, I, S. 311 ff.
[133] Dritter Abschnitt, § 21 der Notverordnung, RGBl. 1930, I, S. 318.
[134] H. Niehaus, a.a.O., S. 192.
[135] Sein Ministerium für besetzte Gebiete wurde nach Ende der Rheinlandbesetzung aufgelöst. Vgl. Akten der Reichskanzlei, Bd.1, Dok. Nr. 48.
[136] Akten der Reichskanzlei, Bd. 1, Dok. Nr. 95, S. 361.

gegen die Rolle der öffentlichen Hand als Großgläubiger der Landwirte.[137] Die
Heranziehung privaten Kapitals zur Entschuldung mit Hilfe einer Garantie des
Staates für Entschuldungshypotheken und durch Zinssenkung erweist sich als unzureichend[138]. Deshalb greift die Regierung zur Jahreswende 1930/31 den im
Frühjahr 1930 aufgestellten Vorschlag des Industriellen Paul Silverberg auf, welcher die Entschuldung der Landwirtschaft durch Zuführung von neuem Kapital
vorsieht[139]. Die Aufbringungsumlage der gewerblichen Wirtschaft,[140] die mit Ende
des Dawes-Planes hatte auslaufen sollen, soll danach weiterhin abgeführt werden,
und zwar an die Reichskasse. Auf diese Weise soll in den Jahren 1931 bis 1936 ein
Vermögensstock von 600 Millionen RM gebildet werden; zusätzlich soll die Bank
für Industrieobligationen noch 200 Millionen RM Anleihen aufnehmen. Von diesen Geldern sollen 450 Millionen RM für die landwirtschaftliche Entschuldung
und der Rest für Gewerbekredite verwendet werden.[141] Ursprünglich wird der Um-
schuldungsbedarf auf 950 Millionen RM geschätzt,[142] dann jedoch auf 500 Millionen RM reduziert.[143]

Der Plan Silverbergs wird durch das „Gesetz über die Abwicklung der Aufbringungsumlage und die Neugestaltung der Bank für deutsche Industrieobligationen"
(Industriebankgesetz) vom 31. März 1931 verwirklicht.[144] Durch dieses Gesetz
wird ein zentrales Finanzierungsinstitut in Form einer „Bank für Deutsche Industrieobligationen" geschaffen.

Vom 4. bis zum 11. Januar 1931 bereist der Reichskanzler die östlichen Grenzgebiete, um sich von der wirtschaftlichen Notlage und den Möglichkeiten der
Osthilfe ein eigenes Bild zu machen. Während der Reise kommt es immer wieder
zu Protestkundgebungen gegen die Brüningsche Politik. Brünings Enttäuschung
darüber, daß die von seiner Regierung geleistete Osthilfe von den Empfängern
nicht honoriert wird, kommt in seiner Reichstagsrede vom 5. Februar 1931 zum

---

[137] W. Treue, Deutschland in der Weltwirtschaftskrise in Augenzeugenberichten, Düsseldorf 1967,
S. 149.
[138] Ebenda.
[139] Zu den Änderungen des Silverberg-Plans und den Widerständen innerhalb der Industrie vgl. M.
Grübler, Die Spitzenverbände der Wirtschaft und das Erste Kabinett Brüning, Düsseldorf 1982,
S. 142 ff.
[140] Diese Industriebelastung war eine Reparationssteuer. Vgl. das Gesetz über die Industriebelastung
(Industriebelastungsgesetz) vom 30.8.1924, RGBl. 1924, II, S. 257 ff, und das Gesetz zur Auf-
bringung der Industriebelastung (Aufbringungsgesetz) vom 30.8. 1924, RGBl. 1924, II, S. 269 ff.
[141] W. Treue, a.a.O., S. 150.
[142] So Treviranus in der Kabinettssitzung vom 31.1.1931, Akten der Reichskanzlei, Bd. 1, Dok. Nr.
233, S. 833.
[143] Akten der Reichskanzlei, Bd. 1, Dok. Nr. 233 und 241, Fn.1.
[144] RGBl. 1931, I, S. 124 ff.

Ausdruck. An den Deutschnationalen Dr. Kleiner gewendet: „*Aber ich weiß – ich bin ja auch östlicher Abgeordneter –, mit welchen Methoden gearbeitet worden ist. Ich habe in Schlesien gehört, daß, obwohl wir die kleine Ostvorlage in die Notverordnung hineingenommen hatten, man in Ihren Kreisen in Schlesien erzählt, ich hätte mich um französisches Kapital bemüht, um den Großgrundbesitz, den letzten Rest des Widerstandes im Osten, an Frankreich zu verkaufen. Es gibt keine Gemeinheit und Verleumdung, die nicht gegen die ausgesprochen worden ist, die sich zum erstenmal bemüht haben, praktisch dem deutschen Osten zu helfen (…) Wenn wir von der Zentrumspartei, die Sie so hassen, unsere Massen in Ratibor oder anderswo aufgeboten hätten, Herr Abgeordneter Dr. Kleiner, Ihre Sturmtrupps wären gar nicht zu sehen gewesen. Was meinen Sie, Herr Abgeordneter Dr. Kleiner, was Sie mit diesen Methoden erreichen? Sie erreichen – ich habe ja nicht darüber zu entscheiden –, daß die Massen nicht mehr diesem Block (zu den Deutschnationalen) folgen, sondern daß sie entweder dorthin oder dorthin (zur äußersten Rechten und zur äußersten Linken weisend) gehen.*"[145]

Als Ergebnis der Ostreise des Kanzlers werden weitere Hilfsmaßnahmen für die Ostgrenzgebiete beschlossen.

Das zweite tragende Gesetz der sogenannten Osthilfe ist das „Gesetz über Hilfsmaßnahmen für die notleidenden Gebiete des Ostens" (Osthilfegesetz) vom 31. März 1931.[146] Teil B dieses Gesetzes, der sich auf die landwirtschaftliche Entschuldung bezieht, bestimmt die Bereitstellung von 500 Millionen RM aus dem Vermögen der „Bank für Deutsche Industrieobligationen" für die Gewährung von Entschuldungsdarlehen.

Der Reichsfinanzminister wird ermächtigt, zusammen mit der zuständigen Landesregierung „und zu gleichen Teilen mit ihr Bürgschaften zum Zwecke der Beschaffung von Mitteln für die Gewährung von Entschuldungsdarlehen bis zum Gesamtbetrage von 250 Millionen RM zu übernehmen", wenn die von der Bank bereitgestellten Mittel nicht zur Deckung des Entschuldungsbedarfes ausreichen (§ 17). § 25 bestimmt, daß die zur Entschuldung und Betriebssicherung vorgesehenen Hilfsmaßnahmen zu einer Regelung der Kreditverhältnisse des Entschuldungsbetriebes führen müssen, welche die Fortführung des Betriebes gewährleisten. Bei der Prüfung dieser Voraussetzungen sei der Leistungsfähigkeit, dem Vermögens- und Schuldenstand und den voraussichtlichen Ertragsverhältnissen des Betriebes Rechnung zu tragen. Die Hilfsmaßnahmen können davon abhängig gemacht werden, daß der Betrieb einer fortlaufenden Überwachung durch eine der

---

[145] Rede vom 5.2.1931, abgedruckt in: R. Morsey (Hrsg.): Wilhelm Marx/Heinrich Brüning. Reichstagsreden, S. 164 ff.
[146] RGBl. 1931, I, S. 117 ff.

Bank und der Landstelle genehme Stelle unterstellt werde und die zur Förderung einer ordnungsgemäßen landwirtschaftlichen Erzeugungs- und Absatzregelung notwendigen Maßnahmen durchführe.

Zur Durchführung der Hilfsmaßnahmen wird den gefährdeten Betrieben ein Sicherungsschutz gewährt. Die Verschuldung der Betriebe und die von ihnen zu erbringende Zinsbelastung wird unter Berücksichtigung veränderter Preisvorbehalte auf eine Höhe ermäßigt, welche sich aus der Betriebsstruktur errechnet.[147] Dies ist eine Neuerung, da vorher Betriebe nach den geschätzten Verkaufserlösen und nicht nach den tatsächlichen Ertragsverhältnissen bewertet wurden.[148]

Wenn's Mailüfterl wehet!

Kladderadatsch 84. Jg., Nr. 17, 26.4.1931

---

[147] B. Schumacher, a.a.O., S. 312.
[148] Ebenda.

Das Osthilfegesetz enthält vier Möglichkeiten der Sanierung verschuldeter Betriebe: die Schuldenkonsolidierung, die Schuldenkürzung, die Vergabe von Neukrediten und die Beratung. Die Kredite dürfen nur zur Wiederherstellung der Rentabilität eines Betriebes genutzt werden. Großgrundbesitzer können durch Abgabe von Land Kredite ablösen.

Ein Osthilfe-Verfahren muß bei den Landstellen beantragt werden. Diese prüfen die Sanierungswürdigkeit und die Erfolgsaussichten des jeweiligen Betriebes und beantragen die Einsetzung von Treuhändern.

Solange Preußen die Gelder vergibt, versucht die Preußenkasse, auf die Besetzung der Landstellen Einfluß zu nehmen.[149] Natürlich wäre es den Landwirten aller Besitzgrößen lieber gewesen, wenn nicht schematisch verfahrende Beamte, die das Land und seine sehr verschiedenen Bedingtheiten nicht näher kennen, walteten, sondern Landwirte, denen die Betriebe, Bodenbedingungen und sonstigen Gegebenheiten des heimischen Bereiches bekannt sind. Und so spötteln die Besitzer der Güter über die „Jünglinge der Preußenkasse", und es kommt zu vielen Problemen in der Zusammenarbeit zwischen den zu entschuldenden Landwirten und den Beamten der Preußenkasse.[150]

Die Erste Durchführungsverordnung zum Osthilfegesetz vom 21. Mai 1931[151] weitet den Geltungsbereich des Osthilfegesetzes auf die bisher noch nicht erfaßten Teile Pommerns, Nieder-Schlesiens und Brandenburgs sowie auf die östlich der Elbe gelegenen Teile der Provinz Sachsen, den Freistaat Anhalt sowie Mecklenburg- Schwerin und Mecklenburg-Strelitz aus.

Doch trotz aller Bemühungen können viele Betriebe durch Umschuldung nicht mehr saniert werden. Hier kommt nur noch eine Entschuldung mit Kapitalabstrichen und einer Herabsetzung der Zinssätze in Frage. Dem Reich fehlt es dafür aber an flüssigen Mitteln. Die eingeplanten Gelder aus der Aufbringungsumlage und von der Rentenbank-Kreditanstalt können jedoch nicht zu den geplanten Zeitpunkten und in der vorgesehenen Höhe zur Verfügung gestellt werden.[152]

Treviranus fordert im Juni 1931 eine Änderung der Organisation der Oststelle, da zur Zeit eine rasche Abwicklung der Geschäfte nicht möglich sei. Er macht dafür insbesondere Preußen verantwortlich und beklagt dessen unzureichende Mitarbeit und Verzögerungsmethoden. Er plädiert dafür, Preußens Mitarbeit auf die Mitzeichnung bei gesetzgeberischen Maßnahmen und Ausführungsbestimmungen zu beschränken, während bei den einzelnen Verwaltungshandlungen dem

---

149 W. Görlitz, a.a.O., S. 363.
150 Ebenda.
151 RGBl. 1931, I, S. 277.
152 H. Heinrich/W. Otto, a.a.O., S. 14.

Reichskommissar die maßgebliche Entscheidungsbefugnis zukommen soll. Sein Plädoyer für eine Organisationsänderung der Oststelle sei deshalb berechtigt, so meint er, weil Preußen seiner Verpflichtung, sich mit 100 Millionen RM an der Finanzierung der Osthilfe zu beteiligen, nicht nachgekommen sei.[153]

Am 29. August 1931 schreibt Treviranus dem Reichskanzler, daß in absehbarer Zeit mit einer Befriedigung der Gläubigeransprüche und daher einer Schuldnersicherung im laufenden Entschuldungsverfahren nicht gerechnet werden könne. Die Industriebank gehe zu starken Kontingentierungen der Mittel über und verlange die Herabsetzung der bisher geltenden Richtpreise für die landwirtschaftliche Bewertung sowie die Ermöglichung einer Ausleihung auf erste Hypotheken, um die Rangstelle für ihr Zweckvermögen zu verbessern.[154]

Die Außenpolitik

Seit 1926 darf sich das Deutsche Reich wieder zu den ständigen Mitgliedern des Völkerbundrates zählen und nimmt damit wieder einen anerkannten Platz unter den Nationen ein. Dennoch strebt die Reichsregierung Änderungen der aktuellen Situation an. Die schlechte Finanzlage veranlaßt die Reichsregierung, auf eine Revision des Young-Plans hinzuwirken, der die Reparationsfrage regelt.

Als problematisch erweist sich das Verhältnis zu Frankreich. Gleich innerhalb der ersten 100 Regierungstage fällt die Regierung Entscheidungen, die das Verhältnis zum ‚Erbfeind‘ erneut belasten. Am 7. April 1930 beschließt das Kabinett Brüning, die deutsch-französischen Verhandlungen über eine vorzeitige Wiedervereinigung des Saarlandes mit dem Reich abzubrechen bzw. auf bessere Zeiten zu vertagen, falls auf bestimmte deutsche Forderungen nicht eingegangen werde. Zu den deutschen Forderungen gehört zum Beispiel die Wiederherstellung voller Souveränität und der Verbleib des vollen Grubeneigentums bei Deutschland[155] sowie ein anderes (eigenes) Wirtschafts- und Zollregime im Saarland.

Die Verhandlungen scheitern Anfang Juli 1930. Die deutsch-französischen Beziehungen verschlechtern sich weiter, als der französische Außenminister Briand einen Vorschlag zur Einigung Europas vorlegt.[156] Brüning und seine Minister empfinden diesen als Versuch Frankreichs, die französische Vormacht über Europa zu

---

[153] Treviranus, Bericht vom 8. Juni 1931, Akten der Reichskanzlei, Bd. 2, Dok. Nr. 458, Fn.2.
[154] Treviranus an den Reichskanzler, 29.8.1931, Akten der Reichskanzlei, Bd. 2, Dok. Nr. 458, S. 1637 f.
[155] Frankreich schlägt eine gemeinsame deutsch-französische Nutzung der Gruben vor.
[156] Sogenannter Briandplan.

sichern und den Wiederaufstieg Deutschlands zu verhindern. Außerdem befürchtet die Regierung, eine deutsche Zustimmung zu einer europäischen Förderation könne einen Verzicht auf eine Revision der deutschen Ostgrenzen bedeuten.

Das Kabinett Brüning betreibt eine mutige, aber auch eine konfliktträchtige Außenpolitik: Die deutschen Delegationen lassen im Ausland keine Gelegenheit aus, um gegen die Versailler Friedensordnung von 1919 zu wettern und Beschwerde gegen die Unterdrückung der deutschen Minderheit in Polen einzulegen. Der Reichsminister des Auswärtigen Curtius äußert einmal auf einer Ministerbesprechung während seines Berichts über die Kommissionsarbeiten im Völkerbund, *„die Debatte über die Minderheitsfragen sei von Deutschland eigentlich nur herbeigeführt worden, um die Tradition nicht abreißen zu lassen".*[157]

So weigert sich die deutsche Regierung auch konsequenterweise, der Generalakte zur friedlichen Schlichtung zwischenstaatlicher Streitigkeiten beizutreten, da sie befürchtet, „in dem Beitritt Deutschlands könne eine weitere Sanktionierung des Status quo durch Deutschland erblickt werden".[158]

Das Reich verfolgt eine streng national ausgerichtete Außenpolitik, die in erster Linie auf die Revision des Versailler Vertrages ausgerichtet ist, und vertritt damit die Interessen der breiten Bevölkerung im Reich.

Neben dem Verhältnis zu Frankreich ist auch das zu Polen gespannt. Der Grund liegt nicht allein in der aus deutscher Sicht unbefriedigend gelösten Minderheitenfrage in bezug auf die in den nun zu Polen gehörenden Gebieten verbliebenen Deutschen. Immer wieder kommt es zu Zwischenfällen an der deutsch-polnischen Grenze. Alle Weimarer Regierungen verweigerten die Anerkennung der 1919/1920 von den Siegermächten festgelegten Grenzen sowie eine Garantie für die polnische Westgrenze. Für diese deutsche Ablehnungspolitik gegenüber den Bestimmungen des Versailler Vertrages sind die Siegermächte durch deutschfeindliche Politik wie zum Beispiel das Zuwiderhandeln gegen die Abstimmungsergebnisse in den Grenzgebieten mit verantwortlich. So stimmten die Oberschlesier mit überwältigender Mehrheit für ihre Zugehörigkeit zu Deutschland; dennoch wurde die Provinz in Polnisch-Oberschlesien und Deutsch-Oberschlesien geteilt. Ähnliches passierte in Westpreußen, wo sich über 90 % der Stimmberechtigten für den Verbleib bei Deutschland aussprachen und dennoch einzelne in diesen Gebieten gelegene Dörfer Polen zugesprochen wurden. Die Weimarer Republik erlebt immer wieder polnische Agitationen, vor allem Propaganda und Grenzzwischenfälle. Vor diesem Hintergrund muß die ablehnende und unversöhnlich wirkende Polenpolitik der Regierung Brüning gesehen und verstanden werden. Eines der Fernzie-

---

[157] Ministerbesprechung vom 3. Oktober 1931, Akten der Reichskanzlei, Bd. 2, Dok. Nr. 504.
[158] Ministerbesprechung vom 13. Mai 1931, Akten der Reichskanzlei, Bd. 2, Dok. Nr. 296, S. 1076.

le der deutschen Regierung ist die Rückgewinnung des sogenannten Korridors, des polnischen Landstücks mitten in den deutsch verbliebenen Ostgebieten. Anders als gegenüber Polen verhält sich die Regierung Brüning gegenüber Rußland. Auch hier kommt es im Frühjahr 1930 zu Spannungen aufgrund von Christenverfolgungen und Kampagnen gegen deutschstämmige Bauern in der UdSSR, doch werden diese auf diplomatischer Ebene beseitigt. Das Bemühen, den Konflikt beizulegen, ist von deutscher Seite groß, da die Sowjetunion einen zunehmenden Stellenwert in der Völkergemeinschaft einnimmt und ein gutes Verhältnis beider Staaten aus außenhandelspolitischen Erwägungen heraus im deutschen Interesse liegt. Beide Staaten verbindet darüber hinaus der Gegensatz zu Polen und Frankreich.

Außenhandelspolitik

Zum Ende der 20er Jahre ändert sich die deutsche Außenhandelspolitik. Nachdem man nach Erlaß des Zollgesetzes vom August 1925 den Binnenmarkt wegen der starken Nachfrage wieder für ausländische Agrarprodukte geöffnet hatte, verschärfte man aufgrund der Weltagrarkrise und der mit ihr verbundenen landwirtschaftlichen Überproduktion nun die Schutzzollmaßnahmen wieder. Am 2. September 1929 erhöhte die Reichsregierung Müller die Zollsätze für die meistbegünstigten Staaten wie Kanada und Australien und somit für zwei bedeutende ins Reich exportierende Getreideländer. Mit dem Gesetz über Zolländerungen vom 22.12.1929[159] erhöhte die Regierung die Zölle nicht nur gegenüber den meistbegünstigten Staaten, sondern führte auch Mindest- und Höchstgrenzen für gleitende Zollsätze ein. So stiegen bis zum März 1930 die Zölle für Roggen, Weizen und Schweine sowie für Gerste, Hafer, Malz, Kartoffeln, Kleie, Zucker und Mehl.[160] Unmittelbar nach der Regierungsübernahme wendet sich das Kabinett Brüning der Kündigung des deutsch-finnischen Vertrages von 1926 zu, in dem es um die Bindung des Zolles für Molkereiprodukte geht, da dieser Vertrag einer Zollerhöhung von Käse und Butter entgegensteht. Mit den Verhandlungen sind Außenminister Curtius und Ernährungsminister Schiele beauftragt.[161] Die Kündigung dieses Vertrages entspricht den Forderungen der Grünen Front wie auch denen des handelspolitischen Ausschusses des Reichstages. Nach zweimonatigen Verhandlungen werden diese für gescheitert erklärt. Nun schalten sich die Vertreter der Industrie und des Handels ein, es kommt zu einem Interessenkonflikt zwischen Industrie

[159] RGBl. 1929, I, S. 227ff.
[160] Vgl. RGBl. 1930, I, S. 88 ff.
[161] Vgl. D. Geßner, Agrardepression, a.a.O., S. 26.

und Landwirtschaft.[162] Im November 1930 wird die Butterzollfrage in einem Zusatzvertrag mit Finnland mit der Anwendung des Kontingentierungsprinzips gelöst.[163]

Den Vertrag zum deutsch-polnischen Wirtschaftsabkommen leitet der Kanzler Ende Juni 1930 dem Reichstag zur Ratifizierung zu. Die Gegner des Vertragswerkes, in erster Linie die Agraropposition, entfachen eine erneute Diskussion, und Brüning zögert nun mit der Ratifizierung. Inzwischen bricht die Industriefront, die sich für eine schnelle Ratifizierung ausgesprochen hat, auseinander. Der Bergbau betrachtet das Vertragswerk wegen des Zugeständnisses in der Kohlefrage als inakzeptabel und nimmt nun zusammen mit den Agrariern eine ablehnende Haltung ein.[164] Die Exportindustrie sieht in dem Abkommen eine Möglichkeit zur Schaffung von Exportaufträgen und hält die Interessen der Landwirtschaft und des Kohlebergbaus für ausreichend berücksichtigt.[165]

Brüning erklärt, daß er angesichts der Überzahl der Gegner des Vertrages im Reichstag diesen als hinfällig betrachte.[166]

Das deutsche Handelsvertragssystem war von 1925 bis 1928 nicht ohne weiteres einseitig zu ändern. Die Veränderung der deutschen Außen- und Handelspolitik im Sinne eines Wechsels von einer multilateralen gemäßigt protektionistischen zu einer bilateralen autarkistischen Handelspolitik entspricht den Wirtschaftsinteressen des Deutschen Reiches unter den außenpolitischen Bedingungen des sich abzeichnenden Verfalles der Versailler Friedensordnung.[167] Die Wirtschaftskrise hat den Interessengegensatz zwischen der Export- und der Schwerindustrie und der Agrarfront verstärkt. Brünings Politik muß diesen Faktor berücksichtigen und versuchen, einen Ausgleich und Kompromiß zwischen diesen beiden divergierenden Interessen herzustellen.

Mit dem Gesetz über Zolländerungen vom 15. April 1930[168], welches den Zollschutz für deutsches Getreide, den Schweinemarkt und die Veredelungswirtschaft erhöht, erweitert Brüning die Zollermächtigung der Regierung Müller vom 22. Dezember 1929, wahrt jedoch die Beschränkung auf agrarische Produkte. Die Reichsregierung wird ermächtigt, den Roggen-, Weizen-, Hafer- und Gerstepreis herauf- oder herabzusetzen, wenn es die Wirtschaftslage erfordere.[169] Die Bestim-

---

[162] Ebenda, S. 27.
[163] RGBl. 1930, II, S. 1226 ff; RGBl. 1930, II, S. 1272.
[164] D. Geßner, Agrardepression, a.a.O., S. 29.
[165] Vgl. die Protokolle der Reichstagsfraktion und des Fraktionsvorstandes der Deutschen Zentrumspartei 1926–1933, hrsg. von K. D. Bracher und K. Repgen, Mainz 1969, Dok.-Nr. 610, S.469.
[166] D. Geßner, Agrardepression, a.a.O., S. 29.
[167] D. Geßner, Agrardepression, a.a.O., S. 33.
[168] RGBl.1930, I, S. 131 ff.
[169] Anlage zu IV von Artikel 5, RGBl. 1930, I, S. 133 f.

mung, daß Fleisch nur in Form halber oder ganzer Tiere eingeführt werden dürfe, macht den ausländischen Gefrierfleischexporteuren de facto die Einfuhr von Gefrierfleisch unmöglich.[170] Die Regierung beabsichtigt mit diesem Gesetzeswerk, den innerdeutschen Fleischabsatz zu verbessern, um so die Fleischpreise hochzuhalten. Der deutsche Getreidemarkt wird vom Weltmarkt fast völlig abgeschnürt.[171] Reichsminister Schiele unterstützt im Kabinett die Forderungen des Reichslandbundes nach umfassendem Zollschutz. Er versucht, diese Forderungen in die Notverordnung vom 1. Dezember 1930 aufzunehmen, findet im Kabinett aber keinerlei Unterstützung.[172] Die Notverordnung von 18. Januar 1932[173] weitet die außenwirtschaftlichen Rechte der Regierung weiter aus. Diese kann danach Einfuhrverbote gegen Länder aussprechen oder zusätzliche Zollabgaben fordern, wenn jene Staaten deutsche Waren im Ausland benachteiligt haben. Die Zollermächtigung wird von agrarischer Seite als Möglichkeit zu einer Veränderung des deutschen Außenhandelssystems verstanden. Durch diese Ermächtigung kann die deutsche Regierung in der Tat das deutsche Handelsvertragssystem ändern. Brüning gedenkt jedoch nicht, die Ermächtigung in dieser Form zu nutzen, er versteht sie vielmehr als ein Mittel mit „psychologischer Wirkung" und als „Sicherung vor Überraschungen", was den Vertretern der Landwirtschaft jedoch verschwiegen werden soll.[174] Die Regierung zeigt sich in der Praxis mit diesem außenwirtschaftlichen Instrumentarium zurückhaltend gegenüber den Ländern, die für den deutschen Export von Bedeutung sind.[175] Gegenüber den Ländern, die für den deutschen Export unwichtig sind, erzielt die Regierung Brüning die Herauslösung der Zölle für die Hauptgetreidearten wie zum Beispiel gegenüber Schweden und für Mais gegenüber Jugoslawien durch die Einrichtung eines Maismonopols.[176]

Die Abkehr von den nord- und westeuropäischen Handelspartnern und die Orientierung nach Südosteuropa

Auf das Sinken der Rohstoffpreise in den Jahren 1929/1930 reagieren sowohl die europäischen als auch die außereuropäischen Nationen mit einseitigen protektionistischen Maßnahmen, von welchen besonders das Deutsche Reich getroffen wird.

---

[170] D. Walz, a.a.O., S. 83 f.
[171] Ebenda, S. 84.
[172] Kabinettssitzung vom 30.11.1930, Akten der Reichskanzlei, Bd. 1, Dok. Nr. 183, S. 676 ff.
[173] RGBl. 1932, I, S. 27.
[174] Brüning auf der Ministerbesprechung betr. Zollvorlage vom 17. Februar 1931, BA, R 43 I/1448; zit. nach D. Geßner, Agrardepression und Präsidialregierung, a.a.O., S. 42.
[175] D. Geßner, Agrardepression, a.a.O., S. 42.
[176] Ebenda, S. 42.

Auf diesen allgemein aufgekommenen Handelsprotektionismus antwortet die deutsche Politik mit einer Einschränkung des Meistbegünstigungsprinzips, und zwar beim Agrarzolltarif.[177] England schottet sich vom internationalen Handel ab, der deutsch-französische Handelsvertrag verliert an Bedeutung, und die skandinavischen Länder versuchen wegen Englands autarkistischer Politik, ihre Agrarprodukte nun auf dem deutschen Markt abzusetzen. Deutschland muß wegen der Agrarkrise im eigenen Land zu agrarprotektionistischen Gegenmaßnahmen greifen. 1931 bricht das bis dahin noch bestehende liberale Welthandelssystem völlig zusammen. Die Krise führt zu einer Verschärfung der Interessengegensätze zwischen der Export- und der Schwerindustrie einerseits sowie der Landwirtschaft andererseits.

Deutlich zeigt sich dieser Konflikt zum Beispiel bei den deutsch-sowjetischen Verhandlungen über eine Fortsetzung des sogenannten „Russengeschäftes". Die UdSSR kann die ihr vom Deutschen Reich gewährten Kredite nur mit Exporten ihrer Agrarprodukte nach Deutschland abzahlen. Das widerstrebt der Agraropposition, die sich strikt gegen ausländische Agrarimporte ins Reich wendet. Wichtig sind die handelspolitischen Beziehungen zur Sowjetunion für Deutschland jedoch deshalb, weil die Nachfrage der Sowjetunion nach Investitionsgütern auch nach Ausbruch der Weltwirtschaftskrise nicht zurückgegangen ist. So bildet die Kreditierung dieser Exporte in die Sowjetunion und deren Rückzahlung in Form von Agrarexporten ins Reich erheblichen Konfliktstoff. Als die Welthandelskrise Anfang 1931 ihren Höhepunkt erreicht und die deutschen Exportraten dementsprechend fallen, drängt eine Gruppe deutscher Industrieller die Reichsregierung zum Abschluß eines deutsch- sowjetischen Handels- und Kreditabkommens.[178] Die Ansichten über ein solches Abkommen gehen im Kabinett auseinander. Bedenken gegen eine derartige Kreditausweitung äußern der Staatsminister des Finanzministeriums Schäffer, der Minister für besetzte Gebiete Treviranus und der Minister für Ernährung Schiele. Als Argumente gegen das Abkommen führen sie an, daß der Betrag von 300 Millionen Reichsmark wohl besser in Deutschland selbst wirksam werde als durch Garantieleistungen an die Russen und daß die künftige Lage der sowjetischen Regierung nicht vorherzusehen sei. Weiter wird angeführt, daß die schweizer Zeitungen schon berichtet haben, Deutschland brauche Auslandsgelder und eine Revision der Reparationsverpflichtungen nicht in Anspruch zu nehmen, wenn es reich genug sei, den Russen hohe Beträge als Kredite zu gewähren. Besonders den Westmächten macht das engere Zusammengehen Deutschlands mit

---

[177] D. Geßner, Agrarprotektionismus, a.a.O., S. 164.

[178] D. Geßner, Agrardepression, a.a.O., S. 75. Zu der Besprechung des Kabinetts mit Vertretern der Industrie vgl. Akten der Reichskanzlei, Bd. 2, S. 935 ff.

der Sowjetunion Sorgen.[179] Neue Rapallo-Befürchtungen werden wach. Minister Schiele meint, daß die Garantie von 300 Millionen RM zum Beispiel besser für den Kauf landwirtschaftlicher Maschinen, welcher um 40 % zurückgegangen sei, oder für Düngemittel genutzt werden solle.[180] Außenminister Curtius und Wirtschaftsminister Trendelenburg sprechen sich für eine handelspolitische Hinwendung zum Osten aus. Die Ententestaaten, so argumentieren sie, gewährten Deutschland keinen Vorteil, wenn es die Geschäfte mit der Sowjetunion nicht mache, und im Etat sei eine wesentliche Erhöhung der Exportgarantien bereits eingeplant. Die Beträge reichten aus.[181] Curtius widerspricht den Vorschlägen, der sowjetischen Regierung Bedingungen aufzuerlegen, wenn es sich um Aufträge an die deutsche Industrie handele. Es lägen Aufträge in einer Höhe von 300 Millionen RM vor, welche es im Inland nicht gebe, und es sei auch kaum möglich, andere Auslandsaufträge zu bekommen.[182] Auch Brüning stellt sich auf die Seite der Befürworter des Abkommens, welches dann am 24. März 1931 unterzeichnet wird.[183]

Ende des Jahres 1931 verhandeln das Deutsche Reich und die Sowjetunion über die von der UdSSR erwünschten Erleichterungen der Einfuhr ihrer landwirtschaftlichen Produkte nach Deutschland. Das Deutsche Reich muß auf diese sowjetischen Wünsche eingehen, weil es selbst schon Lieferungen im Werte von einer Million RM in die UdSSR getätigt hat und die Gefahr der Zahlungsunfähigkeit der UdSSR verhindern will.[184] Der sich verschärfende agrarprotektionistische Kurs der Jahre 1931/32 jedoch wird zum Hindernis für den deutsch-russischen Handel. Die in der Praxis durchgesetzte Aussperrungspolitik ausländischer Agrarprodukte wirkt sich negativ auf die sowjetische Zahlungsfähigkeit aus. Obwohl eine Steigerung des Warenaustausches zwischen den beiden Ländern erreicht wird, bleibt der Handel wegen der innenpolitischen Rücksichtnahmen hinter seinen volkswirtschaftlichen Möglichkeiten zurück. Der Historiker Geßner spricht von den „seit 1930 ‚blockierten Alternativen' der deutschen Politik dieser Jahre".[185] Brüning ist nicht bereit, das Rußlandgeschäft durch die Gewährung langfristiger Kredite an die Sowjetunion zu festigen. Dem stehen seine Deflationspolitik und somit die finanzpolitischen Möglichkeiten im Wege sowie die Kritik der agrarischen Front.

Das Auswärtige Amt setzt sich zu Beginn des Jahres 1932 für eine Vernachlässigung des Handels mit der Sowjetunion zugunsten der südosteuropäischen Staa-

---

[179] Ministerbesprechung vom 20.3.1931, Akten der Reichskanzlei, Bd. 2, S. 972 ff.

[180] Schiele in der Ministerbesprechung vom 20.3.1931, Akten der Reichskanzlei, Bd. 2, S. 975.

[181] Ministerbesprechung vom 20.3.1931, Akten der Reichskanzlei, Bd. 2, S. 974 f.

[182] Ministerbesprechung vom 20.3.1931, Akten der Reichskanzlei, Bd. 2, S. 977.

[183] D. Geßner, Agrardepression, S. 75 f.

[184] D. Geßner, Agrardepression, a.a.O., S. 76.

[185] Ebenda, S. 78.

ten ein. Die deutschen Interessen am sogenannten Rußlandgeschäft werden jetzt – zum Nachteil der UdSSR – gegenüber denen am Handel mit den südosteuropäischen Staaten zurückgestellt. Da der deutsche Markt wegen der Boykottmaßnahmen der meisten europäischen Staaten gegen sowjetische Agrarexporte mit diesen überschwemmt zu werden droht, liegt eine erneute Bindung der Meistbegünstigung für die nächsten Jahre mit der Verlängerung des Berliner Vertrages nicht mehr im deutschen Interesse.[186]

Bei der Instrumentalisierung des Agrarprotektionismus spielt Südosteuropa nun eine wichtige Rolle. Der Reichsminister für Finanzen Dietrich sieht in einem engeren wirtschaftlichen Verhältnis zu Osteuropa große Chancen, da der Südosten keine landwirtschaftlichen Produktionsüberschüsse ins Deutsche Reich einführe und gleichzeitig in großem Maße aufnahmefähig für deutsche Industrieprodukte sei.[187]

Die außenwirtschaftlichen Beziehungen zu den Donaustaaten werden intensiviert – eine deutsche Reaktion auf die autarkistische Politik der nord- und westeuropäischen Länder.

Zu diesen wirtschaftlichen Interessen kommt eine weitere politische Komponente: Durch das enge Verhältnis zu Rumänien, Ungarn, Jugoslawien und Bulgarien kann der französische Einfluß zurückgedrängt und der Anschluß Österreichs gefördert werden. Den Anfang dieser Aktivierung der Handelsbeziehungen bildet der deutsch-österreichische Handelsvertrag vom 12. April 1930, der am 2. Februar 1931 in Kraft tritt.[188]

Der Plan einer deutsch-österreichischen Zollunion

Am 20. März 1931 veröffentlicht die deutsche Regierung den Plan einer deutsch-österreichischen Zollunion. Er sieht die Aufhebung der Binnenzölle und die Vergrößerung des Absatzmarktes vor, wodurch man für Österreich einen wirtschaftlichen Vorteil von 600 Millionen RM und für das Deutsche Reich einen Vorteil von 500 Millionen RM erhofft. Einen weiteren Vorteil erwartet man in einer großen Anziehungskraft auf die südosteuropäischen Agrarstaaten auf Grund der Möglichkeit, die Getreideüberschüsse auf diesem großen Markt abzusetzen.[189] Der Plan einer deutsch-österreichischen Zollunion war im Februar 1930 vom österreichischen Kanzler Schober an Reichskanzler Müller herangetragen worden.

---

[186] Geheime Aufzeichnung Dirksens über die Verlängerung des Berliner Vertrages vom 24. Februar 1931, AA, Ha-Pol, Ritter, Rußland, Bd.10, zit. nach Geßner, 1977, S. 79.
[187] Chefbesprechung vom 10. November 1930, Akten der Reichskanzlei, Bd. 1, S. 614.
[188] RGBl 1931, II, S. 12.
[189] Vgl. O. Hauser, Der Plan einer deutsch-österreichischen Zollunion von 1931 und die europäische Föderation, in: HZ, Bd. 179, 1955, S. 55.

Außenminister Curtius erwidert den Besuch des österreichischen Regierungschefs zur Aufnahme der Verhandlungen im März 1931, obwohl zuvor im deutschen Kabinett Befürchtungen laut geworden sind, daß Österreich den größeren Vorteil daraus ziehe und Deutschland seine Souveränität einbüßen könne. Curtius sieht den Plan als ersten Schritt für einen wirtschaftlichen Anschluß Österreichs an das Deutsche Reich, die Zeit für einen politischen Anschluß hält er aber für noch nicht gekommen. Das Kabinett rechnet mit außenpolitischen Diskussionen, erhofft sich jedoch eine innenpolitische Entspannung. Weiter hofft Deutschland, daß Rumänien der Zollunion beitreten werde. So würde unter deutscher Führung ein großes mittel- und südosteuropäisches Wirtschaftszentrum entstehen.[190]

Der internationale Widerstand ist größer als erwartet. Frankreich, Italien und die Tschechoslowakei protestieren, obgleich der Plan ausdrücklich im Sinne der bisherigen zollpolitischen Bestrebungen gehalten ist, die autonome Wirtschaftspolitik der beiden Staaten durchaus unberührt läßt und eine Teilnahme weiterer Staaten vorsieht. Zudem sind regionale Teillösungen der festgefahrenen europäischen Zollverhandlungen bereits im Herbst 1930 im Völkerbund besprochen und in ihrer Bedeutung für die Förderung des europäischen Zusammenschlusses gewürdigt worden.

Die drei genannten Länder befürchten jedoch, daß die Zollunion die 1918/1919 mit Mühe gedrosselte Anschlußbewegung Österreichs an das Reich wiederbeleben könnte. Das Verhältnis zwischen Deutschland und Frankreich ist zu dieser Zeit ohnehin gespannt. Die nationalistischen Begleitumstände der Rheinlandbefreiung sind eine Ursache hierfür. Beunruhigt zeigt sich Frankreich weiter durch das Anwachsen der nationalen Rechten im Deutschen Reich, die eine entschiedene Revisionspolitik propagiert und sich für eine Verweigerung der Reparationsleistungen und die vollständige Aufhebung des Versailler Vertrages ausspricht.[191]

Obwohl der britische Botschafter Brüning unterstützt und auf die Gefahren aufmerksam macht, die eine Niederlage der deutschen Reichsregierung im Reich nach sich ziehen würde, muß Deutschland den Plan einer Zollunion mit Österreich wegen des internationalen Widerstandes und der Wertung einer solchen Zollunion als Verstoß gegen die im Friedensvertrag von St. Germain und im Genfer Protokoll von 1922 festgelegte Unabhängigkeit Österreichs fallenlassen.[192] Das Projekt der Zollunion hinterläßt einen großen Schaden und muß als einer der größten diplomatischen Fehler des Kabinetts Brüning bezeichnet werden. Der Plan erschüttert das Vertrauen des Auslandes. Das Reich hat seine außenpolitische Bewegungsfrei-

[190] O. Hauser, a.a.O., S. 56.
[191] Vgl. K. D. Bracher, a.a.O., S. 352 f.
[192] Entscheidung des Haager Gerichtshofes vom 5. September 1931 mit 8 gegen 7 Stimmen.

Monsieur le directeur Briand: „Parbleu! Das erlaube ich nicht!"

Kladderadatsch 84. Jg., Nr. 23, 7.6.1931

heit überschätzt. Ohne Fühlungnahme mit Frankreich oder dem Völkerbund und entgegen der bisherigen, von Stresemann geübten Verhandlungstaktik habe man Schritte unternommen, die von dem innenpolitischen Druck der Rechtsopposition beeinflußt waren, so beurteilt der Politikwissenschaftler Bracher das deutsche Verhalten.[193] Außenminister Curtius zieht die Konsequenz und legt sein Amt nieder. Brüning nutzt die Gelegenheit zu einer Demissionierung des gesamten Kabinetts und einer Regierungsneubildung nach den Wünschen des Reichspräsidenten.

Am 27. Juni 1931 schließt Deutschland einen Präferenzvertrag mit Rumänien ab.[194] Die Regierung besteht bei den Verhandlungen zu diesem Vertrag auf der Präferenzlösung, um so auch eventuellen Einwänden seitens der meistbegünstigten Staaten entgegenzutreten.[195] Die deutsche Regierung will Rumänien gegenüber

---

[193] K. D. Bracher, a.a.O., S. 354.

[194] Zit. nach Dok. 610, Akten der Reichskanzlei, Bd. 3, S. 2114, Fn. 2.

[195] Der Völkerbund hatte auf einer Tagung im November 1930 das Mittel der Präferenzen gegenüber den notleidenden süd- und osteuropäischen Agrarstaaten und auch die Notwendigkeit der Zustimmung der meistbegünstigten Staaten zu Präferenzabkommen anerkannt. Vgl. D. Geßner, Agrardepression, a.a.O., S. 88, Anm. 316.

keine Präferenzen für Veredlungsprodukte, sondern nur für Gerste, Mais und Weizen gewähren. Abstriche am deutschen Agrarprotektionismus will die Regierung nicht zulassen.

Problematisch gestalten sich die Verhandlungen über einen Präferenzvertrag mit Ungarn, da Ungarns Vorstellungen über eine Belieferung des deutschen Marktes mit Fleisch und Vieh weitergehen, als Deutschland zuzugestehen bereit ist. Am 18. Juli 1931 wird der Vertrag zwischen Ungarn und Deutschland geschlossen, mit dem Deutschland seinem Vertragspartner einen Präferenzzoll in Höhe von 75 % des autonomen deutschen Zolls für Weizen gewährt sowie ein Jahreskontingent von 6.000 lebenden Rindern und 80.000 geschlachteten Schweinen, ohne sich dabei jedoch zu dieser Abnahme zu einem Höchstzoll von 45 RM/dz zu verpflichten. Vereinbart wird weiter eine einmalige Abnahme von 100.000 Tonnen Weizen zwischen ungarischen Lieferanten und der vom Staat subventionierten Deutschen Getreide-Handels-Gesellschaft zu einem über Weltmarktpreis liegenden Preis.[196] Deutschland setzt dafür seine Forderungen bezüglich der Maschinenexporte nach Ungarn durch.

Durch den Abschluß dieser beiden Verträge mit südosteuropäischen Ländern beabsichtigt das Deutsche Reich das Problem des Exportdrucks der deutschen Industrie zu lösen. Gleichzeitig gelingt es Deutschland durch diese Verträge, Polen nach Ausbruch des deutsch-polnischen Zollkrieges international zu isolieren.[197] Auch für außenpolitische Ziele läßt sich die deutsche Hinwendung nach Südosteuropa gut instrumentalisieren. Die Großmächte haben die Kursänderung der deutschen Außenhandelspolitik mit Ablehnung verfolgt. Großbritannien unterstützt zu Beginn des Jahres 1932 den tschechoslowakischen Vorschlag zur Bildung einer Donauföderation ohne deutsche Beteiligung. Frankreich will die Südosteuropafrage durch einen Zusammenschluß der südosteuropäischen Staaten zu einem Handelsblock lösen.[198] Beide Vorschläge lehnt Deutschland ab, weil es in ihnen einen Versuch der Behinderung der deutschen Wirtschaftspolitik gegenüber den südosteuropäischen Ländern sieht.[199] Im Berliner Außenministerium werden hinter dem Plan des französischen Ministerpräsidenten Tardieu die Absichten vermutet, das französische Kapital in Südosteuropa zu sichern sowie das Vordringen Deutschlands und Italiens auf den Balkan zu verhindern.

Deutschland verbündet sich mit Italien gegenüber Frankreich und England. Auf der Viermächtetagung Anfang April 1932 in London lehnen Deutschland und

---

[196] D. Geßner, Agrardepression, a.a.O., S. 90 f.
[197] Ebenda, S. 95.
[198] Ebenda, S. 91 f.
[199] Von Bülow auf der Chefbesprechung vom 7. März 1932, Akten der Reichskanzlei, Bd. 3, S. 2356 f.

Italien den Vorschlag Frankreichs ab, eine Konferenz der Donaustaaten mit dem Ziel des Abschlusses gegenseitiger Präferenzen einzuberufen.[200] Statt dessen schlägt Deutschland erfolgreich eine baldige Einberufung einer Konferenz der Donaustaaten unter Beteiligung der Großmächte vor und droht, im Falle des Zusammenschlusses der Donaustaaten ohne deutsche Beteiligung die bevorzugte Orientierung auf Südosteuropa wieder zu beenden.[201] Die deutsche Außenpolitik gibt den südosteuropäischen Staaten zu verstehen, daß ihr Heil allein in einem engeren Zusammengehen mit Deutschland liege. Die deutsche Regierung hat es erreicht, eine gegen Deutschland gerichtete Blockbildung in Südosteuropa unter der Führung einer anderen europäischen Großmacht zu verhindern. Deutschland versucht die Welthandelskrise zu nutzen, um zu einer Position der Stärke zu gelangen und sie als Mittel der deutschen Revisionspolitik einzusetzen.

Harmonisch hingegen gestaltet sich während der Kanzlerschaft Brünings das deutsche Verhältnis zu Italien. Verbindendes Element ist auch hier wieder der gemeinsame Gegenkurs zu Frankreich. Unterstützt Italien auch das deutsche Anliegen einer Zollunion mit Österreich nicht, so zählt es doch zumindest bei den Reparations- und Abrüstungsfragen nicht zu den Gegnern des Deutschen Reiches.

Die Abrüstungsfrage

Deutschland hatte nach dem Versailler Vertrag lediglich das Recht auf ein 100.000 Mann starkes Heer und eine kleine Marine. Weiter war es ihm verboten, eine Luftwaffe zu halten sowie Panzer und schwere Waffen zu bauen.

Ausgehend vom vierten Punkt des Friedensplans von Präsident Wilson signalisierten die Siegermächte jedoch im Versailler Vertrag, daß die Reduzierung des deutschen Militärs Bestandteil einer vom Völkerbund durchzuführenden allgemeinen Abrüstung sein sollte.

Schon seit 1926 tagt eine vom Völkerbund eingesetzte „Vorbereitende Abrüstungskommission", um die Vorarbeit für eine internationale Abrüstungskonferenz zur Reduzierung der Streitkräfte zu leisten. Im Dezember 1930 verabschiedet diese Kommission einen Vertragsentwurf, der in seinem 53. Artikel festlegt, daß früher eingegangene Verpflichtungen nicht berührt werden. Damit sollen Diskussionen um die Bestimmungen des Versailler Vertrages ausgeschlossen werden. Der Termin für die Abrüstungskonferenz wird auf den 2. Februar 1932 festgelegt.

---

[200] Rundschreiben des Auswärtigen Amtes vom 30.3.1932, AA, Ha-Pol, Ritter, Donauföderation, Bd.1, zit. nach D. Geßner, Agrardepression, a.a.O., S. 92.
[201] Vgl. Unterlagen für eine etwaige Replik bei den Verhandlungen in London vom 4. April 1932, AA, Ha-Pol, Ritter, Donauföderation, Bd.1, zit. nach D. Geßner, Agrardepression, a.a.O., S. 93.

Innerhalb des Kabinetts Brüning gehen die Meinungen über die deutsche Position auseinander. Außenminister Curtius verlangt die Abrüstung aller Staaten auf das deutsche Niveau. Reichswehrminister Groener hingegen tritt für die Befreiung Deutschlands von den aus dem Versailler Vertrag resultierenden Rüstungsbeschränkungen ein. In kleinem Kreis einigt sich die deutsche Führung darauf, von den anderen Staaten weiterhin Abrüstungsangebote zu fordern und am Ziel der Beseitigung der Bestimmungen über die Reichswehr im Teil V des Vertrages von Versailles festzuhalten.

Im Januar 1932 werden in einer Ministerbesprechung die Richtlinien für die bevorstehende Abrüstungskonferenz, an der 60 Nationen teilnehmen werden, thematisiert. Die deutschen Ziele sind nach wie vor die Beseitigung der Rüstungsbeschränkungen für das Deutsche Reich und die Befriedigung des deutschen Sicherheitsbedürfnisses. Nach außen will die deutsche Delegation nur den Rechtsstandpunkt wiederholen und nichts von den Wünschen nach Aufrüstung und Wehrfreiheit preisgeben.

Die allgemeine Lage zum Jahresbeginn 1932 scheint für die Abrüstungsbemühungen sehr günstig zu sein, da die Regierungen der westlichen Großmächte durch die wirtschaftliche Krise unter dem Zwang stehen, die Ausgaben einzuschränken. Doch bei Frankreich und Großbritannien steht weiter die Frage im Vordergrund, ob man die Aufrechterhaltung oder eine Revision der Versailler Bestimmungen wolle.

Deutschland kann als einzige abgerüstete Macht mit starkem moralischem und rechtlichem Rückhalt in die Konferenzverhandlungen einziehen. Der deutsche Reichskanzler fordert die Abrüstung der Siegermächte als Gegenleistung zu der vollzogenen deutschen Abrüstung. Weiter will er die Anerkennung Deutschlands als gleichberechtigter Verhandlungspartner erreichen, was de facto die Aufhebung des Teils V des Versailler Vertrages bedeuten würde. Noch im Februar zeigt sich ein erster Erfolg für die deutsche Position: Der Artikel 53 des Konventionsentwurfs verliert zunehmend an Gewicht bei den Verhandlungen der Konferenz.

Die Zeit arbeitet für die deutsche Delegation. Bei den Landtagswahlen in Preußen im April 1932 können die Nationalsozialisten einen überwältigenden Erfolg verbuchen. Bestärkt durch die undurchsichtige Haltung des Reichspräsidenten in der Frage des Verbotes von SS und SA kommen auch die Westmächte zu der Einsicht, daß die Radikalisierungen nur durch deutsche außenpolitische Erfolge eingedämmt werden können. Von einem Nachgeben in der Wehrfrage wird eine innenpolitische Entspannung im Deutschen Reich erwartet.

Enttäuschend für die Deutschen ist der am 5. Februar 1932 vom französischen Ministerpräsidenten Tardieu auf den Konferenztisch gelegte Plan, der die militärische Ungleichheit zwischen Frankreich und dem Deutschen Reich beibehalten will und keinerlei Vorschläge zu einer Revision der Versailler Vetäge enthält.

Deutschfreundlicher verhalten sich die USA und Großbritannien, deren Sicherheitsbedürfnis gegenüber Deutschland schon durch die geographische Distanz nicht so stark ausgeprägt ist wie das der Franzosen. In Gesprächen mit dem britischen Premierminister MacDonald und dem US-amerikanischen Außenminister Stimson kann Brüning die deutsche Position überzeugend vortragen. Sowohl der englische als auch der US-amerikanische Politiker erklären sich mit der Ablösung des Teils V des Versailler Vertrages einverstanden. Die Verhandlungen sind der Durchbruch des deutschen Staatsmannes, jedoch fehlt noch die Zustimmung Frankreichs. Das für den 29. April vorgesehene Treffen der drei Siegermächte und Deutschland sagt Tardieu kurzfristig wegen Krankheit ab. Die französische Zustimmung darf Brüning in seiner Funktion als Reichskanzler nicht mehr erleben.

Trotz der Probleme im Verhältnis zu Frankreich, der Unsicherheit über die Reaktionen der Siegermächte im Bereich der Rüstungsfrage und der schlechten Lage von Wirtschaft und Finanzen wendet sich das Kabinett einem weiteren heiklen Thema zu: den Reparationen.

Die Reparationspolitik

Die Befreiung des Reiches von den Reparationslasten ist Brünings oberstes Ziel.

Wirtschaftswissenschaftler wie Gustav Cassel prognostizieren eine chronische Weltdeflation.[202] Damit würde der Goldwert und mit ihm der reale Wert der Reparationen, die in Gold gezahlt werden müssen, fortwährend steigen. Die Bestrebungen um eine Revision des Young-Plans sprechen dem Großteil der deutschen Bevölkerung aus dem Herzen, die Eingaben und Anträge von parlamentarischen wie außerparlamentarischen Gruppen an die Regierung in diese Richtung sind zahlreich. Die deutsche Öffentlichkeit erwartet von der Regierung eine Lösung des Reparationsproblems. Die Nationalsozialisten nutzen das Thema zur Propaganda, so daß sich die Regierung Brüning zuletzt durch den Erfolg der Nationalsozialisten vom 14. September 1930 zum Handeln genötigt sieht. Die Regierung hegt die Hoffnung, durch eine rechtzeitige Beseitigung der Reparationen den Aufstieg der Nationalsozialisten verhindern zu können.

Das „*massenpsychologisch ungünstige Aufeinandertreffen von Reparationskrise und Weltwirtschaftskrise*"[203] ist es, was die Reparationsrevision innenpolitisch

---

[202] Vgl. Harold James: Gab es eine Alternative zur Wirtschaftspolitik Brünings?, in: VSWG 1983, S. 530.
[203] G. Golla, Zielvorstellungen und Auswirkungen der Brüningschen Sparmaßnahmen, S. 94.

so vordringlich macht. In den vermeintlich guten Jahren der Republik wurde keine Reichsregierung durch die Anerkennung der Zahlungsverpflichtungen einem vergleichbaren innenpolitischen Druck ausgeliefert. Freilich kommt für die Regierung erschwerend hinzu, daß der Young-Plan – im Gegensatz zum Dawes-Plan – eine Fristsetzung für die deutschen Zahlungen enthält. Dadurch bekommen die systemfeindlichen Agitatoren ein leichtes Spiel. Redewendungen wie „Bis in die dritte Generation müßt ihr zahlen" stehen nun auf der Tagesordnung und führen dem Volke das Desaster deutlich vor Augen.

Der Kanzler betreibt eine Erfüllungspolitik, das heißt, er versucht, die Auflagen und Finanzforderungen an das Reich zu erfüllen und den guten Willen zur Einhaltung der Bestimmungen unter Beweis zu stellen. Er will damit den Alliierten aber gleichzeitig die Absurdität der Höhe der Reparationsforderungen vor Augen führen. Denn in der Tat sind diese in einer solchen Höhe veranschlagt, daß das Reich sie auch bei solidester Politik und unter größten Anstrengungen nicht erfüllen kann.

Das Protokoll der Chefbesprechung vom 28. Oktober 1930 über den Young-Plan vermerkt folgenden Standpunkt des Kanzlers: „*Der Reichskanzler bestätigte, daß die Regierungspolitik scharf auf die Revision gerichtet sein müsse. Es müsse aber klargestellt werden, daß man einen Erfolg nicht mit leerer Reichskasse erzielen könne, vielmehr müßten wir den Youngplan durch unsere Zahlungen ad absurdum führen.*"[204]

Brüning versucht, im Dezember 1930 durch eine Verknüpfung der Abrüstungsfragen mit den Reparationsverpflichtungen sein Ziel zu erreichen. Im Januar 1931 übermittelt der Finanzminister eine zusammen mit den zuständigen Ressorts erstellte Auflistung der Interessenlage der Hauptgläubigerländer gegenüber der Reparationspolitik Deutschlands. Darin heißt es: „*Man muß davon ausgehen, daß angesichts der geldlichen Übermacht Frankreichs England zu einer aktiven Politik zugunsten einer Revision nicht zu bringen ist, und daß voraussichtlich auch Italien unter die finanzielle Botmäßigkeit Frankreichs geraten wird.*

…

Die Stellung der hauptbeteiligten Mächte: Der Vereinigten Staaten, England, Frankreich sehe ich folgendermaßen:

a) Die Vereinigten Staaten sind nur dann bereit, in eine Revision ihrer Schuldenabmachungen mit England, Frankreich, Italien einzuwilligen, wenn abgerüstet wird.

b) England ist an sich mit Einschränkungen bereit, auf seine Forderungen an Deutschland und seine früheren Verbündeten zu verzichten, wenn es den glei-

---

[204] Akten der Reichskanzlei, Bd. 1, Dok. Nr. 153, S. 578.

chen Nachlaß bei den Vereinigten Staaten bekommt. Es besteht aber die Gefahr, daß, wenn Deutschland und evtl. Frankreich an England nicht mehr zahlen, England immer noch an die Vereinigten Staaten zahlen muß. Daneben her geht jedoch die Sorge, daß der deutsche Export, der allein die Reparationen schaffen kann, den englischen Handel zurückdrängen muß.

c) *Frankreich will zunächst den nicht geschützten Teil der Reparationen für sich buchen. Im übrigen ist es beherrscht von dem Gedanken der Sicherheit, den es immer noch bedroht sieht.*

Daraus ergibt sich folgende Politik:

1) *Die deutsche Ausfuhr muß um jeden Preis forciert werden, nicht nur um die Reparationen zu zahlen, sondern um die Auswirkungen dieser Reparationszahlungen deutlich zu machen.*

2) *Es muß eine starke Propaganda geführt werden dahin, daß die Reparationszahlungen ein Störungsmoment erster Ordnung in der Weltwirtschaft sind und auch die Siegerstaaten, vor allem aber die Rohstoffländer, auf das schwerste schädigen.*

3) *An Frankreich wäre ein Angebot über wirtschaftliche und politische Kooperation zu richten, durch das jede Kriegsgefahr aufgehoben wird...*"[205]

Schließlich gestaltet sich die Finanz- und Wirtschaftslage des Reiches so schwierig, daß die Streichung der Reparationslasten als das einzige Mittel zur Erleichterung erscheinen muß. Das Kabinett erörtert in einer Grundsatzdiskussion im Mai 1931 diese Frage. Der Kanzler will vor den Gläubigerländern nicht als Bittsteller dastehen, sondern nach Überwindung der Wirtschaftskrise aus der Position der Stärke heraus mit den Siegermächten verhandeln.

Die Beratungen münden in den Beschluß, mit einem Aufruf an das Volk den Eindruck zu erwecken, eine Revision der Reparationsregelung sei schon eingeleitet worden. Dieser „Tributaufruf" vom 6. Juni 1931 führt jedoch nicht zu dem erwünschten Erfolg. Im Gegenteil: Das Ausland zweifelt an der Zuverlässigkeit der deutschen Außenpolitik, wirft der Regierung Doppelzüngigkeit vor.

Die Regierung schafft es, das Vertrauen des Auslandes, in erster Linie das der US-Amerikaner, zurückzugewinnen. US-Präsident Herbert Hoover schlägt nun sogar vor, die deutschen Zahlungsverpflichtungen für die Reparationen und internationalen Schulden für ein Jahr auszusetzen. Diesem Vorschlag begegnet vor allem die französische Regierung mit Vorbehalten, denn sie vermutet darin einen er-

---

[205] Der Reichsminister der Finanzen an den Reichskanzler, 17. Januar 1931, Akten der Reichskanzlei, Bd. 1, Dok. Nr. 220.

sten Schritt zur Revision der deutschen Reparationsverpflichtungen. Frankreich versucht, die Gelegenheit dahingehend auszunutzen, die deutsche Regierung zu einem Verzicht auf die geplante deutsch-österreichische Zollunion und den Bau des Panzerschiffes B zu bewegen. Brüning zeigt sich gegenüber Frankreich unnachgiebig, macht den US-amerikanischen Verhandlungspartnern aber eine Zusage, die eingesparten Reparationsgelder nicht für die Rüstung auszugeben. Das Hoover-Moratorium tritt am 7. Juli 1931 in Kraft. Für die deutsche Regierung ist es ein erster Erfolg. Doch auch den weiteren Sommer über bleibt die Reparationsfrage auf der internationalen Tagesordnung. Werden auch auf einer Konferenz in London die Spannungen zwischen Frankreich und Deutschland und auch zwischen Frankreich und England deutlich, so kann die deutsche Verhandlungsdelegation doch einen großen Erfolg verbuchen: Es wird eine Kommission unter Vorsitz der US-amerikanischen und englischen Finanzexperten Wiggin und Layton eingesetzt. Der Wiggin-Layton-Bericht über die Kreditfähigkeit des Reiches stützt die deutsche Position; er spricht Deutschland von jedem Verschulden an seiner gegenwärtigen Situation frei und erkennt indirekt an, daß Deutschland durch seine Zahlungsverpflichtungen an das Ausland zu einer deflationären Wirtschaftspolitik gezwungen ist.[206] Beim Reparationsproblem, das eigentlich nicht Gegenstand der Untersuchung sein sollte, kommt der Bericht zu dem Ergebnis, daß Deutschland nur die Alternative habe, die Reparationssummen über ausländische Kredite zu bezahlen und sich infolge davon finanziell zu übernehmen und zusammenzubreche oder die Summen aus Exportüberschüssen zu bestreiten und damit zum Störenfried der Weltwirtschaft zu werden. Verbunden wird das Reparationsproblem mit der Stundung der deutschen Privatschulden gegenüber dem Ausland: Die ausländischen Gläubiger halten bei den deutschen kurzfristigen Schulden für sechs Monate still.

Der Sommer 1931 bringt der deutschen Finanzlage also eine Atempause. Im Herbst berät das Kabinett erneut über die Lösung des Reparationsproblems. Die Marschroute geht aus einem Vermerk über eine Reparationsbesprechung im Reichsfinanzministerium am 26. Oktober 1931 klar hervor. „*Geheimrat Vocke erklärte unverbindlich, daß auf dem Gebiet der Privatschulden für Deutschland eine Verpflichtung zur Initiative bestehe. Deutschland müsse seinerseits Vorschläge für die Abtragung seiner Schulden machen. Falls man auf diesem Gebiet zu Resultaten kommen sollte, so würden diese Resultate zwangsläufig die Reparationsfrage präjudizieren. Er sei der Meinung, daß Deutschland in der Reparationsfrage sich möglichst zurückhalten müsse. Bei einer Neuregelung der Privatschulden werde*

---

[206] Akten der Reichskanzlei, Bd. 1, S. LXXVI; vgl. auch W. J. Helbich: Die Bedeutung der Reparationsfrage, S. 76.

sich ohne weiteres herausstellen, daß für die Leistung politischer Zahlungen kaum noch etwas übrig bleibe."[207]

Unter dem Deckmantel des zuverlässigen und bemühten Schuldners will man die Reparationsleistungsempfänger leer ausgehen lassen. Doch auch hier wiederum ist die Taktik zu offensichtlich und das Ausland zu mißtrauisch. Die Alliierten betonen den Vorrang der Reparationsleistungen vor den Rückzahlungen an Private. Dem internationalen Druck nachgebend verzichtet die deutsche Regierung auf den Vorrang der Privat- vor den Reparationsschulden und beantragt in einem Memorandum die Einberufung des Beratenden Sonderausschusses. Die Regierung betont darin die Notwendigkeit einer erneuten Grundsatzerörterung der Reparationsleistungen, da sich die wirtschaftliche und finanzielle Lage in der Welt seit den Haager Beratungen stark gewandelt habe. Die Chancen, nun eine endgültige und für Deutschland positive Lösung des Reparations- und Schuldensystems zu erreichen, stehen schlecht. In einem Geheimbericht informiert Staatssekretär von Bülow den Reichskanzler darüber, daß die französische Regierung am Young-Plan festhalten und Deutschland nur für die Dauer der Weltwirtschaftskrise einen Schuldennachlaß in der Höhe, die es selbst von den USA erwarte, zubilligen wolle. Auch die USA scheinen nur eine Zwischenlösung anzustreben und zu einer endgültigen Lösung nicht bereit zu sein. Trotz dieser schlechten Ausgangslage verfolgt das Kabinett entschlossen das Ziel, im Beratenden Sonderausschuß eine Streichung der deutschen Reparationen durchzusetzen. Im Sonderausschuß wird Deutschland durch den Direktor des Hamburger Bankhauses Warburg, Carl Melchior, vertreten. Dieser scheitert bei der Durchsetzung der hochgesteckten deutschen Ziele an dem französischen Sachverständigen, welcher die deutsche Zahlungsunfähigkeit nicht anerkennen will.

Im Oktober 1931 erklärt Brüning vor dem Reichstag zum Problem der Reparationszahlungen: „*Wir haben erfüllt, wir sind die erste Regierung gewesen, die aus eigener Kraft erfüllt hat, nicht auf Grund von Anleihen, sondern auf Grund einer bestimmten Gestaltung der Handelsbilanz mit allem, was damit zusammenhängt.*

In diesem Augenblick zeigte sich neben anderen Dingen, … daß es so mit den Reparationen nicht geht. Entweder gibt man uns Geld, um es wieder zurückzuzahlen – und auch das hat ein Ende –, oder man schafft uns die Möglichkeit, die Reparationen mit einem riesigen Exportüberschuß zu zahlen. Letzteres können die Völker eben auch nicht vertragen. Aber man mußte einmal den Mut haben, diesen Weg zu gehen, trotz aller Unpopularität im Innern …

Dieses offene Wort wird man uns vielleicht im Auslande hier und da verübeln, aber ich glaube, die Methode, die von dieser Regierung gewählt worden ist, um ei-

---

[207] Vermerk des Ministerialrats Vogels, Akten der Reichskanzlei, Bd. 3, Dok. Nr. 522.

ne Aufklärung über die wirkliche Lage Deutschlands in der Welt zu schaffen, ist wirksamer gewesen, als man vielleicht auf manchen Seiten dieses Hohen Hauses gefordert hat. Meine Herren, Denkschriften, dickleibige Bände, Exposés und fulminante Reden werden die Welt nicht von der Notlage Deutschlands überzeugen, sondern eines wird überzeugen, und das hat überzeugt! –: wenn eine Regierung den Mut hat, die Konsequenzen aus allem in der Wirtschafts- und Finanzpolitik zu ziehen, ihre Karten aufzudecken, so daß sie jeder sehen und jeder Einsicht nehmen kann ...“[208]*

Das deutsche Bemühen um Ausfuhrüberschüsse durch Drosselung der Einfuhren und Verstärkung des Exports, um so die Reparationssummen aufbringen zu können, muß den Interessen der Gläubigerländer in der Tat zuwiderlaufen in einer Zeit, in der sich jeder Staat bemüht, die Einfuhren ins eigene Land zu verringern und die eigenen Exporte zu steigern.

Die deutsche Ausfuhr nach Frankreich sinkt von 934 Millionen RM im Jahre 1929 auf 834 Millionen Reichsmark im Jahre 1931, während im gleichen Zeitraum die Einfuhren aus Frankreich ins Reich von 642 auf 342 Millionen RM fallen. Für den Handel mit England sieht das Zahlenverhältnis ähnlich aus.[209]

Im Januar 1932 soll eine Regierungskonferenz in Lausanne stattfinden, zahlreiche Besprechungen gehen ihr voraus. Brüning hält in den Vorgesprächen an seiner Auffassung fest, daß Deutschland nach Auslaufen des Hoover-Moratoriums außerstande sei, wieder Reparationsleistungen zu zahlen. Die deutsch-französischen Meinungsverschiedenheiten sowie die gegensätzlichen Auffassungen von England und Frankreich bezüglich einer Verlängerung des zahlungsfreien Jahres für Deutschland führen dazu, daß die geplanten Vorkonferenzen von Paris und London, die für Januar 1932 anberaumt sind, abgesagt werden.

Zur Konferenz nach Lausanne reist die deutsche Delegation in der Überzeugung, daß Deutschland in absehbarer Zeit nicht zu Reparationsleistungen in der Lage sei, aber auch in der Erkenntnis, daß sich ihre Forderung nach Streichung der Reparationen derzeit noch nicht durchsetzen lasse. Das Protokoll über die reparationspolitische Besprechung der Deutschen vom 27. Mai 1932 vermerkt: *„Es erscheint untunlich, bestimmte Pläne auszuarbeiten, die eine Beendigung der Reparationen durch eine irgendwie geartete Anschlußzahlung vorsehen. Wenn der Verlauf der Konferenz zur Erörterung solcher Pläne führen sollte, so wäre die Delegation zu klarer Stellungnahme binnen kurzer Zeit ohne weiteres in der Lage. Bei den Verhandlungen wird Deutschland an seinem bisherigen Standpunkt festhalten müssen, daß wir weder jetzt noch in absehbarer Zeit zu irgendwelchen zusätzli-*

---

[208] Rede Brünings am 16.10.1931, Stenographische Berichte, Bd. 446, S. 2195f.
[209] Vgl. W. J. Helbich, a.a.O., S. 78.

chen Reparationsleistungen in der Lage sind. Darum werden wir die Streichung der Reparationen fordern müssen. Diese Forderung wird sich allerdings kaum sofort durchsetzen lassen, wenigstens noch nicht auf dieser Konferenz. Die Gegenseite wird nicht bereit sein anzuerkennen, daß Deutschland auch in aller Zukunft nicht mehr in die Lage kommen wird, Überschüsse für die Reparationsleistungen zu erzielen. Darum muß von vornherein verhütet werden, daß die Gegenseite eine Handhabe erhält, für ein etwaiges Scheitern der Konferenz in den Augen der Öffentlichkeit Deutschlands negative Haltung verantwortlich zu machen."[210]

Doch der Erfolg ist näher als geglaubt. Im Juli 1932, kurz nach dem Sturz des Kabinetts Brüning, wird auf der Konferenz von Lausanne die endgültige Einstellung der Reparationsleistungen bei einer einmaligen Endsumme von 3 Milliarden beschlossen.

Die Banken- und Kreditkrise des Frühsommers 1931

Am 11. Mai 1931 kommen aus Österreich Nachrichten, die sich auch auf Deutschland negativ auswirken werden: Die Österreichische Kreditanstalt, Österreichs größte Privatbank, ist zusammengebrochen. Da zur gleichen Zeit das diplomatische Tauziehen um die Zollunion in vollem Gange ist, plädiert der deutsche Außenminister Curtius für eine Beteiligung des Reiches an der Rettung der österreichischen Bank. Er will damit eine internationale Streuung der Aktien und so eine Internationalisierung Österreichs verhindern. Brüning unterstützt den Vorschlag eines internationalen Konsortiums, das in erster Linie den Ankauf der Aktien durch Frankreich verhindern soll. Frankreich knüpft die Stützung des Schillings an die Bedingung eines Verzichts Österreichs auf die Zollunion. Eine Intervention der Bank von England zerschlägt jedoch die französischen Pläne. Damit ist die Österreichische Kreditanstalt gerettet, und Österreich behält seine Unabhängigkeit.

Doch der Abzug ausländischer Gelder bleibt nicht auf die Österreichische Bank beschränkt, er greift auch auf deutsche Banken über. Im Mai 1931 werden kurzfristige ausländische Kredite im Werte von 288 Millionen Reichsmark bei deutschen Banken abgezogen. Das Kabinett Brüning fordert in einem Aufruf die Lösung des Reparationsproblems und will damit die Notverordnung vom 5. Juni 1931 innenpolitisch absichern. Das frühzeitige Revisionsbegehren sowie die Forderung der Parteien nach Einberufung des Reichstags und eine Rücktrittsdrohung Brünings ziehen negative Folgen nach sich: Anfang Juni verliert die Reichsbank Devisen im Wert von 100 Millionen Reichsmark. Dieser Verlust wächst rapide,

---

[210] Akten der Reichskanzlei, Bd. 3, Dok. Nr. 767, S. 2575 f.

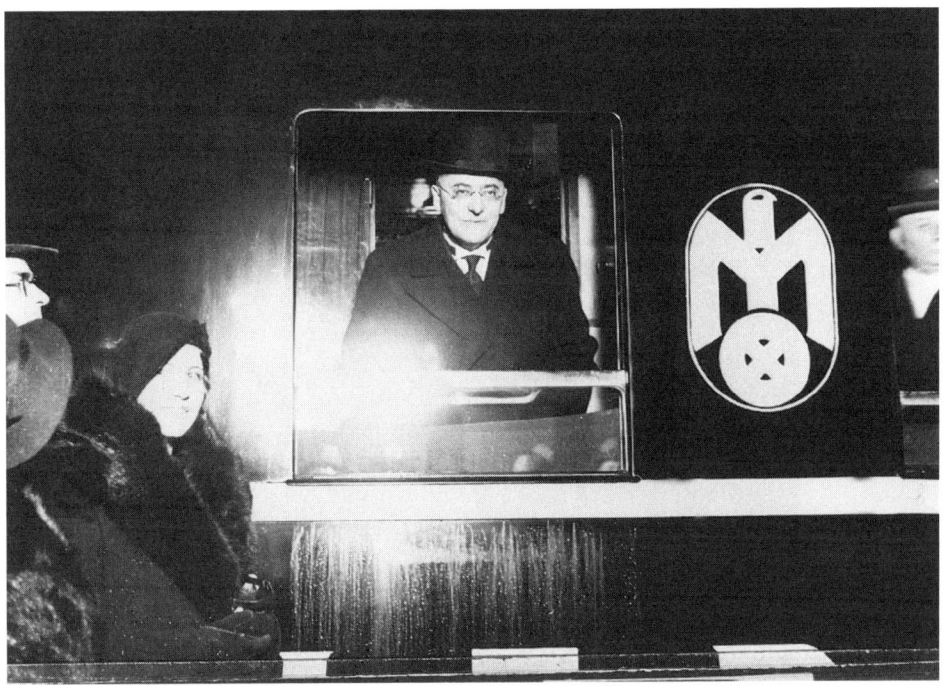

Zugfahrt nach Genf am 15.4.1932

Mitte Juni beträgt er schon 900 Millionen RM. Der Devisenbestand der deutschen Zentralbank sinkt binnen nur weniger Tage von 3 auf 1,7 Milliarden RM.

Das Kabinett begegnet der Krise mit der Gründung eines Wirtschaftsgarantieverbandes, der die Haftung gegenüber ausländischen Darlehen übernehmen soll. Die Regierung führt die Wirtschaftsgarantie über eine Notverordnung des Reichspräsidenten ein.[211] Für viele Banken kommen diese Bemühungen allerdings zu spät; auch die Reise des Reichsbankpräsidenten in die europäischen Regierungsstädte zur Beschaffung neuer Rediskontkredite verläuft erfolglos. Mit einer Notverordnung übernimmt die Reichsregierung schließlich eine Garantie für die Kreditinstitute und beansprucht das Recht, Banktreuhänder einzusetzen und den Auszahlungsverkehr zu regeln. Die Schließung der Darmstädter und Nationalbank (Danatbank) löst einen Ansturm der Bankkunden auf die übrigen Banken und Sparkassen aus mit der Folge, daß diese die Auszahlungen einschränken müssen. Die Regierung erklärt nun die Tage des 14. und 15. Juni zu Bankfeiertagen und gewinnt damit zwei Tage Zeit, um Maßnahmen zur Stabilisierung des Bankwesens zu erarbeiten. Die Ergebnisse der Beratungen sind mehrere Verordnungen über die

---

[211] Akten der Reichskanzlei, Bd. 1, S. XLIX.

Heinrich Brüning (links) mit Reichsminister Groener

Wiedereinführung des Zahlungsverkehrs, die Einführung der Devisenzwangswirt-
schaft, Bestimmungen gegen die Kapitalflucht und die Erhebung einer Ausreise-
gebühr von 100 RM. Auch diese Maßnahmen können eine Ausweitung der Bankenkrise nicht verhindern, welche schließlich auch auf die ohnehin verschuldeten
Länder und Gemeinden übergreift. Frankreich verhält sich gegenüber dem Reich
ebenso wie zuvor gegenüber Österreich: Es verknüpft das Angebot einer Anleihe
an politische Bedingungen wie den Verzicht auf die Zollunion mit Österreich und
den Verzicht auf jedwede Art einer Revision des Versailler Vertrages. Brüning
zeigt keinerlei Bereitschaft, sich auf diese Bedingungen einzulassen, die seinem
politischen Konzept grundlegend zuwiderlaufen.

Die Bestimmungen gegen Kapital- und Steuerflucht stellen sich später als genauso unwirksam heraus wie die kontrollpolitischen Maßnahmen: Der Deckungsmittelbestand der Reichsbank wird bis Mai 1932 auf 991,3 Mio Reichsmark sinken und damit auf einen Bestand, der nur 32 Prozent des Höchststandes von 3,1 Mrd. Reichsmark im Juni 1930 bildet.[212]

Ein internationales Sachverständigenkomitee untersucht die deutsche Verschuldung und kommt zu dem Ergebnis, daß der Grund der deutschen Wirtschaftskrise im Abzug kurzfristiger Kredite liege und verlangt ein Stillhalteabkommen. Deutschland soll eine langfristige internationale Anleihe gewährt werden. Weiter heißt es in dem Abschlußbericht, daß eine Voraussetzung für die Anleihe sei, daß die Reparationsleistungen, die das Deutsche Reich nach Ablauf des Hoover-Moratoriums im Juli 1932 zu zahlen habe, die deutsche Finanzstabilität nicht gefährdeten. Dies ist für das Kabinett Brüning eine gute Ausgangsbasis für die Verhandlungen um die Streichung der Reparationslasten.

Nach den beiden Bankfeiertagen versucht die Regierung durch Gründung einer Akzept- und Garantiebank die Beschränkungen im Zahlungsverkehr wieder abzubauen. Die übrigen Banken nehmen am 5. August 1931 wieder uneingeschränkt den Zahlungsverkehr auf. Um die bankrotten Großbanken zu retten, tritt die Regierung als Hauptaktionär ein.

Der Bankenkrach beendet in Deutschland jede Hoffnung auf eine schnelle Erholung und bringt eine starke Schrumpfung der Geldmenge mit sich. Ein Versäumnis der Politik wird offengelegt: Die Bankenkrise resultiert aus der langwährenden Unfähigkeit und wohl auch Uneinsichtigkeit, die deutschen Kapitalbewegungen ins Ausland zu kontrollieren. Schon lange existiert eine große Kapitalflucht ins Ausland, die nach 1930 weiter zunimmt. Und auch nach der Bankenkrise hält die Bewegung von Geldern aus Deutschland an. Das Vertrauen der Vermögenden muß wieder gewonnen werden. Jedes Anzeichen für ein Defizit in den öffentlichen Kassen hätte dieses Vertrauen neu erschüttert und die Abwanderung von Geldern weiter verstärkt. Hierauf nimmt Brüning bei seiner Haushaltspolitik Rücksicht.

---

[212] Vgl. G. Golla: Zielvorstellungen und Auswirkungen der Brüningschen Sparmaßnahmen, S. 52 f.

Innenpolitik

Das Verhältnis zwischen Reichspräsident und Reichskanzler

Daß dem Reichspräsidenten während der Regierungszeit Brünings mehr Macht zukommt als je zuvor, zeigt sich vor allem in der Mitbestimmung des Präsidenten bei der Besetzung der Ministerposten sowie seinem Versuch, seine eigenen politischen Vorstellungen durchzusetzen. Zeigt sich Hindenburg anfangs noch zurückhaltend, so hält er sich in der Schlußphase der Amtszeit Brünings mit Kritik an der Regierung nicht zurück. Er fordert – neben dem Verbot von SS und SA – auch das Verbot des Reichsbanners, vermutet inflationäre Entwicklungen und wendet sich scharf gegen die Siedlungspolitik des Osthilfekommissars Schlange-Schöningen. Hindenburg greift aktiv in die Tagespolitik ein und wird damit zu einer weiteren Belastung für das Kabinett Brüning.

Zum Vertrauensbruch kommt es jedoch erst durch die erneute Wahl Hindenburgs zum Reichspräsidenten 1932. Wegen des schlechten Gesundheitszustandes des Staatsoberhauptes und seiner Weigerung, sich den Strapazen eines Wahlkampfes zu stellen, versucht Brüning zunächst, auf parlamentarischem Wege eine Verlängerung der Amtsperiode zu erreichen. Die nötige Zweidrittelmehrheit für die dafür nötige Verfassungsänderung kann der Reichskanzler auf dem Verhandlungswege nicht durchsetzen. So muß sich Hindenburg doch dem Wählerwillen stellen. Der Stahlhelm, dessen Ehrenmitglied er ist, unterstützt seinen Gegenkandidaten Duesterberg, eine Enttäuschung, für die er Brüning die Verantwortung zuschiebt. Daß Brüning ihm die Last des Wahlkampfes abnimmt und ihn zum Siege führt, dankt Hindenburg ihm nicht.

Brüning schildert später in seinen Memoiren, wie er – ohne Erfolg – versucht habe, die Abhängigkeit von Hindenburg zu verringern, indem er zusätzlich zum Kanzleramt noch das Amt des preußischen Ministerpräsidenten anstrebte. *„Als Reichskanzler konnte ich vom Reichspräsidenten entlassen werden, als preußischer Ministerpräsident nicht (...) Erste Voraussetzung war die Zustimmung des Reichspräsidenten, da ich schon damals nicht mehr so stark vom Parlament, sondern mehr von ihm abhängig war.“*[213]

---

[213] Brüning: Memoiren, S. 247.

Das Projekt einer Reichsreform

Die Länder sind finanzielle Kostgänger des Reiches, welches allerdings die Möglichkeit hat, über das Instrument der Steuerzuweisungen Druck auf jene auszuüben. Das Reich trägt damit auch die Verantwortung für die finanzielle Stabilität der Länder. Brüning verschafft den Ländern und Gemeinden durch die Notverordnungen vom 26. Juli 1930, vom 1. Dezember 1930 und vom 24. August 1931 neue Einnahmequellen und entlastet damit zugleich den Reichshaushalt. Er will eine Eigenverantwortung der Länder erreichen. Die letzte der drei Notverordnungen ermächtigt das Reich, alle Maßnahmen, die zum Ausgleich des Haushalts von Ländern und Gemeinden erforderlich sind, durch Verordnungen vorzuschreiben.

Schon 1927/28 setzte sich Brüning – zusammen mit den Finanzsachverständigen anderer Parteien – für die Einberufung einer Länderkonferenz ein, um das Verhältnis zwischen Reich und Ländern auf eine neue Grundlage zu stellen. Ohne eine Reichsreform, die den Ländern und Kommunen eine größere Verantwortung gegenüber ihren eigenen Einnahmen und Ausgaben auferlege, so meint Brüning, könne ein endgültiger Finanzausgleich kaum erreicht werden. Einige kleine und mittelgroße Länder könnten wegen ihrer geringen Steueraufkommen nicht bestehen, während Preußen und Hamburg Steuerüberschüsse hätten. Die Steuerungerechtigkeit erklärt er aus der Verfassungsgeschichte heraus: „*Bayern und die anderen süddeutschen Staaten hatten der Weimarer Verfassung erst zugestimmt, nachdem ihnen Versprechungen bezüglich der Biersteuer und anderer indirekter Steuern gemacht, Abfindungen für die frühere Post und Eisenbahnen bezahlt wurden und ein Schlüssel für die Verteilung eines Teils der Einkommens- und Körperschaftssteuern sowie einiger indirekter Steuern gefunden wurde, der ihnen eine verhältnismäßig höhere Überweisung als Preußen garantierte. Dieser Schlüssel war eine Geheimwissenschaft, die weder die meisten Reichstagsabgeordneten noch die Wähler verstehen konnten.*“[214]

Die angestrebten etatrechtlichen Vereinfachungen und die Reichseingriffe in den Finanzausgleich stoßen auf Kritik der Länder. Besonders der bayerische Ministerpräsident Held äußert Bedenken, die neue Finanz- und Wirtschaftsgesetzgebung könne dazu benutzt werden, der großen unitarischen Reichsreform den Weg zu ebnen.[215]

Seit dem 18. Juli 1930, dem Tag der Auflösung des Reichstages, fungiert der Reichstag praktisch nicht mehr als Gesetzgebungsorgan. Brüning bemüht sich, die Befugnisse des Reichstags so weit wie möglich einzuschränken, damit die Regie-

---

[214] H. Brüning: Memoiren, S. 124 f.
[215] W. Conze: Die Reichsverfassungsreform als Ziel der Politik Brünings, in: Michael Stürmer: Die Weimarer Republik, Königstein/Ts. 1980, S. 343.

rungsarbeit nicht durch die Konfrontation mit der zahlenmäßig stärkeren Opposition zerrieben und blockiert wird. Besonders schwierig gestaltet sich die Situation nach der Reichstagswahl, die dazu führt, daß sich das Kabinett auf höchstens 197 Mandate stützen kann, während die Opposition nun über 388 Sitze verfügt. Der Reichskanzler weiß um die Unterstützung eines Teils der Opposition, der SPD, die den Regierungskurs in der Opposition toleriert. Brüning versucht, durch Vertagungen des Reichstages die nötige Handlungsfreiheit für seine Politik zu gewinnen. Die SPD unterstützt ihn hierbei durch ihre Zustimmung zur Vertagung. Der Reichstag wird damit faktisch entmachtet.

Ein Mißbrauch des parlamentarischen Systems macht Brünings Arbeit zusätzlich schwer: Die Reichsminister sind dem fordernden Druck ihrer Partei ausgesetzt, werden als Interessenvertreter verstanden und geraten damit in einen Konflikt zu der angestrebten klaren Linie der Regierungspolitik. Immer wieder droht eine Partei, ‚ihren‘ Minister aus der Regierung abzuberufen.[216]

Brüning bekommt die Schwächen des parlamentarischen Systems der Weimarer Republik stark zu spüren. Er muß erleben, wie instabil sich das parlamentarische System der Weimarer Republik gestaltet. Zur Wiederherstellung einer politischen Stabilität will er die Autorität von Staat und Regierung stärken und den Einfluß der Parteien eindämmen. Schließlich – so offenbart er aber erst in seinen Memoiren – will er Hindenburg als Reichsverweser einsetzen, um diesen schließlich durch einen Monarchen zu ersetzen. Dabei schwebt ihm die Wiedereinsetzung der Hohenzollern-Dynastie vor.[217] Hindenburg soll bis zur Volljährigkeit von Prinz Louis Ferdinand die Regentschaft führen. Brüning hat das Bild einer konstitutionellen Monarchie nach britischem Modell vor Augen. In der Wiedereinführung der Monarchie sieht er zugleich eine Waffe gegen den Nationalsozialismus. Der Reichspräsident lehnt eine Rückkehr der Hohenzollern hingegen im Herbst 1931 ab. Brüning ist darüber enttäuscht, glaubt er doch an übereinstimmende politische Vorstellungen zwischen sich und dem alten Herrn.

Brünings Pläne, die Monarchie wiedereinzuführen, gehen mit den Bestrebungen einer Reichsreform einher, soll doch die Monarchie eine Reichsmonarchie werden. Brünings Bemühungen, die Länder verwaltungs- und finanztechnisch auszuhöhlen, laufen auf dieses Ziel zu. Auch vor diesem Hintergrund ist Brünings Wunsch, gleichzeitig zum Amt des Reichskanzlers noch das des preußischen Mi-

---

[216] Vgl. W. Conze: Brünings Politik unter dem Druck der großen Krise, in: HZ, 1964, S. 536.

[217] Wilhelm II. hingegen urteilt über Brüning am 30. August 1931 in einem Brief an den Industriellen Dr. Edmund H. Stinnes: „Als ehemaliger Gewerkschaftler ist er an die Gewerkschaften für Gedeih und Verderbe festgeschmiedet. Dazu ist er noch Jesuitenzögling, also ein Feind von allem, was Evangelisch-Hohenzollernsch-Preußisch ist. Ein Jesuit an der Spitze des Reichs!! Undenkbar." Bundesarchiv Koblenz, Restnachlaß Dr. Edmund Hugo Stinnes, KLE 625–1.

nisterpräsidenten zu übernehmen, zu sehen. Diese Pläne einer Personalunion bleiben unerfüllt, auch sie scheitern am Reichspräsidenten.[218]

Das Ideal seiner Verfassungspläne ist die Bismarcksche Reichsverfassung mit der in ihr verankerten Abhängigkeit der Regierung vom Vertrauen des Monarchen. Diese Verfassung garantiert seines Erachtens politische Stabilität, während die Weimarer Verfassung mit ihrem Verhältnis- und Listenwahlrecht den Gleichheitsgrundsatz übertreibe und zu einer 20jährigen Arbeitsunfähigkeit des Parlaments geführt habe. Allerdings enthalte die Weimarer Verfassung auch die Möglichkeit der starken Regierung, derer er sich – so rechtfertigt er seinen Kurs später – bedient habe, als es höchste Zeit gewesen sei.[219]

Das zweite Kabinett Brüning

Der Reichspräsident fordert eine stärkere personelle Ausrichtung der Regierungsmannschaft nach rechts. Im Zuge der Kabinettsumbildung im Oktober 1931 scheidet der dem linkeren Flügel des Zentrums angehörende Minister des Inneren und frühere Reichskanzler Wirth aus. Schlange-Schöningen, ein Konservativer des Christlichen Landvolkes, wird in das zweite Kabinett Brüning aufgenommen. Brüning hatte Hindenburg zuvor vorgeschlagen, ein Kabinett mit der Rechten, einschließlich der NSDAP, allerdings ohne Beteiligung Brünings, zu bilden.[220] Dies lehnte der Reichspräsident ab.

Ungewöhnlich und neu in diesem Kabinett: Kanzler Brüning und Minister Groener führen nun „Doppeladler": Brüning übernimmt zusätzlich das Außenministerium und Groener nimmt zu dem Wehr- noch das Innenministerium hinzu.

Die Sanierungspolitik des zweiten Kabinetts

Im September 1931 gibt die britische Regierung die Bindung ihrer Währung an den Goldstandard auf, wertet das britische Pfund um 20 Prozent ab und verbessert damit die Stellung des britischen Außenhandels auf dem Weltmarkt. Der Druck auf die deutschen Konkurrenten verschärft sich.

Brüning lehnt in dieser Situation eine Abwertung der Reichsmark ab, da dies eine erneute Inflation herbeiführen würde. Vielmehr entscheidet sich der Reichskanzler, die deutschen Exportchancen durch die Fortsetzung des Schrumpfungsprozesses bei Preisen und Löhnen fortzusetzen.

---

[218] Vgl. hierzu auch Harry Graf Kessler: Tagebücher 1918–1937, Frankfurt 1961, S. 738.
[219] HUG FP 93.45, Dartmouth College, 2nd lecture, März 1937, S. 27, zit. nach F. Müller: Die „Brüning Papers", a.a.O., S. 77.
[220] Vgl. Brief Brünings an von Schauroth, 28. Juli 1952, Harvard Archives, HUG FP 93.10.

Brüning möchte sich für seine Deflationspolitik den Rückhalt der Wirtschafts-
verbände und Tarifpartner sichern und errichtet einen Wirtschaftsbeirat beim Reichspräsidenten, dem Vertreter der Industrie, des Handwerks, des Groß- und Einzelhandels, der Landwirtschaft sowie der Gewerkschaften angehören. So sollen die Teil-
nehmer des Wirtschaftsbeirates enger in die Politik eingebunden werden. Unter Ausschluß der Öffentlichkeit diskutieren die Interessenvertreter nun über ihre Auffassungen und Erwartungen zur Wirtschaftslage und -politik. Dabei zeigt sich, daß Bei-
rat und Regierung in ihren Beurteilungen der wirtschaftlichen Lage übereinstim-
men. Damit hat Brüning sein Ziel erreicht: Er weiß die Verbände hinter sich, als er
die Vierte Notverordnung zur Sicherung von Wirtschaft und Finanzen erarbeitet.

Preissenkungspolitik

Das Deutsche Reich befindet sich in einem internationalen Preiskampf. International ist das Preisniveau rückläufig. Brüning kann sich dieser Entwickung
nicht verschließen, will er den deutschen Export nicht gefährden.

Nach langen und kontroversen Beratungen einigen sich die beteiligten Ressorts
auf den Hauptpunkt der Vierten Notverordnung zur Sicherung von Wirtschaft und
Finanzen, nämlich eine Senkung der gebundenen und freien Preise um 10 Prozent.
Weiter soll ein Reichskommissar zur Überwachung der Preise eingesetzt werden.
Dieses Amt übernimmt zum 10. Dezember 1931 der Leipziger Oberbürgermeister
Carl Goerdeler, der fortan bei jedweder Überteuerung von Preisen für lebenswich-
tige Güter des täglichen Bedarfs intervenieren soll. Goerdeler kann von der Regie-
rung ermächigt werden, Preissenkungen anzuordnen und die sich widersetzenden
Betriebe zu schließen. Einhergehend mit den Preisreduzierungen werden die Löh-
ne und Gehälter herabgesetzt. Die Löhne in der freien Wirtschaft werden auf das
Niveau vom Januar 1927 zurückgeführt, für den öffentlichen Dienst werden die
Gehälter um 9 Prozent, die Pensionen um 4 bis 8 Prozent gesenkt. Mit der Politik
des Absenkens des binnenländischen Preisniveaus will die Regierung dem internationalen Verfall der Weltmarktpreise entsprechen und damit den internationalen
Absatz für deutsche Produkte sichern. Nur durch eine Minderung starrer Kosten-
bestandteile der gesamtwirtschaftlichen Produktion kann Konkurrenzfähigkeit
deutscher Produkte auf dem internationalen Markt aufrechterhalten werden. Das
Großhandelspreisniveau bleibt im Reich in bezug auf die internationale Abwärtsbewegung hinter den wichtigsten europäischen Exportkonkurrenten und Reparati-
onsgläubigerländern zurück. Brünings Politik ist eine Politik der Anpassungsför-
derung.[221] Weiter ist – angesichts der fallenden Weltmarktpreise – die Anpassung
der deutschen Preise zur Lösung des Tranferproblems notwendig.

---

[221] G. Golla, a.a.O., S. 96.

Ein weiteres Kernstück der Verordnung ist die Zins- und Diskontsenkung durch die Reichsbank.

Problematisch gestaltet sich die Diskussion um den Haushaltsausgleich, denn Reichsfinanzminister Dietrich rechnet mit einem Defizit von 400–600 Millionen RM – Befürchtungen, die nach einer Lösung verlangen. Nach langen Diskussionen einigt sich das Kabinett auf den Vorschlag des Ministers Dietrich, die Umsatzsteuer zu erhöhen. Zwar steht diese Erhöhung im Gegensatz zu den Preissenkungen, doch vermag sie den Alliierten die außerordentlich ernste Lage des Reiches vor Augen zu führen und kann die deutsche Position bei den Reparationsverhandlungen untermauern.

Grundgedanke der Notverordnung ist es, den Tiefpunkt schlagartig zu erreichen, von dem aus die Wirtschaft ihren Wiederaufstieg beginnen kann. Von den Preissenkungen und der Herabsetzung der Mieten, Gehälter, Löhne und Tarife verspricht sich das Kabinett einen Gesundschrumpfungsprozeß der Wirtschaft und einen anschließenden konjunkturellen Aufschwung. Immerhin gelingt es der Regierung durch die Preissenkungspolitik, den deutschen Großhandelspreisindex von ca. 120 im November 1930 auf 97 im Mai 1932 herabzusetzen. Die deutsche Handelsbilanz verbessert sich stark. War sie in den Jahren von 1924 bis 1929 mit zusammen ungefähr acht Milliarden Reichsmark im negativen Bereich, so beträgt der Ausfuhrüberschuß 1930 1,64 Milliarden und 1932 – trotz ausländischer Einfuhrbeschränkungen – noch 1,07 Milliarden Reichsmark.[222] Hatte das Deutsche Reich 1930 20,7 Prozent aller europäischen Exporte getätigt, so kann diese Zahl bis zum Jahre 1932 sogar leicht gesteigert werden – auf 20,8 Prozent. Frankreich und Großbritannien müssen in diesem Zeitraum mit 12 beziehungsweise 19,7 Prozent Exportanteil eine Schwächung ihrer Positionen hinnehmen.[223] Die Preissenkungspolitik vermindert die deutsche Kaufkraft und führt somit zu einem Rückgang der Einfuhren. Durch die Verbesserung der internationalen Konkurrenzfähigkeit der deutschen Waren können sich die deutschen Exporte behaupten. Durch die Ausfuhrförderung soll außerdem die Beschäftigungslage der deutschen Exportindustrie verbessert und ein hoher Devisenüberschuß zur Erfüllung der deutschen Verbindlichkeiten aus der hohen Auslandsverschuldung erzielt werden.

Zur Vereinfachung der Preisermäßigungen im täglichen Umgang wird das Vierpfennigstück eingeführt, im Volksmund bald „Brüning-Vierling" genannt.

Der neue Reichskommissar für die Preisüberwachung arbeitet engagiert und erfolgreich. Scheitert er auch in einzelnen Fällen wie bei der Reduzierung der

---

[222] Vgl. W. J. Helbich: Die Bedeutung der Reparationsfrage für die Wirtschaftspolitik der Regierung Brüning, S. 74.
[223] Vgl. Statistisches Jahrbuch 1933, S. 105.

städtischen Gas- und Strompreise, so kann er im Januar 1932 dem Kabinett doch vermelden, daß seit Inkrafttreten der Notverordnung im Dezember 1931 der Preisindex um 7 Prozent gefallen sei.

Große Widerstände gibt es jedoch gegen die Bierpreissenkung in Gaststätten. Die Lokalbesitzer fürchten um ihre Reinverdienste. Ein Bierstreik der Hamburger Gastwirte beunruhigt die Regierung, stehen doch die Präsidentschaftswahlen unmittelbar bevor. Der Druck auf die Regierung wird schließlich so stark, daß sie sich – trotz großer Bedenken – im März 1932 zu einem niedrigeren Hebesatz bereiterklärt.

Arbeitsbeschaffungspläne

Im Februar 1932 sind die staatlichen Maßnahmen zur Senkung der Preise beendet, der erwünschte Tiefpunkt der Wirtschaft ist erreicht. Hiervon soll nun der Wirtschaftsaufschwung ausgehen. Das Kabinett berät – auch vor dem Hintergrund, daß die Arbeitslosenversicherung nicht weiter finanzierbar ist – Möglichkeiten zur Schaffung von Arbeitsplätzen. Die Arbeitslosenzahl klettert scheinbar unaufhörlich. Sie beträgt im Jahresdurchschnitt 1931 4,5 Millionen und erreicht im Februar 1932 ihren Höhepunkt mit 6.128.000 Arbeitslosen.[224] Entscheidend dabei ist, daß die sonst übliche Verbesserung des Arbeitsmarktes im Frühjahr kaum noch ins Gewicht fällt, denn die Arbeitslosenzahl geht bis zum Frühsommer 1932 nur um rund 600.000 zurück. Über die Notwendigkeit der Arbeitsbeschaffung besteht Einmütigkeit im Kabinett, problematisch erweist sich auch hier wiederum die Frage der Finanzierung, denn der Devisenfehlbetrag des Reiches ist sehr hoch. In einer Analyse vom April 1932 schätzt das Wirtschaftsministerium diesen auf 375–575 Millionen Reichsmark.[225] Brüning mahnt die Minister an, in der Öffentlichkeit keine pessimistischen Äußerungen über die Haushaltslage zu tätigen, um einen möglichen Eindruck auf das Ausland, Deutschland könne finanziell nicht mehr durchhalten, zu vermeiden. Finanzminister Dietrich hat im Haushaltsentwurf den Reichszuschuß für die Arbeitslosenversicherung in Höhe von immerhin 3 Milliarden RM außer acht gelassen. Die Befürchtungen im Kabinett um die Finanzlage sind berechtigt. Goerdeler vertritt die radikalste Lösung: den Abbau der Arbeitslosenversicherung. Weder dieser noch sein Vorschlag zur Einführung einer allgemeinen Bedürftigkeitsprüfung und die Ersetzung der Bargeldauszahlungen durch Naturalleistungen finden im Kabinett Zustimmmung.

---

[224] Das Deutsche Reich hatte im Jahre 1930 gut 63 Millionen Einwohner.
[225] Aufzeichnung des Reichswirtschaftsministers an Staatssekretär Pünder, 14. April 1932, in: Akten der Reichskanzlei, Bd. 3, Dok. Nr. 721.

Die Regierung entschließt sich, die Dauer der Arbeitslosenunterstützung von 20 auf 13 Wochen herabzusetzen, dagegen die Krisenunterstützung auf 45 Wochen zu verlängern. Nach diesen insgesamt 58 Wochen fällt ein Arbeitsloser der Wohlfahrtsfürsorge anheim. Die Sätze der Arbeitslosenversicherung werden denen der Krisenunterstützung angeglichen und nur nach einer Bedürftigkeitsprüfung gewährt. Die Kommunen sollen zusätzlich zur Wohlfahrt auch die Krisenunterstützten betreuen. Durch dieses Maßnahmenbündel kann die Regierung einen ausgeglichenen Haushalt 1932/33 zu Papier bringen.

Verkehrsminister Treviranus spricht sich für den Ausbau des freiwilligen Arbeitsdienstes aus, um die Jugendlichen überhaupt zu beschäftigen. Als Einsatzbereiche schlägt er den Straßenbau, die Abwrackung alter Schiffe und Hilfe bei Neubauten der Werften vor. Ein konkretes Konjunkturförderungsprogramm wird vom Reichswirtschaftsministerium vorgelegt. Diese Ausarbeitung basiert auf dem Grundgedanken, daß zur Wirtschaftsankurbelung die Stärkung der Massenkaufkraft notwendig sei. Erfolgsaussichten sieht das Wirtschaftsministerium nur, wenn erhebliche Mittel bereitgestellt werden. Dagegen erhebt die Reichsbank währungspolitische Bedenken, die Notenbank lehnt aus Angst vor einer erneuten Inflation Kreditgewährungen größeren Umfanges ab, der Reichskanzler hingegen will die Ankurbelung der Wirtschaft nur über Reichsbankkredite angehen. So findet sich keine Finanzierungsmöglichkeit für eine Konjunkturbelebung. Das Kabinett billigt zwar die Idee einer Prämienanleihe zugunsten des Arbeitsbeschaffungsprogramms, doch wird diese nicht in die Tat umgesetzt. Offenbar ist die Anleihe an der Börse nicht zu plazieren gewesen.[226]

Natürlich wird dem Kabinett Brüning seit Sommer 1931 eine Vielzahl von Vorschlägen zur Verbesserung der Wirtschaftslage und zur Behebung der Arbeitslosigkeit zugeleitet.[227] Fast alle diese Vorschläge sind wegen der sich aus dem Young-Plan ergebenden Verpflichtungen nicht realisierbar. Auch die Autarkie wird als Problemlösung vorgeschlagen. Diese ließe sich zwar mit dem Reparationsproblem vereinbaren, läßt jedoch unberücksichtigt, daß Deutschland auf Importe angewiesen ist. Die übrigen Pläne laufen auf eine Beendigung der Deflationspolitik, auf Preissteigerungen, Kreditausweitungen, Kreditschöpfung oder Abwertung der deutschen Währung hinaus. Die Vorschläge zur Arbeitsbeschaffung sehen eine Finanzierung durch inflationäre Maßnahmen, also durch Erhöhung des Notenumlaufs oder anderweitige Kreditschöpfung, vor. Unter Hinweis auf seine Bedenken gegen inflationäre Maßnahmen lehnt Brüning die Vorschläge ab. Trotz aller möglichen Vorzüge der Reformvorschläge steht für Brüning die Reparationslösung im

---

[226] T. Koops, Akten der Reichskanzlei, S. XCIII.
[227] Hierzu ausführlich: W. J. Helbich: Die Bedeutung der Reparationsfrage, S. 80ff.

Vordergrund. Die Bestimmungen des Young-Plans über die Aufrechterhaltung des Goldwertes der Reichsmark stehen einer Realisierung der Vorschläge im Wege. Hätte die Regierung die vorgeschlagenen Maßnahmen – wie eine Währungsabwertung oder Kreditausweitung – ergriffen, so hätte man der deutschen Regierung bei den weiteren Reparationsverhandlungen Vertragsbruch vorwerfen können. Brüning setzt alles daran, um das Wohlwollen der Gläubigerländer nicht zu verspielen.

In seiner letzten Reichstagsrede am 11. Mai 1932 erklärt Brüning deshalb: *„Wir haben eine Reihe von Vorschlägen, die auch nach der technischen Seite so weit ausgearbeitet sind, daß sie jederzeit in Angriff genommen werden können … Aber es ist das Entscheidende, daß ein Weg ganz klarer und sauberer Finanzierung aller dieser Dinge gegangen wird."*[228] Letztendlich kann das Reich keine Konjunkturförderprogramme durchführen, die sich das Ausland ebenfalls nicht erlaubt. Denn auch im Ausland ist die Arbeitslosigkeit hoch. Ende Juni 1932 liegt die offizielle Erwerbslosenquote in Großbritannien bei 12 Prozent, in Frankreich bei 5,2 Prozent und in den USA bei 23,3 Prozent, während die Zahl für das Reich bei 16,3 Prozent liegt.[229]

Die Konjunkturprogramme, die von den Ministerien trotz der ungeklärten Finanzierung erarbeitet werden, reichen von der illegalen Luftrüstung über Hausreparaturen, Hochwasserschutz und die Ausweitung der Rußlandgeschäfte bis hin zur Einführung der 40-Stunden-Woche. Aus den Vorschlägen wird ein Programm mit einem Finanzbedarf von 135 Millionen Reichsmark zusammengestellt, gedeckt durch den ordentlichen Etat – ein kleines Programm, gemessen an dem Bedarf. Der Reichskanzler betont weiter den Primat der Reparationsfrage. Erst nach der Lösung der Reparationsfrage will sich Brüning stärker der wirtschaftlichen Sanierung zuwenden.

Die erarbeitete Notverordnung „zur Belebung des Arbeitsmarktes und Sicherung der öffentlichen Haushalte" wird nicht mehr von Brüning, sondern von seinem Nachfolger von Papen unterzeichnet.

Die Umgestaltung der Osthilfe unter Schlange-Schöningen

Die wirtschaftliche Lage der Landwirte verschlechtert sich allgemein so sehr, daß man die Osthilfe den veränderten Gegebenheiten anpassen und sie organisatorisch und finanziell umgestalten muß.

---

[228] Verhandlungen des Reichstages, Bd. 446, S. 2600.
[229] G. Golla, a.a.O., S. 92.

Diese Maßnahmen werden im Herbst 1931 in Angriff genommen. Die Oststelle wird aufgelöst, und an ihre Stelle tritt das „Reichskommissariat für die Osthilfe", das dem Reichskanzler unterstellt wird.[230] Reichskommissar für die Osthilfe wird Hans Schlange-Schöningen, selbst Gutsbesitzer in Pommern, der sich auch als Schriftsteller über agrarische Themen einen Namen gemacht hat.

Seine Aufgabe besteht darin, für eine einheitliche Durchführung der landwirtschaftlichen Entschuldung in den Ostgebieten zu sorgen und auf eine einheitliche Linie der Reichsregierung und der beteiligten Länderregierungen hinzuwirken.[231]

Schlange-Schöningen knüpft an seine Amtsübernahme Bedingungen: *„Erstens dürften keine Schwierigkeiten im Kabinett entstehen, wenn ich ... irgend etwas Ähnliches wie einen Sicherungsschutz gegen weiteren Verfall erließe, sonst sei alles zu spät. Zweitens müßte Preußen aus der ganzen Osthilfegesetzgebung ausscheiden, auf einen Dualismus ließe ich mich nicht ein"*.[232] Weitere Bedingungen sind die freie Auswahl der Mitarbeiter und der Eintritt ins Kabinett als vollberechtigter Reichsminister.

Der Dualismus Preußen – Reich

Im November 1931 scheidet Preußen aus der Osthilfe aus. Der bis dahin bestehende Dualismus zwischen Preußen und dem Reich ist damit beseitigt. Die Ursachen für die Gegensätze sind vielfältig. Sie liegen zum einen in dem ohnehin schlechten Verhältnis von Preußen zum Reich und der Abneigung der ostdeutschen Großgrundbesitzer gegen das „rote Preußen". Auch gibt es unterschiedliche Auffassungen hinsichtlich der für die Entscheidungen maßgeblichen Prinzipien. Die Reichsregierung, die unter dem Einfluß des Reichspräsidenten steht bzw. zumindest seine Auffassungen bei Entscheidungsprozessen berücksichtigen muß, setzt sich in der Praxis für weitgehende Besitzerhaltungen ein, während Preußen den Großbetrieb als überaltete und unrentable Wirtschaftsform ansieht und von daher alle Betriebe, welche sich nicht mehr halten lassen, in neue Betriebsformen überführen will.

Bei der Gestaltung der Osthilfe hat die Regierung nunmehr freie Hand.

---

[230] „Erlaß des Reichspräsidenten über die Bestellung eines Reichskommissars für die Osthilfe" vom 5.11.1931, RGBL. 1931, I, S. 665.
[231] L. Drescher, a.a.O., S. 23.
[232] H. Schlange-Schöningen, Am Tage danach, S. 49.

Der Fortgang der Osthilfe nach dem Ausscheiden Preußens

Am 17. November 1931 wird die „Verordnung des Reichspräsidenten zur Sicherung der Ernte und der landwirtschaftlichen Entschuldung im Osthilfegebiet" (Sicherungsverordnung)[233] erlassen. Die Not der ostdeutschen Landwirtschaft ist inzwischen so groß, daß man sich gezwungen sieht, durch diese Verordnung die Vorbereitung und Einbringung der Ernte zu sichern, zumal die feuchte Witterung in Hinterpommern, Ostpreußen und Oberschlesien die Getreideernte geschädigt oder gar vernichtet hat.[234]

Die Sicherungsverordnung verschafft den landwirtschaftlichen Schuldnern eine Atempause. Durch die Eröffnung des Sicherungsverfahrens bietet sie den verschuldeten Landwirten Schutz gegen Zwangseingriffe von Gläubigern, damit die Ernte planmäßig eingeholt und die Entschuldung ungehindert durchgeführt werden kann.[235]

Antragsberechtigt für das Sicherungsverfahren sind Inhaber gärtnerischer sowie land- und forstwirtschaftlicher Betriebe, die außerstande sind, ohne wesentliche Beeinträchtigung der nächsten Ernte den Zahlungsverpflichtungen nachzukommen. Außerdem sind Gläubiger antragsberechtigt, die ein berechtigtes Interesse an einer gesicherten Fortführung der ihnen verschuldeten Betriebe nachweisen können.

Schlange-Schöningen vertritt nicht einseitig die Interessen des Großgrundbesitzes, er beschränkt die Osthilfe nicht auf die Entschuldung der Landwirtschaft, sondern wendet sich auch strukturellen Reformen zu. Von der Aufsiedlung nicht mehr sanierungsfähiger Güter erwartet er positive Auswirkungen auf ganz Ostdeutschland.

Schlange-Schöningens letzte Initiative auf dem Gebiet der Entschuldung ist die „Verordnung des Reichspräsidenten zur beschleunigten Durchführung der landwirtschaftlichen Entschuldung im Osthilfegebiet" (sogenannte Entschuldungsverordnung) vom 6. Februar 1932[236], durch welche „Gläubiger eines landwirtschaftlichen, forstwirtschaftlichen oder gärtnerischen Betriebes, soweit ihre Forderungen im Entschuldungsverfahren abgelöst werden, mit 4 1/2prozentigen Schuldverschreibungen, die die Deutsche Rentenbank, Abteilung Osthilfe, bis zum Betrage von 500 Millionen RM ausgibt, abgefunden werden (Osthilfe-Entschuldungsbriefe)".[237]

---

[233] RGBl. 1931, I, S. 675 ff.
[234] F. M. Fiederlein, a.a.O., S. 222.
[235] H. Heinrich/W. Otto, a.a.O., S. 16.
[236] RGBl. 1932, I, S. 59 ff.
[237] § 1 der Entschuldungsverordnung, RGBl. 1932, I, S. 59.

Diese Neuregelung der Finanzierung ist notwendig geworden, weil der Industriebank im Jahre 1932 kaum noch finanzielle Mittel zur Verfügung stehen und man für das Jahr 1932 nicht mehr mit dem vollen Eingang der Aufbringungsumlage rechnet.[238] Schlange-Schöningen will mit der Entschuldungsverordnung die Finanzierung der Entschuldungen sichern.

Den Einwand gegen die Neuregelung, es könne durch die Einführung von Ablösungsscheinen zu inflationären Erscheinungen kommen[239], entkräftete Schlange-Schöningen mit dem Argument, daß es sich um keine Ausweitung der Zahlungsmittel, sondern um die der Kreditmittel handele. Die Währung sei dann gefährdet, wenn die Wirtschaft zum Erliegen komme und wenn *„ein übersteigerter politischer Radikalismus in Deutschland schließlich doch eines Tages die Oberhand"* bekomme.[240] Weiteren Bedenken muß der Osthilfekommissar im Kabinett entgegentreten. Sie richten sich besonders gegen die geplante Zuwendung der Reichsbank. Die Summe sei so groß, daß andere wichtige anstehende Aufgaben dann nicht mehr angegangen werden könnten, und außerdem greife die öffentliche Hand in die Wirtschaft so weit ein, daß Privateigentum und Privatwirtschaft gefährdet würden.[241] Auch wird befürchtet, daß die Siedlung vernachlässigt werde.[242]

Die Kritik an der Entschuldungspolitik

Die Notwendigkeit der Entschuldung wird von allen politisch und gesellschaftlich relevanten Kräften eingesehen. Selbst die Kommunisten lehnen die Osthilfe nicht generell ab, sondern nur die Art ihrer Durchführung und die Verteilung der staatlichen Zuwendungen. Jedoch entzündete sich die Kritik der Zeitgenossen an der Schwerfälligkeit der für die Entschuldung zuständigen Behörden. Der parteilose ostpreußische Reichstagsabgeordnete Mönke beklagt am 2. November 1931 gegenüber dem Reichskanzler, daß in Ostpreußen Tausende von Bauern noch auf eine Umschuldung durch die Landstelle und die Industriebank warten. Von den vielen Fällen, die er als Abgeordneter zu vertreten habe, sei bisher nur ein einziger von der Landstelle erledigt worden. Das Verfahren sei so kompliziert und „langweilig", daß nur wenige Empfänger Unterstützung bekämen.[243]

---

[238] F. M. Fiederlein, a.a.O., S. 248.
[239] Einwand des Reichspräsidenten und des Ministerialrates Feßler, vgl. Akten der Reichskanzlei, Bd. 3, Dok. Nr. 640, Fn. 11.
[240] Akten der Reichskanzlei, Bd. 3, Dok. Nr. 643, S. 2219 f.
[241] Vgl. die Äußerungen der Minister Schiele und Dietrich auf der Kabinettssitzung vom 5.2.1932, Akten der Reichskanzlei, Bd. 3, Dok. Nr. 662, S. 2267 ff.
[242] Ebenda.
[243] Abgedruckt bei W. Treue, a.a.O., S. 275 f.

Zur „Notverordnung zur Sicherung der Ernte und der landwirtschaftlichen Entschuldung im Osthilfegebiet" erklärten Vertreter der Landwirtschaft im Wirtschaftsbeirat der Reichsregierung, daß es kein Bauer in Süd- und Westdeutschland verstehe, *„daß die zum Teil rücksichtslose Eintreibung der von ihm aufzubringenden Lasten fortgeht, zu steigenden Zwangsversteigerungen führt, während gleichzeitig ein genereller Schutz für den Osten ausgesprochen wird"*.[244] Sie fordern die Ausdehnung dieser Maßnahmen auf ganz Deutschland und versagen der Regierung die weitere Mitarbeit im Wirtschaftsbeirat.[245]

Unter den Gläubigern der Landwirtschaft kritisieren besonders die Genossenschaften die Sicherungsverordnung, weil diese für sie Kapitaleinbußen bedeute, ihre Schuldverpflichtungen aber in vollem Umfange weiterbestünden.[246] Die ostdeutschen Genossenschaften sehen sich dadurch in ihrer Existenz bedroht.[247] *„In einem Augenblick aber, der Lebensmittel in unbeschränkter Fülle und infolge der Weltwirtschaftskrise zu niedrigsten Preisen bot, fand diese Begründung der Eingriffe in die Gläubigerrechte* (Anmerkung der Verfasserin: Vorbereitung und Einbringung der nächsten Ernte) *kaum Verständnis. In Gläubigerkreisen wollte man daher nicht einsehen, daß die Sicherungsverordnung kein Geschenk an die ostdeutsche Landwirtschaft, sondern daß sie eine vom wirtschaftlichen Allgemeininteresse gebotene Maßnahme war"*.[248]

Dem Reichslandbund gehen die Maßnahmen der Regierung nicht weit genug. So kritisiert er an der Entschuldungsverordnung, daß der durch diese zur Verfügung gestellte Betrag in Höhe von 600 Millionen RM unzureichend sei und erblickt darin eine Gefahr für den Erhalt der hochverschuldeten Betriebe.[249]

Die Deflationspolitik der Regierung Brüning hat Maßnahmen des Lohn-, Gehalts- und Preisabbaus zur Folge. Zusammen mit den starken Einschränkungen der staatlichen Ausgaben bedeutet dies für weite Bevölkerungsteile soziale Einbußen.[250]

Vor diesem Hintergrund bildet nun die Agrarpolitik und speziell die Osthilfe einen Widerspruch zu dieser Deflationspolitik.[251] Die Osthilfe bietet den landwirt-

---

[244] Abgedruckt bei W. Treue, a.a.O., S. 277.

[245] Schultheß, Europäischer Geschichtskalender, N.F. 72 (1931), hrsg. von U. Thürauf, München 1932, S. 254 f.

[246] F. M. Fiederlein, S. 242.

[247] Wirtschaftsdienst 16, 1931, S. 1970, zit. nach F. M. Fiederlein, a.a.O., S. 243.

[248] H. von Borcke-Stargordt; Der ostdeutsche Landbau zwischen Fortschritt, Krise und Politik. Ostdeutsche Beiträge aus dem Göttinger Arbeitskreis, Bd. 3, Würzburg 1957, S. 50.

[249] Vgl. Reichs-Landbund 12, 1932, S. 109; H. Männel, a.a.O., S. 25.

[250] D. Walz, a.a.O., S.39.

[251] K. E. Born, Deutschland vom Ende der Monarchie bis zur Teilung, in: Handbuch der europäischen Geschichte, Bd. 7, I, hrsg. von Th. Schieder, Stuttgart 1979, S.544; D. Walz, a.a.O., S.40.

schaftlichen Betrieben finanzielle Unterstützungen; mit großem finanziellem Aufgebot werden überschuldete Betriebe um- oder entschuldet. Durch diese Inkonsequenz der staatlichen Sparpolitik fühlen sich viele Bevölkerungsgruppen den Agrariern gegenüber benachteiligt.

In den Bevölkerungsschichten, die nicht durch Herkunft und Beruf oder politische Haltung mit der ostdeutschen Landwirtschaft verbunden sind, wird wenig Verständnis dafür aufgebracht, daß so viele Gelder für die ostdeutsche Landwirtschaft bereitgestellt werden, während die Regierung auf allen anderen Gebieten drastische Sparmaßnahmen durchsetzt.[252] In der Bevölkerung kursieren immer wieder Behauptungen, daß bei der Osthilfe Unregelmäßigkeiten und Mißbräuche aufträten. Die Beurteilung der Sanierungswürdigkeit von Betrieben fällt nach Ansicht der Kritiker oftmals zu günstig aus. Es kursieren Gerüchte, in einigen Fällen sollen Landwirte kurz vor der Stellung des Umschuldungsantrages Schulden gemacht haben, um in den Genuß der Umschuldung und der Betriebssicherung zu kommen.[253] Diese sogenannten Osthilfe-Skandale erregen in der Öffentlichkeit großes Aufsehen.

Wie häufig diese Vorwürfe wirklich zutrafen, ist nicht eindeutig zu klären. In Einzelfällen mag es Mißbräuche gegeben haben, an denen sich die Kritik der Öffentlichkeit dann aufgehängt hat.

Die Reichspräsidentenwahl

Die Amtsperiode des Reichspräsidenten neigt sich ihrem Ende entgegen; die Neuwahlen für das Präsidentenamt stehen im März 1932 an. Brüning versucht, Hindenburg im Herbst 1931 zu einer erneuten Kandidatur zu überreden. Doch der gesundheitlich angeschlagene, gerade 85 Jahre alt gewordene Präsident will die Strapazen eines Wahlkampfes nicht auf sich nehmen. Brüning versucht nun, durch Verhandlungen mit den Parteien eine Zweidrittelmehrheit für ein verfassungsänderndes Gesetz zu gewinnen, mit welchem die Amtsperiode des Präsidenten verlängert werden soll. Das bedeutet, daß Brüning die Zustimmung der Opposition benötigt. In Verhandlungen lassen die Nationalsozialisten erkennen, daß sie eine Verfassungsänderung nicht mittragen werden, jedoch Hindenburgs Wahl durch das Volk nicht behindern würden.

Hindenburg erklärt sich schließlich zu einer Kandidatur bereit. Die Nationalsozialisten stellen Hitler als Kandidaten auf. Für die DNVP und den Stahlhelm geht Theodor Duesterberg ins Rennen, während Ernst Thälmann für die Kommunisten

252 W. Treue, a.a.O., S. 352.
253 H. Männel, a.a.O., S. 29.

antritt. Hindenburg gibt Brüning die Schuld dafür, daß er in den Strudel des Parteiengezänks hineingeraten ist. Die Last des Wahlkampfes nimmt Brüning dem alten Reichspräsidenten weitestgehend ab: Während der Kanzler in großen Versammlungen für den Kandidaten Hindenburg wirbt, nimmt dieser nur durch eine einzige Rundfunkansprache am Wahlkampf teil.

Aufschlußreich für die politischen Verhältnisse in diesen Tagen ist die Schilderung des Wahlkampfes in Brünings Memoiren. So schreibt der Kanzler später zu seiner Reichstagsrede vom 25. Februar 1932: *„Es war die dramatischste Sitzung des Reichstages, die ich erlebt habe. Es galt, den Kampf mit der tobenden Rechten, die mich keinen einzigen Satz ohne Unterbrechung zu Ende reden ließ, in scharfen Antworten und Dazwischenrufen durchzuhalten, ohne den Gedankengang jedes einzelnen Satzes und den der ganzen Rede in irgendeinem Augenblick zu verlieren. Manchmal dauerte der Tumult drei Minuten, ehe ich einen Satz beenden konnte. Goebbels und andere Nazis stürmten mehrere Male drohend die Treppen zur Tribüne herauf. Dieses brauchte ich. Wenn man in solchen Augenblicken im Parlament ruhig bleiben kann, wird der tobende Angreifer zu einer lächerlichen Figur.*

Ich hatte während der minutenlangen Unterbrechungen Zeit, mich mit dem neben mir sitzenden Pünder zu unterhalten, ob ich nicht zu scharf würde, und sicherte mir dadurch eine dauernde Kontrolle, auch für die vermutliche Wirkung im Hause des Reichspräsidenten. Die Kommunisten mußte ich mit schnellen Zwischenrufen abschlagen, um die Debatte mit der Rechten ausschließlich fortzuführen. Es machte besonders Freude, blitzschnell von der einen zur anderen Seite sich zu wenden und für Minuten auf einen Hagel von Zwischenrufen zu reagieren und dann in der Rede fortzufahren. Die vernünftigen Leute bei den Nazis saßen bedrückt und schweigend, nicht nur Strasser, sondern diesmal auch Göring. Um so mehr tobte der betrunkene Ley, bis ihn Strasser beim Genick packte und aus dem Saale hinauswarf. In solchen Augenblicken mußte schnell ein versöhnliches Wort eingeschaltet werden. Diese Taktik erregte besonders Goebbels und Rosenberg. Rosenberg wurde wachsbleich. Schließlich schleuderte er mir das Wort ‚Landesverräter‘ entgegen. Nun konnte ich endlich meine Abrechnung mit ihm halten. Ich hielt ihm entgegen, daß in dem Augenblick, wo er noch in Paris geweilt und noch nicht gewußt hätte, welches sein Vaterland sei, ich zu der Truppe gehörte, die an der Spitze der Gruppe Winterfeldt den Einmarsch nach Deutschland mitgemacht hätte, um die Revolution niederzuwerfen. Da erhob sich ein tosender Beifall in der Mitte, bis in die Reihen der Deutschnationalen hinein, aber gleichzeitig herrschte bedrücktes Schweigen bei der Linken. Ich mußte diesen Eindruck wieder ausgleichen in neuen Auseinandersetzungen mit den Nazis. Um aber die aus solchen Auseinandersetzungen möglicherweise erwachsenden Gefahren eines Stimmungsumschwunges im Hause des Reichspräsidenten zu bannen, mußte ich einen Schluß finden, der an das persönliche Gefühl des Reichspräsidenten appellierte, wenn ich auch dadurch erneut eine frostige Stimmung bei der Linken hervorrufen würde. Ich wollte wenigstens für die Eingeweihten klar aussprechen, sowohl in der Mitte wie bei der Linken, daß ich mir dieses Schicksals bewußt war, das mir nach der Wiederwahl Hindenburgs drohte. Das war der Grund für die Wendung am Schluß, daß ich mich glücklich schätzte, zwei Jahre einem Mann wie dem Reichspräsidenten gedient zu haben. Der Erfolg der Rede war groß.

Ich wußte nicht, daß sie auf Schallplatten aufgenommen worden war und daß sie durch den Rundfunk verbreitet wurde. Als ich mich am Abend zufällig sehr erschöpft ans Radio setzte, hörte ich eine Stimme, die mir fremd vorkam, obwohl mir die Worte bekannt schienen. Es war meine Reichstagsrede, und jetzt erst konnte ich feststellen, wie stark die Unterbrechungen und der Tumult gewesen waren, aber auch mit Beruhigung wahrnehmen, daß ich mich trotz dieser Unterbrechungen nur zweimal im Satzbau verhaspelt hatte."[254]

Zu einer Wahlveranstaltung in Königsberg führt er aus: „*Die Rede wurde auf Wunsch Groeners im Rundfunk übertragen. Ich versprach mir nicht viel davon, nachdem ich in Karlsruhe und Stuttgart gesehen hatte, daß die süddeutschen Länder allerhand Schwierigkeiten machten, eine Rede deutlich zu übertragen, aus Angst, Hitler könne doch gewinnen. Nach kurzer Zeit bemerkte ich, daß die Nazis sich auf den ganzen Saal verteilt hatten, um den Rundfunk für ihre Störungsversuche auszunutzen. Ich bemerkte Unruhe in der Versammlung. Dann erhoben sich Leute und eilten erregt dem Ausgang zu. Ich wußte nicht, was das bedeuten sollte. Niemand vom Vorstandstisch sandte mir Nachricht über die Vorgänge im Saal. Erst nach der Rede erfuhr ich, daß die Nazis ganze Kisten mit weißen Mäusen mitgebracht hatten, die sie in der Versammlung laufen ließen, worauf die Damen nervös wurden und zum Ausgang flüchteten. Ich mußte so reden, als ob nichts vor sich ginge, damit der Eindruck im Rundfunk nicht gestört würde. Das beeinträchtigte außerordentlich die Fähigkeit, sich zu konzentrieren. So konnte die Wirkung der Rede nicht die gleiche sein wie die der Rede im Sportpalast bei der ersten Wahl.*"[255]

Hindenburg gewinnt die Wahl mit Unterstützung der Parteien der Weimarer Koalition und damit, aus Sicht des alten Präsidenten, mit einer „falschen Frontstellung aus ‚Katholen‘ und ‚Sozen‘ ".[256] Seine Wählerschaft von 1925 hingegen hat sich nun mehrheitlich den politisch rechteren Gegenkandidaten zugewendet. Diese Verweigerung der „nationalen Kräfte" lastet Hindenburg dem Kanzler an.

---

[254] H. Brüning: Memoiren, S. 528 f.
[255] H. Brüning: Memoiren, S. 537.
[256] So R. Morsey: Brüning und Adenauer, Speyerer Vorträge, S. 17.

Der Präsident verfehlt jedoch die erforderliche absolute Mehrheit, so daß ein zweiter Wahlgang erforderlich ist, den Hindenburg für sich entscheiden kann. Es ist noch einmal der Sieg über Hitler.

Verbot von SS und SA

Nach der Reichstagswahl im September 1930 und dem starken Anwachsen der nationalsozialistischen Partei überlegt Brüning Möglichkeiten, die Hitlerpartei zu zähmen. Er versucht, Hitlers Bereitschaft zu einer konstruktiven Opposition und einer eventuellen späteren parlamentarischen Mitarbeit auszuloten.

Die steigende Zahl von Beamten, die der nationalsozialistischen Partei beitreten, beunruhigt die Regierung Brüning. Das Kabinett diskutiert die Frage, ob es die NSDAP verbieten oder zur Mitarbeit im bestehenden System bewegen solle. Der Kurs der Regierung schwankt. Trotz aller Abneigung verhandelt Brüning mit Hitler über eine politische Zusammenarbeit, während der Reichswehrminister auf eine Entscheidung über ein Verbot der NSDAP drängt. Brüning versucht, durch Offenlegung seiner politischen Planungen die Nazis zu einer Mäßigung und Tolerierung seines Kurses zu bewegen. In einem Vermerk des Staatssekretärs Pünder heißt es bezüglich des Gesprächs von Brüning mit Hitler: *„Der Herr Reichskanzler hat heute dem Herrn Reichspräsidenten nach Beendigung seiner politischen Besprechungen abschließend Vortrag gehalten. Der kurze Vortrag verlief … etwa folgendermaßen: (…) Darauf eingehende Aussprache über die deutsche Wirtschaftslage: Devisenlage, Aktien, kurzfristige Kredite bereits in Höhe von beinahe 1 Milliarde durch das Ausland gekündigt; da die kurzfristige Verschuldung mehrere Milliarden betrage, könnten weitere Kündigungen die Folge sein, was einen völligen Zusammenbruch des größten Teils der deutschen Wirtschaft zur Folge haben werde. Daher nach seiner – des Reichskanzlers – Ansicht, Reparationsverhandlungen nur nach Durchführung des Reformprogramms. Nationalsozialisten grundsätzlich auf anderem Standpunkt, und zwar in völliger Erkenntnis der katastrophalen Folge ihres Vorschlages. Daher Zusammenarbeiten vorerst nicht möglich.*

Allgemeine Bereitschaftserklärung zur Mitarbeit, aber nicht grundsätzlich und für die Dauer abgelehnt, da man eine solche Mitarbeit keiner Partei, falls Ansichten gemäßigter werden sollten, und legaler Weg zugestanden, ablehnen werden könne. Alles in allem scharfe Oppositionsstellung, wahrscheinlich einschließlich Mißtrauensvotum. Geschieden in Hochachtung.“[257]

Bringt die NSDAP als stärkste politische Kraft auch ein starkes Eigengewicht mit, was eine Zähmung schwierig erscheinen läßt, so scheint die Hoffnung, daß

---

[257] Oktober 1930, Akten der Reichskanzlei, Bd. 1, Dok. Nr. 135, S. 510 f.

die Partei wieder zerfällt, doch berechtigt. Schließlich rekrutierte sich die NSDAP aus Schichten, die durch die derzeitige Krisensituation gebeutelt waren und verdankte ihren Aufschwung der allgemeinen Protest-Stimmung. Sie konnte kaum als „homogenes Politikum von Dauer"[258] angesehen werden. Die Kreise um Brüning glauben von daher, daß sie sich im Falle einer praktischen Bewährungsprobe in ihre verschiedenartigen Bestandteile auflösen werde.

Am 10. Oktober 1931 empfängt der Reichspräsident – neben anderen Parteiführern – Hitler und Göring. Doch auch Hindenburg erreicht keine Zusagen der Nationalsozialisten für eine positive Einstellung der NSDAP zur Politik der Regierung und nimmt einen negativen Eindruck von Hitler aus dem Gespräch mit.

Doch regierungsnahe Kreise, vornehmlich Schleicher, versuchen anschließend Kontakte mit der Rechtsopposition, vor allem mit Hitler und Hugenberg, aufzunehmen. Diese Sondierungsversuche geschehen weitgehend ohne Wissen des Reichskanzlers. Schleicher entzieht sich mit seinem Engagement zwar Brünings Kontrolle, kann sich aber Hindenburgs Unterstützung sicher sein. Der alte Reichspräsident erwägt nach wie vor, die Nationalsozialisten im Kabinett zu beteiligen, während Reichskanzler Brüning vorläufig auf die Eindämmung der Nationalsozialisten durch polizeiliche Mittel setzt.

Im Oktober 1931 schließen sich die Nationalsozialisten, die Deutschnationale Volkspartei und ‚Der Stahlhelm‘[259], der nationalistische Bund ehemaliger Soldaten, zur ‚Harzburger Front‘ zusammen und erhöhen damit ihre Schlagkraft. Das Reichsbanner vereinigt sich mit Gewerkschaften und Arbeitersportverbänden im Dezember 1931 zur ‚Eisernen Front‘. Damit verlagern sich die politischen Gewichte vom Parlament weg.

Nationalsozialisten und Kommunisten radikalisieren sich mehr und mehr, der Kampf dieser beiden radikalen Gruppierungen um die Straße endet meist mit blutigen Opfern. Notgedrungen absolvieren nun die Reichsbanner, die gelegentlich auch zu Opfern der Straßenkämpfe werden, spezielle Kampfausbildungen, um der Lage Herr werden zu können.

Mit Demonstrationsverboten, Uniformverboten und dem Verbot, Abzeichen zu tragen, reagieren die Regierung Brüning auf dem Notverordnungswege und die Länder, in deren Regelungsbereich das Polizeiwesen fällt, auf die Aggressivität der Sturmabteilungen Hitlers. Im März 1932 findet die preußische Polizei bei Haussuchungen in Räumlichkeiten der NSDAP die sogenannten „Boxheimer Dokumente", die den Plan der NSDAP für einen gewaltsamen Umsturz offenlegen. Die Länderregierungen, die schon seit November 1931 auf ein Verbot von Hitlers

---

[258] K. D. Bracher, a.a.O., S. 376.
[259] Hindenburg war Ehrenmitglied des Stahlhelms.

SA-Truppen drängen, verstärken ihren Druck auf die Reichsregierung. Die Länder Bayern und Preußen drohen mit einem Alleingang.

In Notizen von Reichsinnenminister Groener heißt es: „*5. April. Besprechung mit den Innenministern von Preußen, Bayern, Sachsen, Württemberg, Baden und Hessen. Bayern hatte angeregt, die sogenannten ‚Alarmbereitschaften' zu verbieten. Ich gab meine Absicht kund, in der kommenden Woche dem Reichskanzler und dem Reichspräsidenten das Verbot der SA und SS durch Notverordnung vorzuschlagen, und fügte noch hinzu, daß es mit dem Verbote allein nicht getan sei. Man müsse die in den nationalsozialistischen Organisationen vorhandenen wertvollen Kräfte der Jugend an den Staat heranziehen, und dürfe nicht bloß abstoßen. Nach der Auflösung müsse man daran denken, diese Kräfte wieder zu sammeln und für den Staat nutzbar zu machen. Die Vertreter der Länder nahmen daraufhin von den Gedanken, die Alarmbereitschaften gesondert zu verbieten, Abstand …*“.[260] General von Schleicher schlägt Groener in einer Unterredung vor, Hitler in einem Brief zur Umbildung der SA aufzufordern, die dieser jeden militärischen und gefährlichen Charakter nehmen würde. Zu einer Besprechung zwischen Groener und Hindenburg über das Vorgehen gegen SS und SA am Nachmittag des 9. April heißt es: „*Der Reichspräsident hat ganz von sich aus eingeworfen, man würde doch nicht erst an Hitler einen Brief schreiben, sondern gleich das Verbot aussprechen … Mein Eindruck war, daß vom Reichspräsidenten keinerlei Schwierigkeiten wegen der Notverordnung zu erwarten wären.*“[261]

Am darauffolgenden Tag treffen sich der Reichsjustizminister Joel, die Staatssekretäre Zweigert, Meißner und Pünder sowie von Schleicher und Groener beim Reichskanzler. Groener verliest eine Denkschrift mit folgendem Inhalt: „*Die Ereignisse der letzten Wochen lassen keinen Zweifel mehr, daß der psychologische Augenblick zur Auflösung der militärähnlichen Organisationen der NSDAP gekommen ist. Unsere bisherige Absicht, diese Organisationen in einem von Reichswegen zu gründenden und unter Reichsaufsicht stehenden großen allgemeinen Wehrsportverband unschädlich zu machen, muß angesichts der gesteigerten politischen Spannung vorläufig zurückgestellt werden. Dazu kommt, daß das Ansehen der deutschen Reichsregierung im In- und Ausland infolge ihrer angeblichen Schwäche in einer unerträglichen Weise herabgesetzt ist … Die Parteien von den Deutschnationalen bis zu den Sozialdemokraten werden je nach ihrer politischen Einstellung mehr oder weniger offen die Beseitigung der SA's begrüßen, da sie sich durch deren Bestand in ihrem politischen Dasein bedroht fühlen …*“ Mehrere

---

[260] Zit. nach Reginald H. Phelps: Aus den Groener-Dokumenten, Deutsche Rundschau 77, 1951, H. 1, S. 22.

[261] Zit. nach R. H. Phelps: Aus den Groener-Dokumenten, S. 23.

Länderregierungen unter Führung von Bayern und Preußen, *„denen Sachsen, Württemberg, Baden, Hessen Gefolgschaft leisten"*, hielten die Regierung *„für schwächlich und unentschlossen. Dieser Vorwurf gilt besonders mir persönlich als Innenminister, weil ich nach Meinung dieser Länder gegenüber den Nationalsozialisten in letzter Zeit eine Haltung eingenommen habe, die darauf schließen lasse, daß ich lieber mit den NS paktieren möchte, als scharfe Maßregeln zu ergreifen … Die Innenminister von Bayern und Preußen haben sich vermutlich längst verständigt, daß sie auch über den Kopf des Reichsinnenministers hinweg die Auflösung durchführen werden. Die anderen oben angeführten Länder dürften sich anschließen … Man könnte auf den Gedanken kommen, die Beseitigung der SAs der Parteiführung selbst zuzuschieben, indem ihr von Reichswegen gewisse Auflagen gemacht würden, die unverzüglich und bündig anzunehmen und in kürzester Frist unter Aufsicht des Reichs durchzuführen wären."* Früher wäre dieser Weg vielleicht möglich gewesen; jetzt würde aber dadurch *„in der öffentlichen Meinung der Eindruck erweckt werden, als wollte die Reichsregierung der NSDAP einen Zeitgewinn gewähren, um die militärischen Organisationen in harmlose Formen umzubilden…Die Auflösung würde sich über viele Wochen hinziehen. Die nationalsozialistischen Führer würden die Sache gar nicht ernst nehmen, vielmehr zu den bekannten Listen nach machiavellistischer Art greifen … Die Reichsregierung muß selbst und allein alle Verantwortung auf sich nehmen, darf weder den Ländern überlassen, über die Autorität des Reiches hinwegzugehen, noch darf sie sich der Möglichkeit aussetzen, durch Machenschaften der Partei betrogen zu werden."*[262]

Im Anschluß an die Verlesung dieser Denkschrift diskutieren die Anwesenden die Frage, ob es nicht doch sinnvoller sei, Hitler ein kurzes Ultimatum zur Umstellung der SA zu setzen, um damit auch möglichen Angriffen gegen den Reichspräsidenten besser begegnen zu können. Doch diese Kompromißlösung wird schließlich zugunsten des Verbotes der SA durch die Regierung fallengelassen.

Am 13. April unterzeichnet der Reichspräsident die Notverordnung zur Sicherung der Staatsautorität, die das Verbot der SA und SS vorsieht, und gibt damit dem starken persönlichen Drängen des Reichswehr- und Innenministers und des Reichskanzlers nach. Hindenburg muß nun einen wahren Sturm gegen das SA- und SS-Verbot und Innenminister Groener ertragen, der sich schließlich gegen das gesamte Kabinett Brüning richtet. Nun steht auch der Präsident nicht mehr hinter der Entscheidung des Kabinetts. In erster Linie geht die Meinungsänderung des Präsidenten gegenüber dem Verbot auf die Beeinflussung durch seine persönlichen Vertrauten zurück. Hierzu zählen neben Sohn Oskar von Hindenburg, Staatsse-

---

[262] Zit. nach Phelps, a.a.O., S. 24 f.

kretär Meißner und General von Schleicher. Diese Berater Hindenburgs lehnen Brünings Kampf gegen die Nationalsozialisten ab. Vielmehr schwebt ihnen die Einbindung dieser rechtsradikalen Gruppierung in die Regierung vor.

Groener kündigt am 13. Mai seinen Rücktritt als Reichswehrminister an, nachdem ihm General von Schleicher diesen Schritt nahegelegt hatte, um der Mißstimmung in der Reichswehr entgegenzuwirken.

Siedlungspolitik

Einen besonderen Stellenwert in der Politik der Regierung Brüning nimmt die Siedlungspolitik ein. Der Gedanke der Siedlungspolitik beruht auf der geringen Bevölkerungsdichte in den deutschen Ostgebieten. Vom industrialisierten deutschen Westen ging eine Sogwirkung auf die Arbeitskräfte des agrarisch strukturierten deutschen Ostens aus; ebenso bestand eine Sogwirkung des deutschen Ostens auf polnische Arbeitskräfte, da Polen vergleichsweise ärmer und der Lebensstandard entsprechend geringer war.[263] Vor dem Ersten Weltkrieg lebten ungefähr 3,5 Millionen Menschen mit polnischer Muttersprache und 500.000 andere Slawen in Preußen, dazu kam noch eine weitere halbe Million überwiegend polnischer Saisonarbeiter.[264] Die Zahl der polnischen Landarbeiter ging zwar nach dem Kriege stark zurück, betrug aber 1931 immer noch 36.000. Die Geburtenziffer lag in Polen deutlich über der des Deutschen Reiches. Im Vergleich zum übrigen Preußen hatte Pommern eine sehr niedrige Bevölkerungsdichte. Besonders bedenklich war die Bevölkerungssituation in den einzelnen Grenzkreisen, wo nur etwa 46 Einwohner auf 1 km^2 kamen. Dem stand eine Bevölkerungsdichte von etwa 100 Einwohnern pro km^2 in den benachbarten polnischen Gebieten gegenüber[265]. Aufgrund der teilweisen territorialen Abgeschnittenheit vom Reichsgebiet durch den polnischen Korridor und der dünnen Bevölkerungsdichte nahmen die Menschen der deutschen Ostgebiete überwiegend eine Abwehrhaltung gegen die polnischen Landarbeiter und den polnischen Staat ein. Verstärkt wurde dieses Abneigungsgefühl durch das polnische Verhalten bei den Gebietsabstimmungen nach dem Versailler Vertrag, wo zum Teil Abstimmungsergebnissen zuwider gehandelt[266] und dem Selbstbestimmungsrecht der Völker nur unzureichend Rechnung

---

[263] D. Walz, a.a.O., S. 182.

[264] D. Walz, a.a.O., S. 182.

[265] H. Branig, Pommern als Grenzland in der Zeit der Weimarer Republik, in: Die deutschen Ostgebiete zur Zeit der Weimarer Republik, Studien zum Deutschtum im Osten, Heft 3, hrsg. von der Senatskommission für das Studium des Deutschtums im Osten an der Rheinischen Friedrich-Wilhelms-Universität Bonn, Köln 1966, S. 144.

[266] So hatten bei der Abstimmung in Oberschlesien 1921 zum Beispiel 707.000 Stimmberechtigte für Deutschland gestimmt und nur 434.000 für Polen. Daraufhin entfachten polnische Freischaren

getragen wurde.[267] Hinzu kam, daß Polen seine Politik gegen den deutschen Osten richtete.[268] So legten die polnischen Vertreter in Versailles eine Ausarbeitung vor, in der sie polnische Ansprüche auf Pommern zum Ausdruck brachten.[269] Auch Gedanken der Annexion Ostpreußens waren offenbart worden.[270] Im Mai 1919 war vom Oberst und Kommandeur im Grenzabschnitt Lissa ein polnischer Angriffsbefehl veröffentlicht worden.[271] Zeugnisse für die polnische Agitation, Propaganda und Grenzzwischenfälle gibt es aus der gesamten Zeit der Weimarer Republik.[272]

Bedenkt man vor diesem Hintergrund nun die isolierte Lage der Bewohner der Ostgebiete und die Tatsache, daß die Armee des Deutschen Reiches auf 100.000 Mann beschränkt war, so wird die Angst der Menschen im deutschen Osten vor einer polnischen Bedrohung verständlich. Ein Zeugnis dieser – aus heutiger, rückblickender Sicht vielleicht übertrieben erscheinenden, damals aber tatsächlich so empfundenen – Angst vor einem polnischen Angriff auf Ostpreußen gibt Walter Görlitz, der von den aus dieser geschilderten Bedrohungsangst heraus erwachsenen militärischen Grenzschutzorganisationen zur Verteidigung gegen mögliche polnische und sowjetische Übergriffe berichtet: *„Aber in einer Hinsicht wahrte der Adel auf den Gütern des Ostens doch die traditionelle Staatstreue, in der Teilnahme am so viel umstrittenen „Grenzschutz Ost", der geheimnisumwitterten und*

---

einen Aufstand und versuchten, Oberschlesien in den polnischen Staat einzugliedern. Schließlich wurde die Provinz in Polnisch-Oberschlesien und Deutsch-Oberschlesien geteilt.

[267] Vgl. auch P. Barandon, Der Vertrag von Versailles in seiner Bedeutung für Deutschlands Osten und die Nachbarstaaten, in: Das östliche Deutschland, hrsg. vom Göttinger Arbeitskreis, Würzburg 1959, S. 430 ff; E. Hölzle, Die Weltpolitik und das Deutschtum im Osten am Ende des Ersten Weltkrieges, in: Studien zum Deutschtum im Osten, hrsg. von der Senatskommission für das Studium im Osten an der Rheinischen Friedrich-Wilhelms-Universität Bonn, Heft 3: Die deutschen Ostgebiete zur Zeit der Weimarer Republik, Köln 1966, S. 8 ff. Bedenken sollte man auch, daß, obwohl sich in den ost- und westpreußischen Gebieten über 90 % der Stimmberechtigten für den Verbleib bei Deutschland aussprachen, einzelne in diesen Abstimmungsgebieten gelegene Dörfer an Polen gegeben wurden.

[268] O. Geßler, Reichswehrpolitik in der Weimarer Zeit, hrsg. von K. Sendter, Stuttgart 1958, S. 142.

[269] H. Branig, Pommern als Grenzland in der Zeit der Weimarer Republik, S.145f.

[270] K. Forstreuter, Ostpreußen, a.a.O., S. 22.

[271] Veröffentlicht bei D. Vogt, Der Großpolnische Aufstand 1918/19, Marburg a.L. 1980, S. 88 f.

[272] Vgl. Schulteß', Europäischer Geschichtskalender, N.F., 1930, S. 143 (deutsch-polnischer Grenzzwischenfall vom 19. Juni 1930); Deutscher Geschichtskalender, hrsg. von F. Purlitz/S.H. Steinberg, 1930, Abt. A, S. 241 ff (Auflistung deutsch-polnischer Grenzzwischenfälle); Purlitz/Steinberg, Deutscher Geschichtskalender, 1931, Abt. A, S. 16 (deutsch-polnische Grenzzwischenfälle vom Januar 1931). Vgl. auch die Aufzeichnungen der Sitzung der Zentrumsfraktion vom 25.11.1930, in: Protokolle der Reichstagsfraktion und des Fraktionsvorstandes der Deutschen Zentrumspartei 1926–1933, hrsg. von Bracher/Repgen, Mainz 1969, S. 488. Vgl. auch W. Freiherr von Gayl, Ostpreußen unter fremden Flaggen, Königsberg o.J., S. 69 ff. Hier wird ebenfalls über die polnische Propaganda und Angriffe in Abstimmungsgebieten berichtet.

von Gerüchten umgebenen freiwilligen Verteidigungsorganisation in den Provinzen an der polnischen Grenze".[273]

Um der Gefahr vorzubeugen, daß der dünnbesiedelte deutsche Osten von Polen allzu leicht annektiert werden könnte, entwickelte sich der Gedanke, im deutschen Osten zu siedeln und so ein Bollwerk gegen die ,slawische Gefahr' zu errichten. So schreibt Schlange-Schöningen 1932: *„Wir wollen den Rückmarsch des Deutschtums von unseren Grenzen nicht erleben, und je härter der Druck von außen auf uns lastet, desto mehr werden wir die inneren Kräfte der Nation entwickeln müssen. Will man aber nicht eine zunehmende Entvölkerung des Ostens erleben, dann wird man die dort angesessenen Menschen festhalten, ja mit der Zeit erheblich verstärken müssen"*.[274] An anderer Stelle schreibt er: *„Es handelt sich also um keine reine Agrarfrage mehr, sondern weit darüber hinaus um eine allgemeine Wirtschaftsfrage, die an der deutschen Ostfront gegenüber Polen einen eminent nationalen Charakter angenommen hat: ,Drei Grenzprovinzen zu versteigern!' "*[275] In einem anderen zeitgenössischen Werk heißt es: *„Wir sprechen jetzt oft vom Volk ohne Raum, es darf nicht einmal heißen, deutscher Raum ohne deutsches Volk, denn wenn der Geburtenrückgang sich in dem Maße fortsetzt, müssen wir den größten Befürchtungen Raum geben und es könnte dann eines Tages so sein, daß deutscher Raum von der slavischen Welle überflutet wird und deutscher Raum den fremden Völkern gehört"*.[276]

Der Siedlungsgedanke fand noch aus einem weiteren Grund als dem der Errichtung eines Schutzwalles gegen die Polen allgemeinen Anklang. Die negativen Erfahrungen mit der Weltwirtschaftskrise und ihren Auswirkungen hatten einen Trend zur Reagrarisierung und zur Abkehr von der Industrie zur Folge.

Man glaubte, daß das erreichte Maß der Industrialisierung überzogen gewesen sei. So sah man die Krise nicht als vorübergehende, sondern als bleibende, langfristige Erscheinung an. Hier bot sich die Unterbringung der arbeitslosen Industriearbeiter auf dem Lande als einziger Ausweg an.[277] Der Bauer wurde wieder als „Erster Stand" gesehen. Auch Schlange-Schöningen bestätigt, daß die Rufe „Zurück zur Natur" und „Zurück zur Scholle" immer stärker wurden. Hervorgerufen worden seien sie *„gewiß vielfach.... allein durch die bittere Not, gewiß vielfach*

---

[273] W. Görlitz, Die Junker, Limburg 1964, S. 353 ff.

[274] H. Schlange-Schöningen, Acker und Arbeit, a.a.O., S. 29.

[275] H. Schlange-Schöningen, Am Tage danach, a.a.O., S. 51.

[276] H. Vormbrock, Muß Deutschland wieder stärker Bauern- und Ackerbürgerland werden?, in: W. F. Bruck (Hrsg.), Die deutsche Siedlung, Münster 1932, S. 174.

[277] H. Köhler, Arbeitsbeschaffung, Siedlung und Reparationen in der Schlußphase der Regierung Brüning, in: VfZG 17, 1969, S. 289.

*auch weit übertrieben und von einem unberechtigten und gefährlichen Schimmer
von Romantik umgeben, aber doch im tieferen Kern gesund".*[278]

Er selbst schreibt 1932, daß der *„schimmernde Oberflächenglanz der großen
Städte"* seinem Ende entgegengehe und daß das deutsche Volk an einem Wende-
punkt angelangt sei, an welchen jedes große Volk einmal komme, *„wo die Zivili-
sation der Massenhaftigkeit der großen Städte zur Todesgefahr für die Nation"*
werde, *„wenn sie nicht von der naturnahen Kultur des stillen Dorfes getragen und
immer wieder erneuert"* werde.[279]

Und letztendlich wird der Siedlungsgedanke von der Überlegung genährt,
durch Siedlungsmaßnahmen einen Teil der Arbeitslosen beschäftigen zu können.

Die Siedlung wird eine wichtige Aufgabe der Osthilfe. Das Reichssiedlungsge-
setz vom 11. August 1919 bildet die Grundlage der Brüningschen Siedlungspolitik.[280] Dieses sah vor, ein Drittel der Großgrundbesitze und staatlichen Domänen
in Parzellen zu zerlegen und zu besiedeln.

Das wichtigste Siedlungsgebiet ist der deutsche Osten. Brüning hat sich bereits
am 1. April 1930 in seiner Regierungserklärung für eine gezielte Anlieger- und
Bauernsiedlung ausgesprochen,[281] doch der Siedlungsgedanke tritt zunächst hinter
die reinen Stützungsmaßnahmen zurück.[282] Für Siedlungszwecke übernimmt die
Regierung nur eine Garantie von 50 Millionen RM. Dem steht eine Garantieübernahme von 100 Millionen RM für Umschuldungsmaßnahmen in den Ostgebieten
gegenüber.[283] Im Juli 1930 wird eine „Deutsche Siedlungsbank" gegründet[284], welche der Förderung der landwirtschaftlichen Siedlung dienen soll. An der Ausstat-
tung dieser Bank beteiligen sich das Reich und Preußen mit jeweils 100 Millionen
RM und verpflichten sich, Verluste gemeinsam zu tragen, falls das Vermögen der
Bank nicht ausreichen sollte. Die Siedlungsbank nimmt ihre Tätigkeit am 1. Februar 1931 auf. Sie verwaltet von nun an die Zwischenkreditmittel. Das Reich stellt
ihr im Rechnungsjahr 1931/32 noch 93,6 Millionen RM zur Verfügung. Die Deutsche Siedlungsbank verfügt zum Jahresende 1931 über eine Summe von insgesamt 330 Millionen RM.[285]

Die Entschuldungs- und Umschuldungsmaßnahmen im Osten sind eine große
finanzielle Belastung, und so setzt sich mehr und mehr die Ansicht durch, man sol-

[278] H. Schlange-Schöningen, Acker und Arbeit, a.a.O., S. 40.
[279] H. Schlange-Schöningen, Acker und Arbeit, a.a.O., S. 36.
[280] RGBl. 1919, III, S. 1429 ff.
[281] Verhandlungen des Reichstages, Bd. 427, S. 4730, zit. nach F. Fiederlein, Der deutsche Osten und
die Regierungen Brüning, Papen, Schleicher, Würzburg 1966, S. 285.
[282] 3. Abschnitt: Osthilfe, RGBl. 1930, I, S. 311 (316 ff)
[283] D. Walz, a.a.O., S. 199.
[284] RGBL. 1930, I, S. 311.
[285] F. Fiederlein, a.a.O., S. 290.

le die Umschuldung durch die Siedlung ersetzen.[286] Solange Treviranus das Reichskommissariat im Ersten Kabinett Brüning innehat, nimmt die Siedlung noch keinen großen Stellenwert ein. Treviranus wird diese Passivität im Bereich der Siedlung dann auch von anderen Ministern vorgeworfen. Er habe sich, so heißt es, zu einseitig um Entschuldungen und die Vergabe von Subventionen gekümmert und die strukturpolitische Seite dabei vernachlässigt. Reichsfinanzminister Dietrich gibt im August 1931 den Anstoß, dem Arbeitslosenproblem durch eine verstärkte Siedlung zu begegnen. Er schlägt vor, das flache Land mehr zu entwickeln und dort verstärkt Kleinbauern anzusiedeln.[287] Am 3. September schlägt er dem Reichskanzler in einem Brief vor, Kleinsiedlungen in Form von landwirtschaftlich-gärtnerischen Betrieben anzulegen. Auf diesem Wege will er Arbeitslose zu Selbstversorgern machen. Für die Siedlungsvorhaben sollen in Stadtnähe gelegene landwirtschaftliche Güter, in erster Linie die der öffentlichen Hand, verwandt werden. Soweit es sich bei den vorgesehenen Ländereien um Besitz der öffentlichen Hand handelt, sollen diese Besitzverhältnisse bestehen bleiben. Ein Ankauf von Land soll nur dann stattfinden dürfen, wenn die Hypothekengläubiger bereit sind, ihre Hypotheken stehen zu lassen und bei Fälligkeit zu normalen Bedingungen weiter zu gewähren. Jede Siedlerstelle soll ein primitives Wohnhaus und einen Stall haben und zwei bis vier Morgen groß sein.[288] Dietrich beziffert die Materialkosten für eine Siedlerstelle auf ungefähr 2000 RM.[289] Dieses Siedlungsprogramm soll im Raum Berlin, im Ruhrgebiet und in den Industriegebieten Sachsens in Angriff genommen werden.[290] Treviranus schlägt eine Erweiterung dieses Planes durch ein Siedlungsprogramm für erwerbslose ländliche Arbeitslose vor.[291] Das Kabinett berät diese Vorschläge am 7. September 1931, zeigt sich weitgehend einverstanden und beauftragt Dietrich, einen entsprechenden Gesetzesentwurf auszuarbeiten.[292] Im Reichsfinanzministerium wird ein entsprechender Notverordnungsentwurf ausgearbeitet, in dem die Bestellung eines Reichskommissars für die vorstädtische Siedlung, welcher dem Reichskanzler direkt unterstehen soll, vorgesehen ist.[293] Der Reichskommissar soll die öffentliche Hand zur Bereitstellung von geeignetem Land veranlassen; er soll auch befugt sein, Siedlungsland auf dem Wege der Enteignung mit Entschädigung zu beschaffen.

---

[286] In diesem Sinne äußerte sich Klepper bei einer Chefbesprechung am 11. 12. 1930, vgl. Akten der Reichskanzlei, Bd. 1, S. 721.

[287] Schultheß, 72, 1931, S. 180.

[288] Akten der Reichskanzlei, Bd. 2, Dok. Nr. 465, S. 1664, Fn. 5.

[289] F. M. Fiederlein, a.a.O., S. 305 ff.

[290] Ebenda, S. 307.

[291] Akten der Reichskanzlei, Bd. 2, Dok. Nr. 465, S. 1664, Fn. 6.

[292] Akten der Reichskanzlei, Bd. 2, Dok. Nr. 465, S. 1666.

[293] Akten der Reichskanzlei, Bd. 2, Dok. Nr. 479, S. 1714 f, Fn. 1.

In einer Chefbesprechung vom 21. September 1931, auf der der Reichsfinanz-minister seine Vorlage zur vorstädtischen Kleinsiedlung erläutert, erklärt sich Reichsarbeitsminister Stegerwald grundsätzlich mit diesem Plan einverstanden, sofern noch ausreichend Geld für die landwirtschaftliche Siedlung, welche er für vordringlicher halte, vorhanden sei.[294]

Der Reichskanzler schlägt eine Aussprache zwischen den drei Ministern Ste-gerwald, Dietrich und Schlange-Schöningen vor, mit dem Ziel, einen einheitlichen und gemeinsamen Plan aufzustellen.[295] Bei der Ministerbesprechung am 25. Sep-tember 1931 teilt Ministerialdirektor Weigert mit, daß sich das Reichsarbeitsmini-sterium mit den zuständigen preußischen Ressortministern in Siedlungsangele-genheiten geeinigt habe. Der Protokollentwurf sieht vor, daß die Siedlungsbehör-den Anordnungen nur im Einvernehmen von Reich und Preußen erlassen dürfen. Preußen will des weiteren einen Staatskommissar zur Gewährung der einheitli-chen Durchführung der Siedlung ernennen. Die Finanzmittel für die Siedlung sol-len über die Deutsche Siedlungsbank gewährt werden.[296]

Am 5. Oktober 1931 beschließt Brüning in einer Chefbesprechung, daß die sachliche Zuständigkeit für alle Siedlungsverordnungen beim Reichsarbeitsmini-ster liegen solle. Daneben sei jedoch zur praktischen Durchführung der Bestim-mungen ein Reichskommissar zu ernennen, welcher seine Aufgaben im Einver-nehmen mit dem Reichsarbeitsminister durchzuführen habe. Der Entwurf des Reichsarbeitsministers wird in das II. Kapitel des Teils 4 der „Dritten Notverord-nung zur Sicherung von Wirtschaft und Finanzen und zur Bekämpfung politischer Ausschreitungen" vom 6. Oktober 1931 aufgenommen.[297] Die Ziele der Siedlung werden hier in der Dritten Notverordnung klar benannt: die Seßhaftmachung der Bevölkerung auf dem Lande, die Verringerung der Arbeitslosigkeit (Arbeitsbe-schaffung) und die Erleichterung des Lebensunterhaltes der Erwerbslosen.[298] Diet-rich hat keine Bedenken wegen des hohen Bedarfs an finanziellen Mitteln zur Durchführung dieser Siedlungsvorhaben. Er meint die Verantwortung für das fi-nanzielle Risiko tragen zu können, da das Schicksal Deutschlands davon abhänge, ob man es schaffe, die *„brachliegende Arbeitskraft wieder in Arbeit zu bringen"*.[299]

Im vierten Teil der „Notverordnung zur Sicherung der Wirtschaft und Finan-zen" vom 6. Oktober 1931 sind Bestimmungen zur Förderung der landwirtschaft-

---

[294] Akten der Reichskanzlei, Bd. 2, Dok. Nr. 479, S. 1715.

[295] Chefbesprechung vom 21.9.1931, Akten der Reichskanzlei, Bd.2, Dok. Nr. 479, S. 1715.

[296] Vgl. Akten der Reichskanzlei, Bd.2, Dok. Nr. 498, S.1774, Fußnote 14.

[297] RGBl. 1931, I, S. 551 ff.

[298] Dritte Verordnung des Reichspräsidenten zur Sicherung von Wirtschaft und Finanzen und zur Bekämpfung politischer Ausschreitungen vom 6. 10. 1931, Vierter Teil, Kapitel II, 1, RGBl. 1931, I, S. 551.

[299] Kabinettssitzung vom 7.9.1931, Akten der Reichskanzlei, Bd. 2, S. 1665.

lichen und vorstädtischen Siedlung enthalten. Die Regierung erhält das Recht zur Beschaffung der notwendigen finanziellen Mittel, die Länder werden vom Haushaltsjahr 1932 an zur Abführung der Hauszinssteuer ans Reich verpflichtet. Die Hauptaufgabe des Reichskommissars besteht vorwiegend in der Beschaffung von geeignetem Siedlungsland, welches in erster Linie von den Gemeinden bereitgestellt werden soll. Für den Fall, daß sich geeignetes Siedlungsland zu günstigen Bedingungen nicht beschaffen läßt, erhält der Reichskommissar eine Ermächtigung zur Enteignung geeigneter Grundstücke gegen Entschädigung. Allerdings gilt diese Ermächtigung nicht bei Familienbetrieben und sonstigen Betrieben, deren Weiterbestehen einem allgemeinen wirtschaftlichen Interesse entspricht.

Durch diese Notverordnung wird die Position des Reiches auf dem Gebiet der landwirtschaftlichen Siedlung den Ländern gegenüber gestärkt.[300] Die Reichsregierung stellt für dieses Programm vom 1. November 1931 an monatlich acht Millionen RM[301] zur Verfügung. Diese Gelder dienen den Siedlungsträgern, nämlich den Gemeinden und Gemeindeverbänden, als Darlehen.[302]

Durch einen „Erlaß des Reichspräsidenten über die Bestellung eines Reichskommissars für die Osthilfe" vom 5. November 1931[303] übernimmt Schlange-Schöningen das Reichskommissariat für die Osthilfe und wendet sich verstärkt der Siedlungspolitik und strukturellen Veränderungen zu. Unterstellt ist der Reichskommissar dem Reichskanzler.

Schlange-Schöningen tritt sein Amt mit sehr konkreten Vorstellungen an. In seiner Denkschrift vom 21. Oktober 1931 stellt er fest, daß einer *„schmalen Gruppe sanierungsfähiger Betriebe ein Mehrfaches an sanierungsunfähigen Betrieben"* gegenüberstehe, welche *„in rascher Entwicklung einem völligen Produktionsverfall entgegengehen".*[304] Weiter spricht er sich dafür aus, dem landwirtschaftlichen Gütermarkt die Siedlung, den wichtigsten Käufer, zurückzugeben. Nur wenn die Siedlung bald reaktiviert werde, lasse es sich rechtfertigen, daß in *„besonders gefährdeten Gegenden Ostdeutschlands der auf privatwirtschaftlichem Weg nicht mehr zu deckende Betriebsmittelbedarf der gefährdeten Betriebe"* mit öffentlichen Mitteln gedeckt werde.[305] Er wolle die *„zusammenbrechenden Großbetriebe in die Nutzungsform der bäuerlichen Familienwirtschaft"* überführen,[306]

---

[300] F. M. Fiederlein, a.a.O., S. 312.

[301] Dietrich hatte in seinem Entwurf 25 Mill. RM monatlich vorgesehen.

[302] F. M. Fiederlein, a.a.O., S. 311.

[303] RGBl. 1931, I, S. 665.

[304] Schlange-Schöningen, Denkschrift vom 21.10.1931, zit. nach H. Muth, Agrarpolitik und Parteipolitik im Frühjahr 1932, a.a.O., S. 323.

[305] H. Schlange-Schöningen, ebenda.

[306] H. Schlange-Schöningen, Die Durchführung der Osthilfe, Denkschrift vom 21.10.1931, BA Nachlaß Schlange-Schöningen Nr. 2, zit. nach U. Wengst, Schlange-Schöningen, Ostsiedlung und die Demission der Regierung Brüning, in : GWU 30, 1979, S. 539.

um so die Krisenfestigkeit der ostdeutschen Wirtschaft zu erhöhen und gleichzeitig der Entvölkerung im deutschen Osten zu begegnen.

Ende des Jahres 1931 scheidet Preußen aus der Siedlungsfinanzierung aus. Als Ausgleich dafür will Preußen aber unentgeltlich 50.000 Hektar Domänenland zur Besiedelung zur Verfügung stellen.[307] Nachdem Preußen seinen Einfluß auf die Osthilfe verloren hat, will es auch aus der Siedlung ausscheiden. Sein Versprechen von der Bereitstellung des Domänenlandes löst Preußen allerdings nie ein.[308]

Unter Schlange-Schöningen bekommt die Agrarpolitik eine in erster Linie strukturpolitische Richtung; die subventionspolitischen Maßnahmen treten zurück. Unmittelbar nach seiner Amtsübernahme jedoch erläßt Schlange-Schöningen die sogenannte „Sicherungsverordnung"[309], durch welche Inhabern verschuldeter land- und forstwirtschaftlicher Betriebe ein besonderer Sicherungsschutz gewährt wird. Diese Bestimmung steht den Siedlungsplänen entgegen. Da der Reichsarbeitsminister Stegerwald und der Reichsfinanzminister Dietrich das verstärkte Siedlungsvorhaben vorantreiben wollen, wird diese Verordnung ebenso wie die „Verordnung zur beschleunigten Durchführung der landwirtschaftlichen Entschuldung im Osthilfegebiet"[310] vom 6. Februar 1932 wegen der damit verbundenen finanziellen Belastungen des Reichshaushalts kritisiert.[311] Diesen Widerstand fängt Brüning damit ab, daß er seine Zustimmung für die Umschuldung nur unter der Bedingung gibt, daß die bis dato immer wieder zurückgestellte Siedlung ebenfalls in Angriff genommen wird.[312]

Die angespannte Haushaltslage führt jedoch dazu, daß für das Etatjahr 1932 alle für die Siedlung vorgesehenen Mittel gestrichen werden. Außerdem ist eine Voraussetzung für die Durchführung des Siedlungsprogrammes im März 1932 nicht erfüllt: das Vorhandensein von Siedlungsland.[313] Stegerwald führt diese Situation darauf zurück, daß „infolge der Osthilfemaßnahmen der Gütermarkt im Osthilfegebiet stockt".[314] Bisher hat in der Gesetzgebung der Entschuldungsgedanke im Vordergrund gestanden, eine Tatsache, die sich nun negativ auf das Vorhandensein von Siedlungsland auswirkt. Eine weitere Ursache für die Stagnation auf dem Ge-

---

[307] F. M. Fiederlein, a.a.O., S. 313.

[308] F. M. Fiederlein, a.a.O., S. 314.

[309] Verordnung des Reichspräsidenten zur Sicherung der Ernte und der landwirtschaftlichen Entschuldung im Osthilfegebiet vom 17.11.1931, RGBl. 1931, I, S. 675 ff.

[310] RGBl. 1932, I, S.59 f.

[311] Akten der Reichskanzlei, Bd. 3, Dok. Nr. 662, S. 2268 und Dok. Nr. 644.

[312] H. Köhler, Arbeitsbeschaffung, Siedlung und Reparationen in der Schlußphase der Regierung Brüning, in: VfZG 17, 1969, S.288; H. Muth, Agrarpolitik und Parteipolitik im Frühjahr 1932, in: Hermens/Schieder, Festschrift, a.a.O., S.321; D. Walz, a.a.O., S. 203.

[313] H. Köhler, a.a.O., S. 288.

[314] Stegerwald an Schlange-Schöningen, 1.4.1932, BA R 43/I, Nr. 1289, zit. nach H. Muth, Agrarpolitik und Parteipolitik im Frühjahr 1932, in: Hermens/Schieder, a.a.O., S.321, Anmerkung 5.

biet der Siedlung ist die Tatsache, daß für den Übergang der nicht mehr zu entschuldenden Betriebe aus der Hand der Eigentümer in die der Siedlungsgesellschaften keine Regelung besteht. Mit Siedlungsland rechnet man jedoch noch im Laufe des Frühjahrs 1932, da man erwartet, daß viele Güter als nicht mehr entschuldungsfähig aus dem Sicherungsverfahren ausscheiden würden.[315] Solche Güter will man nun beschleunigt der Siedlung zuführen.

Schlange-Schöningen läßt einen Verordnungsentwurf über die Aufnahme anstehender Güter entwerfen, welcher für den Ostkommissar eine Ermächtigung vorsieht, im Osthilfegebiet liegende und nach den Vorschriften sanierungsunfähige Grundstücke freihändig zugunsten des Reiches zu einem angemessenen Preis oder auf dem Weg der Zwangsversteigerung zu erwerben, sofern keine anderen, „die Gewähr zweckmäßiger Verwendung bietende Erwerber" vorhanden seien.[316] Voraussetzung für dieses Recht des Ostkommissars ist, *„daß es vorher mit den Hypothekengläubigern bzw. Eigentümern zu einer Vereinbarung über die Stundung des Kaufpreises komme, so daß für die nächsten 10 Jahre keine Barzahlungen zu leisten seien. Für hypothekarisch belastete Grundstücke soll der Reichsfinanzminister die Bürgschaft für die Hauptforderung sowie die Zins- und Tilgungsverträge der Hypotheken übernehmen"*.[317] Neu an diesem Entwurf ist, daß das Reich auch ohne Vorliegen einer Forderung gegen den Eigentümer eines sanierungsunfähigen Betriebes eine Zwangsversteigerung erzwingen kann. Schlange-Schöningen sendet Stegerwald diesen Entwurf am 7. April 1932 zu. Mit Inkraftsetzen dieser Verordnung wären die rechtlichen Grundlagen für eine von Schlange-Schöningen geplante Auffangorganisation gelegt worden.

Diese Auffangorganisation soll vom Reichskommissar geleitet werden die Produktion der aus dem Sicherungsverfahren ausscheidenden Betriebe aufrechterhalten und für ihre zweckmäßige Weiterverwendung sorgen.[318] Die Auffangorganisation soll verhindern, daß Güter als sanierungsunwürdig aus dem Sicherungsverfahren entlassen werden, die Hypothekenbanken das anfallende Land zu bewirtschaften nicht in der Lage sind und die Güter so der Gefahr des Verfalls ausgesetzt werden.[319]

Die Siedlung fällt in das Ressort des Arbeitsministers, die praktische Durchführung liegt hingegen beim Reichskommissariat für die Osthilfe.

Zwischen Stegerwald und Schlange-Schöningen kommt es nun zu Kompetenzstreitigkeiten bei dem einzurichtenden Zwangsversteigerungsverfahren. Schlange-

---

[315] Ebenda.
[316] F. M. Fiederlein, a.a.O., S. 331.
[317] Ebenda.
[318] F. M. Fiederlein, a.a.O., S. 327.
[319] Ebenda, S. 332.

Schöningen schlägt eine Aufteilung der Siedlungsaufgaben zwischen dem Reichsarbeitsministerium und dem Reichskommissariat vor. Er selbst will die landwirtschaftliche Siedlung in seinem Zuständigkeitsbereich wissen, während er die Siedlungsaufgaben außerhalb und die Stadtrandsiedlung innerhalb des Osthilfegebietes dem Reichsarbeitsministerium überlassen will. Er begründet diese Forderung mit dem Zusammenhang zwischen Umschuldung und Siedlung und damit, daß er nicht 25 % seiner Berufsgenossen *„über die Klinge springen lassen"* könne, *„ohne einen entsprechenden Einfluß darauf zu haben"*, daß seine *„östliche Heimat nun wirklich auch sachverständig auf volkswirtschaftliche Grundlagen gestellt"* werde.[320] In der Chefbesprechung über Siedlungsfragen vom 19.4.1932 wendet sich Schlange-Schöningen dagegen, daß die Kommissare des Reichsarbeitsministers Entscheidungen zu treffen hätten, die von der Ostorganisation dann durchgeführt werden müßten.[321] Diese Äußerungen Schlange-Schöningens sind nicht Ausdruck kleinlicher Ressorteitelkeit. Der Reichskommissar versucht vielmehr, nachdem ihm auf dem Sektor der Osthilfe gelungen ist, in kurzer Zeit eine gute Organisation zu schaffen, dieses auch auf dem zweiten Sektor zu erreichen.[322] Außerdem bewegt sich Schlange-Schöningen mit seinem Anliegen durchaus im Rahmen seiner eigenen Zuständigkeit. Im Erlaß des Reichspräsidenten über die Bestellung eines Reichskommissars für die Osthilfe vom 5. November 1931[323] heißt es, daß der Reichskommissar auch die Aufgabe habe, bei den übrigen Maßnahmen zur Linderung der Not in den Ostgebieten, wie sie insbesondere im Abschnitt A des Osthilfegesetzes vorgesehen seien, auf eine einheitliche Politik der Reichsregierung und der beteiligten Länderregierungen hinzuwirken. Die Förderung der Neusiedlung und der Anliegersiedlung in den dünnbesiedelten Gegenden des Osthilfegebietes sind im Abschnitt A des Osthilfegesetzes ausdrücklich erwähnt.

Schlange-Schöningen regt am 30.4.1932 eine Chefbesprechung unter dem Vorsitz des Reichskanzlers an, um die strittigen Punkte zu klären und dem Reichskabinett eine Vorlage zur Beschlußfassung vorzulegen[324]. Das Reichsarbeitsministerium hat einen Referentenentwurf ausgearbeitet.

Den Kompetenzstreitigkeiten zwischen Schlange-Schöningen und Stegerwald muß eine größere Bedeutung als üblichen Kompetenzstreitigkeiten zwischen Mi

---

[320] Schlange-Schöningen an den Staatssekretär in der Reichskanzlei, BA R 43/I, Nr. 1289, zit. nach H. Muth, Agrarpolitik und Parteipolitik im Frühjahr 1932, a.a.O. S. 329, Anmerkung 36.

[321] Akten der Reichskanzlei, Bd. 3, S. 2461.

[322] H. Muth, Agrarpolitik und Parteipolitik im Frühjahr 1932, a.a.O., S. 329.

[323] RGBl. 1931, I, S. 665.

[324] Schlange-Schöningen an den Staatssekretär in der Reichskanzlei, 30.4.1932, BA R 43/I, Nr. 1289, zit. nach H. Muth, Agrarpolitik und Parteipolitik, a.a.O., S. 335, Fn. 53.

nistern beigemessen werden, denn dahinter verbergen sich zwei unterschiedliche gesellschaftspolitische Siedlungskonzeptionen. So beschränkt sich Stegerwald darauf, das Siedlungsverfahren als eine von seinem Ministerium zu bewältigende technische und administrative Aufgabe zu betrachten.[325] Er will die Siedlungsaufgabe so preiswert wie möglich lösen und führt daher die Kostspieligkeit als Argument gegen Schlange-Schönigens neue Verfahrensvorschläge an. Dieser hingegen strebt nach einer strukturpolitisch zukunftsträchtigen Lösung[326] und will deshalb, daß Osthilfe und Siedlung in einer Hand liegen und ohne Meinungsverschiedenheiten mehrerer Stellen in Angriff genommen werden. Er will nicht die Rolle des nur subventionspolitisch tätigen Osthilfekommissars übernehmen.

Brüning bezieht in diesen Kompetenzrangeleien keine klare Position. Während in zwei Chefbesprechungen die in Zusammenhang mit der geplanten Siedlungsverordnung stehenden Finanz- und Wirtschaftsfragen erörtert werden, wird die Kompetenzfrage vertagt. Eine schnelle Durchführung der Siedlungspläne wird durch diese Ressortstreitigkeiten verschleppt. Schlange-Schöningen wird gelegentlich vorgeworfen, hinter seinen Ressortansprüchen verberge sich die Absicht, die Siedlung im Interesse seiner Berufskollegen[327] zu behindern.[328]

Ungeklärt ist auch die Frage der Finanzierung der Ostsiedlung. Der Reichsbankpräsident spricht sich zwar für die Siedlung aus, zieht der Finanzierung aber enge Grenzen.[329]

Ein weiterer Streitpunkt zwischen Stegerwald und Schlange-Schöningen ist die Frage, ob die nicht mehr entschuldungsfähigen Güter zunächst einer Auffangorganisation oder direkt der Siedlung zugeführt werden sollen.

Am 9. Mai 1932 schickt Schlange-Schöningen einen neuen Entwurf an Staatssekretär Pünder, welcher auf dem des Reichsarbeitsministers basiert, die Zuständigkeiten jedoch zugunsten des Reichskommissars festlegt. Der Entwurf ist überschrieben mit „Verordnung des Reichspräsidenten zur Förderung der landwirtschaftlichen Siedlung" und befaßt sich mit der Verwendung derjenigen landwirtschaftlichen Betriebe, welche nicht mehr entschuldet werden können. Durch Zwangsversteigerungen jener Güter sollen die Voraussetzungen für eine großzügige Siedlung geschaffen werden. Der Entwurf enthält eine Ermächtigung für den Reichskommissar, im Osthilfegebiet *„Grundstücke, die nach den gesetzlichen*

---

[325] H. Muth, Agrarpolitik, a.a.O., S. 335.
[326] Ebenda.
[327] Schlange-Schöningen besaß das Gut Schöningen in Pommern, südlich von Stettin.
[328] Stegerwald an Staatssekretär in der Reichskanzlei, 13. Mai 1932, BA R 43/I, Nr. 1289, zit. nach Muth, Agrarpolitik und Parteipolitik, a.a.O., S. 330, Fn. 40.
[329] Tagebuchbericht Luthers vom 8.4.1932, BA, Nachlaß Luther 368, zit. nach U. Wengst, a.a.O., S. 541 f.

Vorschriften über die landwirtschaftliche Entschuldung nicht mehr entschuldet werden können und für die andere, die Gewähr zweckmäßiger Verwendung bieten- de Erwerbungen nicht vorhanden sind ... freihändig zu einem angemessenen Preis" oder auf dem Weg der Zwangsversteigerung zu erwerben (1). In § 3 heißt es, daß der Reichskommissar darüber entscheiden solle, *„ob und inwieweit die er- worbenen Grundstücke gegebenenfalls unter Belassung eines Restgutes, für die landwirtschaftliche Siedlung oder die Aufforstung oder für beide Zwecke zu ver- wenden sind"*.[330]

Die Regierung gerät durch das SA- und SS-Verbot vom 13. April 1932 in eine Krise. Das Ansehen des Kabinetts hat Schaden genommen, und die Regierung kann es sich nicht leisten, nach außen weiter Unentschlossenheit und Uneinigkeit zu zeigen. So wird der Kompetenzstreit abrupt beendet, und zwar mit dem 13. Mai 1932. Von diesem Tag datiert das letzte Schreiben des Kompetenzstreites, nämlich ein Brief von Stegerwald an Schlange-Schöningen, der unbeantwortet bleibt.[331]

Am 20. Mai 1932 findet eine Ministerbesprechung statt, in welcher der Ent- wurf Schlange-Schöningens, der vom Reichsarbeitsminister überarbeitet und weitgehend unverändert übernommen worden ist, behandelt wird.[332] Brüning teilt mit, daß die noch offene Zuständigkeit in der Siedlungsangelegenheit in einer Be- sprechung zwischen Stegerwald und Schlange-Schöningen geregelt werden sol- le.[333] Meinungsverschiedenheiten gibt es noch hinsichtlich der Preisfestsetzung der überschuldeten Betriebe. Der Reichsfinanzminister fragt an, ob nicht der ge- samte Grundbesitz den Siedlern unentgeltlich gegeben werden könne und errech- net dafür einen Finanzaufwand von 200 Millionen RM.[334] Gegen diesen Vorschlag gibt es Einwände. Stegerwald befürchtet, daß die alten Besitzer mit Berufungen vorstellig werden könnten.[335] Diskutiert wird auch das Problem der Hypotheken, die auf den Grundstücken lasten. Zur Finanzierung heißt es, daß neue Schuldver- schreibungen vorgesehen seien. Beschlossen wird die Änderung einiger Formulie- rungen des Entwurfs,[336] doch kommt es zu keiner weiteren Beratung über den Ent- wurf mehr.

---

[330] Abgedruckt bei H. Michaelis/E. Schraepler, a.a.O., S. 505 ff und H. von Borcke-Stargordt, Der ostdeutsche Landbau zwischen Fortschritt, Krise und Politik. Ostdeutsche Beiträge aus dem Göt- tinger Arbeitskreis, Bd. III, Würzburg 1957, S. 166 ff sowie in den Akten der Reichskanzlei, Bd. 3, S. 3501 ff.

[331] H. Muth, Agrarpolitik und Parteipolitik, a.a.O., S. 337.

[332] Somit unzutreffend: H. Muth, der die Ansicht vertritt, daß der Entwurf in der letzten Fassung, die er von Schlange-Schöningen erhalten hatte, am 20.5.1932 dem Kabinett vorgelegt wurde. Vgl. H. Muth, Agrarpolitik und Parteipolitik, a.a.O., S. 337.

[333] Akten der Reichskanzlei, Bd. 3, S. 2546.

[334] Akten der Reichskanzlei, Bd. 3, S. 2547.

[335] Akten der Reichskanzlei, Bd. 3, S. 2548.

[336] Ebenda.

Am 21. Mai 1932 einigen sich Stegerwald und Schlange-Schöningen. Steger-wald gibt in der Frage der Auffangorganisation nach und gesteht diese für alle nicht mehr zu entschuldenden Güter grundsätzlich zu. Eine Umgehung der Auffangorganisation soll aber nicht ausgeschlossen sein, wenn sich der Leiter der Landstelle und der Siedlungskommissar darüber einig seien, *„daß ein Gut unter Umgehung dieser Auffangorganisation direkt der Siedlung zugeführt werden könne".*[337] Weitere kleine Textkorrekturen werden vorgenommen, um den Text dem Kabinett zur endgültigen Entscheidung über die Notverordnung zuzuleiten.

Der Entwurf, der – wie beschrieben – in Zusammenarbeit zwischen dem Reichsarbeitsminister und dem Ostkommissar entstanden ist, wird dem auf seinem Gut Neudeck in Ostpreußen[338] weilenden Reichspräsidenten von Schlange-Schö-ningen zugestellt.[339] Nach späteren Angaben von Schlange-Schöningen waren Hindenburg die Siedlungsvorhaben schon vor dessen Reise nach Neudeck bekannt, da der Reichspräsident von ihm seit Weihnachten 1931 über die Siedlungspläne auf dem laufenden gehalten worden war. Vor seiner Ostpreußenreise sei der Reichspräsident mit diesen Plänen bereits einverstanden gewesen.[340]

Brüning schreibt in seinen Memoiren, daß ein großzügiger Siedlungsplan, nach welchem innerhalb von zwei Jahren 150.000 Siedler angesiedelt werden sollten, ohne daß dafür der gut wirtschaftende Großgrundbesitz aufgeteilt werden sollte, fertiggestellt worden sei. Ein weitgehenderer Referentenentwurf aus dem Reichsarbeitsministerium sei nie vor das Kabinett gelangt. *„Als ich davon erfuhr, habe ich Sorge getragen, daß er nicht einmal als Grundlage für weitere Besprechungen diente".*[341] Dieser Verordnungsentwurf sei mißbraucht worden und von von Gayl, der als Direktor der Ostpreußischen Landgesellschaft davon Kenntnis gehabt habe, dem Reichspräsidenten *„in entsprechender Aufmachung natürlich"* in die Hände gespielt worden.[342] Der Historiker Werner Conze vollzieht die Entwicklung anhand von Dokumenten aus dem Nachlaß von Gayls folgendermaßen nach: Von Gayl hatte Kenntnis von dem Entwurf und wandte sich daraufhin besorgt in einem Brief an Hindenburg, weil er in dem Entwurf eine *„verschleierte Enteignungsbefugnis"* erblickte.[343] Durch das Antwortschreiben Meißners an von Gayl[344] werde

---

[337] Stegerwald an Reichskommissar, 21.5.1932, BA R 43 I, Nr. 1812, zit. nach H. Muth, Agrarpolitik und Parteipolitik, a.a.O., S. 338.

[338] Hindenburg war sein ost-preußisches Gut von der deutschen Wirtschaft zu seinem 80. Geburtstag geschenkt worden.

[339] H. Niehaus, a.a.O., S.201.

[340] H. Schlange-Schöningen, Am Tage danach, a.a.O., S. 69.

[341] H. Brüning, Memoiren, S. 574.

[342] H. Brüning, a.a.O., S. 574.

[343] Schreiben von Gayls an Hindenburg vom 24. Mai 1932, abgedruckt bei W. Conze, Zum Sturz Brünings, a.a.O., S. 276 f.

[344] Vgl. Dok. Nr. 8 bei W. Conze, Zum Sturz Brünings, a.a.O., S. 277.

deutlich, daß Hindenburg schon von einer anderen Seite her über die Siedlungspläne des Kabinetts Brüning in Kenntnis gesetzt worden sei.

Nicht endgültig geklärt werden kann die Frage, ob Hindenburg von Schlange-Schöningen selber diesen Entwurf zugestellt bekam oder ob er ihm von einer dritten Person in die Hände gespielt wurde.

Sicher ist hingegen, daß die Presse sehr früh von dem Entwurf erfuhr, wobei nicht geklärt ist, wer ihn der Presse zuspielte. Die Berliner Börsenzeitung berichtet am 21. Mai 1932 von dem Siedlungsentwurf und spricht von einem „an Bolschewismus grenzenden Experiment".[345] In der Deutschen Getreidezeitung wird der Entwurf bereits am 15. Mai 1932 veröffentlicht.[346] Fest steht auch, daß einige ostdeutsche Großgrundbesitzer frühzeitig von den neuen Siedlungsplänen wissen. Die Großgrundbesitzer sehen sich durch den Entwurf in ihrer Existenz bedroht und bringen diese Besorgnis in Briefen an – und möglicherweise auch in persönlichen Gesprächen mit – Hindenburg zum Ausdruck. An der Intervention der Großgrundbesitzer gegen das Kabinett Brüning ist auch der Reichslandbund beteiligt,[347] und auch die Deutschnationale Reichstagsfraktion läßt die Gelegenheit, gegen den Notverordnungsentwurf zu wettern, nicht ungenutzt.[348]

Von Gayl bezeichnet in seinem Brief an Hindenburg den Entwurf als „neues Abgleiten in den Staatssozialismus".[349] Auch Graf Kalckreuth, der Präsident des Reichslandbundes, drückt in einem Brief an Hindenburg vom 24. Mai 1932 seine Besorgnis über die Pläne der „Enteignung" aus.[350]

Die Agrarier sind beunruhigt durch die Vorstellung, proletarische Kleinbauern als Nachbarn zu bekommen, die ihre ostelbischen politischen Domänen gefährden. Ihre Vertreter liegen daher dem zum Pfingsturlaub auf seinem Gut Neudeck weilenden Hindenburg in den Ohren, um solchen „Agrarbolschewismus" zu verhüten, dessen Drohung allein schon die empfindlichen Seelen derer, die – wie es in einem Protestschreiben des Direktors der ostpreußischen Landgesellschaft heißt – „bisher Träger des nationalen Wehrwillens gegen Polen" gewesen waren, furchtbar zermürbe.[351]

Aus dem Gegenentwurf von Gayls für ein neues Siedlungsverfahren im Osten vom Mai 1932[352] wird deutlich, daß die Großgrundbesitzerkreise des deutschen

---

[345] Zit. nach H. Niehaus, a.a.O., S. 205.

[346] Ebenda, S. 206.

[347] Hierzu ausführlich: K.D. Bracher, Die Auflösung der Weimarer Republik, a.a.O., S. 454.

[348] Vgl. die Entschließung der Deutschnationalen Reichstagsfraktion vom 24.5.1932, in: Akten der Reichskanzlei, Bd. 3, Dok. Nr. 768, S. 2578 f.

[349] Der Brief ist abgedruckt bei W. Conze, Zum Sturz Brünings, a.a.O., S.276 f.

[350] Abgedruckt bei H. Michaelis/E. Schraepler, a.a.O., S. 508.

[351] H. Heiber, Die Republik von Weimar, dtv-Weltgeschichte des 20. Jahrhunderts, 18. Aufl., München 1988, S. 251.

[352] Abgedruckt als Dok. Nr. 512d bei K. D. Bracher/E. Matthias/ R. Morsey, a.a.O., S. 1493 f.

Ostens die Siedlung generell ablehnen und statt dessen finanzielle Unterstützungen der landwirtschaftlichen Betriebe verlangen, ohne Vorschläge zur Finanzierung solcher Forderungen zu machen. Die Bereitschaft, Güter, die nicht zu halten sind, abzutreten, damit sie an freie Bauern vergeben werden können, ist nicht vorhanden. Gegen die Siedlung führt man das Argument an, daß sogar erfahrene, mit den Verhältnissen im Osten vertraute Landwirte ihre Güter nicht rentabel bewirtschaften können, und stellt dann die Frage, wie unter solchen Bedingungen neue Siedler diesem Schicksal entgehen können sollen.[353]

Von der breiten Bevölkerung hingegen werden Siedlungsbestrebungen wegen der allgemeinen Angst vor dem polnischen Nachbarn als Schutzwall gegen Polen begrüßt.

Schlange-Schöningen wird von Staatssekretär Meißner angerufen, welcher ihm von einer starken Beunruhigung Hindenburgs wegen der Siedlungspläne berichtet. Meißner überbringt ihm den Vorschlag, sich bei Hindenburg zum Vortrag anzumelden.[354] Schlange-Schöningen kommt ebenfalls zu dem Schluß, daß Hindenburg in Ostpreußen von seinen Nachbarn und somit von Großagrariern einseitig beeinflußt worden sei. Als vielleicht folgenschwer erweist sich später seine Weigerung, den Vorschlag Meißners zu befolgen, sich beim Reichspräsidenten zu einem Vortrag anzumelden. Schlange-Schöningen begründet das damit, daß seine *„Neigung zur Rechtfertigung vor hohen Herren, die sich durch Hintertreppenmitteilungen unverantwortlicher Verantwortlicher orientieren lassen"*, nie sehr groß gewesen sei.[355]

Vom 26. Mai 1932 datiert ein Brief Meißners an Schlange-Schöningen, in welchem er mitteilt, daß der Reichspräsident den Absichten der Reichsregierung auf dem Gebiete der Siedlung nicht zustimmen könne. Der Reichspräsident halte es für unmöglich, daß die Ost- bzw. Landstelle die ihrer Ansicht nach nicht mehr entschuldungsfähigen Grundstücke von sich aus der Zwangsversteigerung zuführen könne. *„Der Reichspräsident hält hier eine andere Regelung für notwendig, die diesen Bedenken Rechnung trägt und auch eine Mitwirkung der berufsständigen Organe der Landwirtschaft vorsieht".*[356] Der zweite Einwand Hindenburgs richtet sich gegen die Aufteilung der Zuständigkeiten für das Siedlungswesen auf mehrere Stellen.[357]

Schlange-Schöningen schreibt Hindenburg daraufhin einen Brief, worin er diesen darauf aufmerksam macht, daß er die letzte Fassung des Entwurfes noch gar

---

[353] H. Männel, a.a.O., S. 72 f.
[354] H. Schlange-Schöningen, Am Tage danach, a.a.O., S. 70.
[355] H. Schlange-Schöningen, Am Tage danach, a.a.O., S. 70.
[356] Abgedruckt bei H. Michaelis/E. Schraepler, a.a.O., S. 510.
[357] H. Schlange-Schöningen, Am Tage danach, a.a.O., S. 70.

nicht kenne und daß an diesem Entwurf nur die Verkürzung der Fristen für die Einleitung der Zwangsversteigerung neu sei, ohne die man nicht zu der schnellen Aufräumarbeit komme, welche aus volkswirtschaftlichem Interesse erforderlich sei. Von Enteignung des Großgrundbesitzes könne nicht die Rede sein. Niemand werde enteignet. Nach der letzten Fassung des § 1 könnten nur solche Betriebe zur Zwangsversteigerung kommen, die in den Händen der jetzigen Besitzer wegen Überschuldung beim besten Willen nicht mehr zu halten seien. Ein entscheidendes Mitbestimmungsrecht zu erteilen, habe er abgelehnt. Er könne es aus Gründen der Gerechtigkeit den landwirtschaftlichen Organisationen auch nicht zubilligen. Er beendete den Brief mit dem Satz: *„Sollte ich aber nunmehr Ihr volles Vertrauen eingebüßt haben, ohne das ich zweckdienlich nicht zu arbeiten vermag, so bitte ich ergebenst, mich von meiner Verantwortung zu entbinden, die ich dann nicht mehr zu tragen imstande wäre“.*[358]

Am 28. Mai 1932 findet eine Chefbesprechung zwischen Reichsernährungsminister Schiele, Reichsjustizminister Joël und dem Reichskommissariat statt, in der darüber beraten wird, wie den Bedenken des Reichspräsidenten gegen den Siedlungsentwurf begegnet werden könne. Man einigt sich darauf, daß dem bisherigen Grundstückseigentümer nach Erwerb des Grundstückes durch das Reich die Möglichkeit gegeben werden solle, bei der Besiedlung des Gutes einen größeren Teil als Siedlungsgut für sich zu behalten. Eine entsprechende Formulierung soll in den Verordnungsentwurf eingefügt werden[359].

Der Siedlungsentwurf soll dem Reichspräsidenten zusammen mit anderen Kabinettsbeschlüssen als „Fünfte Notverordnung“ zur Orientierung vorgelegt werden[360]. Es kommt nun zu einer Besprechung zwischen dem Reichskanzler und Hindenburg, die nach Angaben Brünings sehr kurz ist und in der es zu keiner Aussprache über die Siedlungsproblematik mehr kommt. Brüning bietet seinen Rücktritt an, den Hindenburg sogleich annimmt.

Daß Hindenburg schon früher überlegt hat, sich von Brüning zu trennen, wird daraus ersichtlich, daß er sich auf keine Aussprache über diesen Siedlungsentwurf mehr einließ. Von den Bemühungen und großen Aufwendungen, die die Regierung Brüning vorher unternommen hatte, um auch den Großgrundbesitz zu retten, wird von den Kritikern des Entwurfes nicht mehr gesprochen. Brüning rechtfertigt den Siedlungsentwurf folgendermaßen: *„Kann ich es verantworten, vor dem übrigen Deutschland, den lebensfähigen Grundbesitz im Osten des Reiches mit der Aufbietung aller denkbaren Möglichkeiten zu retten und gleichzeitig darauf verzichten,*

---

[358] Der Brief ist abgedruckt bei H. Michaelis/E. Schraepler, a.a.O., S. 510 f.
[359] Akten der Reichskanzlei, Bd. 3., S. 2583.
[360] Th. Vogelsang, a.a.O., S. 194.

den nicht lebensfähigen Grundbesitz der Siedlung zuzuführen? (…) Es war meine Pflicht, auch daran zu denken, daß Hunderttausende von armen Kleinbauern im Westen und Süden sehnsüchtig Ausschau halten, um einmal eine Scholle auch für sich zu bekommen".[361]

Der Sturz des Reichskanzlers

Den Entschluß, sich vom Kabinett Brüning zu trennen, scheint der Reichspräsident schon lange vor diesem letzten Gespräch mit dem Reichskanzler gefaßt zu haben.[362]

Der Grund für Hindenburgs Wunsch, sich von Brüning zu trennen, lag nicht allein in den Differenzen um die Siedlungspolitik. Die Entfremdung zwischen Hindenburg und Brüning hat ihre weiteren Ursachen in den Meinungsverschiedenheiten bezüglich des SA- und SS-Verbots vom April 1932 und der Weigerung Brünings, sein Kabinett – entgegen dem Willen Hindenburgs – nach rechts hin auszuweiten und die Deutschnationalen in die Regierungsverantwortung mit einzubeziehen.[363]

Ein weiterer Grund für die Abkehr Hindenburgs von Brüning ist die Tatsache, daß es Brüning 1932 nicht gelang, eine dem Reichspräsidenten genehme Plattform für seine Wiederwahl zum Reichspräsidenten zu schaffen.

Brüning schreibt in seinen Memoiren: *„Der Reichspräsident sagte, es sei ihm schmerzlich festzustellen, daß ich fortschreitend an Boden verliere. Er habe eine große Anzahl von Briefen.… bekommen, die sich gegen meine Politik aussprachen und meine Entfernung verlangten.(…). Aber als ich die Wirkung der ersten Briefe auf den Reichspräsidenten sah, merkte ich, daß es diesem zwar schwer fiel* (sic)*, sich von mir zu trennen, daß er es aber gerne gesehen hätte, wenn sich durch irgendein Ereignis eine Trennung ergäbe, ohne daß er dafür die Verantwortung trüge"*.[364]

Die Differenzen um die Siedlungsverordnung sind das letzte Glied in einer Kette von Faktoren, die zur endgültigen Abkehr des Reichspräsidenten vom Reichskanzler Brüning führen. Die Verordnung bietet dem Reichspräsidenten

---

[361] Aus der Rede Brünings in Mainz während des hessischen Wahlkampfes, 17. Juni 1932, abgedruckt in: Ursachen und Folgen, a.a.O., Dok. Nr. 1840, S. 512.

[362] H. Brüning, a.a.O., S. 599.

[363] K. D. Erdmann, Die Weimarer Republik; Gebhard, Handbuch der deutschen Geschichte, Bd. 19, hrsg. von H. Grundmann, S. 294; D. Walz, a.a.O., S. 207; H. Pünder, Politik der Reichskanzlei. Aufzeichnungen aus den Jahren 1929–1932, hrsg. von Th. Vogelsang, Stuttgart 1961, S. 126. Aus den Protokollen der Reichstagsfraktion und des Fraktionsvorstandes der Deutschen Zentrumspartei geht hervor, daß schon am 12. Oktober 1931 Differenzen zwischen Brüning und Hindenburg wegen einer Schwenkung nach rechts auftraten. Vgl. die Protokolle, a.a.O., S. 542 f.

[364] H. Brüning: Memoiren, S. 417.

willkommenen Anlaß, zum entscheidenden Schlag gegen das Kabinett Brüning auszuholen.

Aufschlußreich sind die Memoiren des Reichskanzlers in Zusammenhang mit seiner Demission: „*Aber die Demission lag fest. Am Sonntag um elf Uhr begab ich mich zum Reichspräsidenten. Er empfing mich sehr kühl. Ich erklärte ihm, daß die Notverordnung sofort unterzeichnet werden müßte, weil das Hinziehen seiner Zustimmung eine starke Unsicherheit im In- und Auslande hervorriefe. Ich müsse es als verantwortungsvoller Leiter der Politik als meine Pflicht betrachten, ihn darauf aufmerksam zu machen, wie gefährlich diese Situation sei. Wenn er wochenlang abwesend sei, ohne daß es mir erlaubt würde, mit ihm unmittelbar in Verbindung zu treten, aber politisch Andersgesinnte die Möglichkeit hätten, ihre Beurteilung der Lage ihm vorzutragen, so entstände dadurch eine Lage, die für das Vaterland die abträglichste wäre, die man sich überhaupt vorstellen könne. In diesem Augenblick sah ich, wie der Reichspräsident sein Brillenetui zur Hand nahm, und nun fiel mein Blick auf einen großen Aktenbogen, auf dem in der Handschrift des Reichspräsidenten, offenbar in Eile hingekritzelt, nur ein paar Worte standen. Jetzt fiel mir wieder ein, daß ich im Vorzimmer den Mantel und die Mütze des Generals von Schleicher (wie ich annahm, obwohl sie auch Blomberg gehören konnten) hatte hängen sehen. Die Dinge hatten sich wohl so schnell abgespielt, daß er nicht mehr die Zeit gehabt hatte, alle Dokumente seiner Anwesenheit zu beseitigen, ehe er in das Zimmer Oskar von Hindenburgs verschwand. Die Miene des Reichspräsidenten beobachtend, wußte ich nun, daß es endgültig aus war. Der Reichspräsident ließ mich reden. Ich setzte ihm auseinander, daß es mein Bestreben sei, die schrankenlose und planlos ausgeübte Macht des Parlaments so weit einzuschränken, daß es einer Regierung ... keine Schwierigkeiten mehr mache. Die Regierung sei dadurch absolut überparteilich geworden. Sie habe die außenpolitischen Arbeiten so vollziehen können, daß die Erfolge nun greifbar seien. Das sei aber nur durch große Geduld und vorübergehende Unpopularität möglich gewesen. Wenn erst die Erfolge sichtbar wären, würde diese Unpopularität schwinden ...*

Er (der Reichspräsident) müsse im Interesse des Staates dafür sorgen, daß diese Nebenregierung, gleichgültig welche Art von Reichsregierung die Verantwortung trage, aufhöre ... Ich bäte ihn, doch nicht in einem Augenblick, wo die große Chance bestände, im Rahmen der Verfassung eine zuerst in den Ländern zu vollziehende Wendung nach rechts vorzunehmen, während im Reich noch eine überparteiliche Regierung bestehe, die Autorität dieser Regierung zu zerstören.

Mit den in barschem, grobem Ton gesprochenen Worten: ‚Über Ihre Neigung nach rechts zu gehen, hört man aber auch ganz andere Ansichten‘, setzte der Reichspräsident die Brille auf, ergriff den Aktenbogen auf dem Schreibtisch und las, ohne weiter ein Wort zu äußern vor:

1. *Die Regierung erhält, weil sie unpopulär ist, von mir nicht mehr die Erlaubnis, neue Notverordnungen zu erlassen.*
2. *Die Regierung erhält von mir nicht mehr das Recht, Personalveränderungen vorzunehmen. ,…*

Ich antwortete: ‚Wenn ich die mir soeben vorgelesenen Äußerungen richtig verstehe, so wünschen Sie, Herr Reichspräsident, die Gesamtdemission des Kabinetts.' Antwort des Reichspräsidenten: ‚Jawohl. Diese Regierung muß weg, weil sie unpopulär ist. Ich begann dann, ihm … zu sagen, daß ich dem Kabinett genau berichten würde, wie er meine Demission gefordert hätte, … Nach 26monatiger Zusammenarbeit wolle ich meinerseits von ihm in einer Form scheiden, die in der Öffentlichkeit nichts an dem Eindruck meiner Verehrung für seine Person ändere. Ich bedaure, daß er meine Arbeit abbreche, aber da ich nur auf sein dringendes Bitten und auf sein wiederholtes Versprechen, stets hinter mir zu stehen, das Amt übernommen hätte, so sähe ich nach diesen Vorgängen keine Möglichkeit einer ersprießlichen Arbeit. Der Reichspräsident sagte, er müsse sich dagegen wenden, daß ich behauptet hätte, sein Sohn griffe in die Politik ein. Ich antwortete ruhig, aus vollem Bewußtsein, gerade um seine Wiederwahl zu ermöglichen, sei nie, selbst nicht gegenüber meinen engsten Mitarbeitern, ein Wort über die Einmischung seines Sohnes über meine Lippen gekommen …

Im übrigen müsse er mir erlauben, ihm bei aller Verehrung und Schonung zu sagen, daß man keine Außenpolitik betreiben könne in entscheidenden Augenblicken, wenn Herr von Schleicher in Gegenwart des Chefs der Heeresleitung dem französischen Botschafter erkläre, es habe für die französische Politik keinen Zweck mehr, mit mir zu verhandeln, da ich gestürzt sei. Das sei Landesverrat. Diese Persönlichkeiten würden aber von ihm gedeckt, während diejenigen, die seine Wahl durchgesetzt hätten, von ihm verlassen würden. Der Reichspräsident…. fand keine Antwort … Im Stehen sagte er: ‚Natürlich müssen Sie Außenminister bleiben.' Antwort: ‚Herr Reichspräsident, auch ich habe ein Gewissen, und dieses zwingt mich, in bezug auf Staatsnotwendigkeiten nicht innerhalb eines Monats in entscheidenden Fragen von einem Extrem ins andere zu fallen.'[365]

Der SPD-Reichstagsabgeordnete Hoegner beschreibt den Sturz folgendermaßen: „Dann kam für den Reichskanzler Brüning der Dank des Hauses Hindenburg. Der frühere Reichskanzler Dr. Wirth hat mir in der Schweiz die Verabschiedung Brünings folgendermaßen geschildert: Hindenburg hatte bei der Besprechung mit Brüning am 30. Mai 1932 einen Zettel in der Hand, auf dem in Riesenbuchstaben die Worte ‚Bolschewik' und ‚Katholen' aufgeschrieben waren. Das Ge-

---

[365] H. Brüning: Memoiren, S. 597 ff.

spräch begann Hindenburg mit dem Vorwurf, daß Brüning einen Bolschewiken in seiner Regierung habe. Gemeint war der Reichskommissar Dr. Schlange-Schöningen, der Rittergüter, die wirtschaftlich nicht mehr zu retten waren, mit süddeutschen Bauernsöhnen besiedeln wollte. Man hatte gemunkelt, daß es katholische Bauern seien, die im rein evangelischen Osten in geschlossenen Dörfern angesiedelt werden sollten. Das schlug bei dem strengen Protestanten Hindenburg dem Faß den Boden aus. Brüning wurde ziemlich ungnädig als Reichskanzler entlassen.“[366]*

Im Tagebuch des Staatssekretärs Pünder steht unter dem Datum des 29. Mai 1932:

„Es ist 11 Uhr morgens. In diesem Augenblick beginnt der denkwürdige Vortrag des Reichskanzlers beim Reichspräsidenten, der heute früh aus Neudeck zurückgekehrt ist. Die Presse ist voll von Nachrichten über dieses Ereignis. Im allgemeinen glaubt die Presse und die weitere Öffentlichkeit an eine positiven Ausgang der Besprechung. Ich bis gestern auch. Augenblicklich bin ich aber doch sehr skeptisch. Die Auffassung, daß Brüning versäumt hätte, den Anschluß nach rechts zeitig zu finden, scheint sich beim alten Herrn doch sehr festgesetzt zu haben. Gestern nachmittag war Meißner noch einmal beim Kanzler und hat ihm stimmungsmäßig allerlei Einzelheiten erzählt, wie es insbesondere im Kopf des Sohnes Hindenburg aussieht. Letzterer ist eine recht gefährliche Figur, wohl kein Intrigant, aber recht töricht und von ziemlichem Einfluß auf den Vater. Er hält offensichtlich nichts von den „Gewerkschaftlern“ Brüning und Stegerwald. Es sind auch zu wenig Adelige im Kabinett. Ihm schwebt anscheinend ein Kabinett mit dem Grafen Westarp oder dem früheren Landrat von der Osten als Kanzler vor. In diesem Kabinett soll Herr von Hassell als Außenminister, Herr von Krosigk als Finanzminister und Schleicher als Wehrminister sitzen. Angeblich soll mit Krosigk schon diesbezügliche Fühlung genommen worden sein, was kein angenehmes Licht auf Krosigk werfen würde. Durch solche Nachrichten war der Kanzler sehr deprimiert und wurde nur noch bestärkt in der Auffassung, daß er keine Basis mehr habe. Er hat es eben satt und will dann auch von sich aus Schluß machen.“[367]

In seinen Erinnerungen schreibt der gestürzte Kanzler, wie er dem Reichspräsidenten die Gesamtdemission des Kabinetts überbrachte. Der Vortrag bei Hindenburg war für die Zeit unmittelbar vor dem Aufmarsch der Skagerrakwache angesetzt. Nach Überbringung der Gesamtdemission seien freundliche Worte auf beiden Seiten gefallen. *„Der Reichspräsident sagte: ,Ich mußte Sie wegen meines Namens und meiner Ehre entlassen‘. Antwort: ,Herr Reichspräsident, auch ich habe*

---

[366] W. Hoegner: Der schwierige Außenseiter, München 1959, S. 62.

[367] Hermann Pünder: Politik in der Reichskanzlei, Stuttgart 1961, S 127.

einen Namen und eine Ehre vor der Geschichte zu verteidigen!' Sekunden des Schweigens...Ich sagte: ,Herr Reichspräsident, ich muß mich jetzt verabschieden, damit Sie rechtzeitig beim Aufziehen der Wache in das Portal treten können.' Der Reichspräsident: ,Darf ich Sie noch einmal beim Portepee fassen, daß Sie das Außenministerium übernehmen?' Ich stand bereits in der Tür. Bis jetzt hatte der Reichspräsident an beiden Tagen noch kein Wort des Dankes ausgesprochen. Antwort: ,Herr Reichspräsident, Sie dürfen nicht vergessen, daß ich kein Bethmann-Hollweg bin. Wenn ich die Überzeugung habe, daß die Politik falsch ist, scheide ich ohne Groll aus dem Amte, aber ich kann als Christ vor meinem Gewissen nicht bestehen, wenn ich die Verantwortung für etwas übernehmen soll, das ich nicht mit meinem Gewissen vereinbaren kann. Ich hoffe nur eines, Herr Reichspräsident, daß Ihre Ratgeber Sie nicht auf einen Weg drängen, der zum Verfassungsbruch führt.' Der Reichspräsident sah mich scharf an. Schon klopfte es an der Türe. Anscheinend hatte man Sorge, die Unterhaltung dauere zu lange."[368]

Brüning erlebt die Erfolge seines Ausharrens, als es zu spät ist. Der US-amerikanische Botschafter in Berlin, Frederic Sackett, überreicht dem entlassenen Reichskanzler einen Brief des US-Präsidenten Hoover mit umfangreichen finanziellen Hilfsangeboten der Vereinigten Staaten. Brünings Frage, ob dieses Unterstützungsangebot auch für seinen Nachfolger gelte, wird entschieden verneint.

In der ausländischen Presse, vornehmlich in der britischen und US-amerikanischen, wird der Sturz Brünings meist bedauert. So heißt es im ,Economist' am 4. Juni 1932: „*Der Abbruch der Zusammenarbeit Dr. Brünings und des Reichspräsidenten von Hindenburg ist sowohl für Deutschland wie für die ganze Welt ein schweres Unglück. Diese Zusammenarbeit war der Schlußstein des Dammes, der bis heute unter steigendem Druck die ungestümen Wasser der deutschen Politik zurückhielt.*" Der englische Publizist Garvin schreibt am 9. Oktober des Jahres im ,Observer': „*Mehr als je erscheint Dr. Brünings Sturz als ein europäisches Unglück. Mit ihm verschwand ein unschätzbarer Aktivposten an Vertrauen. Von ihm würden Konzessionen erreicht worden sein, die seinen Nachfolgern nicht gemacht werden.*"[369]

Auch deutsche Presse zollt dem Alt-Kanzler Respekt. Die Deutsche Allgemeine Zeitung schreibt am 9. Juli 1932 zu dem Regierungswechsel: „*Brünings persönliche Tätigkeit und Lauterkeit ist über jeden Zweifel erhaben. Seine ungeheure Arbeitskraft zwingt zur Bewunderung ... Seine Charakterfestigkeit wird von keinem politischen Gegner bestritten. Er ist ein Märtyrer seiner Überzeugung. Warum aber mußte er gehen? Vor allem kann in dem überwiegend evangelischen deut-*

---

[368] H. Brüning: Memoiren, S. 601 f.
[369] Abgedruckt in der Fuldaer Zeitung, 22. 10.1932.

schen Volke unmöglich eine katholische Partei die christliche Demokratie schaffen, nach der sich auch unzählige Protestanten im Gegensatz zur Herrschaft des Marxismus sehnen."

In der Abendausgabe für Groß-Berlin des 30. Mai 1932 allerdings stellt die Deutsche Allgemeine Zeitung in ihrem Beitrag ‚Der Abgang' nicht nur Brünings Qualitäten und Verdienste wie seine uneigennützige Selbstaufopferung und seinen Widerstand gegen jede Form einer neuen Inflation heraus, sondern wirft ihm auch zugleich vor, sich aus politischem Opportunismus immer mehr der Linken zugeneigt zu haben.

Die Vossische Zeitung kommentiert die Ereignisse im Leitartikel ihrer Abendausgabe des 30. Mai 1932: „*Sein beispielloser Mut zur Unpopularität hat Deutschland in einer Zeit, in der in der ganzen Welt die schwersten Erschütterungen eingetreten sind, über die größten Gefahren hinweggeführt. Ungeheuer waren die Opfer, die der Nation auferlegt wurden. Sie waren gebracht im Dienste des großen außenpolitischen Ziels der Befreiung.*"

Das Berliner Tageblatt berichtet am selben Tag unter der Überschrift ‚Kurswechsel', Brüning habe keinen Zweifel daran gelassen, daß sein Rücktritt endgültig sei, und die Umstände, unter denen sich der Rücktritt vollzog, seien so eindeutig, daß auch die oberste Stelle im Reiche die Absicht eines Kurswechsels nicht werde bestreiten können. Brüning habe diesen Kurswechsel nicht mitmachen wollen.

„*Die Kräfte, die Brünings Sturz herbeigeführt haben und die Stelle, die dem Einfluß dieser Kräfte nachgegeben hat, haben eine außerordentlich schwere Verantwortung auf sich genommen ... Das, was jetzt beginnt, ist in jedem Falle ein Experiment mit ungewissem Ausgang. Die Stetigkeit der Linie wird unterbrochen. Die Entlassung Brünings, der ganz gewiß keinen linken Kurs gesteuert hatte, kann nur den Sinn haben, daß das Hindernis beseitigt werden soll, das einem Regime der ausgesprochenen Rechten bisher im Wege stand.*"

Brüning faßt als Nachfolger Carl Goerdeler ins Auge. Sein Vorschlag findet kein Gehör, die Amtsgeschäfte werden Franz von Papen übertragen. Wieder wird in der Geschichte der jungen Weimarer Republik ein Reichstag aufgelöst. Es kommt die sogenannte „Regierung der Barone" unter Reichskanzler von Papen. Die Neuwahlen finden am 31. Juli 1932 statt.

Mit Brünings Sturz beginnt die letzte Phase des Auflösungsprozesses der Weimarer Republik. Brüning wird die Umstände seines Sturzes, den Undank, den er für seine Aufopferungsbereitschaft hinnehmen mußte, nie verwinden. Das Verhalten des Reichspräsidenten, dessen Mythos und Symbolkraft ihn so beeindruckten, trifft ihn schmerzlich.

Bewertung der Kanzlerzeit

Brüning hatte bei seiner Amtsübernahme konkrete politische Ziele im Visier, die aufeinander abgestimmt waren. Zuerst einmal wollte er das Defizit des Reichshaushaltes ausgleichen.

Gemäß der um 1930 herrschenden ökonomischen Theorie, nach der man in einer Krise sparen muß, um die Ausgaben den sinkenden Einnahmen anzupassen, betrieb auch Brüning einen strikten Sparkurs. Die Deflationspolitik war für den Kanzler zugleich ein Mittel, die Aufhebung der Reparationen zu erreichen.

Dieses Bemühen um die Streichung der Reparationslasten stand an oberster Stelle in der Prioritätenliste. Nach Erreichung dieses Ziels wollte er mit einer aktiven Konjunkturpolitik die Arbeitslosigkeit bekämpfen. Weiter arbeitete Brüning an einer Restauration der Machtstellung der deutschen Nation. Letztendlich arbeitete er auf eine Totalrevision des Versailler Vertrages hin, auf die Gleichberechtigung des Reiches in der Völkergemeinschaft, den Wegfall der Rüstungsbeschränkungen und eine Korrektur der deutschen Grenzen. Durch den dann erwarteten Aufschwung der Wirtschaft und die Revisionserfolge erwartete Brüning den Rückgang der Radikalisierungen.

Besonderes Augenmerk richteten die Kabinette Brüning auf die Agrarpolitik. Will man diese beurteilen, so muß man sich die engen Handlungsspielräume des Kabinetts vor Augen führen und diese in die Beurteilung mit einfließen lassen.

Brüning und seine Minister konnten sich auf keine parlamentarische Mehrheit stützen; sie bildeten ein Minderheitenkabinett. Die Abhängigkeit vom Wohlwollen des Reichspräsidenten war groß, konnte dieser dem Kabinett doch jederzeit das Vertrauen entziehen und einen anderen als Brüning mit der Bildung eines neuen Kabinetts beauftragen.

Hindenburg fühlte sich sehr mit dem ostdeutschen Großgrundbesitz verbunden, da er selber ein Anwesen – das Gut Neudeck – in Ostpreußen besaß. So machte sich Hindenburg zum Fürsprecher der ostdeutschen Landwirtschaft, besonders des Großgrundbesitzes. Sehr zutreffend hat der Historiker Werner Conze einmal geschrieben: *„Für Hindenburg blieb die Frage, wie weit die Regierung Brüning sich für die Agrarhilfe, besonders für die Stützung des verschuldeten Großgrundbesitzes im Osten, einsetzte, der springende Punkt für die Wertung „seiner" neuen Regierung ... Brüning aber identifizierte sich mit der „Osthilfe" stets nur so weit, wie es mit seiner national- und wirtschaftspolitischen Konzeption im ganzen vereinbar war oder soweit ihm Zugeständnisse an die bei seinem Amtsantritt gemachte Auflage des Reichspräsidenten noch gerade annehmbar waren."*[370]

---

[370] W. Conze, Brünings Politik, a.a.O., S. 543.

Die Regierung Brüning maß der Agrarpolitik – Hindenburgs Auflagen und Wünschen entsprechend – einen hohen Stellenwert bei. Dabei mußte sie einen Ausgleich zwischen den konträren Interessen der Industrie und der Landwirtschaft herbeiführen. Aus Gründen der internationalen Vertragswerke und Auflagen der Siegermächte des Ersten Weltkrieges war Deutschland gezwungen, eine positive Außenhandelsbilanz zu erwirtschaften. Auch hingen viele Arbeitsplätze von einer guten Auftragslage der deutschen Exportindustrie ab. Brünings Agrarpolitik war die eines Interessenausgleiches zwischen den verschiedenen gesellschaftlichen und wirtschaftlichen Kräften, nämlich zwischen Industrie und Landwirtschaft, zwischen Veredelungsbetrieben und Getreideproduzenten und zwischen Großgrundbesitzern und Klein- und Mittelbauern. Aus gesamtwirtschaftlichem Interesse konnte Brüning den Forderungen der Landwirtschaft nach Autarkie nicht in dem von den Agrariern gewünschten Umfange nachkommen, denn die Strategie der Importbehinderung zog gleichgeartete Maßnahmen der Außenhandelspartner des Reiches nach sich. So lief Brüning Gefahr, von seiten der Landwirtschaft und vom Reichspräsidenten vorgeworfen zu bekommen, die Interessen der Landwirtschaft nicht in ausreichendem Maße zu berücksichtigen. Setzte er die Forderungen der Agrarier zu sehr durch, so war er den Angriffen der Exportindustrie und weiter Bevölkerungsschichten ausgesetzt. De facto ging die Industrieproduktion während der Amtszeit Brünings zurück, während die Agrarerzeugung leicht zunahm.

Brünings Versuche, die landwirtschaftlichen Betriebe zu sanieren, waren mit erheblichem finanziellem Aufwand verbunden. Die Bevölkerung litt große Not und war von Brünings Sparkurs, zu welchem die Subventionen für die Landwirtschaft einen krassen Widerspruch bildeten, unmittelbar berührt. Auch die Schutzzollpolitik für landwirtschaftliche Produkte lief den wirtschaftspolitischen Zielsetzungen des Kanzlers, vornehmlich seiner Preissenkungspolitik, zuwider. Zudem wurden damit die ärmsten Bevölkerungsschichten des einzigen Vorteils beraubt, den die Wirtschaftskrise für sie hätte bringen können: billiges Getreide und Brot. Brünings rigorose Sparpolitik bedeutete eine Herabsetzung der Gehälter, Löhne und Sozialleistungen bei gleichzeitiger Erhöhung der Preise, Steuern und Abgaben. Das Einkommen der Verbraucher sank, während die Preise für Grundnahrungsmittel hochgehalten wurden. Das Verständnis der Bevölkerung für die Begünstigung der ostdeutschen Landwirte war begrenzt.

Die industriellen Unternehmer waren von der Situation ebenfalls negativ betroffen, weil ein großer Teil der sinkenden Kaufkraft in Grundnahrungsmittel floß. Die Veredelungsbetriebe im Westen Deutschlands fühlten sich den Getreideproduzenten gegenüber benachteiligt.

Die ostdeutschen Landwirte jedoch wußten den Wert der ihnen zukommenden Subventionen nicht in angemessenem Maße zu honorieren. Sie übersahen, daß in jener Zeit Hilfsmaßnahmen nur eine Linderung der Not, doch keine unmittelbare Heilung bringen konnten. Die Radikalisierung unter den Landwirten nahm stark zu. Als Brüning in den deutschen Osten reiste, um sich vor Ort über die Lage zu informieren, wurde er mit Protestkundgebungen empfangen und – nach seinen eigenen Angaben – sogar mit Steinen beworfen. Einige seiner Begleiter seien sogar verletzt worden.[371]

Brüning konnte seine Agrarpolitik nicht ausschließlich strukturpolitisch ausrichten, um so langfristig Veränderungen und Verbesserungen herbeizuführen, da Hindenburg vom Kabinett Brüning schnelle Erfolge erwartete. *„Man darf nicht vergessen, daß Hindenburg alter Soldat war, der sich von Sofortmaßnahmen oft mehr versprach, als mit ihnen zu leisten war, und daß ihm die weltweiten Zusammenhänge der Wirtschaft und das langsame Tempo solchen Geschehens natürlich ferner lagen, als einem Mann, der durch die harte Schule weltwirtschaftlicher Wechselwirkungen gegangen war"*, schrieb Magnus Freiherr von Braun später.[372]

So bestand Brünings Agrarpolitik sowohl aus struktur- als auch aus subventionspolitischen Hilfsmaßnahmen. Die Entschuldung war eine Sofortmaßnahme; die Siedlung sollte langfristige Verbesserungen und strukturelle Änderungen mit sich bringen. Durch sie sollten Kleinbauerntum und Familienwirtschaften gestärkt werden. Doch während Brüning sowohl von Zeitgenossen als auch zum Teil in der wissenschaftlichen Literatur immer wieder vorgeworfen wurde, Standeshilfe für den Großgrundbesitz geleistet zu haben, warf ihm eben dieser Großgrundbesitz ‚Agrarbolschewismus' vor. Hätte Brüning den ostdeutschen Großgrundbesitzern so viel Hilfe zukommen lassen, wie diese verlangten, so hätte er den gesamtwirtschaftlichen Interessen seiner Regierung und denen des deutschen Volkes geschadet.

Das Kabinett Brüning versuchte, Hindenburgs Auflagen zu erfüllen und gleichzeitig die nationalen Interessen des gesamten Volkes nicht zu vernachlässigen. Brüning bemühte sich, allen Interessengruppen gerecht zu werden und einen sozialen Ausgleich zu schaffen. Ihm kann weder vorgeworfen werden, einseitig nur die Großgrundbesitzer unterstützt zu haben, noch kann ihm Agrarbolschewismus vorgehalten werden. Auf dem Gebiet der Siedlung zeichneten sich ebenso Erfolge ab wie auf dem der Entschuldung.[373] Auch auf handelspolitischem Gebiet konnten Erfolge verzeichnet werden. Die Absatzlage für einheimische Agrarprodukte und

---

[371] H. Brüning, a.a.O., S. 242 f.

[372] M. von Braun, a.a.O., S. 210.

[373] Vergleicht man die Zahlen der neugegründeten landwirtschaftlichen Siedlerstellen der Jahre 1930–1932 mit denen der vorangegangenen und der nachfolgenden Jahre, so stellt man ein deutliches Anwachsen der Stellen während Brünings Amtszeit fest. Vgl. Statistisches Jahrbuch für das Deutsche Reich, 1936, S. 78.

die deutsche Getreidehandelsbilanz verbesserte sich während Brünings Amtszeit stark.

Die Agrarpolitik der Regierung Brüning muß insgesamt positiv bewertet werden, wenn man die vielen erschwerenden und hindernden Faktoren und die besonderen Umstände der Zeit in die Bewertung mit einbezieht.

Den endgültigen Bruch zwischen dem Kabinett Brüning auf der einen und Hindenburg und den ostdeutschen Großgrundbesitzern auf der anderen Seite verursachte der Entwurf einer Verordnung zur Förderung der landwirtschaftlichen Siedlung vom Mai 1932. Er war nicht die einzige Ursache für die Abkehr Hindenburgs von Brüning, sondern nur der letzte von vielen Gründen.

Brünings Regime wird häufig als diktatorisch bezeichnet. Dagegen muß angeführt werden, daß sich das Regieren über Notverordnungen aus dem Fehlen einer parlamentarischen Alternative ergab. Auch blieb Brüning abhängig von dem ,Inhaber des präsidialen Notverordnungsrechts‘[374] und gebunden an den Reichstag, der von seinem in der Verfassung verankerten Recht, mit einer Mehrheit seiner Mitglieder die Aufhebung der Notverordnungen zu verlangen, praktisch jedoch keinen Gebrauch machte. Somit besaß auch Brüning keine absolute und unwiderrufliche Macht, die den Begriff der Diktatur in bezug auf seine Regierung rechtfertigen könnte. Die Übernahme einer Reichsregierung im Auftrage des Präsidenten ohne eine vorherige Koalitionsbildung und die anschließende Akzeptierung oder Verwerfung des Regierungsprogrammes durch den Reichstag war eine von den Verfassungsgebern durchaus vorgesehene Möglichkeit. Brüning schlug den Weg der Notverordnungen nicht aus möglichen autoritären Neigungen heraus ein. Vielmehr wurde diese Regierungsform für ihn nur als notwendige Übergangslösung gesehen. Von den Neuwahlen des Reichstages im September 1930 erhoffte sich der Reichskanzler das Entstehen einer parlamentarischen Basis für seine Regierungsarbeit, eine Hoffnung, die sich nicht erfüllte.

Ebenso umstritten und diskutiert wie das Regieren über Notverordnungen ist Brünings Deflationspolitik. Bis heute steht Brüning in der Kritik, die Prioritäten seiner Politik falsch gesetzt zu haben. Seinem vorrangigen Ziel, der Streichung der Reparationslasten, habe er die Arbeitsbeschaffungsmaßnahmen untergeordnet. Ja, Teile der Geschichtsforschung werfen ihm vor, die enorme Höhe der Arbeitslosigkeit sei ihm willkommen gewesen, um die Streichung der Reparationen zu erreichen. Mit seiner Sparpolitik habe er die Arbeitslosenzahlen bewußt in die Höhe getrieben.

Diese Vorwürfe sind nicht haltbar und werden von der neueren Geschichtsforschung entkräftet. Die Politik der Deflation in einer großen wirtschaftlichen De-

---

[374] Josef Becker: Heinrich Brüning in den Krisenjahren der Weimarer Republik, S. 215.

pression gilt heute zwar in der Tat als falsch und wissenschaftlich überholt, entsprach jedoch der damals herrschenden liberalen ökonomischen Theorie.[375] Brünings Deflationskurs wurde in der zeitgenössischen Finanz- und Wirtschaftswissenschaft überwiegend für richtig gehalten.

Fest steht, daß die Deflationspolitik tatsächlich ungewollt den Schrumpfungsprozeß verschärfte und zu einer Verminderung der Kaufkraft und damit zu einem Anstieg der Arbeitslosenzahl und zu weiteren Radikalisierungen führte. Der in der Forschung immer wieder gegen Brüning vorgebrachte Vorwurf, seine Politik der Deflation habe die Wirtschaftskrise nur weiter verschärft,[376] ist jedoch in dieser Art zurückzuweisen. Es darf nicht der Fehler gemacht werden, Brünings Handeln vom Wissen der Nachgeborenen aus zu be- und verurteilen. Bewertungsmaßstab kann nur der damalige Erkenntnisstand und Erfahrungshorizont sein. So handelte Brüning der herrschenden Lehrmeinung gemäß, wenn er den *„Staatshaushalt wie ein ordentlicher Hausvater"* führte, *„der sich einschränkt, wenn die Mittel fehlen"*.[377]

Die Deflationspolitik war außenpolitisch bedingt. Sie führte zur Vernachlässigung einer sofortigen Bekämpfung der Arbeitslosigkeit. Diese sollte verstärkt in Angriff genommen werden, wenn der Haushalt stabilisiert, das Reparationsproblem gelöst und die Talsohle der Wirtschaftsrezession durchschritten war.

Auch werden in der Forschung von den Kritikern der Brüningschen Wirtschaftspolitik die Grenzen, welche der Young-Plan der deutschen Wirtschafts- und Finanzpolitik setzte, übersehen bzw. außer acht gelassen.[378] In diesem Zusammenhang muß an die Kritik Parker Gilberts an der deutschen Finanzpolitik in den Jahren 1926 bis 1928 erinnert werden, durch welche deutlich geworden ist, daß die USA und Großbritannien sich für eine Rücknahme oder Verminderung der Reparationen nur einzusetzen bereit gewesen waren, wenn der Nachweis der „objektiven Zahlungsunfähigkeit" des Deutschen Reiches erbracht sei.[379] Außerdem versuchte Brüning durch die konsequente Politik des Haushaltsausgleiches eine Wiederholung der Situation vom Jahresende 1929 zu verhindern. Damals wurde Deutschland durch seine schlechte Finanzlage gezwungen, den Young-Plan zu akzeptieren. Die Alliierten hatten als Bedingung für die Laufzeit dieses Planes die

---

[375] W. Conze, Brünings Politik unter dem Druck der Großen Krise, in: HZ 199, 1964, S. 531; D. Walz, a.a.O., S.37. Die Lehre vom „deficit spending" war zu Beginn der 30er Jahre noch nicht verbreitet.

[376] R. Morsey, Brüning und Adenauer, a.a.O., S.16; H. Sanmann, Daten und Alternativen der deutschen Wirtschafts- und Finanzpolitik in der Ära Brüning, in: Hamburger Jahrbuch für Wirtschafts- und Gesellschaftspolitik, hrsg. von H.-D. Ortlieb/B. Molitor, 10. Jg., Tübingen 1965; E. Kolb, a.a.O., S. 203.

[377] W. Conze, Brünings Politik, a.a.O., S. 531.

[378] J. Becker, Heinrich Brüning in den Krisenjahren der Weimarer Republik, in: GWU 1966, S.208.

[379] Ebenda, S. 209.

Aufrechterhaltung des Goldwertes der Mark gestellt. Mit dieser Auflage wurde die umstrittene Deflationspolitik Brünings zum vertraglichen Zwang.

Diese Ausführungen, durch die sich besonders die Historiker Josef Becker und Knut Borchardt einen Namen in der Brüning-Forschung gemacht haben, zeigen den eingeschränkten Handlungsspielraum der Regierung Brüning auf. Ein weiteres Hindernis für eine interne Geldschöpfungspolitik war auch die allgemein verbreitete Furcht vor der Inflation. Eine Geldschöpfung über die Reichsbank war aus rechtlich-vertraglichen Gründen nicht möglich.[380] Auslandskredite wären mit politischen Auflagen verbunden gewesen und hätten somit den außenpolitischen Spielraum der deutschen Regierung eingeengt.

Brünings Politik entsprach nicht nur den traditionellen Ansichten von Wirtschafts- und Finanzpolitik, sondern ergab sich auch zwingend aus den vertraglichen Bedingungen der Siegermächte des Weltkrieges. Konkret hatte die Deflationspolitik Maßnahmen des Lohn-, Gehalts- und Preisabbaus zur Folge. Zusammen mit den starken Einschränkungen der staatlichen Ausgaben bedeutete dieses soziale Härten und Einbußen für weite Bevölkerungsteile.[381]

Brünings unpopuläre Einschnitte in soziale Besitzstände brachten ihn in den Ruf, ein Erfüllungsgehilfe industrieller Interessen zu sein. Hierbei wird übersehen, daß er über seine Deflationspolitik nicht nur das Lohnniveau senkte, sondern sich gleichzeitig um die Verringerung der Verkaufspreise der Industriegüter bemühte, was den Industriellen widerstrebte.

Die Kritiker der Brüningschen Politik führen an, die Nationalökonomie lehre, daß in Depressionszeiten der Ausgleich der Haushalte nicht erstrebenswert und das ‚deficit spending'[382] ein notwendiges Mittel zur Überwindung der Krise sei. Die Lehre ist als solche jedoch nur in einem geschlossenen System oder im Modell anzuwenden. In der Realität müssen die außenwirtschaftlichen Gegebenheiten mit berücksichtigt werden. Nicht überall auf der Welt fielen die Preise während der Krisenzeit; die Abschottungstendenzen der Nationalwirtschaften nahmen weltweit zu. Die deutsche Volkswirtschaft, die auf den Export angewiesen war, mußte ihre Konkurrenzfähigkeit auf dem Weltmarkt behaupten. Bei steigenden Inlandspreisen hätte sie auf dem Weltmarkt nicht mithalten können. Daher mußte das Kabinett Brüning für die Senkung des deutschen Preisniveaus sorgen, was wiederum, zumindest teilweise, ein sinkendes Lohnniveau voraussetzte. Daß die

[380] K. Borchardt, Wachstum, Krisen, Handlungsspielräume der Wirtschaftspolitik, Göttingen 1982, S. 172.
[381] D. Walz, a.a.O., S. 39.
[382] Unter deficit spending versteht man die Steigerung der staatlichen Ausgaben über die zu erwartenden Einnahmen. Die zum Ausgleich der Haushaltslücke vorzunehmende Verschuldung der öffentlichen Hand soll zur Ankurbelung der Wirtschaft beitragen.

Weltwirtschaft sich ebenso negativ entwickelte und die deutsche Wirtschaft gar nicht schnell genug deflationiert werden konnte, um diese Tendenz einzuholen, wirkte sich fatal für Deutschland aus. Der Verlauf der Krise war in den USA stärker und langwieriger. „*Die Umkehrung der Spirale hätte also bei den USA einsetzen müssen, die als Hauptgläubigerland eine Verschlechterung ihrer Zahlungsbilanz hätte hinnehmen können, ohne das weltwirtschaftliche Gleichgewicht zu zerstören. Es ist ohne Zweifel die historische Schuld Amerikas, daß es die Krise weder verhindert noch rechtzeitig bekämpft hat*", so das Urteil des Wirtschaftshistorikers Wolfram Fischer.[383]

Der britische Nationalökonom Lord John Maynard Keynes machte 1929 mit seiner Lehre vom ‚deficit spending‘ auf sich aufmerksam. Seine Theorie basiert auf der Annahme, daß in einer großen Wirtschaftskrise und Rezession eine gesteuerte Inflation ein geeignetes Mittel zur Konjunkturbelebung sei. Keynes ging in seiner Lehre vom deficit spending von der liberalen Gesellschaft aus, die geführt wird durch eine kleine Anzahl aufgeklärter Personen, die das Vertrauen der anderen genießen und deren Glauben inspirieren können. In solch einem System würde das Bürgertum sparen und plötzliches finanzielles Panikverhalten wie Flucht in Devisen und Sachwerte nicht vorkommen. Brüning-Kritiker, die die Lehre von Keynes als Lösung für die wirtschaftspolitischen Probleme des Deutschen Reiches ansehen und Brüning vorwerfen, diese nicht genutzt zu haben, verkennen dabei eines: Das deutsche Volk, das psychologisch die letzte Inflation noch nicht überwunden hatte, erfüllte diese Vorbedingungen nicht.[384]

Interessant und aufschlußreich ist in diesem Zusammenhang, was Brüning selbst über eine Begegnung mit Keynes berichtet: „*Am nächsten Tag versuchte ich in einer längeren Unterhaltung Professor Keynes zu überzeugen, daß er mit der Propagierung einer inflationären Technik jede vernünftige Finanzpolitik Deutschlands erschüttere. Bei seinem Vortrag in Hamburg hatten die Zuhörer irrigerweise angenommen, daß die englische Regierung seine Ansichten teile. Als ich fragte, wie er dächte, die Vorschriften des Young-Plans in bezug auf die deutsche Währung zu umgehen, stelle es sich heraus, daß er diese überhaupt nicht in Betracht gezogen hatte.*"[385] So scheiterte die Umsetzung der finanzpolitischen Ideen Keynes nicht zuletzt an den internationalen Vertragsverpflichtungen des Reiches.

Mit Blick auf die übertriebene Sparpolitik kann durchaus von einer aktiven Rolle der Regierung Brüning bei der Verschärfung der Krise gesprochen werden. Für eine sachgerechte historische Beurteilung ist allerdings wichtig, sich bewußt

---

[383] Wolfram Fischer: Die wirtschaftspolitische Situation der Weimarer Republik, Hannover 1960, S. 52.
[384] Vgl. Harold James: Gab es eine Alternative zur Wirtschaftspolitik Brünings?, S. 539.
[385] Brüning: Memoiren, S. 506.

zu machen, daß diese Anschauung vom Primat und von der Notwendigkeit des Haushaltsausgleichs in Politik, Praxis und Wissenschaft jener Zeit, und zwar im In- wie im Ausland, eine Selbstverständlichkeit war.[386] So verfolgten auch alle bedeutenden Industrienationen eine ‚Parallelpolitik‘, das heißt, sie kürzten in Krisenzeiten die Ausgaben.

Im Rechnungsjahr 1929/1930 betrug das kumulative Defizit des Reichshaushalts 1,283 Milliarden Reichsmark. Im Haushaltsjahr 1931/32 schon zeigte sich der Erfolg der Brüningschen Politik: Das Defizit im ordentlichen Etat belief sich auf „nur noch“ 451 Millionen Reichsmark, das im außerordentlichen auf 151 Millionen. War der Ausgleich des Budgets auch nicht erreicht, so muß die Senkung des Gesamtvolumens auf beiden Seiten um mehr als 4 Milliarden Reichsmark als beachtlicher Erfolg gewertet werden. Die Senkung der Staatsausgaben um 38 Prozent in einer wirtschaftlichen Krisensituation ist kaum hoch genug einzuschätzen. Die Finanzpolitik Brünings überzeugte die Gläubigerländer. Die Richtigkeit seiner Reparationspolitik zeigt sich darin, daß es Brüning gelang, die französische Politik in der Reparationsfrage zu durchkreuzen und eine stillschweigende Übereinkunft mit Großbritannien und den USA über die Streichung der Reparationen bei Zahlung einer einmaligen Restzahlung zu erreichen. Dieser Erfolg muß als Bestätigung einer zeitlich begrenzten Deflationspolitik gewertet werden, welche Brüning nach Lösung der Reparationsfrage zu durchbrechen bereit war. Gegen die Kritiker der Brüningschen Reparationspolitik muß angeführt werden, daß der Komplex der Reparationen in Zusammenhang mit den innenpolitischen Diskussionen und ihrer Bedeutung für das Anschwellen des politischen Radikalismus stand. Die diesem Problem eingeräumte Priorität in der Brüningschen Politik muß vor diesem Hintergrund gesehen werden.

Bleibt die Streichung der Reparationen auch ein unbestreitbarer Erfolg Brünings, so kam sie für seine eigene innenpolitische Stabilisierung jedoch zu spät.

Als Brüning, wie er selbst sagte, „100 Meter vor dem Ziel“[387] gestürzt wurde, war der Tiefpunkt der Krise durchschritten und die Streichung der Reparationszahlungen stand unmittelbar bevor. Die Befreiung von der Reparationslast war ein großer Erfolg Brünings, auch wenn er diesen Erfolg nicht mehr in seiner Funktion als Reichskanzler erleben durfte. Dieser Erfolg der Regierung brachte finanzielle Erleichterungen und eine wirtschaftliche Verbesserung für das Reich mit sich. Wäre Brüning nach der Streichung der deutschen Zahlungsverpflichtungen noch im Amt gewesen, so hätte er auch freieren Spielraum und bessere finanzielle Möglichkeiten für die Bewältigung der binnenwirtschaftlichen Probleme gehabt.

---

[386] Vgl. G. Golla, a.a.O., S. 46, ebenso Sanmann, a.a.O., S. 127.
[387] H. Brüning, a.a.O., S. 588.

Bei der Frage der Bewertung der Kanzlerzeit muß auf die Frage eingegangen werden, ob Brüning den Kampf gegen die anwachsenden Arbeitslosenzahlen bewußt unterlassen hat, um die Krise für seine vorrangigen politischen Ziele zu instrumentalisieren.

Als Brüning die Regierungsführung übernahm, hatte die Arbeitslosenzahl die 2,5 Millionen-Grenze bereits überschritten. Die Räder der konjunkturellen Talfahrt waren schon lange angelaufen, die Möglichkeiten zu einer effizienten Gegensteuerung von vornherein begrenzt. Im Gegensatz zu den Vorjahren nahm die Arbeitslosigkeit in den Sommermonaten des Jahres 1930 nicht mehr nennenswert ab. Die überwiegende Mehrheit der Politiker, Gewerkschaftsfunktionäre und Unternehmer glaubte in der ersten Jahreshälfte 1930 noch, bei der Krise handele es sich um eine in Zyklen auftretende Abwärtsbewegung der Konjunktur. Aus der Erfahrung der vergangenen Jahre wurde der Wechsel von Aufschwung und Depression gemeinhin als eine Selbstreinigung der Wirtschaft interpretiert. Die Erkenntnis, daß es sich nun nicht um eine konjunkturelle Schwankung, sondern um einen völlig neuen Typ von Krise handelte, setzte sich erst gegen Mitte des Jahres 1931 durch. Nicht nur Brüning, sämtliche Wirtschaftsexperten hatten die Krise zuvor unterschätzt.

Brüning hat versucht, durch eine rigorose Sparpolitik die Staatsfinanzen zu sanieren und durch Deflationsdruck die Wirtschaft gesundzuschrumpfen. Größtes

Herr Brüning soll stark verschnupft sein – er ist vermutlich allzu plötzlich an die frische Luft gekommen

Kladderadatsch 85. Jg., Nr. 26, 26.6.1932

Heinrich Brüning mit Staatssekretär Otto Meißner

Ziel, weil als Hauptursache der Krise angesehen, war es jedoch, die Streichung der Reparationen zu erreichen. Dazu diente eine prozyklische Wirtschaftspolitik, welche den Siegermächten die Zahlungsunfähigkeit des Reiches vor Augen führen sollte. Seinen außenpolitischen Erfolgen stand die Machteinbuße im eigenen Land gegenüber. Brüning hat den Wettlauf gegen die Zeit verloren. Er hat den Kampf gegen die Leidensfähigkeit des Volkes verloren, welches sich den radikalen Bewegungen anschloß. Brüning hat die Gefahr der nationalsozialistischen Massenbewegung damit unterschätzt. Er glaubte, dem deutschen Volke für eine gewisse Zeit Opfer abverlangen zu können. Dies entsprach seiner eigenen Aufopferungsbereitschaft und asketischen Lebensführung. Er nahm auch die Politiker, das Staatsoberhaupt, die Minister und Abgeordneten nicht von den Gehaltskürzungen aus.

Daß die Leidensfähigkeit des Volkes an seine Grenzen stieß, machen auch folgende Zahlen verständlich: Betrug das Volkseinkommen 1928 noch 75,37 Mrd. RM, so lag es 1932 nur noch bei 46,48 Mrd. RM. Allerdings nahm die Kaufkraft der Reichsmark von 1930 bis 1932 um 30 Prozent zu, so daß das Volkseinkommen, gemessen an der Kaufkraft, um 22,6 Prozent zurückging. Die Arbeitslosenquote lag im Jahresschnitt 1932 bei 30,8 Prozent. Die Höchstdauer der Krisenun-

Heinrich Brüning

terstützung wurde im Oktober 1930 von 39 auf nur noch 32 Wochen gesenkt, für Arbeitslose über 40 Jahre von 52 auf 45 Wochen. Durch Verordnung vom 5. Juni 1931 wurden die Sätze der Hauptunterstützung zwischen 6,3 und 14 Prozent gesenkt und auch in der Krisenfürsorge wurden die Unterstützungssätze gekürzt.

Der Brüningforscher Golla hat das Grundproblem der Brüningschen Politik und ihres Scheiterns folgendermaßen zusammengefaßt: *„Die innenpolitische Taktik des Kanzlers, welche hinsichtlich des schier unüberwindbaren parlamentarischen Dissens aus heutiger Sicht zumindest nachvollziehbar erscheint, nämlich die Zurückdrängung von unvereinbaren Partikularinteressen zugunsten einer höheren Dispositionsfähigkeit in der Wirtschafts- und Finanzpolitik, konnte auf die Bevöl-*

kerung keine Anwendung finden, denn schließlich handelte es sich dabei um existentielle Belange. In die massenpsychologische Bresche, die der Kanzler durch Nichtbeachtung dieser Zusammenhänge schuf, sprangen bekanntlich andere."[388]

Die hungernden Massen standen längst im antidemokratischen Lager. „*Der psychische Druck, der auf den Arbeitssuchenden und (noch) Arbeitenden gleichermaßen lastete, fand in den Proklamationen links- oder rechtsradikaler Demagogen ein geeignetes Ventil.*"[389] Unbeantwortet bleibt die Frage, ob Brüning, wenn ihm Hindenburg das Vertrauen im Mai 1932 nicht entzogen hätte, das Ruder noch hätte herumreißen können.

Brünings Fehler war die Überschätzung der Einsicht und Leidenswilligkeit des Volkes. Er selbst trat den effektvollen Auftritten der Radikalen als sachlicher und nüchterner Kanzler entgegen, der die eigenen Propagandamittel nicht ausschöpfte, sondern das Feld der Propaganda ganz den Gegnern der Republik überließ. Der Mut zur Unpopularität und die Ehrlichkeit wurden nicht belohnt.

---

[388] G. Golla, a.a.O., S. 80.
[389] G. Golla, a.a.O., S. 79.

NACH DEM STURZ

Die Machtetablierung der Nationalsozialisten

Vierzehn Tage nach seinem Sturz verleiht die Stadt Münster Brüning die Ehrenbürgerrechte mit den Worten: *„Bei Ihrer Verabschiedung aus dem hohen verantwortungsvollen Amte als Reichskanzler gedenkt Ihre Vaterstadt über parteipolitische Gegensätze hinweg in freudigem Stolz der kraftvollen Mannestugenden des in schwerster Notzeit um des bedrängten Vaterlandes Geschick so hochverdienten Sohnes, erweist Ihnen zum bleibenden Ausdruck und Zeichen die höchste bürgerliche Ehrung.“*[390]

Es ist ein salbungsvoller Tropfen auf die verwundete Seele.

Als der gestürzte Reichskanzler am 24. Juli 1932 in der Münsterlandhalle in seiner Heimatstadt eine Rede hält, kommen über 20.000 Menschen.

Auch in der politischen Opposition stehend findet er deutliche Worte, greift in die Politik ein, appelliert an die Vernunft der Verantwortung Tragenden. In einer Rede in Mainz erklärt er:

„Man wird von mir nicht annehmen, daß schmerzliche und bittere Erfahrungen, die mich persönlich und menschlich getroffen haben, mich irgendwie körperlich oder seelisch auch nur im geringsten so weit erschüttern könnten, daß ich nicht bereit bin, außerhalb der Regierung weiter zu kämpfen, daß der Weg eingehalten wird, innenpolitisch und außenpolitisch, den ich in den langen zwei Jahren begonnen habe.

Es gibt eine Verantwortung innerhalb der Regierung, außerhalb der Regierung und auch in der Opposition. Und wir werden dem deutschen Volke zeigen, welche Pflicht der Verantwortung es außerhalb der Regierung innerhalb einer Oppositionsstellung gibt, und wir werden ihm auch zeigen, wie es möglich ist, eine Regierungspolitik auch außerhalb der Regierung zu beeinflussen…Und ich werde es ablehnen, von dieser Überzeugung abzugehen, daß in jeder Lage, in der sich ein Politiker befindet, er alles daran setzen muß, die Autorität des Staates zu stärken und den Glauben an die Autorität, soweit er es kann, aufrecht zu erhalten. Ich kenne

---

[390] Zit. nach A. Beckel, Festansprache, S. 6.

auch in meiner jetzigen Aufgabe und in meiner jetzigen Stellung nur eins, dem sich alles unterzuordnen hat, das ist das Vaterland.

Ich kann allerdings der neuen Regierung nicht zugestehen, Geschmacklosigkeiten zu begehen, wie sie es in dem Aufrufe getan hat, der sich gegen die alte Regierung richtet, und auf den die alte Regierung, wie ich glaube, in vornehmer Weise geantwortet hat. Ich habe ein kaum zu deckendes Kassendefizit übernommen und in zwei Jahren schwerster Krise dafür gesorgt, daß das Kassendefizit nicht gestiegen ist, und daß keine neuen schwebenden Schulden gemacht worden sind, eine Tatsache, die in allen Ländern der Welt in den vergangenen zwei Jahren einzigartig dasteht."[391]

In nur einer einzigen Woche des Juli 1932 spricht Brüning in Breslau vor 15.000 Menschen, in Oberschlesien vor 20.000, in Ludwigshafen vor 40.000, in Frankfurt vor 15.000, in Freiburg vor 35.000, in Stuttgart und in München vor jeweils 10.000, in Bochum vor 50.000, in Dortmund vor 20.000 und 45.000 Menschen und in Paderborn vor 25.000 Zuhörern.[392]

Letztmals tritt Brüning als Zentrumspolitiker groß im Wahlkampf des Frühjahres 1933 auf, als Spitzenkandidat der Zentrumsliste – von der Zentrumswählerschaft gefeiert. Stärker als je zuvor kommt Brüning bei seinen Kundgebungen aus sich heraus, begeistert die Zentrumswähler. Mit ungewöhnlicher Schärfe wettert er gegen die Entwicklung der deutschen Außenpolitik seit seiner Amtsniederlegung, die Planlosigkeit der Wirtschaftspolitik, die Erschütterung des Rechtsbewußtseins, die Zerschlagung des Berufsbeamtentums, die Einschränkung der öffentlichen Meinungsfreiheit und die Maßlosigkeit nationalsozialistischer Machtansprüche. Brüning benutzt den Wahlkampf, um wieder und wieder an den alten Reichspräsidenten Hindenburg zu appellieren und die alten Grundwerte Wahrheit, Freiheit und Recht[393] sowie die Rückkehr zu einem gemäßigten Parlamentarismus zu fordern. In einer Wahlkampfrede am 3. Juli 1932 in Köln sagt er: *„Wir wollen immer bereit sein, denjenigen anderer Konfessionen, die die gleichen kulturpolitischen Anschauungen haben wie wir, die Hände zu bieten, konfessionelle Hader in der Politik zu überwinden, weil wir noch viele Jahre schwerster Sorge, schwerster Arbeit für unser armes Vaterland vor uns haben. Wir wollen gemeinsam mit ihnen kämpfen, aber auch kämpfen mit all denen, denen an der Freiheit des Bürgers etwas gelegen ist, denen an der freien Willensbildung in einem politisch reifen Volke etwas gelegen ist, die davon überzeugt sind, daß ein Staat sich nur trägt, wenn er vom freien Willen seiner Bürger getragen ist. Für diese Freiheit wollen wir kämp-*

---

[391] Mainz, 17. Juni 1932, abgedruckt in: Zwei Jahre am Steuer des Reiches, 1932, S. 62 f.
[392] Angabe nach ‚Junge Front' vom 31. Juli 1932, S. 1.
[393] „Für Wahrheit, Recht und Freiheit!" ist die alte Zentrumsparole.

fen in den nächsten Wochen. Sie, meine Damen und Herren, die kampfgewohnt ge-
wesen sind in langer Besatzungszeit, Sie werden in den nächsten Wochen und am
31. Juli auch nicht versagen, wenn es darum geht, die Freiheit des Bürgers, die
Freiheit der Meinung unter allen Umständen gegen einseitige Parteiherrschaft
oder gegen Diktaturgelüste zu verteidigen."[394]

Am 27. Februar 1933 brennt der Reichstag. Als Schuldige machen die Nationalsozialisten die KPD aus, die sie daraufhin verbieten. Sie erlassen am Tage nach
dem Brand eine Notverordnung, die die wichtigsten Grundrechte der Verfassung
über Nacht außer Kraft setzt. Versammlungs- und Zeitungsverbote folgen. Unter
anderem wird auch die Rundfunk-Übertragung einer Rede des Altkanzlers Brüning am 3. März im Berliner Sportpalast verboten. Besonders in die Schußlinie geraten die der Zentrumspartei angehörenden Beamten, nachdem sie ohnehin durch
Entlassungen, Beurlaubungen, Versetzungen und Drohungen getroffen und verunsichert sind.

Die Reichstagswahl vom 5. März 1933 beschert der Zentrumspartei einen Zu-
wachs von drei Mandaten im Reichstag. Die Zentrumspartei muß gleichzeitig jedoch einen prozentualen Stimmenverlust hinnehmen und sinkt von 12, 5 % bei der
Novemberwahl 1932 auf nun 11,2 % ab.

Als weiteren Mißerfolg der Wahl muß das Zentrum die Tatsache hinnehmen,
daß die Nationalsozialisten große Erfolge bei der bisherigen katholischen Nicht-
wählerschaft verbuchen können. De facto sieht sich der politische Katholizismus
nun ausgeschaltet. Schon seit Jahrzehnten verzeichnet das Zentrum beträchtliche
Stimmenverluste, nicht einmal 40 Prozent der Katholiken[395] wählen regelmäßig
das Zentrum, obwohl die Bischöfe in ihren traditionellen Wahlaufrufen dem Kirchenvolk die Wahl von Zentrum und Bayerischer Volkspartei empfehlen.

Da die Voraussetzungen einer aktiven gestalterischen politischen Arbeit nicht
mehr gegeben sind und eine aktive Oppositionsrolle nicht mehr möglich ist, be-
sinnt sich die Zentrumspartei auf ihre Grundlagen zurück, auf den religiösen und
kulturpolitischen Bereich.[396]

Die Nationalsozialisten sichern ihre Machtposition mehr und mehr ab. Durch
das Ermächtigungsgesetz will sich die Regierung die Möglichkeit eröffnen, ohne
Beteiligung des Parlaments Gesetze zu erlassen.

---

[394] Abgedruckt in: Zwei Jahre am Steuer des Reiches, 1932, S. 63.
[395] Eine Ausnahme bildet Bayern.
[396] Vgl. auch Protokoll der Fraktionssitzung vom 20. März 1933, in: R. Morsey: Die Protokolle der
Reichstagsfraktion und des Fraktionsvorstandes der deutschen Zentrumspartei 1926–1933, Dok.
Nr. 743, S. 623.

Das Ringen um das Ermächtigungsgesetz

Zwar besitzt die Koalition Hitlers im neuen Reichstag die absolute Mehrheit, doch für das Ermächtigungsgesetz als verfassungsänderndes Gesetz braucht sie die Zweidrittelmehrheit des Reichstages und somit auch die Zustimmung der Zentrumsabgeordneten. Diese Angewiesenheit auf ihre Stimmen versuchen die Zentrumsabgeordneten auszunutzen und knüpfen ihre Zustimmung an Bedingungen, die eine Rückkehr zu parlamentarischen Verhältnissen bedeuten würden. Der Vorsitzende des Zentrums Prälat Kaas nimmt Verhandlungen mit Vizekanzler von Papen auf. Doch derweil versucht die NSDAP schon durch Drohungen und Einschüchterungen die nötigen Stimmen zu erzwingen. Göring schlägt in einer Kabinettssitzung am 7. März 1933 vor, man solle dem Zentrum erklären, daß *„seine sämtlichen Beamten aus den Ämtern entfernt werden würden, wenn das Zentrum nicht dem Ermächtigungsgesetz zustimme"*[397]. In der Tat bildet die Entlassung des Kölner Oberbürgermeisters Konrad Adenauer am 13. März den Auftakt für weitere Entlassungen dem Zentrum angehörender Beamten des Reiches und einzelner Länder. Kaas und der Zentrumsabgeordnete Thomas Esser protestieren dagegen bei Göring und Hitler. Andreas Hermes, der Bauernführer, legt sein Reichstagsmandat für das Zentrum nieder; drei Tage später ist er verhaftet. Trotz dieser Gewaltakte beschließt die Zentrumsfraktion, an der eröffnenden Reichstagssitzung am 21. März in der Potsdamer Garnisonskirche teilzunehmen. Die Fraktion rechnet mit einer Einladung Hitlers zu Verhandlungen, da die NSDAP zur parlamentarischen Durchsetzung des Ermächtigungsgesetzes durch den Reichstag die Stimmen des Zentrums schließlich braucht.

Im Zentrum selbst jedoch sind die Meinungen gespalten. Brüning steht an der Spitze derer, die generell gegen eine Zustimmung zu diesem Gesetz sind. Die Mehrheit der Zentrumspolitiker hingegen folgt der Meinung des Vorsitzenden Kaas, der der amtierenden Regierung eine Chance geben möchte. Häufig sind dabei die Argumente zu hören, nur durch die Annahme des Gesetzes ließe sich eine weitere Eskalation des nationalsozialistischen Terrors verhindern, ließe sich Hitler im Rahmen der Legalität halten und einer gewissen Kontrolle unterwerfen. Man befürchtet, daß sich Hitler im Falle der Ablehnung des Ermächtigungsgesetzes durch einen Staatsstreich die erstrebten Vollmachten aneignen werde.

Die Verhandlungen zwischen den Nationalsozialisten Hitler und Frick und den Vertretern des Zentrums Kaas, Stegerwald und Hackelsberger beginnen am 20. März. Die Zentrumsabgeordneten erklären sich zu einer Zustimmung zum Er-

---

[397] BA Koblenz, Akten der Reichskanzlei, R 43 I/1406, zit. nach E. Matthias/R. Morsey: Das Ende der Parteien 1933, S. 356.

mächtigungsgesetz bereit, sofern ein kleines Gremium eingesetzt werde, das laufend über die von der Reichsregierung im Rahmen dieses Gesetzes beabsichtigten Maßnahmen unterrichtet werden solle. Im Anschluß an die Besprechung findet eine Vorstandssitzung der Zentrumsabgeordneten statt, auf der Kaas laut Protokoll über das Gespräch berichtet: *„Der Reichskanzler [Adolf Hitler] schilderte die Situation, wie er sie sieht. – In normalen Zeiten brauchten wir uns über ein so weitgehendes Ermächtigungsgesetz nicht zu unterhalten. Hitler rechnet mit einem Wiederaufleben der kommunistischen Agitation, dem er entgegenwirken müsse und deshalb die Vollmachten brauche. Unsere Entscheidung ist schwerer als selbst die über den Versailler Vertrag. – Die Schutzhäftlinge der SPD sollten nicht ohne weiteres freigegeben werden. Wenn hier eine Mitschuld an kommunistischen Umsturzbestrebungen, wie behauptet wird, feststeht, müssen wir alles vermeiden, was den Anschein einer Sympathisierung ähnlich erwecken könnte. – Den Kampf gegen KPD und SPD scheint man weiterzuführen, bis diese nicht mehr möglich sind. Wegen dieses Kampfes will man die Dauer der Ermächtigung haben. – Der Reichstag soll von Zeit zu Zeit tagen. Die Substanz (der Rechte) des Reichspräsidenten, des Reichsrates und des Reichstages soll erhalten bleiben. – Der Weg zu weiteren Besprechungen ist offen. Die Generalvollmacht will die Regierung, und sie ist entschlossen, sie sich zu verschaffen.“*[398]

Zwei Tage später wird Prälat Kaas erneut zum Reichskanzler Hitler bestellt. Das Zentrum sieht keine große Chance auf eine Änderung des Ermächtigungsgesetzes, will aber zumindest noch versuchen, das Ausfertigungsrecht des Reichspräsidenten wiederherzustellen oder doch ein – wenn auch internes – Vetorecht und eine Verkürzung der Dauer des Gesetzes durchzusetzen. Weiter soll der Begriff „jetzige Reichsregierung“, insbesondere nach der personellen Seite hin, präzisiert werden und eventuell Einzelheiten aus der Ermächtigung, die schon Gut der alten Verfassung waren – wie das Verhältnis von Staat und Schule sowie Staat und Kirche – herausgenommen werden.[399] Weder kann das Zentrum diese Forderungen vollständig durchsetzen noch die Ausschaltung des Reichspräsidenten bei Gesetzen, die auf der Grundlage des Ermächtigungsgesetzes ergangen sind, oder die Geltungsdauer des Gesetzes für vier Jahre verhindern. Hitler macht jedoch Zusagen, die Unabsetzbarkeit der Richter nicht anzurühren und gegen Beamte, die dem Zentrum angehören, keine Zwangsmaßnahmen anzuwenden. Weiter verspricht er,

---

[398] Protoll der Vorstandssitzung vom 20. März 1933, in: R. Morsey, Die Protokolle der Reichstagsfraktion und des Fraktionsvorstandes der deutschen Zentrumspartei 1926–1933, S. 622, Dok. Nr. 742.

[399] Vgl. Protokoll der Fraktionsvorstandssitzung vom 22. März 1933, in: R. Morsey, Die Protokolle der Reichstagsfraktion und des Fraktionsvorstandes der deutschen Zentrumspartei 1926–1933, Dok. Nr. 744, S. 624.

daß die Ermächtigung keine Reichsreform bedeute, die Rechte des Reichspräsidenten gewahrt blieben und daß er nicht daran denke, die Länder in ihrem Bestand zu berühren. Auch sichert er zu, kulturpolitische Fragen nicht zu Anwendungsbereichen des Ermächtigungsgesetzes zu machen. Der Kanzler vereinbart mit Kaas, daß das Zentrum seine Forderungen schriftlich fixiert und ihm zur Unterschrift vorlegt. Kaas, Brüning und Bell erarbeiten daraufhin den Katalog mit den Zentrumsforderungen, der noch am Abend des 22. März 1933 an Hitler geht.

Brüning verhandelt im Einvernehmen mit Prälat Kaas gleichzeitig mit Vertretern der Deutschnationalen Volkspartei (DNVP) einen Zusatzvertrag zur Regierungsvorlage aus, der die Wiederherstellung der bürgerlichen und politischen Freiheiten sichern soll. Mit Hugenbergs Zustimmung soll der Antrag von der DNVP eingebracht werden. Doch der DNVP-Abgeordnete Schmidt-Hannover muß Brüning schließlich vor Eröffnung der Plenumssitzung in der Krolloper gestehen, daß dieser Antrag von der Fraktion der Deutschnationalen nicht gebilligt wurde. In Brünings Memoiren heißt es dazu: *„Ich wußte damals nicht, daß die Abgeordneten Spahn und Stadtler in der Fraktionssitzung der DNVP am 20. März bereits einen Antrag gestellt hatten, die Partei aufzulösen und zur NSDAP überzutreten. Dabei hatten sie schon die Hälfte der Fraktion hinter sich. Hugenberg ließ sich von diesen Dingen nichts anmerken. Er ließ mir erst in der entscheidenden Reichstagssitzung die Nachricht zukommen, und zwar wenige Minuten vor der zweiten Lesung, daß er nicht in der Lage gewesen sei, trotz wiederholter Versuche, Hitler überhaupt zu sprechen. Es bleibe ihm zu seinem Bedauern nichts anderes übrig, als bedingungslos dem Ermächtigungsgesetz zuzustimmen."*[400]

In der Fraktionssitzung des Zentrums vom 23. März weist Kaas auf die unangenehmen Folgen für die Zentrumspartei und -fraktion im Falle der Ablehnung des Gesetzes hin. Es bleibe nur übrig, sich gegen das Schlimmste zu sichern. Hindenburg habe sich mit dem Ermächtigungsgesetz abgefunden, und auch von den Deutschnationalen sei keine Entlastung der Situation zu erwarten. Kaas lehnt es jedoch ab, einen Entscheidungsvorschlag für die Fraktion abzugeben. Brüning macht seine Parteikollegen nun darauf aufmerksam, daß es keine Sicherheiten für die Erfüllung der Zusagen der Regierung gebe. Entscheidend sei, welche Flügel und Kreise in der NSDAP in Zukunft die Macht hätten. Das Ermächtigungsgesetz bezeichnet er weiter als das *„Ungeheuerlichste, was je von einem Parlament gefordert"* worden sei. Man möge die Gesamtlage des Vaterlandes und der Partei – so fordert er seine Fraktionskollegen auf – nicht einer zu leichten Beurteilung unterziehen. Man habe keinerlei Garantie für eine solide Finanzpolitik der nächsten

---

[400] Brüning: Memoiren, S. 655. Vergleiche hierzu auch Schreiben Brünings vom 20.8.1946, abgedruckt bei: R. Morsey, Das „Ermächtigungsgesetz" vom 24. März 1933, Göttingen 1968, S. 71f.

Jahre. Gleichzeitig räumt er ein, daß die Zukunft der Zentrumspartei in Gefahr sei. Wäre sie erst einmal zerschlagen, so könne sie nicht wieder ins Leben gerufen werden. Er beschreibt die Gefahren für die gesamte Verfassung. Hindenburg, für dessen Wahl er sich eingesetzt hatte, weil er in ihm einen Garanten der Verfassung gesehen hatte, habe sich zudem mit dem Gesetz abgefunden. Brüning sagt klar, daß er sich zu einem Ja kaum durchringen könne. Er warnt vor dem materiellen Rechtsbruch und der Verwirrung der Rechtsbegriffe.

Die Fraktionssitzung wird unterbrochen und nach der Abgabe der Regierungserklärung fortgesetzt. Die Plenarsitzung steht unter Ausnahmerecht. Etliche Abgeordnete wurden verhaftet und fehlen, die Krolloper ist von bewaffneten SS- und SA-Trupps besetzt, eine lähmende Stimmung lastet auf den Zentrumsabgeordneten. In der Regierungserklärung werden – teilweise unter wörtlicher Übernahme der vom Zentrum formulierten Forderungen – alle geforderten Garantien zugesichert: das Weiterbestehen der Länder, die Respektierung der Länderkonkordate, die Sicherung des christlichen Einflusses auf Erziehung und Schule, die Unabsetzbarkeit der Richter, die Beibehaltung der guten Beziehungen zum Heiligen Stuhl, die Beibehaltung von Reichstag und Reichsrat und die Wahrung der Rechte des Reichspräsidenten. Mit einer Gefühlsmischung aus Furcht und Hoffnung setzt nun die Zentrumsfraktion im Anschluß an diese etwa einstündige Rede die Fraktionssitzung fort. Nach strittiger Diskussion läßt Kaas eine geheime Probeabstimmung durchführen, die eine Mehrheit für die Zustimmung zu dem Ermächtigungsgesetz bei einigen Nein-Stimmen erbringt, darunter unter anderem die von Brüning, Wirth, Joos, Stegerwald, Schauff, Helene Weber, Dessauer, H. J. Schmidt, Bockius und Bolz. Die Versuche dieser Minderheit, die Fraktion umzustimmen, bleiben erfolglos.

Nach Angabe von Brüning hat sich Kaas von den Landesvertretern der Zentrumspartei Vollmacht geben lassen, diejenigen Zentrumsmitglieder des Reichstages, die gegen das Gesetz stimmen, aus der Partei auszuschließen.[401]

Schließlich beschließt die Fraktion, aus *„Rücksicht auf die Partei und ihre Zukunft"* der Mehrheitsmeinung zu folgen und geschlossen für das Ermächtigungsgesetz zu stimmen. Man hofft, durch die der Regierung und damit nicht allein Hitler zugedachten begrenzten Vollmachten weitergehende revolutionäre Bestrebungen der radikalen Nationalsozialisten abzufangen.

Dieser wohl vorrangige Beweggrund wird durch eine Aussage des Historikers Friedrich Meinecke in seinem Buch ‚Die deutsche Katastrophe' bestätigt: *„Ich fragte am Tage vor der Abstimmung einen mir bekannten Zentrumsabgeordneten:*

---

[401] Brief Brüning an Treviranus, 9. Juli 1958, Harvard-Archives, HUG FP 93.10.

,Sie werden doch dagegen stimmen?' Er zuckte die Achseln und erwiderte: ,Dann wird's ja noch schlimmer'."[402] Und der SPD-Abgeordnete Hoegner erinnert sich: *„Hitler las seine Regierungserklärung mit überraschend ruhiger Stimme vor. Nur an wenigen Stellen steigerte er sie zu fanatischer Wildheit: Als er die öffentliche Hinrichtung van der Lubbes verlangte und als er am Schluß seiner Rede dunkle Drohungen ausstieß, wenn der Reichstag das geforderte Ermächtigungsgesetz nicht bewillige. Ich hatte ihn lange nicht gesehen. In nichts glich er dem germanischen Heldenideal. Statt der blonden Locken hing eine schwarze Strähne in das fahle Gesicht. Die Stimme quoll dumpf, in gurgelnden Lauten aus der Kehle hervor. Ich habe nie verstanden, daß dieser Redner Tausende zur Begeisterung hinreißen konnte. Nach der Regierungserklärung wurde eine Pause eingelegt. Der frühere Reichskanzler Dr. Wirth kam zu uns her und sagte verbittert, in seiner Fraktion habe es sich nur noch darum gehandelt, ob man Hitler auch noch den Strick liefern solle, an dem man gehängt würde. Die Mehrheit der Zentrumsfraktion sei gewillt, dem Prälaten Dr. Kaas zu folgen und Hitler das Ermächtigungsgesetz zu bewilligen. Sie befürchteten bei Ablehnung den Ausbruch der Nazirevolution und blutige Anarchie. Nur wenige, darunter auch Dr. Brüning, seien gegen ein Zugeständnis an Hitler."*[403] Auf einen von Hitler unterschriebenen Brief mit ihren Forderungen wartet die Zentrumspartei vergeblich. Frick läßt vor der Abstimmung ausrichten, daß der Brief unterwegs sei und jeden Augenblick eintreffen müsse.

Kaas formuliert nun für die Zentrumsfraktion die Erklärung zum Ermächtigungsgesetz, das zum *Totenschein* der Weimarer Republik werden sollte.

„Im Namen der Zentrumsfraktion des deutschen Reichstags habe ich die Ehre, vor diesem Hohen Hause folgende Erklärung abzugeben … Die deutsche Zentrumspartei, die den großen Sammlungsgedanken schon seit langem und trotz aller vorübergehenden Enttäuschungen mit Nachdruck und Überzeugung vertreten hat, setzt sich in dieser Stunde, wo alle kleinen und engen Erwägungen schweigen müssen, bewußt und aus nationalem Verantwortungsgefühl über alle parteipolitischen und sonstigen Bedenken hinweg. Sie läßt selbst solche Bedenken in den Hintergrund treten, die in normalen Zeiten pflichtmäßig und kaum überwindbar wären. Im Angesichte der brennenden Not, in der Volk und Staat gegenwärtig stehen, im Angesichte der riesenhaften Aufgaben, die der deutsche Wiederaufbau an uns alle stellt, im Angesichte vor allem der Sturmwolken, die in Deutschland und um Deutschland aufzusteigen beginnen, reichen wir von der deutschen Zentrumspartei in dieser Stunde allen, auch früheren Gegnern, die Hand, um die Fortführung des nationalen Rettungswerkes zu sichern, … Die einleitende Regierungs-

---

[402] Friedrich Meinecke, Die deutsche Katastrophe, Wiesbaden 1946, S. 127.
[403] Hoegner, a.a.O., S. 92 f.

erklärung die Sie, Herr Reichskanzler, am heutigen Nachmittag gegenüber der deutschen Volksvertretung abgegeben haben, enthielt manches Wort, das wir unterschreiben können, und manches andere … auf das einzugehen wir uns im Interesse der Sammlung, die das Gesetz dieser Stunde sein muß, bewußt versagen … Manche der von Ihnen, Herr Reichskanzler, abgegebenen sachlichen Erklärungen geben uns, wie ich mit Befriedigung in aller Offenheit hier feststelle, bezüglich einzelner wesentlicher Punkte des deutschen Staats-, Rechts- und Kulturlebens – vor allem auch in Verbindung mit den bei den Vorverhandlungen gemachten Feststellungen – die Möglichkeit, eine Reihe wesentlicher Bedenken, welche die zeitliche und die sachliche Ausdehnung des Ermächtigungsbegehrens der Regierung bei uns ausgelöst hatte und auslösen mußte, anders zu beurteilen.

In der Voraussetzung, daß diese von Ihnen abgegebenen Erklärungen die grundsätzliche und die praktische Richtlinie für die Durchführung der zu erwartenden Gesetzgebungsarbeit sein werden, gibt die deutsche Zentrumspartei dem Ermächtigungsgesetz ihre Zustimmung.“[404]

Auf Hitlers Brief wartet das Zentrum vergeblich, er wird nie eintreffen.

Das Parlament hatte sich selbst entmachtet, eine freie parlamentarische Entscheidung sollte es nunmehr nicht mehr geben. Vielen der 72 Zentrumsabgeordneten, die dieses diktatorische Gesetz beschließen, ist die Bedeutung und Gefahr nicht klar gewesen. Sie haben die Zeichen der Zeit nicht erkannt. Am Abend des 23. März 1933 wohnen sie der Beerdigung der Weimarer Republik bei, ohne dies zu ahnen. Viele von ihnen haben Hitler zu lange unterschätzt. Sie leben in der Erwartung, daß die offizielle Verantwortlichkeit Hitlers Popularität Abbruch tun würde. Treviranus gesteht später ein: „*Und wir Älteren waren mehr oder weniger überzeugt: Hitler wird sich an der Phalanx Hindenburg, Reichswehr und Verfassung totlaufen, nachdem er die Legalität des Regierens beschworen hat! So wie es Friedrich Stampfer am 1. Februar 1933 niederschrieb an einen Auslandsjournalisten: ‚Glauben Sie im Ernst, daß dieser Mann, ein brüllender Gorilla, regieren kann? Das kann nicht länger als drei Wochen dauern. Er wird nur Monologe halten. Dann wird man ihn aus dem Kabinett hinauswerfen.‘* “[405] Doch es sollte anders kommen.

---

[404] Abgedruckt in: Rudolf Morsey, Das „Ermächtigungsgesetz“ vom 24. März 1933, Göttingen 1968, S. 49 f.

[405] Zit. nach Treviranus, Das Ende von Weimar, S. 366.

Brünings Zustimmung zum Ermächtigungsgesetz

Als es zur Abstimmung am 23. März 1933 kommt, stimmt Heinrich Brüning dem Ermächtigungsgesetz entgegen allen seinen Vorbehalten und Bedenken völlig überraschend zu – aus übergroßer Loyalität seiner Partei gegenüber, um die Fraktion nicht zerfallen zu lassen? Wie konnte es zu dieser Wendung kommen, hatte doch Brüning zuvor sein ganzes Ansehen und all sein Gewicht in die Waagschale geworfen, um Hitler und den Ausbau seiner Macht zu verhindern. Aus seinem Mißtrauen gegen Hitler hat er nie ein Hehl gemacht. Noch in der Fraktionssitzung, welche der Reichstagsabstimmung über das Ermächtigungsgesetz vorangeht, bezeichnet Brüning dieses Gesetz als das *„Ungeheuerlichste"*[406], das je vom Parlament gefordert worden ist. Doch er stimmt zu und prophezeit der Zentrumspartei gleichzeitig ihr Ende. Vor allem vor dem Hintergrund der Persönlichkeit Brünings, der sich immer nur von seinem Wissen und Gewissen leiten läßt, der unbeirrbar seinen Weg geht, ist dieses Verhalten um so unverständlicher.

Hinweise auf Brünings Beweggründe für diese auf den ersten Anschein unverständliche Entscheidung lassen sich seinem Schreiben an den Herausgeber der Deutschen Rundschau, Dr. Rudolf Pechel, im Jahre 1947 entnehmen: *„Als das Ermächtigungsgesetz vom März 1933 im Reichstag eingebracht wurde, war die Alternative zu seiner Annahme nicht die Wiederherstellung normaler verfassungsmäßiger Zustände. Durch den am 28. Februar unmittelbar nach dem Reichstagsbrand veröffentlichten Erlaß, die sogenannte „Verordnung des Reichspräsidenten zum Schutz von Volk und Staat", hatte Hitler schon die Macht, jede politische Partei zu unterdrücken und alle bürgerlichen Freiheiten aufzuheben. Dies wird erhellt durch die Tatsache, daß die SPD und später die Deutschnationalen Kampfringe all ihrer Funktionen und ihres Vermögens beraubt wurden, nicht auf der Grundlage des Ermächtigungsgesetzes, sondern auf der des Erlasses vom 28. Februar. Mit diesem Erlaß war praktisch die Demokratie in Deutschland verloren und der Reichspräsident völlig Hitlers Macht ausgeliefert. Nach der Verfassung konnte der Reichspräsident nicht einen Erlaß widerrufen, der einmal mit der Zustimmung des Reichskanzlers veröffentlicht war. Er konnte natürlich den Rücktritt des Kanzlers verlangen, aber für Hindenburg würde das Verlangen nach Hitlers Rücktritt zu seiner Anklage vor dem Staatsgerichtshof nach Artikel 59*[407] *geführt haben und fast*

---

[406] Vgl. Sitzung der Zentrumsfraktion, in: R. Morsey, Protokolle der Reichstagsfraktion und des Fraktionsvorstands der deutschen Zentrumspartei 1926–1933, Dok. Nr. 750, S. 631.

[407] In Artikel 59 der Weimarer Reichsverfassung heißt es: „Der Reichstag ist berechtigt, den Reichspräsidenten, den Reichskanzler und die Reichsminister vor dem Staatsgerichtshof für das Deutsche Reich anzuklagen, daß sie schuldhafterweise die Reichsverfassung oder ein Reichsgesetz verletzt haben. Der Antrag auf Erhebung der Anklage muß von mindestens hundert Mitgliedern

mit Sicherheit zu Hitlers Wahl zum Reichspräsidenten. Der Erlaß vom 28. Februar war so formuliert, daß Hitler mit ihm nicht nur jede Aktion, die später durch das Ermächtigungsgesetz autorisiert wurde, unternehmen, sondern daß er weit darüber hinausgehen konnte. Deshalb mußte jeder Versuch gemacht werden, den Reichstag zu erhalten und die förmliche Auflösung der Oppositionsparteien durch die Regierung zu vermeiden.(...) Die kommunistische Partei verfolgte nach dem Reichstagsbrand, als viele ihrer Führer verhaftet oder aus dem Lande geflohen waren, eine Taktik, die nicht nur an sich vergeblich war, sondern unheilvoll für die allgemeine politische Lage. Heute ist es schwer zu verstehen, warum sie sich weigerte, die eigene Liste für die Reichstagswahl im Februar 1933 zurückzuziehen, wodurch sie ihre Stimmen auf die Reichstagskandidaten der SPD übertragen hätte.(...) Statt dessen gingen durch den Ausschluß der kommunistischen Abgeordneten aus dem Reichstag die 81 Stimmen, die für die SPD hätten gerettet werden können, für die Abstimmung über das Ermächtigungsgesetz vollständig verloren. Bei einer Summe von im ganzen 566 Stimmen waren 378 für eine Zweidrittelmehrheit erforderlich. Den 345 Stimmen der vier Parteien, die Hitlers Regierung unterstützen, fehlten 33 an einer Zweidrittelmajorität. Die Nationalsozialisten begannen dann, Abgeordnete der SPD zu verhaften und drohten, die Verhaftungen fortzusetzen, bis die Regierungsparteien eine Zweidrittelmehrheit in dem Rumpf-Reichstag bilden würden. Tatsächlich nahmen nur 94 von den 120 Abgeordneten der SPD-Abgeordneten an der Abstimmung über das Ermächtigungsgesetz teil (9 waren verhaftet, 11 wurden krank gemeldet, und andere waren zwar anwesend, stimmten aber nicht ab) ... Das hieß, daß Hitler nur 15 Stimmen außerhalb der Regierungsparteien für eine Zweidrittelmehrheit noch brauchte. Er war entschlossen, diese 15 Stimmen durch fortgesetzte Verhaftungen im Reichstag zwischen der ersten und dritten Lesung des Gesetzes zu gewinnen. Die Krolloper und der Sitzungssaal selbst waren gefüllt mit SS und das Gebäude war durch SS abgesperrt, so daß niemand entfliehen konnte. (...) Auf mehreren Seiten bestand die Hoffnung, daß Hindenburg innerhalb von zwei oder drei Monaten bereit sein würde, eine wirksame Aktion gegen Hitler zu unternehmen. Ich hatte diese Möglichkeit mit General v. Schleicher erörtert, als er wenige Tage nach seinem Rücktritt mich im Krankenhaus aufsuchte. Wir stimmten darin überein, daß zwei Möglichkeiten bestünden, die Nazis zu entfernen. Die erste.... war, daß die Schwierigkeiten der Valutalage die Nazis, wenn sie keine Unterstützung von draußen erhielten, in eine hoffnungslose Position im Sommer 1934 bringen würden. Unsere zweite Hoffnung beruhte

---

des Reichstages unterzeichnet sein und bedarf der Zustimmung der für Verfassungsänderungen vorgeschriebenen Mehrheit. Das Nähere regelt das Reichsgesetz über den Staatsgerichtshof."

auf der Tatsache, daß General v. Hammerstein noch nicht sofort aus seiner Stellung nach der Ernennung des Generals v. Blomberg zum Reichswehrminister entlassen war.(…) Mit Schleicher überlegte ich, wie lange Hammerstein unter Blomberg als Reichswehrminister seine Stellung würde halten können. Schleichers Meinung war, daß, wenn er den Riß zwischen sich und Hindenburg geflickt hätte, Hammerstein eine Stellung würde halten können, in der er eine Aktion gegen die Nazis bis Mitte 1933 würde unternehmen können (…) Dies waren die Hauptfaktoren in der Situation vom März 1933. Aber es soll zusätzlich gesagt sein, daß der tatsächliche Text des Ermächtigungsgesetzes … oberflächliche Garantien für die Handlungsfreiheit des Reichspräsidenten, des Reichstages und des Reichsrates bot und keine Grundlage für die Verletzung der bürgerlichen und politischen Rechte vorsah. Ich war außerordentlich skeptisch hierbei, denn jede Garantie war bedeutungslos, wenn nicht der Reichspräsident und Reichskanzler den Reichstagsbrand-Erlaß vom 28. Februar aufheben würden, und es war klar, daß der Text zum Teil formuliert war, um damit Hindenburgs Skrupeln als Hüter der Verfassung Genüge zu leisten.… Es wurde beschlossen, Hitler als Gegengabe für eine günstige Abstimmung der Zentrumspartei über das Gesetz um einen Brief zu bitten, der den Widerruf jener Teile des Reichstagsbrand-Erlasses betraf, die die bürgerlichen und politischen Freiheiten der Staatsbürger verletzten. Solch ein Versprechen wurde eiligst entworfen und von Hitler und Frick genehmigt. Sie versicherten Dr. Kaas, dem Führer der Zentrumspartei, daß, ehe die zweite Lesung des Gesetzes beendet wäre, er Hitlers unterzeichnete Zustimmung in seiner Hand haben würde. Als kein solcher Brief kam, wurde Dr. Kaas von den Abgeordneten der Zentrumspartei gedrängt, energisch anzukündigen, daß die Zentrumspartei gegen das Gesetz bei seiner dritten Lesung stimmen würde, aber ihm wurde wiederum von Hitler und Frick versichert, daß der Bote, der die offizielle Zustimmung brächte, jene schon erwähnten Teile des Reichstagsbrand-Erlasses zu widerrufen, in der Krolloper sein müßte und daß er wahrscheinlich Schwierigkeiten gehabt hätte, durch die Absperrungsreihen der SS hindurchzukommen. Diese schnell hin- und hergehenden Verhandlungen machten gemeinsame Überlegungen der Parteien zwischen den verschiedenen Lesungen des Gesetzes unmöglich … Zusammengefaßt: durch die Ablehnung des Ermächtigungsgesetzes würde an sich nichts gewonnen gewesen sein, da der Erlaß vom 28. Februar, nach dem die Kommunisten bereits ausgeschlossen waren, in Kraft geblieben und für die Auflösung der Antinazi-Parteien benutzt worden wäre. Diese Parteien hatten zwischen zwei unabänderlichen Alternativen zu wählen: für das Ermächtigungsgesetz zu stimmen, indem sie sich auf einen späteren Wechsel in Reichspräsident Hindenburgs Stellungnahme verließen, oder das Ermächtigungsgesetz abzulehnen, nur um dann unter der direkten Drohung der persönlichen Verhaftung und der Parteiauflösung zu leben, mit der An-

klage des Reichspräsidenten Hindenburg und der Wahl Hitlers zum Reichspräsidenten."[408]

Noch klarer erklärt Brüning seine Meinungsänderung in der Abstimmungsfrage zum Ermächtigungsgesetz in seinen Memoiren: „*Nur die Hoffnung auf eine Intervention Hugenbergs und die Furcht, durch ein Fernbleiben die Chancen eines Abänderungsantrages seitens der Deutschnationalen zu zerstören bewegten mich, an dieser Feier* (gemeint ist die Feier am 21. März 1933 in der Garnisonskirche in Potsdam) *teilzunehmen. Sie war für mich das Niederdrückendste seit dem Einmarsch nach Deutschland 1918 … Vor den entscheidenden Fraktionsberatungen wurde mir mitgeteilt, daß schon 70 Prozent der Fraktion unter Führung von Dr. Hackelsberger entschlossen seien, dem Ermächtigungsgesetz zuzustimmen. Ich kämpfte dagegen. Ich erinnerte an Windthorst, an den 70jährigen Kampf für Wahrheit, Recht und Freiheit. Auch wenn wir jetzt zustimmten, würden unsere Zeitungen eingehen, unsere Schulen verloren sein und unsere Jugend in die Hände der Nationalsozialisten fallen. Besser sei es, ruhmreich unterzugehen, als einzeln nach und nach dieses Schicksal zu erleben. Kaas äußerte in vornehmer Form seine andere Auffassung und berichtete von dem ihm in Aussicht gestellten Brief. In der Fraktionssitzung, die Hitlers Regierungserklärung am 23. März folgte, wirkte seine Rede noch stark nach. Es wurde eine Abstimmung verlangt. Sie ergab, daß außer mir noch einer aus der Partei austreten wollte und weitere bereit waren, ohne diesen Schritt gegen das Ermächtigungsgesetz zu stimmen. Ich sah mir die Namen der einzelnen durch: Es waren alles Männer, die sowieso aller Wahrscheinlichkeit nach in Kürze verhaftet werden würden, Persönlichkeiten, mit denen man unter den damaligen Umständen Volksmassen nicht mehr in Bewegung setzen konnte. Nach dieser Fraktionsabstimmung verließ ich den Saal. Ich besprach mich mit Dietrich und noch ein paar anderen, auch von den Deutschnationalen, die der Ansicht waren, ich würde durch einen schroffen Schritt jede Hoffnung auf Besserung der Verhältnisse zerschlagen. Ulitzka erklärte mir, ich würde das katholische Volk so restlos durcheinanderbringen, wenn ich mich jetzt abtrennte, daß es auch vom Religiösen her keine Widerstandskraft haben würde. Dann kam die Nachricht, Göring habe bereits meine ganze Rede und drückte nun auf Hitler, den versprochenen Brief an Kaas nicht mehr zu senden. Irgend jemand von der Fraktion mußte mitstenographiert und meine Ausführungen Göring vorgelegt haben.*

Jetzt wurde ich bestürmt, und zwar von den besten Mitgliedern der Fraktion, auch denjenigen, die mit mir gestimmt hatten, unter ihnen Wirth. Sie erklärten, daß das Bekanntwerden meiner Rede mit den nötigen Konsequenzen ihre Verant-

---

[408] Brief an Dr. Pechel, in: Heinrich Brüning. Reden und Aufsätze eines deutschen Staatsmannes, hrsg. von W. Vernekohl, Münster 1968, S. 254 ff.

wortung geändert hatte; sie waren jetzt bereit, für das Gesetz zu stimmen. Nur drei oder vier blieben fest. Zum Teil wäre die Verbindung ihrer Namen mit meinem für ihre weitere Wirkung katastrophal gewesen. Ich wollte nicht Dessauer mit seiner Familie ins Unglück bringen, nicht ahnend, daß ihn doch das von mir befürchtete Schicksal ereilen würde. So entschloß ich mich, am Nachmittag des 23. März mit in die Krolloper zu gehen, unter der Voraussetzung, daß Kaas, wenn der Brief von Hitler nicht käme, einen Vertagungsantrag stellen würde. Wenn er diesen Antrag nicht stelle, so würde ich die Krolloper verlassen und sofort meinen Austritt aus der Partei erklären. Ich zeigte ihm den Entwurf meiner Erklärung, den ich fertiggestellt hatte. Ich hoffte, dadurch einen Druck auf ihn auszuüben und gleichfalls durch meine Anwesenheit vielleicht ein Betrugsmanöver im letzten Augenblick verhindern zu können. Auch diese Hoffnung wurde zu einer bitteren Enttäuschung.

Die zweite Lesung begann, Hitlers Brief war nicht da. Ich erklärte Kaas, daß ich sofort die Sitzung verlassen würde, wenn er nicht die Vertagung der Abstimmung beantragen würde. Kaas ging zu Hitler, kam wieder und sagte: „Sie sehen, wie unbegründet Ihre Besorgnisse sind. Der Kanzler hat mir erklärt, daß er den Brief bereits unterschrieben und ihn dem Innenminister zur Weiterleitung abgesandt habe." Der Brief sollte noch während der Abstimmung eintreffen. Kaas fügte hinzu, wenn er irgendwie Hitler je geglaubt hätte, so müsse er es nach dem überzeugenden Ton dieses Mal tun. Er überlegte auch, und nicht unrichtig, daß, wenn er nun nach Hitlers Erklärung den Vertagungsantrag stellen oder ich den Saal demonstrativ verlassen würde, Hitler ein Argument haben würde, um den Brief doch nicht auszuhändigen. Ich entschloß mich daher, nach schwerem inneren Kampf zuzustimmen.

Die dritte Lesung kam, der Brief war noch nicht da. Kaas wollte nicht noch einmal fragen, bis ich meine Sachen packte und aufstand, die Sitzung zu verlassen. Er lief hinter mir her und sagte, er spreche noch mal mit Hitler und Frick. Wiederkommend, als die Abstimmung schon im Gange war, sagte er, Frick habe im Innenministerium, das zwei Minuten von der Krolloper entfernt sei, telephonisch festgestellt, daß der Brief schon durch einen besonderen Boten in den Reichstag abgegangen sei. Die Verzögerung sei wohl nur hervorgerufen durch den dichten Sicherheitskordon, der um den ganzen Königsplatz gezogen sei. Es sei keine Frage, daß der Brief noch während der Abstimmung eintreffen werde. Die Abstimmung geschah, der Brief kam nicht. So hatte ich noch die Erniedrigung zu ertragen, im Interesse der Sache für das Ermächtigungsgesetz gestimmt zu haben. Erregt sprang ich auf und wartete den Schluß nicht ab. Kaas kam hinter mir her. Am Ausgang wurde ich erkannt. Rund um den Ausgang war im offenen Viereck etwa ein Bataillon SS aufgestellt. Die SS-Leute schrien: „Nieder mit Brüning, schlagt ihn tot!"... Ich betrachtete die tobenden SS-Leute, wie wenn man im Felde vor ei-

ner unausweichlichen Situation steht. In der linken Ecke des Vierecks sah ich eine kleine Lücke, darauf steuerte ich los. Nun trat etwas ein, was man häufiger erlebt: die SS-Leute waren auf meinen Entschluß nicht vorbereitet, ihr Sprechchor kam durcheinander. Je näher ich an sie herankam, desto leiser wurden ihre Rufe. Als ich mitten zwischen den beiden Gliedern stand, schwiegen sie völlig. Nun konnte ich hindurchschreiten und in einer Nebengasse ein Auto nehmen."[409]

Anders erinnert sich Treviranus an Brünings Begründung der Zustimmung zum Ermächtigungsgesetz: *„Frau Joos berichtete der Familie Bachem, Brüning habe bis zum letzten Augenblick das äußerste versucht, die Zustimmung des Zentrums zu verhindern. Er habe immer jeden einzelnen herausgesucht, um ihn in seinem Sinne für ein Nein zu bearbeiten. Bei der namentlichen Abstimmung im Plenum habe er aber wie alle anderen seine Zustimmung gegeben ... Ich sah Brüning später am Abend im Hedwigsspital. Er war blaß, mit tiefen Ringen unter den Augen. ‚Der Gedanke, daß Rudi Hilferding hätte erschlagen werden können im dunklen Keller bei einem Nein der Fraktion, hat mir den letzten Stoß gegeben zum Ja. Nun können wir nur hoffen, daß Hammerstein sein Wort wahrmachen kann!'... Aber er trug schwer an der menschlichen Enttäuschung, daß Kaas sich dazu hatte hinreißen lassen, vor der Abstimmung zum Emächtigungsgesetz ihm mit dem Ausschluß aus der Partei im offenen Bruch der Kameradschaft zu drohen, falls er beim Nein bleibe, obwohl er sich bereits entschlossen hatte, die Parteieinheit zu wahren."*[410]

Wir sollten heute die Wirkung der bedrohlichen Stimmung in der Krolloper nicht unterschätzen. Etliche Verhaftungen sind der Abstimmung vorausgegangen, überall waren SS-Truppen postiert. Was wäre mit den Sozialdemokraten passiert, wenn Hitler das Ermächtigungsgesetz nicht durchbekommen hätte? Der SPD-Fraktionsvorsitzende Otto Wels dankt nach der Abstimmung einem Zentrumsabgeordneten für die Zustimmung zu dem Gesetz mit den Worten: *„Sonst wären wir dort nicht mehr herausgekommen"*.[411]

Schon am 24. März erklärt Hitler, daß er dem Zentrum in den Vorverhandlungen zum Ermächtigungsgesetz die Einrichtung eines Ausschusses zugesichert habe, der über die sich aus dem Ermächtigungsgesetz ergebenden Maßnahmen der Regierung informiert werden solle, doch sei diesem Ausschuß keinerlei Einfluß auf die Regierungsentscheidungen zugedacht, und er solle nur dann zusammenge-

---

[409] Brüning, Memoiren, S. 657 ff. ebenso Brief Brünings an Treviranus vom 9. Juli 1958, Harvard-Archives, HUG FP 93.10.

[410] Treviranus, Das Ende von Weimar, S. 370 ff.

[411] Rudolf Morsey, Der Untergang des politischen Katholizismus. Die Zentrumspartei zwischen christlichem Selbstverständnis und „Nationaler Erhebung" 1932/33, Stuttgart, Zürich 1977, S. 144.

rufen werden, wenn die Regierung es wünsche. Hitler betont weiter, er habe sich in bezug auf Personalien, insbesondere die preußischen Personalien, nicht festgelegt. Ein Teil der dem Zentrum abgegebenen Zugeständnisse ist damit bereits binnen 24 Stunden hinfällig.

Unmittelbar nach der Abstimmung über das Ermächtigungsgesetz erhält Brüning Hinweise auf eine bevorstehende Verhaftung eines Teils der SPD-Führer. Er warnt daraufhin den Sozialdemokraten Rudolf Hilferding und bittet ihn, darüber auch dessen Kollegen Wels und Breitscheid zu informieren. Am nächsten Tag drängt Brüning Hilferding, zusammen mit den anderen noch in der Nacht Berlin zu verlassen. Die Sozialdemokraten folgen dem Rat und entgehen damit vorerst ihrem Schicksal. Denn schon am folgenden Tag dringen SA-Leute in ihre verlassenen Wohnungen ein und verwüsten sie.

Brüning wird Parteivorsitzender und löst die Partei auf

Unmittelbar nach der Abstimmung in der Krolloper reist Prälat Kaas ab, ohne jemanden davon zu unterrichten. Kaas ist seit Januar 1933 Sachverständiger im Auftrag des Auswärtigen Amtes in einem deutsch-belgischen Streitfall, der in der römischen Kurie ansteht.

In der Zentrumsfraktion gehen Gerüchte und Vermutungen um, die Reise stehe in Zusammenhang mit seinen Verhandlungen mit Hitler am 20. und 22. März über das Ermächtigungsgesetz. Treviranus zufolge nährten sich diese Gerüchte aus der Tatsache, daß die Abreise in aller Heimlichkeit erfolgte, und daraus, daß Hitler in seiner Reichstagsrede am 24. März versöhnlich sprach und fast wörtlich Formulierungen aus dem Kaas-Brief an ihn vom 23. März übernahm und darüber hinaus erklärte, die Reichsregierung lege den größten Wert auf freundschaftliche Beziehungen zum Heiligen Stuhl.[412] Auch Brüning geht davon aus, daß Kaas' Widerstand gegen das Ermächtigungsgesetz von Hitler dadurch gebrochen wurde, daß dieser ein Konkordat in Aussicht stellte. Diese Frage interessierte Kaas als katholischen Prälaten naturgemäß am meisten. Die Sicherung der Beziehungen zwischen dem Reich und dem Vatikan war für ihn eine Frage von höchstem Stellenwert, der die anderen Fragen untergeordnet wurden. *„Hitler ging so weit, die von Kaas vorgeschlagenen Formulierungen für seine Regierungserklärung im Reichstag zu akzeptieren, sogar Ausdrücke zu verwenden, die vermutlich kein katholischer Kanzler hätte ungestraft gebrauchen können. Kaas kam immer hoffnungsfreudiger von diesen Unterhaltungen zurück. Meine Warnungen machten keinen Eindruck. Er er-*

---

[412] Treviranus: Das Ende von Weimar, S. 374.

klärte mir, daß vor allem die Formel „die freundschaftlichen Beziehungen zum Heiligen Stuhle" der größte Erfolg sei, den man seit zehn Jahren in irgendeinem Lande gehabt habe. Diese Formulierung werde einen ungeheuren Eindruck in Rom machen; er könne nicht anders als diesen Erfolg in den Mittelpunkt seiner Betrachtungen zu stellen. Ich sagte ihm, daß er damit als Vorsitzender die Zentrumspartei selber zerstöre, ohne irgendeine wirkliche Sicherheit in der Hand zu haben. Meine Bemühungen, ihn zu überzeugen, wurden mehr und mehr ergebnislos. Er wollte schon gar nichts mehr von einem Abänderungsantrag zum Ermächtigungsgesetz wissen; nur meine Erwartung, daß Hugenberg einen solchen einbringen lassen würde, konnte ihn davon abhalten, von vornherein darauf zu verzichten."[413]

Die ablehnende Frontstellung des deutschen Katholizismus gegen den Nationalsozialismus wird nach den Wahlen vom 5. März allmählich aufgeweicht durch die zunehmende Bereitschaft, am Aufbau des neuen Regimes mitzuwirken und nicht in wirkungsloser, trotziger Opposition nur tatenlos am Rande zu stehen. Durch seine Regierungserklärung vom 23. März vermag Hitler mit seinen Garantien die bisherigen Bedenken der Bischöfe zu entkräften. Mit ihrer am 28. März 1933 veröffentlichten Kundgabe der Fuldaer Bischofskonferenz nehmen die deutschen Bischöfe unter Bezug auf Hitlers Erklärung vom 23. März ihre früheren allgemeinen Verbote[414] und Warnungen gegenüber dem Nationalsozialismus zurück. Die Mehrzahl der deutschen Bischöfe läßt dieser Kundgebung positive Erklärungen zur Hitler-Regierung folgen.

Viele Katholiken erhoffen sich eine Aussöhnung zwischen Katholizismus und Nationalsozialismus.

Für Hitler verbinden sich mit dieser Politik andere Absichten, ist sie doch nur ein Mittel, um Zentrum und Bayerische Volkspartei aus ihrer engen Verbindung zur Kirche zu lösen, sie schließlich auszulöschen und den Widerstand der Kirche zu brechen.

Anfang April 1933 reist Prälat Kaas – für seine Fraktion überraschend – nach Rom. Vizekanzler von Papen begibt sich ebenfalls dorthin, um Hitlers Konkordatsangebot zu überbringen und anschließend den Abschluß des Reichskonkordats vorzubereiten. Dieses soll – laut Vertragstext – die freundschaftlichen Beziehungen zwischen dem Deutschen Reich und dem Heiligen Stuhl festigen und fördern und das rechtliche Verhältnis zwischen katholischer Kirche und Staat dauerhaft regeln. Dreh- und Angelpunkt der Berliner Konkordatsofferte ist die Forderung nach einem parteipolitischen Betätigungsverbot des Klerus, eine Forderung, die der Va-

---

[413] Brüning, Memoiren, S. 656.
[414] Noch Anfang 1933 war Katholiken eine Mitgliedschaft in der NSDAP und ihren Organisationen verboten und wurde in manchen Diözesen mit der Exkommunikation geahndet.

tikan ablehnt. Er übermittelt statt dessen einen Entwurf von Kaas nach Berlin. Dieser Vorschlag, auf den sich die Kurie geeinigt hat, enthält kein generelles Verbot, sondern eine Zusage künftiger Einschränkungen des unbegrenzten parteipolitischen Betätigungsrechts für Seelsorgegeistliche, jeweils nach der Ermessensentscheidung des zuständigen Bischofs. Als dieses Konzessionsangebot in Berlin wiederum abgelehnt wird, erweitert der Vatikan am 11. Mai 1933 seine Offerte dahingehend, eine Klausel aufzunehmen, wonach die Bischöfe die Genehmigung zu parteipolitischer Betätigung von Geistlichen *„nur in seltenen und durch das kirchliche Interesse besonders begründeten Fällen"* erteilen. Dieses Angebot genügt der Reichsregierung immer noch nicht.

Im Vatikan sind die Meinungen über das Reichskonkordat gespalten. Zum Teil lehnt man die Verhandlungen grundsätzlich ab, da man darin eine Verleugnung der katholischen Idee sieht. Man befürchtet, das Prestige des Nationalsozialismus zu stärken, weil ein solches Konkordat als Anerkennung nationalsozialistischer Grundsätze durch die katholische Kirche ausgelegt werden könnte. Außerdem – so wird gewarnt – würden sich die unbeugsamen Katholiken in Deutschland, die sich dem Nationalsozialismus verwehren oder nur unter Zwang beugen, vom Vatikan geistig und moralisch verlassen fühlen.

Andere Stimmen gehen von einem kaum vermeidbaren Kampf der Nationalsozialisten gegen den Katholizismus und die Verfolgung der Kirche aus. Für diesen Fall sei ein Reichskonkordat hilfreich, ja eine moralische Kraftquelle und ein Nachweis, daß die Kirche versucht habe, den Kampf zu vermeiden. Eine andere Position im Vatikan plädiert dafür, auf einen Zeitgewinn hinzuarbeiten und während der Verhandlungen zu versuchen, positive Ergebnisse für die deutschen Katholiken zu erzielen. Im Falle der Vertragsunterzeichnung müsse klargestellt werden, daß dies keine Anerkennung des Nationalsozialismus durch die katholische Kirche bedeute, daß die Kirche aber feste Bürgschaften für die Pflege des katholischen Geisteslebens ausgehandelt habe. Über alle Meinungsverschiedenheiten hinweg ist man sich einig, daß Hitler sich nicht an das Konkordat halten werde. Doch in diesem Fall, so argumentiert die stärkste Gruppierung im Vatikan, könne die Kirche den Vertrag aufheben und dem Ansehen der Nationalsozialisten öffentlich mehr schaden als durch das Ausschlagen eines Reichskonkordats.

Brüning läßt sich von den für ihn als ungerecht und demütigend empfundenen Erfahrungen seines Sturzes erst einmal nicht entmutigen; er kämpft weiter gegen das, was niemand mehr aufhalten kann, versucht zu retten, was zu retten ist, während sich der politische Himmel über Deutschland unaufhaltsam zuzieht. Er warnt den Vatikan vor dem Abschluß des Reichskonkordats, wohl wissend, daß dieser Vertrag von Hitler nicht gehalten werden wird. Er entwickelt Gegenentwürfe zum Konkordat mit einer besseren Sicherung der konfessionellen Schulen. Beharrlich gibt er zu bedenken, daß der Abschluß des Konkordats das Ende der Zentrumspartei bedeuten würde. Er bittet, daß zumindest die Ratifizierung aufgeschoben werde, um das weitere Verhalten der NSDAP abzuwarten. Eine Unterzeichnung sei in diesem Augenblick ein Dolchstoß für die mutigen Protestanten, die unter Bodelschwinghs Führung den Kampf um Recht und Freiheit ihrer Kirche aufgenommen hatten. Vergeblich.

In Berlin beginnt die Parteiführung des Zentrums am 5. Mai derweil mit einer mehrtägigen Aussprache über eine Neuorientierung und Zukunftsplanung der Partei. Vor dem Berliner Gesellenhaus, in dem die Verhandlungen stattfinden, halten katholische Gesellen Wache, während drinnen unter anderem der Rücktritt des Parteiführers Kaas bekanntgegeben wird. Brünings Rede mit der Aufforderung zur Selbstbehauptung der Partei findet großen Anklang, ihr folgt die einstimmige Wahl Brünings zum neuen Parteivorsitzenden. Eine neue Ära der Zentrumspartei soll nun anbrechen, die Aufbruchstimmung ist groß. In etlichen Zentrumskreisen, besonders bei der Zentrumsjugend, wird dem neuen Vorsitzenden die Bereitschaft zu unerschütterlicher Gefolgschaft in zahlreichen Treuekundgebungen zugesichert.

Die Zentrumspartei übernimmt in ihrer inneren Parteiorganisation das Führerprinzip und stattet ihren ehemaligen Reichskanzler mit nahezu uneingeschränkten Vollmachten zur Reorganisation der Partei aus. In der Zentrumspresse wird überwiegend nur noch vom „Führer Brüning" gesprochen. Brüning nutzt die Vollmacht besonders auf personellem Gebiet, um junge Nachwuchskräfte aufzubauen, die noch unverbraucht und voller Energie sind. Noch hofft er, daß Reichspräsident und Reichswehrführung die Gewaltakte der NSDAP zurückdrängen können, doch auch zur Außenpolitik werden die Redewendungen und öffentlichen Erklärungen der Nationalsozialisten schärfer und aggressiver.

Am 17. Mai billigt der Reichstag einstimmig eine Forderung Hitlers nach Gleichberechtigung des Reiches in der internationalen Gemeinschaft. Die Zustimmung des Zentrums zu den verkündeten Zielen nationalsozialistischer Außenpolitik geht auf eine vorherige Besprechung zwischen Brüning und Hitler zurück. Wie Brüning später sagte, hatten ihn deutsche Botschafter und Mitglieder des Auswärtigen Amtes gebeten, Hitler auf die Gefahren der aggressiven Äußerungen aufmerksam zu machen. Brüning kann auf einige Stellen der sogenannten Friedensrede mäßigend einwirken. Der Preis dafür ist allerdings die Zustimmung des Zentrums und auch die der SPD, welche Brüning erreichen kann. *„Hitler versprach, mit mir Verhandlungen aufzunehmen, um eine Abänderung der bisherigen Notverordnungen über die Einschränkung der persönlichen Rechte und Freiheiten alsbald nach der Reichstagssitzung einzuleiten, und erklärte sich bereit, über meinen Vorschlag in eine eingehende Diskussion einzutreten und mir weitgehend entgegenzukommen. Anschließend zog Frick ein Papier aus der Tasche, das eine Billi-*

gung der Erklärung Hitlers und ein Vertrauensvotum für die Regierung enthielt. *Ich erklärte mich nur bereit, wenn die Rede mit den Abänderungen, die ich verlangt hatte (stärkeres Eingehen auf den Abrüstungsappell des US-Präsidenten Roosevelt), gehalten würde, einem Antrag zur Billigung dieser Friedensrede zuzustimmen; auch würde ich mich bemühen, die Zustimmung der SPD dafür zu bekommen.*"[415]

Im preußischen Landtag stimmt die Zentrumsfraktion des Landes dem dort eingebrachten Ermächtigungsgesetz zu, nachdem die Nationalsozialisten auch hier wiederum – wie schon bei der Abstimmung über das Ermächtigungsgesetz im Reichstag – die vom Zentrum geforderten Zusicherungen garantieren. Der preußische Landtagsabgeordnete Graf von Galen legt aus Protest über das Verhalten seiner Fraktion sein Mandat vor der Landtagssitzung nieder. Wenig später stimmt auch die badische Zentrumsfraktion unter Prälat Föhr dem Ermächtigungsgesetz zu. Bereits fünf Tage später wird die „Baden-Wacht", eine Schutzorganisation des Zentrums, aufgelöst.

Enttäuschend gestalten sich für den Altkanzler die Verhältnisse innerhalb der eigenen Partei. Brüning beauftragt den Chefredakteur der „Rhein-Mainischen Volkszeitung" Heinrich Scharp mit der Reorganisation der Partei in der Provinz Hessen-Nassau. Dieser bezeichnet es – und dies ist typisch für die Stimmung in der Zentrumsfraktion – als das Ziel seiner Reformarbeit, die im Zentrum vereinigten politischen Kräfte des katholischen Volkes *„aktiv und selbständig"* in den Neugestaltungsprozeß des öffentlichen Lebens einzugliedern und die *„geschichtsbildenden Kräfte"* beim *„Neuaufbau des Reiches fruchtbar zu machen"*.[416] In katholischen Zeitungen wird immer wieder die Mitarbeit der Katholiken an der neuen Staatsführung gefordert.

Die Lage in der Zentrumspartei wird zunehmend schwieriger, die Partei ist gespalten. Brüning muß viele Austritte entgegennehmen. Diese Austritte werden immer wieder damit begründet, daß die Belange der Katholiken nach den Zusicherungen Hitlers und den Kundgebungen der Bischöfe nicht bedroht seien und es keiner politischen Vertretung des katholischen Volksteils mehr bedürfe, der künftig nicht *„abseits der werdenden Volksgemeinschaft"* stehen könne.[417]

Der Redaktion der Zeitung Germania wird auf Betreiben von Papens gekündigt. Die Germania soll von der Zentrumspartei getrennt und der Kurs des Blattes nationalsozialismusfreundlicher werden. Brüning wehrt sich gegen eine Auflösung des Zentrums, wie sie von außen durch von Papen öffentlich gefordert wird.

---

[415] Brüning, Memoiren, S. 669.

[416] FZ Nr. 401 vom 1. Juni 1933, zit. nach E. Matthias/R. Morsey: Das Ende der Parteien, S. 390.

[417] FZ Nr. 378 vom 23. Mai 1933, zit. nach E. Matthias/R. Morsey: Das Ende der Parteien 1933, S. 387.

Die Auflösung der Zentrumspartei

Eine Bischofskonferenz in Fulda schließt am 10. Juni 1933 mit der Veröffentlichung eines Hirtenbriefes, in dem die Ziele der neuen Staatsautorität begrüßt werden, bei gleichzeitiger Forderung nach Garantie der kirchlichen Freiheit. Mit der Anerkennung der Prinzipien des NS-Staates verbindet sich allerdings die Kritik an den Methoden nationalsozialistischer Machtausübung. Dieser Hirtenbrief löst in der Zentrumspartei eine neue Austrittswelle aus. Zentrumsabgeordnete treten zur NSDAP über. Die NSDAP fordert die Auflösung der Parteien, auch des Zentrums.

Die Lage für den Parteivorsitzenden ist schwierig, die Lage der Partei bedrohlich. Ein Bericht des britischen Botschafters in Berlin, Sir Horace Rumbold, anläßlich eines Treffens mit Brüning am 14. Juni 1933 gibt die depressive und sorgenvolle Stimmung Brünings in jenen Tagen wieder. Aufschlußreich ist Brünings Plädoyer für die Einführung einer konstitutionellen Monarchie angesichts der bedrohlichen Stimmung im Reich, die er als stabilisierenden Faktor und als Garant gegen außenpolitische Abenteuer des Deutschen Reiches ansieht – so der Bericht Rumbolds. Sorge bereitet Brüning ebenfalls die Finanzlage des Reiches sowie die mögliche Entwicklung nach dem Ableben oder Abtreten Hindenburgs. Gleichzeitig betont er seine Bereitschaft, Hitler zu unterstützen, sofern dieser einen gemäßigten politischen Kurs einschlage.[418] Brüning ist niedergeschlagen, er hat kaum noch politischen Handlungsspielraum. Führt er seine Partei zu sehr in die Opposition als Widerstand gegen die NS-Regierung, so riskiert er Parteiverbot und Verhaftungen seitens der Nationalsozialisten. So zieht er es vor, sich ruhig und abwartend zu verhalten. Einige Zentrumsmitglieder mahnen Brüning vergeblich zur Ausgabe von Direktiven an. Das Zentrum gilt auch nach außen als „aktionsunfähig“.

Die maßgeblichen Konkordatsverhandlungen finden zwischen dem 29. Juni und dem 8. Juli statt. Die politische Lage hat sich derweil verschärft. Mittlerweile stehen für den Vatikan nicht mehr die Schulfrage und das parteipolitische Betätigungsrecht des Klerus im Mittelpunkt, sondern die Frage, wie das kirchliche Organisationswesen vor der Gleichschaltung bewahrt werden kann.

Inzwischen zeigt Hitler noch mehr von seinem wahren Gesicht, indem er in der zweiten Junihälfte gezielt auch gegen die Zentrumspartei vorgeht. Die nationalsozialistischen Aktionen bestehen in neuen Verhaftungen und Dienstentlassungen. Als Beispiel sei die Verhaftung und anschließende Mißhandlung des württembergischen Staatspräsidenten Eugen Bolz[419] am 19. Juni 1933 genannt. Die Zentrums-

---

[418] Vgl. E. Matthias/R. Morsey, Das Ende der Parteien 1933, S. 393 f.
[419] Zentrumsabgeordneter des Reichstages und des württembergischen Landtages.

politikerin Helene Weber wird als Ministerialrätin im preußischen Kultusministe-
rium beurlaubt, der Zentrumsabgeordnete Joseph Ersing ebenfalls verhaftet. Am
22. Juni wird die SPD verboten, zwei Tage später wird der Gesamtverband der
christlichen Gewerkschaften aufgelöst. Am 28. Juni lösen sich die Staatspartei und
die Deutschnationale Front auf. Goebbels fordert die Auflösung der Zentrumspartei und droht mit einem gewaltsamen Eingreifen der nationalsozialistischen Partei-
organisationen. Die Führer der Bayerischen Volkspartei werden am 25. Juni 1933
verhaftet. Die Anzeichen mehren sich, daß das Zentrum mit Hilfe und Duldung
des Vatikans ausgeschaltet werden soll. Das Schicksal der Zentrumspartei wird eine Frage von Stunden. Nachdem am 25. Juni bereits über 2000 Mandatsträger der
Bayerischen Volkspartei in Haft genommen wurden, bleibt den katholischen Parteien kaum ein anderer Weg, als sich um ein glimpfliches Ende zu bemühen. Brüning schreibt rückblickend: *„Ich mußte das Fazit ziehen, daß höchstens noch die
Hälfte der Reichstagsfraktion weiterkämpfen wollte. Jede Minute kamen neue Hi-
obsnachrichten. Die Verhaftung von Dessauer und der Abschluß des Konkordats
hatten jede Widerstandskraft vernichtet. Grass kam, wenn ich mich nicht irre, mit
Dr. Hettlage und erklärte, wenn ich nicht am selben Abend handle und die Partei
auflöse, so würden sie mit einer Reihe anderer Mitglieder den offenen Bruch vollziehen."*[420]

Angesichts des zügigen Fortschreitens der Konkordatsverhandlungen in Rom
beschließt die Zentrumspartei ihre Auflösung. In vielen Städten treten die Zen-
trumsfraktionen zur NSDAP über. Die Gestapo schließt die Geschäftsstellen der
Windthorstbunde.[421]

Die Parteispitze des Zentrums nimmt – bevor sie von der Entwicklung überrollt
wird – Verhandlungen mit der NS-Führung auf. Hauptverhandlungspunkt ist die
Aufnahme von Zentrumsabgeordneten in ein „Hospitantenverhältnis" bei der nationalsozialistischen Fraktion.[422] Doch schon am Abend des 5. Juli 1933 gibt die
Zentrumsführung die Selbstauflösung der Partei bekannt. Die Zentrumsabgeordneten sind nun fraktionslos. Verbindungsmann der ehemaligen Reichstagsfraktion
ist der Abgeordnete Dr. Albert Hackelsberger.

Gemäß seiner Voraussage löst Brüning als Parteivorsitzender die Zentrumspartei, nur zwei Monate nachdem das Ermächtigungsgesetz erfolgreich den Reichstag
passiert hat, auf, um einem Verbot der Partei zuvorzukommen – sofern diese nicht
sowieso in sich zerfallen wäre, nachdem mehr und mehr Mitglieder zum Nationalsozialismus überliefen. Am 14. Juli erlassen die Nationalsozialisten das Verbot der

---

[420] Brüning: Memoiren, S. 673.
[421] Jugendorganisation der Zentrumspartei, Vorschule in der Parteiorganisation.
[422] E. Matthias/R. Morsey: Das Ende der Parteien, S. 402.

Neugründung von Parteien und setzen der traditionsreichen Partei damit den Grabstein, einer Partei, die in „glanzloser Resignation" aufgegeben hat, nachdem sie *„eingeschüchtert und vom Zweifel an eine sinnvolle Möglichkeit weiterer politischer Gruppenarbeit seelisch ausgehöhlt"*[423] worden ist.

Der Zentrumspartei wurde später häufig zum Vorwurf gemacht, daß sie sich selbst aufgelöst habe und nicht zumindest – wie die SPD – habe verbieten lassen. Sie habe keinerlei Willen zum Widerstand gezeigt. Für Brüning war es respektabler, die Partei aufzulösen, als das staatliche Verbot zu provozieren. Im historischen Ergebnis hätte ein Abwarten Brünings nichts geändert, doch ein Verbot wäre wahrscheinlich mit Brutalität und Verhaftungen einhergegangen.

Drei Tage nach der Auflösung der Zentrumspartei wird das Reichskonkordat unterzeichnet, nachdem die Kurie der in Artikel 32 niedergeschriebenen Hauptforderung Hitlers nach Entpolitisierung des Klerus bzw. dem Verbot der politischen Betätigung der Geistlichen am 2. Juli 1933 endlich zugestimmt hat.

Dafür wird der Kirche der Schutz der katholischen Verbände zugesichert. Im Artikel 1 erkennt das Deutsche Reich das Recht der Kirche an, ihre Angelegenheiten selbständig zu ordnen und zu verwalten und für ihre Mitglieder bindende Gesetze und Anordnungen zu erlassen; im zweiten Artikel werden die in den Länderkonkordaten anerkannten Rechte und Freiheiten der Kirche garantiert.

Brüning ist vermutlich der einzige prominente Katholik, der sich gegen diesen Vertrag zwischen Katholizismus und Nationalsozialismus ausgesprochen hat. Dagegen wird der Vertrag im katholischen Lager überwiegend sehr positiv beurteilt. Wie erwartet stellt Hitler am 9. Juli öffentlich das Reichskonkordat als Anerkennung durch Rom dar. Am 22. Juli schreibt die Nationalsozialistische Parteikorrespondenz von der *„Anerkennung des nationalsozialistischen Staates durch die katholische Kirche"*.[424] Das Reichskonkordat wird zum Erfolg für Hitlers Prestige. Nicht nur das einfache katholische Kirchenvolk läßt sich davon beeinflussen, selbst namhafte Theologen werben in Publikationen für die Zusammenarbeit, den Brückenbau zwischen Nationalsozialismus und Katholizismus unter Bezugnahme auf das Reichskonkordat.

Die Einsicht in den wirklichen Wert des Konkordates fand Rom zu spät, wie Brüning meinte: *„Es mußte einsehen, daß das Konkordat keinen Nutzen brachte. Die konfessionellen Schulen in der Pfalz und in Hessen wurden trotz des Konkordats beseitigt. Als die Protestanten unter Führung von Niemöller und Koch sich zum zweitenmal zum Kampf für letzte christliche Ideale erhoben, war die Lage des*

---

[423] So Theodor Heuss: Der Ausgang der Parteien, in: Die Hilfe 39, 15.7.1933, S. 361f, zit. nach E. Matthias/R. Morsey: Das Ende der Parteien 1933, S. 410.

[424] Zit. nach K. Repgen: Reichskonkordats-Kontroversen und historische Logik, S. 171.

deutschen Katholizismus schon soweit klar, daß Rom sehen mußte, daß das Konkordat nur ein Fetzen Papier war. Aber man konnte sich nicht entschließen, gleichzeitig mit den Protestanten den Kampf nicht für politische, sondern für rein religiöse Ziele aufzunehmen. Man ließ sie ein zweites Mal im Stich und brauchte ein Jahr, um einzusehen, daß man im Kampf um letzte christliche Wahrheiten mit den gläubigen Protestanten am gleichen Strang ziehen mußte."[425]

Die deutsche Kirchenpolitik im Verlauf des Dritten Reiches ist eine permanente Verletzung der Vereinbarungen von 1933. Andererseits fördert das Konkordat den Erhalt des Glaubenslebens und ist insofern für das Überleben der Kirche im Dritten Reich begünstigend gewesen.

„Der politische Katholizismus, von Hitler in seiner Bedeutung weit überschätzt, trat lautlos von der Bühne ab, hin- und hergerissen zwischen kraftloser Überlebenshoffnung und vergeblichen Anspassungsversuchen an die neue Zeit"[426] – so kommentierten deutsche Historiker die Situation der Katholischen Kirche mit Abschluß des Reichskonkordats einmal.

Die Auflösung der Zentrumspartei und der fast gleichzeitige Abschluß des Reichskonkordats machen jede Opposition der Katholiken in Deutschland unmöglich und bilden einen Meilenstein auf dem Weg der Festigung der nationalsozialistischen Herrschaft.

Brüning ist nun völlig ohne Amtsfunktion. Nach seiner Kanzlerzeit und einer kurzen Übergangsphase als Reichstagsabgeordneter und Parteivorsitzender fällt er in ein tiefes Loch. *„Um mich wurde es einsam. Die alten Freunde nahmen Abschied und dann sah ich für Wochen niemanden mehr"*, erinnert er sich.[427]

---

[425] Brüning: Memoiren ,S. 677.
[426] Klaus Gotto/Hans Günter Hockerts/Konrad Repgen: Nationalsozialistische Herausforderung und kirchliche Antwort. Eine Bilanz, in: K. Gotto/K. Repgen: Kirche, Katholiken und Nationalsozialismus, S. 104.
[427] Brüning: Memoiren, S. 674.

FLUCHT UND EXIL

Auf der Mordliste Hitlers

Was Hitlers Machtübernahme und der Unrechtsstaat bedeuten, das bekommt Brüning nun bald am eigenen Leibe zu spüren. Sein Name wird von Göring und Hitler auf die „Schwarze Liste", die Mordliste, gesetzt.[428]

Nach seinem Rücktritt als Reichskanzler zieht er in das Berliner St. Hedwig-Krankenhaus. Der Aufenthaltsort bleibt der Gestapo nicht unbekannt, immer häufiger ziehen ab März 1933 SA-Truppen mit lauten „Nieder mit Brüning"-Rufen am Hedwigskrankenhaus vorbei. Doch dabei sollte es nicht bleiben. Als sich Brüning in Tübingen zu Besprechungen über den Entwurf des Reichskonkordats mit Hackelsberger trifft, geht ein Schuß durch das Fenster seiner Herberge. Brüning hatte kurz zuvor das Quartier verlassen.[429] Die Bedrohung durch die Nationalsozialisten nimmt immer weiter zu. Im November 1933 taucht Brüning unter. In seinen Memoiren beschreibt er diese Situation: „*Statt dessen erschien der Präsident Bumm und teilte mir mit, im Ministerium des Inneren habe man ihm eröffnet, wenn das Hedwigshospital mir länger Gastfreundschaft biete, so werde es die volle Macht des neuen Staates zu fühlen bekommen. Ich antwortete Bumm, ich würde selbstverständlich sofort ausziehen, es sei nicht meine Absicht, dem Hedwigshospital irgendwelche Gefahren zu bringen. So verließ ich am gleichen Tag nachmittags um vier Uhr die guten Schwestern, die so treu für mich gesorgt hatten. Nun wurde mein Leben zum Versteckspiel. Ab November wurde ich sieben Monate lang von der Geheimen Staatspolizei verfolgt und mußte manchmal vierzehn Tage lang Nacht für Nacht in einem anderen Haus Zuflucht nehmen. Als sich dies herumsprach, bekam ich viele Briefe von einfachen Leuten, selbst von Kommunisten, die sich anboten, mich zu verbergen. Auch zwei Universitätsprofessoren hatten den Mut, mich aufnehmen zu wollen. Ein Bischof, Bares von Hildesheim, lud mich ein, beliebig lange bei ihm zu wohnen. Ich lehnte ab, ihm herzlich dankend für seine Güte und für seine Gesinnung. Eine Woche später ließ der Erzabt von Beuron mir*

---

[428] Vgl. Tagebucheintrag Harry Graf Kesslers vom 20. Juli 1935, in: Tagebücher 1918–1937, S. 741.
[429] Vgl. Brüning: Memoiren, S. 671.

sagen, ich könne uneingeschränkt Gast der Abtei sein, er würde es nie dulden, daß SA-Scharen in das Kloster eindrängen. Auch ihm dankte ich, mußte aber aus verschiedenen Gründen ablehnen.

Das Wandern brachte auch Verfolgungen und Haussuchungen bei allen, die mir die Gastfreundschaft anboten. Manche sind darüber zugrunde gegangen.(...) Heftige Herzschmerzen, die ich drei Wochen vorher bekommen hatte, zeigten mir, wie schwierig meine Lage war. Würde ich irgendwo krank und konnte nicht mehr Stunde für Stunde auf Grund von Warnungen oder Beobachtungen in ein anderes Haus gehen, so würde ich doch geschnappt ..."[430]

Von einem Kriminalpolizisten gewarnt und von Freunden förmlich zur Flucht gedrängt, kann sich Brüning dem Zugriff der Gestapo entziehen. Der prominenteste politische Flüchtling Deutschlands reist am 21. Mai, dem Pfingstmontag des Jahres 1934, von Berlin über Emmerich nach Holland. Professor Hermann Muckermann bringt ihn über die Grenze, von dort reist er weiter nach Großbritannien. Hilfe bei der Flucht und auch in der Emigrationszeit erhält der gestürzte Reichskanzler zeitweilig auch von dem in Brüssel arbeitenden amerikanischen Industriellen Dannie N. Heineman. Ein weiterer Fluchthelfer ist der damalige US-amerikanische Generalkonsul in Berlin, George Messersmith[431]. Brüning schafft es gerade noch rechtzeitig vor Beginn des politischen Mordens im Reich, seine Heimat zu verlassen. Nur fünf Wochen nach seiner Flucht unter dem Decknamen Dr. Henry Brown beginnt die erste Mordaktion des Führers in Zusammenhang mit dem sogenannten Röhm-Putsch, einem vermeintlichen Umsturzversuch. Hitler inszeniert diese vorgebliche Revolte, um verschiedene ihm politisch nicht mehr genehme Persönlichkeiten, unter ihnen einige sehr enge Weggefährten Brünings, ermorden zu lassen. Göring und Himmler nutzen Hitlers Generalvollmacht zur Ermordung persönlicher Feinde skrupellos aus. Der Exildeutsche Brüning ist von diesen Terrorakten schockiert.

Gleich nach seiner Ankunft in London wird Brüning durch Archibald Church zu Familie Anderson nach Weybridge gebracht. Über diese Lebensstation seines ehemaligen Kanzlers berichtet Treviranus: „*Unter diesem Dach blieb ‚Harry', wie ihn seine Mutter nannte, Hausgenosse. Diese Wahlverwandtschaft mit den Eltern Jan und Mona Anderson, den Kindern Fiona, John und Colin, der Großmutter Ethel, bescherte ihm einen Familienkreis, wie er ihn nach der Studentenzeit in Straßburg bei Henner und Anna-Maria Tennstedt mit den beiden Töchtern am Rhein und in Berlin gefunden hatte. Als Andersons 1935 einen Landsitz bei East*

---

[430] Brüning: Memoiren, S. 678 f.
[431] George Messersmith, Papers, University of Delaware Library, Newark/Delaware, USA, zit. nach Knapp, S. 94, Fn. 6

Grinsteadt in Sussex erwarben, konnte Brüning sich in ‚Old Surrey Hall‘ und auf der Wilderwick-Farm bei der Anlage einer Parklandschaft mit Axt und Baumsäge nützlich machen. Die ‚Brüning-Schneise‘ trägt den Namen bis heute. Zu den Dauergästen wurde später auch meine Familie gezählt. (…) Für Brüning und mich wurde das Leben auf der ‚Insel in silbriger See‘ heimatlicher, weil wir die englische Sprache beherrschten … Brüning fand ohnehin durch sein stammverwandtes Wesen unter den Angelsachsen offene Türen und Herzen."[432]

Jan Anderson war aktiver Offizier gewesen, und man kann es wohl schon fast als Ironie der Geschichte bezeichnen, daß Anderson und Brüning im Kriege an denselben Frontabschnitten gekämpft haben – auf unterschiedlichen Seiten der Schützengräben.

Im Sommer 1934 unternimmt Brüning – wahrscheinlich mit finanzieller Unterstützung des aus Deutschland in die Vereinigten Staaten ausgewanderten Fabrikanten Gustav Oberländer – unter dem Namen Henry Anderson eine USA-Reise. Er verweilt einige Monate auf Long Island in einem katholischen Priesterseminar. Der Kirchenhistoriker und Seminarleiter Rektor Patrick Barry bittet Brüning, Vorträge zu halten – eine Bitte, der Brüning gerne nachkommt.

Brüning verkehrt bei dem Literaturprofessor George N. Shuster, dem Präsidenten des katholischen Hunter-College in New York, den Brüning schon aus seiner Kanzlerzeit kennt. Im Hause Shuster lernen die Freunde des Hauses den ehemaligen Reichskanzler als charmanten und geselligen Menschen kennen, dessen Interessen ihnen nicht lange verborgen bleiben: die Schriften Sir Walter Paters, die Verse der westfälischen Dichterin Annette von Droste-Hülshoff und des Dichters Rainer Maria Rilke. Brüning verfolgt weiterhin mit großem Interesse wirtschaftliche Themen und Probleme, studiert Tageszeitungen und Zeitschriften.

Seine Gesundheit bereitet ihm während seiner Exiljahre häufiger Probleme. Zu Herzproblemen kommt ein schwerer und komplizierter Beinbruch, der ihn jedoch nicht lange von seiner Reiselust abhalten kann.

In den Jahren 1934 bis 1939 verändert Brüning immer wieder seinen Aufenthaltsort. Er verbringt jeweils längere Zeit in England, Frankreich, der Schweiz und den USA – eine Gegebenheit, die ihm die Bezeichnung des „wandernden Flüchtlings" eintrug. Im Vergleich zu vielen anderen seiner Schicksalsgenossen hat Brüning einen Vorteil: Er verfügt durch seine vorherige Tätigkeit als Reichskanzler und als Politiker überhaupt über eine fast unüberschaubare Anzahl von Kontakten und Freundschaften im Ausland. Als Junggeselle findet er wohl auch leichter Unterstützung und Unterschlupf als es vergleichbar eine Familie erfahren hätte. Nicht zu vergessen, daß er die englische Sprache wie seine Muttersprache beherrscht.

---

[432] Treviranus, Für Deutschland im Exil, S. 34 f.

Treviranus hält in seinen Aufzeichnungen von den weitreichenden Kontakten Brünings in England fest: „*In Whitehall wie in der City hatten wir manch alte Bekannte. Lord Layton, ‚Economist'-Herausgeber, entscheidender Matador in London und in der BIZ in Basel, Brünings Hauptstütze im Kampf für die Reparationsstreichung 1931/32 wurde ein freundlicher Gastgeber auch meiner Familie. Montagu Norman, der Betreuer der ‚Alten Dame' in der Threadneedle-Street, der Bank von England, war der andere Brüning-Helfer im Durchbrechen der Versailler Mauer. Sir, später Lord, Josiah Stamp war in der Dawes-Plan-Konferenz der britische Vertreter gewesen und schrieb mit Brüning ein Vorwort zu den Lebenserinnerungen des General Dawes. Reginald Mackenna, Chef der Midland Bank und ehemaliger Schatzkanzler, ein wißbegieriger Deutschenfreund, war unser letzter Staatsbesucher in der Reichskanzlei am 28./29. Mai 1932. Diese Nachbarn verlangten keine Visitenkarte vom Alt-Reichskanzler. (...) Im Zeitungsviertel der Fleet Street sah Brüning häufiger alte Bekannte unter früheren Berliner Auslandskorrespondenten, in der ‚Times'-Redaktion Norman Ebbutt, im ‚Daily Herald' den Chefredakteur Williams. (...) Rudolf Pechel, der versuchte, auf schmalem Grat die ‚Deutsche Rundschau' über die Runden zu bringen, bis ihn das Schreibverbot zur Strecke brachte, stand über Schweizer Freunde mit Brüning in laufender Verbindung, kam auch persönlich noch im Frühjahr 1939 zu Brüning zum ‚Dolphin Square' trotz der Gefahr der Überwachung durch die Botschaft.*"[433] Als sehr wichtig für die Geschichtsschreibung erweist sich der Kontakt zu dem ehemaligen Vorstandsmitglied der SPD, Wilhelm Sollmann. Die Korrespondenz zwischen 1939 und 1946 gehört heute zu den aufschlußreichsten Quellen über Brünings Gedanken und Handeln in jenen Exiljahren. Die Beziehung der beiden parteipolitisch entfernten Zeitgenossen darf insofern nicht verwundern, als Sollmann zu den gemäßigten Sozialdemokraten gezählt werden darf und einen entideologisierten Volkssozialismus vertritt.

Im Juli 1934 ist Brüning Gast des Bankiers Dr. Erwin Brettauer in Melide bei Lugano in der Schweiz, wo er die in London begonnene Niederschrift seiner Memoiren fortsetzt. Aus Sicherheitsgründen führt er hier nun den falschen Namen Dr. Braun. Doch diese Sicherheitsmaßnahme reicht nicht aus, um von der Gestapo unerkannt zu bleiben. Zwei Gestapoagenten werden in der Schweiz festgenommen, die den Auftrag hatten, ihn zu überwachen und letztendlich zu entführen und gegebenenfalls zu ermorden. Einer der Festgenommenen widerruft später allerdings seine Aussage und erklärt, er habe den ehemaligen Ministerpräsidenten Braun umbringen sollen.[434]

---

[433] Treviranus, Für Deutschland im Exil, S. 36–38.
[434] Vgl. M. Schumacher, a.a.O., S. 191.

Brüning trifft sich in diesen Jahren in der Schweiz und in Holland mit einigen deutschen Freunden, unter anderem mit den ebenfalls geflohenen Politikern Friedrich Dessauer[435] und Gottfried Treviranus sowie Bernhard Letterhaus und Carl Goerdeler[436]. Die spätere Ermordung von Bernhard Letterhaus durch die Nationalsozialisten berührt ihn schmerzlich. Brüning hält Letterhaus, der Landtagsabgeordneter ist und sich einen Namen in der katholischen Arbeiterbewegung geschaffen hat, für den fähigsten deutschen Politiker.

Im Herbst 1936 kehrt er – diesmal nicht mehr unter dem Decknamen – wieder in die USA zurück. Dort hält er an der Universität Harvard ein Seminar ab. 1937 tritt er eine Dozentur mit Wohnrecht am Queens College der Universität Oxford an. Damit hat er neben einer adäquaten Aufgabe auch wieder ein gesichertes finanzielles Auskommen. Hier findet er Zugang zu den höchsten politischen Kreisen Großbritanniens. Er verkehrt mit Premier MacDonald, Außenminister Halifax, Staatssekretär Robert Baron Vansittart, Winston Churchill und Montagu Norman. Kurze Zeit später erhält er einen Ruf an die Universität Harvard für das Studienfach Politische Wissenschaften. Schon in den drei vorangegangenen Semestern hat Brüning Vorlesungen über „Grundmerkmale einer freien Regierung und die Pflichten der Staatsbürger" gehalten. Vom Dozentenkollegium sehr geschätzt, betraut man ihn noch 1937 mit einer Dozentur in Staats- und Wirtschaftswissenschaften, ein Jahr später wird er Professor of Public Administration. Der Lehrauftrag beinhaltet ein Wohnrecht im Lowell House und die Verpflichtung, eine Studentengruppe im gleichen Haus als Studienberater zu betreuen. Brüning beschäftigt sich in seinen Vorlesungen intensiv mit den wirtschaftspolitischen Problemen der Zwischenkriegszeit und dem Scheitern seines Versuchs, Hitlers Macht zu begrenzen. Als Sekretärin wird ihm Claire Nix an die Seite gestellt, eine kompetente Frau, die für Brüning über seinen Tod hinaus arbeiten und sich Verdienste um ihn erwerben wird. Brünings Vorlesungen finden großen Anklang, nicht nur bei den Studenten. Sogar Kollegen besuchen die meist abends stattfindenden Vorträge, so der US-amerikanische Historiker John Wheeler-Bennett, mit dem Brüning

---

[435] Seit 1922 Professor für physikalische Grundlagen der Medizin, Reichstagsabgeordneter des Zentrums seit 1924, im Juli 1933 von den Nationalsozialisten in Schutzhaft genommen, ein Prozeß gegen ihn endete im Dezember 1933 mit einem Freispruch, dennoch wurde sein Vermögen beschlagnahmt und jede Tätigkeit an der Universität verboten. 1934 folgte er einem Ruf an die Universität Istanbul, 1937 an die Universität Freiburg/Schweiz.

[436] Bürgermeister von Leipzig 1930–1937, Reichspreiskommissar Dezember 1931- Juli 1935, ab 1938 im aktiven Widerstand gegen Hitler, nach gescheitertem Staatsstreich vom 20. Juli 1944 untergetaucht, im August 1944 verhaftet und am 2. Februar 1945 gehängt.

während der Vorlesung die alte akademische Tradition der Disputation, eine intellektuelle Konfrontationskultur, die bis ins 19. Jahrhundert hinein zum universitären Alltag gehörte, aufleben läßt. Im Lovell Haus in seinem Arbeitszimmer genießt der Ex-Reichskanzler auch persönliche Gespräche und Diskussionen mit seinen Studenten und Kollegen. Sensationslüsterne Studenten kommen in seinen Vorlesungen allerdings nicht auf ihre Kosten, Brünings sachliche Art und nüchtern-wissenschaftliche Tatsachendarstellungen befriedigen ihre Erwartungen nicht. Professor Phelps schreibt in seinen Erinnerungen, daß Brüning mit seiner zurückhaltenden Beurteilung der Dinge und Menschen mehr Zuhörer überzeugte, als er es mit dem hinreißenden Schwung großer Propheten hätte schaffen können. Bis zum Ende des Nationalsozialismus müssen die deutschen Konsulate über die Tätigkeiten und Äußerungen Brünings regelmäßig nach Berlin Bericht erstatten. Brüning publiziert nur wenige Forschungsarbeiten. Einer seiner Beiträge unter dem Titel „Wartime Administration in Great Britain and Germany" befindet sich in „The British Commonwealth at War", einem von William Yandell Elliot und H. Duncan Hall herausgegebenen Sammelband über das britische Commonwealth im Ersten Weltkrieg. In den „Foreign Affairs" 1941 ist im 19. Band eine vergleichende Studie des ehemaligen Reichskanzlers zur deutschen Diplomatie und Militärstrategie 1914/1939 unter dem Pseudonym „X" veröffentlicht und im Juliheft 1942 ein Aufsatz mit dem Titel „Politik und Strategie im Krieg in Rußland: General Winter greift ein!"

Zusammen mit seinem Freund und Helfer Shuster reist er noch 1937 wieder nach Europa und trifft sich mit den ebenfalls emigrierten ehemaligen Zentrumskollegen Joos, Föhr, Reichskanzler a.D. Wirth und Brauns, den SPD-Kollegen Hilferding und Hoegner sowie dem ehemaligen Volkskonservativen und Kabinettskollegen Treviranus. Auch zu Carl Goerdeler und Helmuth James Graf Moltke hält er Kontakt. Während seiner Europaaufenthalte wird Brüning von deutschen Agenten beschattet. Zumindest einmal wird ein beinahe erfolgreicher Attentatsversuch gegen ihn unternommen. So schreibt der ehemalige sozialdemokratische Reichstagsabgeordnete Wilhelm Hoegner in seinen Erinnerungen: *„Im Sommer 1937 lernte ich durch Dr. Hilferding den früheren Reichskanzler Dr. Brüning näher kennen. Brüning befand sich damals zur Erholung in einem Krankenhaus in Zürich. Die Nationalsozialisten hatten ihn aufgespürt und wollten ihm durch einen SS-Mann, der sich als politischer Flüchtling ausgab, vergiftete Zigarren geben lassen und ihn so umbringen. Die Schweizer Polizei erwischte aber nur noch einen an der Sache beteiligten Gehilfen, der dann wegen Verabredung zum Mord zu einer längeren Gefängnisstrafe verurteilt wurde. Brüning lebte dann einige Zeit als Gast seines Freundes Dr. Erwin Brettauer in Melide im Tessin und ging noch vor Kriegsausbruch in die Vereinigten Staaten. Er war damals ein nachdenklicher, stil-*

ler Mann, sah die Zukunft düster und bewies seine Hilfsbereitschaft gegenüber deutschen Flüchtlingen bei vielen Gelegenheiten."[437]

Brüning ist in Zürich vor dem Agentennetz des berüchtigten Gestapochefs Müller gewarnt worden, nimmt jedoch die Warnungen nicht ernst, bis er hört, daß auch Brettauers Köchin in das Spinnennetz der Gestapo geraten ist. Brüning wird nachdenklicher, ohne jedoch gleich überängstlich zu reagieren und hinter jedem Busch einen Spitzel zu vermuten. Er verstärkt jedoch die Warnungen an seinen Freund Treviranus.[438]

Das unverstandene Schweigen im Exil

Brüning vermeidet öffentliche Äußerungen über sein Heimatland, über die dunkle Wahrheit des Hitler-Deutschlands. Er will seinem Land keinen Schaden zufügen, so argumentiert er. Er steht in zweifelsfreier Opposition zum Hitler-Regime, unterscheidet jedoch klar zwischen dem diktatorischen Regime auf der einen und dem deutschen Volk und Staat, welchem er sich weiterhin verbunden fühlt, auf der anderen Seite. Zu anderen Emigranten unterhält er vor Ort keine nennenswerten Kontakte. Ebenso hält er sich von den Bestrebungen fern, in den USA eine Art Exilregierung aufzubauen. Dabei wäre er als der letzte parlamentarisch legitimierte Reichskanzler vor Hitler in den Augen vieler das geeignetste Oberhaupt für eine solche Regierung gewesen und hätte ihr eine formelle und juristische Legitimation geben können. Andererseits ist Brüning kein typischer Vertreter der deutschen politischen Emigranten, unter denen die politische Linke dominiert. Dennoch hätte Brüning – wenn er gewollt hätte – durchaus auch hier im Exil eine Führungsrolle und damit eine Rolle übernehmen können, die seiner bisherigen politischen Laufbahn entsprach. Die Sozialdemokraten der German Labor Delegation sind an engen politischen Kontakten nämlich durchaus interessiert. Daß sich die Beziehungen zwischen der Exil-Sozialdemokratie und Brüning nicht politisch konkretisieren, liegt allein an Brüning. Die German Labor Delegation will nach Kriegsausbruch einen überparteilichen Emigrantenausschuß bilden. Brüning, dem bei einer Beteiligung wohl die führende Rolle zugefallen wäre, antwortet noch nicht einmal auf ein Einladungsschreiben des Sozialdemokraten Gerhart Seger. Brüning will sich völlig zurückhalten, bis der Krieg entschieden ist.[439]

---

[437] Wilhelm Hoegner, Der schwierige Außenseiter, München 1959, S. 158.
[438] Treviranus, Für Deutschland im Exil, S. 73 f.
[439] Vgl. J. Radkau, S. 186.

Er fühlt sich auch in der Emigration nicht als Privatmann. Vielmehr sieht er einen Zusammenhang zwischen seinem Verhalten im Exil und der Lage seiner Freunde in Deutschland, die dem ständigen potentiellen Zugriff der Geheimen Staatspolizei ausgesetzt sind. Vielleicht, so wird in der Literatur vermutet, erklärt sich seine Zurückhaltung durch das Beispiel der SPD.[440] Die bereits im Mai 1933 formell ins Ausland delegierten SPD-Vorstandsmitglieder rufen alsbald zu gewalttätigen Aktionen gegen Hitler auf, wodurch die in Deutschland zurückgebliebenen Parteigenossen erhebliche Benachteiligungen und Pressionen durch die Nationalsozialisten zu erleiden haben. Das Verhältnis zwischen Emigranten und Nichtemigranten in der SPD wird dabei erheblich belastet.[441] Für Brüning mag dies in der Tat der Grund dafür gewesen zu sein, die Rücksicht auf seine Freunde in Deutschland zur strikten Norm seines Verhaltens zu erklären. Nur in persönlichen Gesprächen und Freunden gegenüber ist Brüning offen. So ermutigt er den in der Schweiz lebenden deutschen Flüchtling Waldemar Gurian zur Herausgabe der „Deutschen Briefe", einem Organ emigrierter Katholiken, und somit zur Opposition.

Von vielen wird Brünings Schweigen zu den Vorgängen im Reich nicht verstanden, so auch von Gurian selber, der Brünings Zurückhaltung in den ‚Deutschen Briefen' als „große öffentliche Gefahr für die katholische Sache" bezeichnet, weil dadurch weder die Masse der alten Anhänger ein sichtbares Zeichen seiner Verbundenheit bekomme, noch der Welt ein Zeichen gegeben werde, daß ein international bedeutender deutscher Politiker öffentlich gegen Hitler auftrete[442].

Brüning erklärt vor einer Versammlung in Boston im Februar 1936: „*Doch ziehe ich es vor, mißverstanden zu werden, als Tatsachen und Wahrheiten auszusprechen, die, mögen sie für die historische Erkenntnis der Ergebnisse auch noch so wichtig sein, meinem Lande, dem ich mit kindlichster Liebe ergeben bin, Schaden zufügen könnten. Von dieser Haltung werde ich unter keinen Umständen abgehen.*"[443]

Sein Verhalten ist von der Sorge bestimmt, daß eine öffentliche Hetze gegen das Hitler-Regime zu Reaktionen des Auslandes führen könnte, die den berechtigten langfristigen Interessen seines Volkes zuwiderlaufen. Brüning lehnt die Mitarbeit an Memoranden und Kollektiv-Schritten auch deshalb ab, weil er glaubt, im persönlichen Gespräch mit Freunden und Bekannten aus der Kanzlerzeit größere Einflußmöglichkeiten zu haben.

---

[440] Hürten, S. 196 f.
[441] Vgl. Hürten, S. 197.
[442] Hürten, S. 197.
[443] Bericht des Deutschen Konsulats in Boston vom 3. März 1936, in: AA, Abt. Inl. II AB, Bd. 1, Reichskanzler a. D. Brüning (Ebenda, 3132/E 510595–99), zit. nach Knapp, Fn. 8.

Klaus Mann, der Brüning im Dezember 1937 in einem Vortrag hört, ist von der Begegnung enttäuscht. Er beschreibt Brüning als „Erzkanzler", der in fließendem, korrektem und elegantem Englisch frei und ohne Notizen gesprochen habe. Brünings Botschaft sei mit der gleichen Andacht und der gleichen Feierlichkeit empfangen worden, die in seiner ruhigen, jedoch untergründig bewegten Stimme spürbar gewesen sei. Doch habe Brüning keine Botschaft verkündet, sein Vortrag habe nichts Leuchtendes und Positives vermeldet. Der ältere Herr am Rednerpult scheine nichts mehr bieten zu wollen als fesselnde Erinnerungen; sein Blick sei in die Vergangenheit gerichtet gewesen. Mit keiner Silbe habe er Hoffnungen, Vorstellungen oder Visionen genannt. Brüning habe auch nicht einen flüchtigen Hinweis auf Kräfte gegeben, die vielleicht gegen Hitler zu mobilisieren wären.[444]

Hilfe für Notleidende

Untätigkeit und Gleichgültigkeit können Brüning jedoch gerade nicht vorgeworfen werden. Bis an die Grenze seiner finanziellen Möglichkeiten und seiner gesundheitlichen Belastbarkeit hilft er während seiner Exilzeit unermüdlich Notleidenden. So unterstützt er zum Beispiel die Arbeit eines Aktionsausschusses in den Vereinigten Staaten, welcher mit einer britischen Notgemeinschaft zusammenarbeitet, unter anderem durch Gutachten für die Flüchtlinge aus Deutschland. Der ‚Notgemeinschaft für deutsche Wissenschaftler im Ausland‘ gelingt es, bis zum Ausbruch des Zweiten Weltkrieges über 2000 Akademikern feste Arbeitsplätze im British Commonwealth und in Amerika zu vermitteln. Treviranus beschreibt die Arbeit dieser Einrichtung folgendermaßen: „*Durch Demuths einfallsreiche Initiative kam es 1938 zur dringlichen Hilfsaktion für akademische Hitlerflüchtlinge. Großbritannien hatte in der Weltkrise eine strenge Abwehrgesetzgebung eingeführt. Einreise an den Grenzen wurde nur bei Verzicht auf jede Art von bezahlter oder unentgeltlicher Arbeitsannahme nebst Nachweis ausreichender Mittel zur Selbstversorgung des Haushalts gewährt, sofern nicht der Nachweis einer Beteiligung an britischen Firmen mit Geld oder durch Gründung einer eigenen Firma unter Einbringung von Patent- oder Gebrauchsmusterschutz zur Fabrikation ... vorgelegt werden konnte. Der britische Arbeitsmarkt zeigte während der Weltkrise im Schnitt Jahr für Jahr 5 Millionen Arbeitslose. Infolge der Beschränkung der Aufenthalts- und Arbeitsgesuche waren karitative Hilfen für alle Vertriebenen nötig, die keine Mittel hatten, sich einkaufen zu können. Das galt vor allem für*

---

[444] Vgl. Shuster, S. 459.

akademische Berufsangehörige, die z.B. als Mediziner ihre Prüfungen nach briti-
schem Standard in Englisch wiederholen oder bei Zulassung als Anwalt oder Bar-
rister die Examina in englischer Sprache unter Druck der Standesorganisationen
nachholen mußten und für die Studienzeit Unterhalt brauchten."[445]

Politisch untätig ist Brüning hingegen nicht, dazu ist er viel zu sehr mit der Politik verwurzelt; sie ist ein Teil von ihm, ist ihm in Fleisch und Blut übergegangen. Sein Leben steht im Dienste für Deutschland.

Einflußnahme auf die Politik

Bei aller innerlichen Distanz und Ablehnung zum Hitler-Regime bleibt der Ex-Kanzler seinem Vaterland sehr verbunden. Er ist Deutscher, auch im Exil. Und er blickt weit voraus. Er will für sein Land das Beste, er sieht voraus, daß das Hitler-Regime nicht ewig Bestand haben wird. Trotz pessimistischer Veranlagung richtet der Westfale den Blick immer nach vorne. Und so ordnet er auch die Ära Hitler als eine vorübergehende Epoche in den großen Strom deutscher Geschichte ein. Das, was er in den langen Jahren seines politischen Wirkens für Deutschland an Ansprüchen und Zielen verfolgt hat, das will er sich von Hitler nicht nehmen lassen, das hat durch Hitler nicht seine Rechtmäßigkeit verloren. Er versucht dazu beizutragen, *„eine Politik der Westmächte zu formulieren, die den Ausbau von Hitlers Machtstellung möglichst hintanhielt, ohne dem deutschen Staat und Volk vorzuenthalten, worauf sie nach Brünings Meinung einen unverzichtbaren Anspruch besaßen*"[446]

Diese Haltung wiederum kann so manches Mal im Ausland nicht nachvollzogen werden. So enttäuscht er britische Gastfreunde mit seiner Weigerung, eine Erklärung abzugeben, die den Saarländern bei der bevorstehenden Volksabstimmung am 13. Januar 1935 eine Beibehaltung des Status quo anstelle einer Wiedereingliederung in das Deutsche Reich empfehlen sollte. Er schreibt dazu in einem Brief: *„Ich finde den Mut, in die dunkle, sehr dunke Zukunft zu blicken, ohne ständig deprimiert zu sein. Wenn ich nur den Politikern, die in Europa an der Macht sind, meine Augen leihen könnte! Die schreckliche Gabe, etwas von der Zukunft vorherzusehen, hat mich mein ganzes Leben lang bedrückt ... Arch [ibald Church] schrieb mir einen langen Brief. Er bittet mich, vor dem Volksentscheid der Saar ei-*

---

[445] Vgl. Treviranus, Für Deutschland im Exil, S. 44.
[446] Heinz Hürten, Ein Reichskanzler im Exil, S. 198.

ne *Erklärung abzugeben. Lieber würde ich sterben, als dem anderen Deutschland einen solchen Schaden zuzufügen"*.[447]

Ebenso zweifelsfrei lehnt er ein im Mai 1938 an ihn gerichtetes Ansinnen ab, Vorschläge für eine starke britische Wirtschafts- und Finanzpolitik gegenüber Deutschland vorzulegen. Es sei naiv, ihn darum zu bitten, wenn nicht sichergestellt sei, *„daß unter einem annehmbaren Regime die legitimen Forderungen meines Landes befriedigt werden"*, so seine Reaktion. Weiter heißt es in dem Absagungsschreiben an den Petenten: *„Ich fürchte, ich kann Ihrer Bitte nicht nachkommen. Ich würde es tun, wenn ich sicher wäre, daß ich damit zu einer konstruktiven Einstellung gegenüber Deutschland in späterer Zeit beitragen würde. Aber ich fürchte, daß es, sobald die Gefahr vorüber ist, England nicht hindern würde, in die gleiche Einstellung wie in den zehn Jahren nach dem Kriege zurückzufallen"*.[448]

Brüning sorgt sich unermüdlich um die Wiederherstellung des Rechtsstaates in einer gemäßigten Demokratie in Deutschland. Die Etappen der nationalsozialistischen Ausweitung sagt er treffsicher voraus. Er versucht, vor allem die britische Regierung von ihrer Appeasement-Politik abzubringen. Auch den Ausbruch eines Krieges prophezeit er, 1938 schätzt er sogar den Zeitpunkt des Kriegsausbruches richtig.

Die Existenz des Hitler-Regimes bedeutet in seinen Augen keine Minderung von Deutschlands gutem Recht auf eine Revision der noch geltenden Bestimmungen des Versailler Vertrages. Und so lassen sich auch für die ersten Jahre seiner Exilzeit klar drei große politische Ziele ausmachen, die er verfolgt: die Revision des Versailler Vertrages, die Beseitigung Hitlers und die Verhinderung eines Krieges. Er unterhält einen ständigen Gedankenaustausch mit hochrangigen Regierungs- und Parlamentsmitgliedern, überwiegend englischen und US-amerikanischen. Französische Politiker meidet er hingegen. In seinen Aufzeichnungen über ein Gespräch zwischen ihm, Premierminister MacDonald und dem Staatssekretär im Foreign Office Vansittart heißt es: *„Hinsichtlich der Zukunft könne ich einen besänftigenden Einfluß auf die äußerst aggressiven Tendenzen der Nazis in der Reichswehr sehen. Der einzige offene Kurs sei, die gemäßigten Befehlshaber im deutschen Heer zu unterstützen, … Deshalb konnte ich folgenden Rat geben: Das britische Kabinett solle sich entschließen, einen Plan aufzustellen, der Deutschlands legitime Forderung nach Revision der Friedensverträge befriedigen würde. Zu den Punkten, die in ein solches Programm aufgenommen werden sollten,*

---

[447] Brief Heinrich Brünings an Mona Anderson vom 28. Oktober 1934, in: Heinrich Brüning, Briefe und Gespräche 1934–1945, S. 36.
[448] Brief Heinrich Brünings an E. L. Spears, vom 28. Mai 1938, in: Heinrich Brüning, Briefe und Gespräche 1934–1945, S. 200.

gehörten: eine Lösung der Korridorfrage; Deutschlands Recht, mit Österreich, der Tschechoslowakei und Ungarn eine Zollunion zu gründen; eine internationale Anleihe, wie sie im April 1932 gefordert worden war. Diese drei Punkte sollten zu folgenden Bedingungen vereinbart werden: daß Deutschland bereit wäre, einer Begrenzung der Rüstung nach den von mir im April 1932 entwickelten Richtlinien zuzustimmen; daß nach einer großen internationalen Anleihe die Devisenkontrolle abgeschafft und Deutschland zu einem freieren Handelssystem zurückkehren würde; daß Deutschland bereit wäre, nach Revision gewisser Vertragsbestimmungen dem Völkerbund beizutreten."[449]

Wenn er auch nicht mehr dem Geschehen nahe ist und ihm auch sicherlich nicht alle Informationen über Hitler-Deutschland vorliegen, so hat er doch ein recht genaues und zutreffendes Bild von der Situation im Reich. Durch Kontakte mit Wehrmachtsangehörigen ist der Altkanzler gut informiert über die Aktivitäten und die Stimmung der Reichswehrführung. Doch nicht immer treffen seine insgesamt bemerkenswert realistischen Analysen zu. So sieht er irrtümlicherweise lange in Hermann Göring, dem als gemäßigt geltenden Nationalsozialisten, eine geeignete Person, um Hitler zu stürzen.

Bereits im Juni 1934 hält er die Position der Nationalsozialisten im Reich für gefestigt und stabil, eine Rückkehr zum Weimarer System scheint ihm ausgeschlossen.[450] Die Stellung Hitlers in der allgemeinen Meinung der deutschen Bevölkerung empfindet er als ungemein stark. Deshalb empfiehlt er bei seinen Ratschlägen an den deutschen Widerstand zu überlegen, Hitler und sein System nur schrittweise zu beseitigen, wenn eine Krise in der Partei eine entsprechende Gelegenheit dazu biete. In diesem Zusammenhang spielt Hermann Göring als möglicher Partner der Reichswehr eine gewisse Rolle in Brünings Überlegungen, weil Brüning ihm eher als anderen die Fähigkeit zuschreibt, *„daß er Hitler im Volksempfinden ersetzen könne"*,[451] und weil er ihm als geeignet erscheint, zusammen mit der Wehrmacht den Führer zu stürzen und die Monarchie wieder einzuführen. Persönlich hegt Brüning keinerlei Sympathien für diesen Nationalsozialisten. Einen weiteren Ansatzpunkt zum Sturz der nationalsozialistischen Herrschaft sieht er in den Finanzschwierigkeiten des Dritten Reiches. Er verfaßt eine an die Baronin Willisen gerichtete Denkschrift für die Widerstandskräfte der Wehrmacht, in der er davon ausgeht, daß die Wehrmacht, die er übrigens als den einzigen zur Beseitigung Hitlers fähigen Machtfaktor ansieht, einmal durch die politische Situati-

---

[449] Aufzeichnung vom 14. Juni 1934, in: Heinrich Brüning, Briefe und Gespräche 1934–1945, S. 23f.
[450] Vgl. Brüning, Briefe I, S. 23.
[451] Vgl. Brüning, Briefe I, S. 104.

on zum Handeln gezwungen sei.[452] Brüning ist überzeugt, daß die Absetzung Hitlers nicht einfach durch den prognostizierten Geschichtsablauf bewirkt wird, sondern nur durch die Existenz und das Zusammentreffen außerordentlicher Umstände gelingen kann. Diese könnten nicht vom Exil aus genutzt werden, sondern müßten von den Widerstandskräften im Reich aktiviert werden. Brüning versucht, der Militäropposition über die britische Politik zu besseren Aktionsmöglichkeiten zu verhelfen[453]. Er trägt an die britischen politischen Führungskreise den Gedanken heran, daß die britische Regierung erklären müsse, daß sie nach Hitlers Sturz alle noch aus dem Versailler Friedensvertrag bestehenden Probleme beseitigen werde. Er versucht, die Politiker der Westmächte zu überzeugen, daß es möglich sei, mit der militärischen Opposition zu einer Verständigung zu gelangen. Erfolglos bemüht er sich um die Vermittlung eines Treffens zwischen Lord Halifax und Goerdeler. Treviranus berichtet: „*Obwohl auch General von Rundstedt, ein entschiedener, unbeirrbarer Gegner Hitlers, im Widerstreit von Gefühl und Pflicht nach Kriegsausbruch keinen Ausweg im offenen Aufstand des Gewissens sah, suchte er 1936 voller Sorge vor dem drohenden Einmarsch in die neutrale Rheinlandzone Verbindung mit Brüning. Ein Mittelsmann sollte Brüning mit einer Denkschrift in Zürich aufsuchen. Er kam auch zur vorgesehenen Zeit, aber ohne das von Brüning verlangte Kennwort. Brüning hatte kurz vor dem Treffen eine Warnung bekommen, daß Gestapo-Agenten in der Stadt seien. So sprach Brüning zwar über die außenpolitischen Rückwirkungen einer Änderung des Hitlers-Systems und Beschränkungen des persönlichen Regimes, aber er nahm die Denkschrift nicht entgegen und gab nichts Schriftliches aus der Hand. Leider scheiterte auch ein zweiter Annäherungsversuch der Gegner Hitlers in der Wehrmacht im Sommer 1939. Diesmal sollte Goerdeler im Auftrag von Generaloberst von Beck Brüning treffen. Er erschien aber nicht in Zürich zum vereinbarten Tage. Brüning hatte zur Vorbereitung in unmittelbaren Gesprächen mit Lord Halifax, dem damaligen Außenminister, und mit Lord Lothian, dem Führer der ‚Jungtürken‘ im Kreise von Lord Milner, eine eindeutige Vereinbarung erreicht. Der deutschen Widerstandsgruppe unter Beck sollte eine unwiderrufliche Zusicherung der britischen Regierung gegeben werden, daß für den Fall eines Umsturzes die deutschen Grenzen und eine politische Anerkennung gewährleistet würden. Brüning war ermächtigt worden zur Weiterleitung dieser Erklärung an Beck. Erst nach Kriegsausbruch, bereits wieder in Harvard, erfuhr er, daß Goerdeler krankheitshalber für einige Wochen in Ankara festgehalten worden sei, nun aber Brüning bitte, ihn am 4. September 1939 in Stockholm zu treffen. Dieser Termin wurde durch den Überfall auf*

---

[452] Brüning, Briefe I, S. 446.
[453] Vgl. H. Hürten, S. 199.

Polen überholt. Brüning vermutete, daß Franz von Papen, damals Botschafter in Ankara, Verbindung zu London und Washington persönlich zu dirigieren gewünscht hatte, eine Erklärung für Goerdelers Ausbleiben."[454] Gelegentlich überwiegen aber auch bei Brüning die Zweifel an den Aussichten, Hitler zu stürzen.

In diesem Zusammenhang übt er auch scharfe Kritik an der Haltung der katholischen Kirche, deren Politik er als opportunistisch gegenüber dem nationalsozialistischen Regime empfindet. In zwei Briefen an George Shuster bezeichnet er die Pfarrer der Bekenntniskirche und das *„brave katholische Volk"* als die einzigen, die fest bleiben und schreibt weiter: *„Der Katholizismus, in seinen Spitzen der völligen Opportunitätspolitik verfallen, fängt an, selbst darüber die letzten Grundsätze einer natürlichen Moral preiszugeben, nicht prinzipiell, aber de facto. So treibt man willenlos in dem Strudel der Schlagworte ‚Bolschewismus' und ‚Antibolschewismus' und vergißt die ureigenste Mission auf dieser Erde. Das wird sich bitter rächen".*[455]

Ab 1940 wird es zu seiner Hauptsorge, die Ausweitung des Krieges zu verhindern.

Kontakte zur Opposition im Deutschen Reich

Zur politischen und militärischen Opposition im Reich hält Brüning engen Kontakt.

Frankreich wird im Juni 1940 zu zwei Dritteln durch deutsche Truppen besetzt, muß seine Truppen demobilisieren und die politischen Flüchtlinge ausliefern. Die französische Regierung bezieht ihren Sitz in Vichy, einer Stadt im freien südlichen Teil Frankreichs, sie wird in ihrer Kompetenz aber auf diesen freien Landesteil beschränkt. Zahllose deutsche Vertriebene, die sich in Frankreich bislang sicher gefühlt hatten, versuchen, über die Pyrenäen oder übers Meer den Nationalsozialisten zu entkommen. Die meisten Flüchtlinge suchen ihre Rettung in der Überfahrt in die USA. Professor Varian Frey gründet ein Hilfskommitee, in dem sich Brüning als Fürsprecher bei den Machthabern in Washington sowie als Spendensammler und Spender eigener Mittel verdient macht.

Auch schöpft Brüning alle seine Möglichkeiten und auch seine privaten Finanzmittel aus, um seine ehemaligen Reichstagskollegen Rudolf Hilferding und Rudolf Breitscheid nach dem Einmarsch der Deutschen in Frankreich vor dem Zugriff der Gestapo zu retten. Hilferding und Breitscheid flüchten nach Südfrank-

---

[454] G. Treviranus: Für Deutschland im Exil, Düsseldorf 1973, S. 69 f.
[455] Briefe vom 23. Juli 1936 und 1. September 1936, in Besitz von Knapp, zit. nach Knapp, Anm. 16.

reich. Schon einmal nach der nationalsozialistischen Machtergreifung hat Brüning mitgeholfen, die Flucht dieser beiden sozialdemokratischen Politiker sowie eines weiteren, nämlich Otto Wels, zu ermöglichen. Nach seiner eigenen Flucht bleibt er mit Hilferding in Kontakt. Dr. Erwin Brettauer, Brünings Schweizer Freund, stellt Geld für die Flucht zur Verfügung. Brünings Briefe an Sollmann machen deutlich, unter welcher Sorge und welchem Einsatz Brüning sich um die Formalitäten der Flucht und die Vorbereitungen kümmert. Wieder beginnt der Wettlauf gegen die Zeit. Am 15. August 1940 schreibt der Alt-Reichskanzler seinem Freund Sollmann: „*Ich möchte ihnen gerne helfen und sehe jetzt eine Möglichkeit mit Hilfe der Unitarier, die denselben Herrn jetzt drüben haben, der mehrere hundert Sudetendeutsche und Tschechen aus Prag nach der Besetzung gerettet hat. Ich habe ihnen den Namen von Hilferding gegeben und einigen anderen. Dr. Brettauer und ich stehen mit Hoegner in Verbindung. Wenn Hoegner uns die Adresse von Hilferding telegraphisch angeben kann, werden die Unitarier ihn herausbringen. Wie, das kann ich nicht beschreiben in einem Brief, und die ganze Sache muß sehr vertraulich behandelt werden. Ich habe an Hull einen Brief geschrieben, der allerdings erst von den Unitariern abgeschickt wird, wenn wir Hilferdings Adresse haben. Dr. Brettauer hinterlegt die $ 5000, die jetzt zur Einwanderung nötig sind bei der Bank. Ich glaube, er würde es auch für Breitscheid und einige andere machen. Haben Sie zufällig diese Adressen? (…) Welche Adressen haben Sie sonst von Leuten Ihrer Partei in Südfrankreich, denen man helfen sollte?*“[456]

Am 29. August heißt es dann: „*Leider ist es sehr schwer gewesen, für Hilferding bislang etwas zu tun. Die Unitarier sind bislang nicht in der Lage gewesen, mit ihm Fühlung aufzunehmen, weil der von Hoegner telegraphisch angegebene Ort schwer festzustellen ist, da es eine Reihe von Orten mit gleichem Namen gibt. Das Suchen geht aber weiter.*“[457]

Am 13. September 1940 werden Hilferding und Breitscheid in Südfrankreich aufgegriffen, zwangsweise nach Arles gebracht und dort festgehalten.

Brüning schreibt am 5. Oktober 1940 an Sollmann über die Ereignisse: „*Gestern erhielt ich einen Luftpostbrief von Hilferding, datiert vom 16. September aus Arles.… er hat vor längerer Zeit bereits ein Visum erhalten und zwar durch Shephard Morgan der lange Jahre in der Reparationskommission in Berlin war und jetzt Vizepräsident der Chase-Bank ist. Aber die franz. Behörden haben sich bislang geweigert, ihm ein Ausreisevisum zu geben. Dasselbe trifft zu für Breitscheid und Frau sowie für die Tochter Hermann Müllers. Diese Gruppe war zusammen in Marseille. Plötzlich erhielten sie die Aufforderung seitens der franz. Behörden, sie*

---

[456] Brief vom 15.8.1940, abgedruckt bei Knapp, a.a.O. S, 104 f.
[457] Brief an Sollmann, abgedruckt bei Knapp, S. 105.

hätten sich nach Arles zu begeben und dort auf weiteren Bescheid zu warten. Ich nehme vorläufig an, daß diese Nachricht die Grundlage war für das Kabel der Unitarier, daß Hilf. u. Breitsch. verhaftet wären. Es ist aber auch möglich, daß diese Überführung nach Arles die Vorbereitung für die Auslieferung an die Nazis ist … Ich habe … die Unitarier gebeten, ihren Vertreter zu Laval[458] zu schicken und ihm die Sorge um Hilferding und seine Freunde als meine persönliche Sorge und Angelegenheit nahezubringen und ihn zu bitten, sich der gemeinsamen Arbeit zu erinnern. Ich weiß nicht, ob es wirkt und ob die Unitarier in der Lage sind, in Washington die Nachricht per Code herüberzutelegraphieren …"[459]

Am 26. November berichtet Brüning seinem sozialdemokratischen Freund, daß die Möglichkeit bestehe, daß Hilferding und seine Frau mit ihren amerikanischen Pässen nach Spanien reisen. Doch weigere sich Hilferding, Breitscheid alleine zurückzulassen und Breitscheid traue sich nicht, über Spanien zu reisen, da er Angst habe, von der Gestapo wegen seiner auffälligen Gestalt erkannt zu werden.[460] Schon bald sollte sich herausstellen, wie fatal diese Einstellung der beiden Politiker war.

Beide werden am 9. Februar 1941 in Arles verhaftet, an die Gestapo ausgeliefert und inhaftiert. Hilferding wird im Pariser Gefängnis mißhandelt und stirbt schließlich durch einen Sturz aus dem Fenster. Es wird wohl ewig ungeklärt bleiben, ob ihn die Gestapo aus dem Fenster auf die Straße stürzte oder ob er durch Selbstmord weiteren Mißhandlungen entgehen wollte. Seine Kameradschaftlichkeit gegenüber Breitscheid wird sein Todesurteil. Breitscheid wird erst in das Konzentrationslager Sachsenhausen, später in das KZ Buchenwald gebracht und kommt dort schließlich bei einem Luftangriff ums Leben. Brüning läßt der Witwe Rose Hilferding weiterhin finanzielle Hilfe zukommen. Er übernimmt die Fürsorge für den Lebensunterhalt in Boston bis zu ihrem Tod im Jahr 1964. Am 12. Februar schreibt Brüning in einem Brief an seinen ehemaligen Reichstagskollegen Hoegner: „*Sie sind einer der wenigen, die herzlichen und tätigen Anteil an dem Geschick der Unglücklichen genommen haben. Seit Juli 1940 habe ich alles hier mobilisiert, was ich konnte. Man ist auch offiziell in diesem Fall weitergegangen als wie in irgendeinem andern … Es war ein Unglück, daß gerade diese Temperamente zusammen waren, der eine zu loyal und der andere ohne Mut zu handeln. Ich hatte alles vorbereitet im September, um sie herauszubringen, wie es in Hunderten von anderen Fällen gelungen ist. Aber die Abneigung, unter einem angenommenen Namen auszureisen, hat alles durchkreuzt. Ich bin unendlich traurig.*"[461]

---

458 Pierre Laval war stellvertr. Ministerpräsident und Außenminister der Pétain-Regierung in Vichy.
459 Brief an Sollmann vom 5.10.1940, abgedruckt bei Knapp, a.a.O., S. 110 f.
460 Brief vom 26.11.1940, abgedruckt bei Knapp, a.a.O., S. 112 f.
461 Wilhelm Hoegner, Der schwierige Außenseiter, München 1959, S. 164 f.

Ebenso wie für Hilferding und Breitscheid, den er im übrigen persönlich gar nicht allzusehr schätzte, da er gegenüber anderen häufig verletzend war[462], setzt er sich auch für Otto Strasser[463] beim State Department ein. Auch für diesen Fall erweisen sich die Briefwechsel mit Sollmann als aufschlußreich. In einem Brief an den Sozialdemokraten vom 29. August 1940 heißt es: *„Die Angelegenheit Otto Bostrum* (gemeint Strasser) *hat inzwischen gute Fortschritte gemacht. Er ist aus Frankreich heraus, aber noch nicht definitiv sicher. Es dauert etwas länger mit den Formalitäten im State Department als die Herren vom Unitarian Service Committee erwarteten. Sie haben Recht mit der Vermutung, wer Otto Bostrum ist. Aber bevor er hier angelangt ist, muß man seinen wirklichen Namen unter allen Umständen verheimlichen. Das macht die Verhandlungen mit den hiesigen Ressorts so schwierig. Ich muß nächste Woche nach New York fahren, um Macdonald*[464] (sic) *zu sehen, ohne dessen placet das State Department nichts macht. Er ist Vorsitzender des besonders vom Präsidenten ernannten Ausschusses für diese Fragen …“*[465]

Auch der Fall Otto Strasser endet bald mit einer Enttäuschung. Am 5. Oktober 1940 erhält Brüning eine Nachricht von Strassers Bruder, Pater Paul Strasser, daß Otto Strasser kein Visum erhalte. Pater Strasser schreibt, daß er gehört habe, deutsche Kreise hätten gegen das Visum gearbeitet.[466] Brüning vermutet Sabotage. Seine Möglichkeiten, noch irgendetwas für politische Flüchtlinge zu tun, sind damit deutlich eingeschränkt.

Wenn Brüning auch auf eine publizistische Einflußnahme auf die öffentliche Meinung seiner Gastländer verzichtet, so versucht er doch, die Deutschlandpolitik der Regierungen seiner Aufenthaltsländer Großbritannien und USA zu beeinflussen. Dies geschieht über vertrauliche Denkschriften und in Gesprächen mit hochrangigen Regierungsvertretern. Die großen Krisen um die Tschechoslowakei und den polnischen Korridor geben Brüning die Möglichkeit, seine Vorstellungen von Politik gegenüber dem nationalsozialistischen Deutschland detailliert zu präzisieren.

Für den britischen Handelsminister Lord Runciman, der im August 1938 wegen des deutsch-tschechischen Konfliktes nach Prag reist, verfaßt er ein Memorandum. In diesem kommt er zwar im Ergebnis den sudetendeutschen Forderun-

---

[462] Brief Brünings an Sollmann vom 17. März 1941, zit. nach Knapp, a.a.O., Anm. 33.

[463] Zur NSDAP übergetretener Sozialdemokrat, geistiger Führer der norddeutschen Parteiopposition gegen Hitler, Begründer der „Kampfgemeinschaft revolutionärer Nationalsozialisten" (Schwarze Front), Bruder des beim Röhm-Putsch ermordeten Gregor Strasser.

[464] James G. MacDonald: Vorstandsvorsitzender der Foreign Policy Association, tätig in der Flüchtlingshilfe und Vorsitzender des President's Advisory Committee on Political Refugees.

[465] Brief abgedruckt bei Knapp, a.a.O., S. 105 f.

[466] Brief an Sollmann vom 5. Oktober 1940, abgedruckt bei Knapp, a.a.O., S. 110 f.

gen entgegen, bezeichnet aber als die Hauptsache, daß alle Konzessionen an Deutschland nach einem festen Programm erst im Laufe einiger Jahre verwirklicht werden sollten. Wörtlich heißt es: *„Das würde Hitler keine Möglichkeit geben, Gewalt anzuwenden, und seinen Freunden keine Gelegenheit, von innen her einen Putsch in der Tschechoslowakei zu inszenieren. Es würde die Position der ‚Gemäßigten' stärken. Sollten sich die Nazis jedoch trotzdem zu einer Gewaltlösung entschließen, so würde es die Weltmeinung gegen sie aufbringen"*.[467]

Gleichermaßen rät er dem britischen Außenminister Halifax im August 1939 und dem französischen Botschaftsrat de Margerie im April 1939, die Westmächte sollten ihre Entschlossenheit kundtun, auf jede deutsche Aggression gegen Polen mit Krieg zu reagieren. Diese Drohung müsse jedoch mit dem Angebot an Deutschland verknüpft werden, das Problem des polnischen Korridors zu lösen, denn der einzige Krieg, der in Deutschland populär sei, sei der gegen Polen.[468] Brüning empfiehlt ein Zugeständnis an Deutschlands berechtigte Interessen, um so Hitlers Expansionsdrang ins Leere laufen zu lassen, indem man ihm für seine Expansionspläne die Rechtfertigung und damit den Boden entzieht.

In einer Notiz über ein Gespräch mit Roland de Margerie vom April 1939 notiert Brüning, es sei *„die größte Tragödie, daß die britische und die französische Regierung nicht begriffen hätten, daß sie rechtzeitig mit einer gerechten Lösung aller äußeren, aus den Friedensverträgen erwachsenen Probleme an die Wehrmacht hätten herantreten sollen, was ihnen ermöglicht hätte, die Nazis zu stürzen. Er könne von den deutschen Generälen nicht erwarten, daß sie einen Bürgerkrieg vom Zaun brächen, nur um eine weitere Zeit der Unterdrückung von außen einzuleiten"*.[469] Aus den Briefen Brünings ist bekannt, daß ein Vertrauensmann des ehemaligen Premierministers Baldwin ihn aufsuchte, um zu versichern, daß die britische Regierung alles Vernünftige unternehmen werde, um sämtliche Forderungen, die Brüning für sein Land stellen könne, zu befriedigen, wenn eine Regierung bestehe, bei der sich die Briten darauf verlassen könnten, daß sie getroffene Vereinbarungen einhalte. Doch findet Brüning mit seinen Plänen insgesamt nicht die Aufmerksamkeit in Großbritannien, die eine Realisierung hätte möglich machen können. Auch hat Brüning seine Verbindungen zur Wehrmacht 1936 verloren und kann somit auch nicht mehr als Verbindungsmann fungieren.[470]

Er wird nicht zum erfolgreichen „spiritus rector"[471] und ist sich dessen auch

---

467 Memorandum vom 9. August 1938 für Lord Runciman, in: Heinrich Brüning. Briefe und Gespräche 1934–1945, S. 500 ff (504).
468 Brüning, Briefe I, S 281.
469 Vgl. Brüning, Briefe I, S. 248.
470 Vgl. Hürten, S. 199.
471 Hürten, S. 199.

voll bewußt. Er beklagt die Unfähigkeit der westlichen Staatsmänner, das Gebot der Stunde zu erkennen und entsprechend umzusetzen. Voller Enttäuschung wirft er den Staatsmännern der Welt vor, schwach zu sein, viel zu reden, aber nicht zu handeln und Risiken zu scheuen. Brüning hofft bis zur letzten Minute vor Ausbruch des Weltkrieges in Europa auf eine Wende, hofft, den Krieg noch verhindern zu können. Er will sich nicht vorwerfen müssen, zu früh aufgegeben, nicht alle seine Möglichkeiten ausgeschöpft zu haben. So schreibt er an Henry Stimson am 21. April 1939: „*I shall stay here (in London) perhaps even after the mobilization has started as I have still some hope that in the last moment the reactions in Germany will be such that it might be possible to stop the war even if it has officially begun. I have been asked to do so very urgently by some people of great influence here. I am not too optimistic about such a chance but I do not want to have it on my conscience later to have missed the last opportunity to give all the help I can.*"[472] Unmittelbar also vor Kriegsausbruch siedelt er in die USA über und lebt dort – seit dem Kriegseintritt der USA – offiziell als „Enemy alien". Dies bedeutet konkret, daß er beim US-Bevollmächtigten in Boston eine Genehmigung einholen muß, wenn er den Bezirk verlassen will.

Auch hier unterhält er hohe politische Kontakte, so mit Präsident Roosevelt, der ihn schon wenige Wochen nach seinem Eintreffen im Weißen Haus empfängt. Brüning lenkt Roosevelts Blick auf das „andere Deutschland", die oppositionellen Kräfte im Deutschen Reich.

Pläne für das neue Deutschland

Schon seit dem Jahr 1940 ist er sich der Härte der zu erwartenden Friedensbedingungen gegenüber Deutschland bewußt. Seit 1942 versucht er, die Kriegsziele der Westmächte zu mäßigen.

Der ehemalige Reichskanzler ist unglücklich über das Verhalten und die einseitige Stimmungsmache linksgerichteter Emigrantengruppen gegen Deutschland. Ihr Auftreten und ihre Publizistik empfindet er als deutschfeindlich und befürchtet, daß ein solches Deutschlandbild sich negativ auf den Wiederaufbau Deutschlands auswirken werde und die öffentlichen Kundgebungen der Emigranten als Propagandamittel verwandt würden, um die Position der Siegermächte gegenüber Deutschland zu stärken bzw. zu rechtfertigen. Später äußert er einmal: „*Ich habe in der Emigration schwerer kämpfen müssen, um meinen Glauben an das deutsche*

---

[472] Zit. nach Knapp, S. 96.

Volk zu bewahren, als in den wildesten Jahren in Deutschland".[473] Und in einem Brief an Dr. Pechel schreibt er rückblickend 1947: „*Ich habe nichts, was sich in jener Zeit tatsächlich zutrug, veröffentlicht, in der Besorgnis, daß meine Feststellungen später zum Schaden des deutschen Volkes mißbraucht werden könnten, wie es mit so vielen Veröffentlichungen von Flüchtlingen der Fall gewesen ist. Bewußt oder unbewußt haben sie mit ihren Schriften über Deutschland weitgehend zu den Ideen beigetragen, die den Abkommen von Jalta und Potsdam zugrunde liegen. Ich glaube, daß angesichts des Resultats, zu dem sie geführt haben, viele von ihnen ihre Veröffentlichungen von Herzen bedauern.*"[474]

Über Brünings Zurückhaltung aus der aktiven Exilpolitik wird viel spekuliert. Manchmal wird vermutet, Brüning, stark geprägt vom Fronterlebnis des Ersten Weltkrieges, habe die Emigration während des Zweiten Weltkrieges als Schmach empfunden.[475] Auch wird spekuliert, daß er sich bewußt war, ohne ein hohes Amt nicht mehr die frühere Wirkung und Macht zu besitzen. Sein Freund Shuster äußerte, Brüning habe in seinen USA-Jahren das Vertrauen in seine Fähigkeit zur Führung verloren.[476] Vielleicht wollte er auch eine aufreibende Diskussion über seine Rolle in Zusammenhang mit dem Untergang der Weimarer Republik nicht aufleben lassen. Inwieweit diese Vermutungen zutreffen, ist schwer zu beurteilen. Brüning entscheidet sich bewußt für Zurückhaltung, weil er der Exilpolitik eine nicht so übermäßige Bedeutung zumißt. Er hält es in seinem persönlichen Fall für aussichtsreicher, inoffiziell durch direkte persönliche Gespräche und Kontakte zu westlichen Politikern Einfluß auszuüben. Ein gleichzeitiges Engagement in der Exilpolitik würde nur hinderlich sein und könnte ihn bei der US-amerikanischen Regierung in ein ungünstiges Licht setzen. Gleichermaßen verhält sich Treviranus und schreibt dazu rückblickend: „*Die deutschgeborenen Hitler-Flüchtlinge versuchten der Heimat in der Fremde mit Kollektivschritten und -memoranden unter Verdammung Hitlers Beistand zu leisten. Wer die engen Beziehungen Brünings zu Henry Stimson kannte, mußte die Zurückhaltung Brünings gegenüber allen papierenen Protesten und Entschließungen in Emigrierten-Kreisen verstehen, die deshalb dem Alt-Reichskanzler üble Nachrede sowie tätige Gegnerschaft bei den radikalen Elementen eintrug. Friedrich Stampfer war einer der wenigen federführenden Sprecher der Hitler-Verfolgten, der für Brünings sachliche Haltung Verständnis zeigte: ‚Hier sind starke Bestrebungen, die Kurzwellenpropaganda nach*

---

[473] Brief Brüning an Dr. Gisevius, 20. 8. 1946, Harvard-Archives, HUG FP 93.10.
[474] Brief an den Herausgeber der Deutschen Rundschau Dr. Pechel, in: Heinrich Brüning. Reden und Aufsätze eines deutschen Staatsmannes, hrsg. von W. Vernekohl, Münster 1968, S. 224.
[475] So J. Radkau: Die deutsche Emigration in den USA, S. 188.
[476] George N. Shuster, Dr. Brüning's Sejourn in the United States, S. 453 f.

Deutschland zu aktivieren, im Gange ... Mit Brüning hatte ich neulich eine lange grundsätzliche Unterhaltung. Er begrüßte es, wenn wir uns programmatisch bemerkbar machen würden, will aber selber einen geeigneten Zeitpunkt abwarten, um wieder hervorzutreten.' In der Zwiesprache mit Nachbarn und neuen Freunden sowie mit den Führern des öffentlichen Lebens hielten weder Brüning noch ich mit unserer Sorge um die Heimat und unserem Urteil über Hitler und Hindenburg zurück, lehnten aber öffentliche Kritik ab. Auch ernsthaften Ausfragern aus dem Zeitungsviertel Londons oder New Yorks stand Brüning Rede und Antwort, wenn man ihm zusicherte, daß seine Worte als Urteilsgrundlage, nicht aber verbalim zitiert verwendet würden. Von gebündelten Kundgebungen emigrierter Schicksalsgenossen distanzierte er sich bis zum Ende des Weltkrieges, weil er annahm, daß sie nicht bis zu den Augen und Ohren der entscheidenden Köpfe in den Regierungskreisen dringen würden, womöglich aber als Ausfluß der Eitelkeit der Unterzeichner betrachtet werden und nicht ernst genommen werden könnten. Die Erfahrung der weiteren fünfzehn Jahre im Exil gab Brüning recht."[477]

Brüning ist zumindest enttäuscht und verärgert über viele Emigrantenkreise, die Lügen über ihn verbreiten, und das, obwohl er sich aus allem heraushält und versucht, keine Angriffsfläche zu bieten. In der Presse wird er immer wieder attackiert. Immer wieder wird ihm unterstellt, im Auftrag des Heiligen Stuhls zu handeln und die rechte Hand des Vatikans zu sein.

Der Linkssozialist Kurt Rosenfeld verbreitet im September 1942 auf einer Kundgebung in Mexico City, Brüning halte sich deswegen zurück, weil er damit glaube, die Chance zu haben, abermals Reichskanzler zu werden.[478] In der Zeitschrift „Fortune" ist ebenfalls im September 1942 zu lesen: *„Dr. Heinrich Brüning, gegenwärtig der einzige deutsche Exkanzler im Exil, glaubt nicht an eine Zukunft politischer Flüchtlinge, die sich offen gegen ihr Land wenden, und hält sich sorgfältig aus allen politischen Aktivitäten heraus."*[479] Den Höhepunkt der Hetze gegen Brüning dürfte die Schrift „The Case of Dr. Bruening" bilden, die der im britischen Exil lebende Journalist Bernhard Menne verfaßt. Menne legt dem Exkanzler durchtriebene Heimtücke zur Last und präsentiert eine neue Verschwörungstheorie für Hitlers Weg an die Macht. Er unterstellt dabei, daß Brüning von Anfang an auf die Machtergreifung Hitlers bewußt hingearbeitet habe. Der Zentrumspolitiker habe die Wirtschaftskrise bewußt verschärft, um so das geeignete politische Klima zur Errichtung eines autoritären Staatssystems zu schaffen. Weiter sieht er Brüning als Oberhaupt einer Emigrantengruppierung an, die an die

---

[477] Treviranus, Für Deutschland im Exil, S. 159 f.
[478] FD Sep. 42, S. 28, zit. nach Radkau S. 189.
[479] Zit. nach Radkau, S. 189.

Alliierten die Empfehlung herantrage, daß sich zukünftig die Welt auf die Kräfte des deutschen politischen Katholizismus stützen solle.[480] Treviranus ist ebenso enttäuscht über diese Zustände wie Brüning: *„Enttäuschte Vertriebene beschwerten sich über den Hochmut des Alt-Reichskanzlers, grobschlächtig oder versteckt, wie wir nach Kriegsende spüren sollten. Waldemar Guderian*[481] *gab Haßtiraden in Zürich in Druck, weil es Deutsche gab, die sich weigerten, die Heimat mit Hitlers Wahnwitz gleichzusetzen und mit Zerstörungsplänen zu bestrafen."*[482]

Brünings Unterstützung des deutschen Widerstandskämpfers von Trott zu Solz

Daß Brüning nach diesen und unzähligen anderen Verleumdungen wenig Interesse an einer aktiven Exilpolitik und an der Zusammenarbeit mit anderen Emigranten hat, ist verständlich. Sein Stand als katholischer Gegner des Nationalsozialismus ist ohnehin schwierig, da die USA traditionell antikatholisch sind und der US-Katholizismus dem Faschismus freundlich, zumindest nicht ablehnend gegenübersteht. Und in der Tat hat Brüning nicht nur Freunde in der US-amerikanischen Regierung, auch wenn der katholische Einfluß – wie in der Emigration von verschiedenen Seiten bemerkt wird – während der letzten Kriegsjahre generell wieder zunimmt.[483]

Die Gegenkräfte spürt der ehemalige Reichskanzler besonders im Falle seiner Unterstützung des deutschen Widerstandskämpfers Adam von Trott zu Solz. Der junge von Trott, der im Falle seiner Emigration eine vielversprechende Laufbahn vor sich gehabt haben dürfte, entschließt sich zum Widerstand und bleibt in Deutschland, um dort gegen die Tyrannei zu kämpfen. Ebenso wie Brüning ist er von konservativer Grundeinstellung, wenn er auch eher den konservativen, preußischen Sozialismus vertritt. Ebenso wie der Exkanzler sympathisiert er mit der Monarchie, ebenso wie der Zentrumspolitiker ist er tiefgläubig, allerdings ist er Protestant, und ebenso wie Brüning ist er Patriot, der sehr unter dem Deutschenhaß leidet, den er – im Gegensatz zum Hitlerhaß – für ungerecht hält. Er macht sich viele Gedanken um eine Verhinderung des Krieges und setzt – ebenso wie Brüning – auf persönliche Gespräche mit britischen Regierungspolitikern. Als

---

[480] Vgl. Radkau, S. 189 f.
[481] Gemeint: Waldemar Gurian; vgl. H. Hürten: Ein Reichskanzler im Exil, S.197, R. Morsey: Leben und Überleben im Exil, S. 106.
[482] Treviranus, Für Deutschland im Exil, S. 173.
[483] Vgl. J. Radkau, S. 192.

Legationssekretär im Dienste des Auswärtigen Amtes gibt er sich nach außen regierungstreu und sucht zugleich auf seinen Auslandsreisen den Kontakt mit ausländischen Politikern für den Widerstand zu nutzen. Er unterbreitet seine Gedanken in Unterredungen Lord Halifax, Lord Lothian und Premier Chamberlain. Doch seine Bemühungen können den Lauf der Geschichte nicht verhindern. Beeindruckend seine Worte gegenüber David Astor[484]: *„Warum mögen Sie Hitler nicht? Aus dem gleichen Grunde wie ich, weil er ein fanatischer Nationalist, weil er grausam und schuld an der Ermordnung vieler seiner Mitmenschen, – weil er blind vor Haß ist. Ich stimme mit Ihnen in alldem überein. Aber können Sie nicht sehen, daß, wenn wir Krieg bekommen, jeder ein nationalistischer Fanatiker werden wird und Sie und ich unsere Mitmenschen töten werden, vielleicht sogar einander? Wir werden alle die Dinge tun, die wir an den Nazis verdammen, und die Naziregierung wird nicht unterdrückt werden, sondern sich ausbreiten. Ist das wirklich die Lösung?"*[485] Die große Chance kommt – Trott zu Solz wird im Oktober 1939 in die USA gesandt. Tarnung ist geboten. Dort will er nun – heimlich – die Neutralität aushandeln und eine wirksame Unterstützung des deutschen Widerstandes erreichen. Über ihn kursieren Gerüchte, er treibe ein doppeltes Spiel, sei Nazi-Agent. Dementsprechend wird er in den USA vom FBI beschattet. Brüning hört von dem zweifelhaften Ruf des jungen Landsmannes und ist anfangs nicht geneigt, ihn zu treffen. Von Trott zu Solz hat die Bekanntschaft mit Alexander Böker, Brünings seinerzeitigem Assistenten gemacht, woraus sich eine Freundschaft entwickelt. Es ist wohl der Fürsprache Bökers zuzuschreiben, daß Brüning sich zu einem Treffen mit dem Widerstandskämpfer bereiterklärt, wenn er ihm auch anfangs kritisch gegenübertritt. Doch seine Meinung ändert sich schnell. Daß Trott zu Solz seinem Ziel sehr nahe kommen konnte, ist das Verdienst Brünings. Wenn Brüning auch nicht alle Ideen und Vorstellungen über das zukünftige Deutschland teilen kann, so erkennt er doch die historische Chance und unterstützt von Trott. Im November des Jahres 1939 versucht Brüning über den Unterstaatssekretär Messersmith zu erreichen, daß das State Department in Washington in Kontakt zu von Trott zu Solz tritt, um so eine Verbindung zur inneren Opposition im Reich zu knüpfen. Trott zu Solz erarbeitet zusammen mit seinen Freunden Dr. Riezler, dem ehemaligen Staatssekretär Friedrich Eberts, Hans Simons und Paul Scheffler[486] ein Memorandum für das State Department und Präsident Roosevelt aus. Im Dezem-

---

[484] Ehemaliger Kommilitone von Trott am Balliol College, Oxford, später Herausgeber des „Observer".

[485] Zit. nach Hans Kühner-Wolfskehl, Adam von Trott zu Solz, in: Hermann Graml (Hrsg.): Widerstand im Dritten Reich, Frankfurt 1984, S. 196.

[486] Paul Scheffler ist der vertriebene frühere Chefredakteur des Berliner Tageblatts, zu diesem Zeitpunkt Amerika-Korrespondent der Deutschen Allgemeinen Zeitung.

ber sucht Brüning Roosevelt auf, um diese Gedanken an ihn heranzutragen. Der Präsident nimmt die Vorschläge positiv auf, scheint sie schon gebilligt zu haben. Doch seine Berater, vornehmlich Felix Frankfurter, haben Zweifel an der Integrität von Trotts. Die Mauer des Mißtrauens vermag auch Brüning mit seiner Fürsprache, seinen Versicherungen und Verbürgungen nicht zu durchbrechen. Seine Autorität ist nicht groß genug, um die Verdächtigungen, Trott zu Solz sei Nazi-Agent, zu entkräften. Mißverständnisse auf beiden Seiten sind nicht mehr auszuräumen. Christopher Sykes, der bedeutende Biograph Adam von Trott zu Solz', schreibt dazu: *„Bei aller Kritik an Adam zweifelten Brüning und Niebuhr[487] niemals an der Redlichkeit oder an seiner Abneigung gegen den Nationalsozialismus; aber bei vielen deutschen Emigranten lag die Sache anders. Es ist nicht möglich zu erfahren, inwieweit die Schädigung seines Rufes in gewissen Amtskreisen durch Indiskretionen seinen Landsleuten bekannt wurde oder in welchem Umfang das wachsende Mißtrauen der Rätselhaftigkeit von Adams zweideutiger Position zuzuschreiben war: es war natürlich, wenn Leute sich fragten, wie es für einen ‚guten‘ Deutschen möglich war, im Einverständnis mit dem Auswärtigen Amt die Vereinigten Staaten zu besuchen, und Adam war nicht in der Lage, sich durch öffentliches Eingeständnis seines Anti-Nazismus zu verteidigen. Er mußte im Gegenteil äußerst vorsichtig in seinen Reden und seinem Benehmen sein und ging sehr weit, um die Besorgnis der Deutschen Botschaft zu dämpfen.“*[488]

Hätte Brüning mit diesem Engagement Erfolg gehabt, so hätte er für den innerdeutschen Widerstand sicherlich mehr erreicht als all die Emigrantengruppen und Exilorganisationen. In einem Brief an seinen alten Freund Theodor Abele schreibt Brüning im April 1947 rückblickend: *„Dafür kam Trott hierher im Oktober 1939. Als ich auf Grund seiner Mitteilungen hier an den maßgebenden Stellen nichts erreichen konnte, war mir klar, daß alles bis zum bitteren Ende seinen Lauf nehmen werde.*[489] *Außerdem wurde ich von da an verstärkt immer mehr die Zielscheibe der öffentlichen Angriffe …“*[490] Mißtrauen bestimmt nun sein Verhältnis gegenüber Washington. Im Fall Otto Strasser erlebt er wenig später die gleiche negative Erfahrung mit den politischen Vertretern Washingtons.

Zu zwischenmenschlichen Verstimmungen kommt es auch mit Kollegen an der Harvard-Universität 1942. Dort wird er besonders von dem anti-kirchlich einge-

---

[487] Reinhold Niebuhr, Theologe, lebte zu der Zeit in den USA und stand in engem Kontakt zu von Trott.

[488] Christopher Sykes, Adam von Trott. Eine deutsche Tragödie, Düsseldorf/Köln 1969, S. 233.

[489] Von Trott schloß sich dem Kreisauer Kreis um Graf Helmuth von Moltke an. Er wurde am 26. August 1944, kurz nach seinem 35. Geburtstag, in Berlin-Plötzensee wegen seiner Beteiligung an den Ereignissen des 20. Juli 1944 (Staatsstreichversuch durch Hitler-Attentat) hingerichtet.

[490] Brief vom 29.4.1947, abgedruckt in Heinrich Brüning, Reden und Aufsätze eines deutschen Staatsmanns, S. 333 f.

stellten Historiker Gaetano Salvemini mit der Behauptung attackiert, der Katholizismus ziehe den Nationalsozialismus nach sich, eine Bemerkung, die den tiefgläubigen Westfalen verunsichert. Auch bestehen in Harvard unterschiedliche Auffassungen zu den fachlichen und politischen Positionen des Exildeutschen, wie etwa zu seinen Ansichten über Rußland. So erwägt Brüning eine Beurlaubung von seiner Professur bis zum Ende des Krieges. Doch seine bescheidenen finanziellen Verhältnisse lassen ihn sich dann doch anders entscheiden. Er ist auf feste Bezüge angewiesen, da er sein Einkommen regelmäßig ausgegeben hat, um Flüchtlingen zu helfen.

Seit 1940/41 ist sich Brüning über die Härten gegenüber Deutschland bei den zu erwartenden Friedensbedingungen im klaren. Er macht sich keine Illusion darüber, daß niemand die Alliierten mehr daran wird hindern können, Deutschland für „die Dauer der nächsten zwei Generationen zu zerstören".[491] Seit 1943 geht Brüning von einer Besetzung des Reichsgebietes und dem Verlust deutscher Ostgebiete aus.

Gedanken über ein Nachkriegsdeutschland – das Kriegsende naht

Brüning wendet sich in der zweiten Kriegshälfte den Problemen möglicher Konstellationen nach dem Ende des Krieges zu. Dabei lehnt er allerdings eine von Vertretern des US-amerikanischen Außenministeriums an ihn herangetragene Mitarbeit in einem beratenden Komitee, das später an einer deutschen Nachkriegsregierung beteiligt werden soll, ab. Der Grund für diese Ablehnung dürfte darin liegen, daß er mit dem zu diesem Zeitpunkt noch unveröffentlichten Morgenthau-Plan nichts zu tun haben möchte, den er vorab zwar nicht im Detail, jedoch in seinen Tendenzen kennt. Manche Erscheinungsformen der US-amerikanischen Kriegsführung, wie die massiven Bombenangriffe auf Deutschland, verurteilt er. Diesem antideutschen Verhalten versucht er entgegenzuwirken. Es führt bei Brüning auch zu einer resignativen und pessimistischen Einstellung gegenüber der alliierten Deutschlandpolitik. Schließlich muß man sogar von feindseligen Gefühlen gegenüber der Roosevelt-Regierung sprechen. Für die Deutschland gegenüber so feindliche Einstellung macht Brüning unter anderem die Propaganda der linksgerichteten Emigranten verantwortlich, die ein Greuel- und Zerrbild ihres Heimatlandes aufgebaut hatten, welches Wirkungen auf die US-amerikanischen Regierungs-

---

[491] R. Morsey, Vorstellungen Christlicher Demokraten, S. 205.

stellen und Publizisten zeigte und in der Konzeption der Kriegszielpolitik auf den Konferenzen von Quebec, Jalta und Potsdam seinen Niederschlag fand.

Gegen Ende des Krieges versucht er, Einfluß auf den Kurs der US-amerikanischen Deutschlandpolitik zu nehmen, der schließlich in den Konferenzen von Jalta und Potsdam endet. Er macht die US-amerikanische Regierung über Kriegsminister Henry Stimson auf die Gefahr des Vordringens des Bolschewismus nach Mitteleuropa aufmerksam. Stimson ist Brünings einflußreichster Ansprechpartner in der Washingtoner Regierung. Seiner Fürsprache verdankt es Brüning, der seine deutsche Staatsbürgerschaft behalten hat, daß er während des Krieges von einer Internierungshaft verschont bleibt. Weitere Kontakte hat Brüning zum State Department, dessen Unterstaatssekretär George Messersmith er aus seiner Berliner Amtszeit her kennt. Die Teilung Deutschlands sieht er als den größten aller Fehler der Siegermächte an.

Eine gute Einflußmöglichkeit kommt Brüning über den Beratungsausschuß der US-amerikanischen Regierung zu bei der Aufgabe, die besten Konzeptionen für ein demokratisches Deutschland auszuarbeiten.

Im Herbst 1944 schlägt Brüning vergebens eine deutsche „Regierung von Sachverständigen" vor, die keinen Friedensvertrag abschließen, sondern die Probleme der verschiedenen Zonen in Deutschland koordinieren soll. In einem Memorandum, das der Alt-Reichskanzler im Herbst 1944 auf Bitten Stimsons über die Nachkriegsgestaltung Deutschlands anfertigt, spricht er sich dafür aus, beim deutschen Neuaufbau an eigene Traditionen und Erfahrungen anzuknüpfen.

Er schlägt vor, daß eine provisorische Nationalversammlung einen Verfassungsentwurf erarbeitet, der nach fünf Jahren einer Überprüfung durch eine endgültige verfassungsgebende Versammlung unterzogen werden soll. Bis dahin soll die Weimarer Reichsverfassung Anwendung finden. Er hält – wohl aus der negativen Erfahrung mit der Vielzahl an Parteien der Weimarer Zeit heraus – für einen langsamen Aufbau des parteipolitischen Lebens nur zwei bis drei große Parteien für notwendig.

Die Beschränkung des Zentrums auf das katholische Wählervolk empfindet Brüning rückblickend als Schwäche. Er greift deshalb den Gedanken einer Neugründung einer katholischen Partei nicht wieder auf, sondern liebäugelt mit einer interkonfessionellen Partei. Schon 1920 hatte er – zusammen mit dem christlichen Gewerkschaftsführer Stegerwald – Pläne für eine Erweiterung des Zentrums zu einer interkonfessionellen Partei der Mitte ausgearbeitet. In der Weimarer Zeit konnte dieses Vorhaben jedoch nicht verwirklicht werden. Die Gründung der CDU im Herbst 1945 ist die Verwirklichung seiner Vorstellungen und früheren Pläne. In dem ehemaligen Kölner Oberbürgermeister und früheren Präsidenten des preußischen Staatsrates, Konrad Adenauer, sieht er den geeigneten Mann für den Wiederaufbau Deutschlands: *„Der einzige Mann, von dem ich glaube, daß er der Größe und Schwierigkeit der deutschen Aufgabe in den nächsten Jahren gewachsen sein wird, ist Adenauer."*[492] In Führungspositionen sollten nur Persönlichkeiten berufen werden, die sich vor der Machtübernahme durch die Nationalsozialisten schon in herausragenden Positionen bewährt hatten und während des Dritten Reiches politisch unbelastet geblieben sind. Direkt nach Kriegsende schlägt Brüning den USA-Behörden neben Adenauer noch Pünder und Dietrich als geeignete Persönlichkeiten vor, auf die man beim Wiederaufbau Deutschlands zurückgreifen solle.

Brüning verspricht sich von Adenauer die Wiederaufnahme der Weimarer Politik der freien Hand Deutschlands zwischen Ost und West, ein starkes unabhängiges Deutschland als Mittelpunkt Europas. Dabei war Brünings Meinung von Adenauer in der Weimarer Zeit eine eher negative, war Adenauer als Oberbürgermeister von Köln doch ein Prototyp der von Brüning so kritisierten unverantwortlich handelnden und finanziell verschwenderischen Stadtoberhäupter. Der Amts- und Repräsentationsstil des selbstbewußten Rheinländers, dessen Einkommen sogar weit über dem des Reichspräsidenten lag, entsprach nicht den Maßstäben des bescheidenen Westfalen Brüning.[493]

Der Umgang mit der deutschen Vergangenheit

Obwohl entschiedener Gegner des Nationalsozialismus, wendet sich Brüning gegen die Aburteilung der führenden Nationalsozialisten durch die Siegermächte in Nürnberg. Zum einen glaubt er, daß das deutsche Volk seine eigenen Kriegsverbrecher selber aburteilen solle, wie es auch nach dem letzten Krieg in Leipzig praktiziert worden war. Aus diesem Grund lehnt er auch eine Teilnahme an den Kriegsverbrecherprozessen ab. Den Alliierten sagt Brüning klar, man könne ihn internieren oder umbringen, aber man werde ihn nicht dazu zwingen können, an den Kriegsverbrecherprozessen teilzunehmen, die eine Untersuchung der Kriegsverbrechen der anderen Europäer, besonders der Russen, verhindern sollten. Er befürchtet andererseits, daß die Angeklagten in Deutschland wegen ihrer Verurteilung durch ein nicht-deutsches Gericht zu Märtyrern erhoben werden könnten. Insbesondere spricht er den Alliierten das moralische Recht des Richtens ab, da er die Gründe für den Krieg und Hitlers Erfolge auch in den Fehlern der Siegermächte sieht. Stalin ist in Brünings Augen der schlimmste Kriegsverbrecher, dem nicht zustehe, über andere zu richten. Hitler hätte ohne die große finanzielle Unterstützung des Auslands nicht Krieg führen können. In diesem Zusammenhang

---

[492] Zit nach Lohe, a.a.O., S. 88.
[493] Vgl. R. Morsey: Brüning und Adenauer, Speyerer Vorträge, Heft 35, S. 18.

macht er ebenfalls deutlich, daß ein weiterer Grund für den Ausbruch des Zweiten Weltkrieges in der Abschaffung der Monarchie durch die Alliierten nach dem Ersten Weltkrieg liege. Man könne keine tausendjährige Tradition durch ein Vakuum ersetzen. Hätten die Alliierten Deutschland im Versailler Vertrag eine größere Armee erlaubt, so wären die Deutschen auch in der Lage gewesen, die Nationalsozialisten und die Kommunisten zurückzudrängen, bevor sie zu stark wurden. Im Rahmen der Vorbereitungen zur Beweisführung für die Anklagebehörde im Hauptkriegsverbrecherprozeß im September 1945 muß er schließlich doch aussagen. Mutig antwortet er auf die Aussage der Anklage, man wolle den Aggressionskrieg zum Verbrechen stempeln: *„Menschen, die von Ausländern erschossen werden, werden zu Märtyrern ... Dann wenden Sie sich an Stalin. Sie können kein internationales Recht aufstellen und es gleichzeitig brechen. Ich glaube nicht, daß das Gerichtsverfahren gerecht sein kann. Fakten, die die Briten nicht veröffentlichen möchten, können nicht veröffentlicht werden. Fakten, die die Franzosen nicht veröffentlichen möchten, können ebenfalls nicht veröffentlicht werden usw. Wie könnte man zum Beispiel Schacht erschießen?"*

Auch im weiteren Verlauf des Verhörs ist es eher Brüning, der den beiden Offizieren des U.S. Judge Advocate General's Office Fehler aufzeigt und die Siegermächte anklagt, daß sie aus wirtschaftlichen Interessen heraus Hitler zu lange gewähren ließen: *„Ich glaube, bis 1938 hätte Göring die Regierung stürzen können. Die Nazis konnten wegen der Zwiespältigkeit der britischen Politik nicht mit einer klaren Situation konfrontiert werden. Wäre die britische Politik eindeutig gewesen – aber sie waren nicht bereit, irgend etwas zu riskieren. Es war lediglich mangelndes Vorstellungsvermögen. Sie hätten die Nazis bis 1939 jederzeit loswerden können. (...) Es wäre nicht schwierig gewesen, die Nazis zu beseitigen, wenn die Fremdmächte es gewünscht hätten. Es ist verhängnisvoll, daß die Regierungen der Welt in den vergangenen zwölf Jahren nie die politischen Auswirkungen ihrer wirtschaftlichen Maßnahmen in Betracht zogen. Die Kupferleute zum Beispiel waren nur zu sehr darauf aus, Kupfer zu verkaufen. (...) Alle beeilten sich, an Deutschland zu verkaufen, das 1939 noch ziemlich knapp dran war. (...) Sie und die Briten hätten während des Krieges einen Pakt mit den alten Generälen schließen und den Krieg beenden sollen."* Auch die Verantwortlichkeit der Siegermächte für die nun zwölf Millionen verhungernden Menschen, die aus ihrer deutschen Heimat vertrieben wurden, spricht Brüning klar an. *„Sie sollten lieber sagen: ‚Wir bringen soundso viele Millionen um.'"* Auf die Frage, ob er die Monarchie wieder einführen würde, antwortet er verneinend, daß man die Monarchie jetzt nicht wiederherstellen könne, früher sei es durch Volksabstimmung möglich gewesen.[494]

---

[494] Background-Interview, abgedruckt in: Briefe I, S. 539–544.

Zu seiner Exilzeit läßt sich bilanzierend sagen, daß Brünings bloßer Anwesenheit in den USA die Bedeutung zukam, deutlich zu machen, daß es zum Nationalsozialismus eine konservativ-katholische Alternative gab, so wie die Existenz eines Thomas Mann im Exil trotz seiner sozialistischen Sympathien versinnbildlichte, daß es zum Nationalsozialismus eine bürgerliche Alternative gab.

Obwohl Brüning bei Kriegsende ein niedergeschlagener und enttäuschter Mensch ist, richtet er den Blick in die Zukunft und warnt die Nation davor, sich nur auf die Vergangenheit zu fixieren: *„Eine Nation, die versucht, nur vom Kritisieren und Verdammen ihrer Vergangenheit zu leben, wird der Prüfung nicht gewachsen sein, die ihr für wenigstens zwei Generationen bevorsteht.“*[495]

1946 hält Brüning in Chicago eine Rede zum Thema „Der Staatsmann“, die große Beachtung verdient. Brüning beleuchtet in seinen allgemein gehaltenen Ausführungen eigene politische Erfahrungen und Entscheidungen. Er zitiert sich selbst auf eine Frage nach dem Wesentlichen schöpferischer Staatskunst mit den Worten: *„Handle immer, als ob Du Dein Nachfolger wärest!“* Die Essenz seiner Aussage ist, daß die Grundlage einer Politik immer so tragfähig sein müsse, daß sie von jedem Politiker mit den notwendigen Fähigkeiten weitergeführt werden könne. Die Politiker, die an der Macht seien, müßten – damit eine Politik stabil und anpassungsfähig ausgeführt werden könne – mögliche Nachfolger anerkennen und unterrichten. Hitler wäre nicht zur Macht gekommen, wenn der alternde Reichspräsident Hindenburg zu Brünings Nachfolger einen der Politiker erkoren hätte, die Brüning vertraulich seit einem Jahr in die Richtlinien der Politik eingewiesen hatte. Wer in einer verantwortlichen Position sei, müsse geeignete Nachfolger erkennen und sogar politische Gegner soweit wie möglich in seine grundlegenden Pläne einführen, wenn sie nur die Gewähr böten, daß sie, an die Macht gelangt, von dem gleichen Verantwortungsbewußtsein gegenüber anderen getragen würden. Zur Gefahr des Totalitarismus führt er aus, daß diese dann nicht überhand nehme, wenn ein Staat die Möglichkeit zu normaler wirtschaftlicher Entwicklung habe. Für Deutschland, welches durch den Friedensvertrag und die Reparationsvereinbarungen viele wesentlichen Souveränitätsrechte verloren hatte, habe diese Möglichkeit nicht bestanden. 80 % der finanz- und wirtschaftspolitischen Maßnahmen der deutschen Regierung seien durch internationale Vereinbarungen bestimmt gewesen. So sei Deutschland ein Schlachtfeld im Herzen Europas geworden, zuerst für den kommunistischen, später für den faschistischen Totalitarismus. Die Wechselwirkungen zwischen den internationalen wirtschaftlichen und politischen Verhältnissen seien nicht allgemein erkannt worden.

---

[495] Zit. nach R. Morsey, Festansprache der Gedenkstunde zum Tode Heinrich Brünings am 5.4.1970, in: Heinrich Brüning, Münster 1970, S. 15.

Weiter vergleicht er Politik mit einem Schachspiel, das nie zu Ende komme, sondern bei dem verschiedene Spieler aufeinanderfolgten und jeder Spieler das Brett so übernehme, wie er es vorfinde. Um die Leistung eines Politikers würdigen zu können, müsse man wissen, wie das Spiel stand, als dieser es übernahm. *„Meine Erfahrung hat mich eine natürliche Sympathie für jeden gelehrt, der ein Amt übernimmt, wenn bereits bindende Abmachungen bestehen und es von Tag zu Tag deutlicher wird, daß sie nur mit größten Schwierigkeiten auszuführen sind. Seine Möglichkeiten hängen in hohem Maße von dem Spiel ab, das seine Vorgänger gespielt haben."* Weiter spricht er – bezugnehmend auf die Jahre seiner Kanzlerzeit – von der Tragik, daß Völker, die nie selber in der Position beschränkter Freiheit gewesen seien, die Wirkung ihrer Politik auf abhängige Völker kaum begreifen könnten. Durch die neuen und angeblich endgültigen Reparationsvereinbarungen von 1930, die gerade ein Jahr in Kraft blieben, sei die volle Verantwortung für Reparationslieferungen und Transferzahlungen auf die deutsche Regierung abgewälzt worden. Eine radikale Reaktion sei unausweichlich gewesen.

Die Bedingungen der Reparationsverträge hätten nicht der wirtschaftlichen Realität entsprochen. Dies sei jedoch der Aufmerksamkeit vieler Politiker – wie auch der des Henry Morgenthau – entgangen. Offenbar, so Brüning in spitzerem Ton, habe jener die Dawes- und Young-Abkommen nicht gelesen, da er Brünings Unvermögen kritisiert habe, die Zuckersteuer herabzusetzen. Die Zuckersteuer und andere indirekte Steuern waren jedoch ausdrücklich zur Bedienung der Young- und Dawes-Anleihen bestimmt und durften ohne Zustimmung ausländischer Treuhänder nicht herabgesetzt werden. Zum Morgenthauplan führt Brüning aus, daß dieser auf der Grundlage völlig falscher Statistiken unterbreitet worden sei. Er habe die Sieger vor die Wahl gestellt, entweder mindestens 12 Millionen Deutsche zu ernähren, sie verhungern zu lassen oder die auf stark verkleinertem Raum zusammengedrängte Bevölkerung durch kontrollierte Unterernährung absichtlich zu reduzieren. *„Wie könnte sich unter solchen Bedingungen irgendeine Regierung halten? Könnte in den USA eine aus den hervorragendsten Staatsmännern zusammengesetzte Regierung standhalten, wenn die gesamte Bevölkerung von Illinois, Iowa und Kansas nach New York, Pennsylvania und Ohio evakuiert würde? Ich staune immer noch darüber, daß kein Wirtschaftswissenschaftler die offenkundigen Folgen der gegenwärtigen Abkommen in Worten darstellt, die jedem verständlich sind. Gibt es unter solchen Verhältnissen irgendeine Möglichkeit, auch nur zeitweilig die Traditionen des Verfassungsstaates wieder zu beleben? Wenn der unmenschliche Völkermord, den die Nazis gepredigt, fortgesetzt werden sollte, wie es – wenn auch ohne Vorsatz – heute der Fall zu sein scheint, so wird kein noch so begabter Staatsmann die Folgen meistern können."* Brüning sieht einen Bruch in der europäischen Außenpolitik seit 1916. Mit dem beinahe gleichzeitigen Ausscheiden von Lord Lansdowne und Bethmann Hollweg sei ein Jahrhundert zu Ende gegangen, in dem Politiker und Militärs erkannt hätten, daß der Kampf gegen die Vorherrschaft einer Nation nicht bis zu ihrer Vernichtung geführt werden dürfe, weil sonst die noch gefährlichere Vorherrschaft einer anderen Nation entstehen könne.[496]

---

[496] Rede „Der Staatsmann" in Chicago 1946, in: Heinrich Brüning. Reden und Aufsätze eines deutschen Staatsmanns, hrsg. von W. Vernekohl, Münster 1968, S. 189–222.

IM DEUTSCHLAND NACH 1945

Erst 1948 erhält der Alt-Reichskanzler die Genehmigung der US-amerikanischen Regierung zu einem Besuch in Deutschland, zunächst aber nur für die britische Besatzungszone, verbunden mit der Auflage, sich nicht politisch zu betätigen. Die schwere und belastende Exilzeit geht damit zu Ende. Doch erst sechs Jahre nach Kriegsende kehrt er nach Deutschland zurück. Er zeigt sich in seinem Urteil gegenüber seinen Parteifreunden, die sich den Nationalsozialisten angeschlossen hatten, nachsichtig und verspürt keine Verbitterung gegenüber seinem Heimatland. *„Meine Gedanken waren alle diese Jahre Tag und Nacht bei der Heimat. So wird es immer bleiben. Wenn ich das geringste Ressentiment gehabt hätte, so hätte ich diese Jahre nicht überleben können"*, schreibt er in einem Brief 1947.[497]

Oft wird Brüning von Freunden gedrängt, sich am politischen Neuaufbau des Landes zu beteiligen. Doch er lehnt ab. Kein Emigrant in der Geschichte, so argumentiert er, der nach vielen Jahren in seine Heimat zurückkehrte, um aus der Hand fremder Mächte die Regierung zu übernehmen, habe je Erfolg gehabt. Zum zweiten sei er in Deutschland mehr oder weniger in Vergessenheit geraten. Als drittes Argument führt er an: *„Nachdem ich eine Verständigung über die Rüstung erzielt hatte, die geeignet gewesen wäre, den Frieden und die Stabilität Europas zu retten, und nachdem ich Deutschland von den Reparationen befreit und Vorgespräche über die Rückgabe des polnischen Korridors an Deutschland angefangen hatte, war ich nicht bereit, die Verantwortung für destruktive und demütigende Waffenstillstandsbedingungen zu übernehmen."*[498] Wenn er sich auch nicht wieder aktiv politisch beteiligen will, so tritt er doch – noch in den USA lebend – ohne großes Aufsehen unermüdlich für das Wohl seines Vaterlandes ein. Seine persönliche Hilfe, zum Beispiel in Form von Care-Paketen, leistet er bis an die Grenze seiner finanziellen Möglichkeiten. Jeden Pfennig, den er irgendwie entbehren kann, spendet er für seine bedürftigen Landsleute in der Heimat. *„Obwohl freundliche Menschen hier meiner Sekretärin große Mengen von Kleidungsstücken geben, kann*

---

[497] Zit. nach R. Morsey, Festansprache der Gedenkstunde zum Tode Heinrich Brünings am 5.4.1970, in: Heinrich Brüning, Münster 1970, S. 14.

[498] Niederschrift Juli bis September 1944, in: Heinrich Brüning, Briefe und Gespräche 1934–1945, S. 418.

man die Bedürfnisse auch nur eines Zehntels der Menschen ohne Schuhe und
Mäntel, die sich direkt an mich wenden, nicht befriedigen. Da mein Wahlkreis in
Schlesien lag und die Menschen dort sehr treu zu mir hielten, ist es äußerst depri-
mierend, daß ich nicht mehr tun kann."[499]

Brüning lehnt nicht nur seine eigene Rückkehr in die aktive Politik ab, er hält
generell einen Verzicht von Emigranten auf politische (Wieder-)Betätigung in
Deutschland für angebracht.

Zum anderen ist natürlich – und das ist ihm wohl bewußt – sein Name auch für
die, die das Wirtschaftswunder in Angriff nehmen, mit einem schlechten Ruf be-
legt. Noch klingen die Spottlieder auf ihn in den Ohren der Menschen nach, wie
zum Beispiel: „Auf dem Brüning seiner Glatze hat die Notverordnung Platze."
Und so liegt es wohl auch nicht in Adenauers Interesse, Brüning eine größere politische Rolle zukommen zu lassen. Brüning hat mit gesundheitlichen Problemen
zu kämpfen – ein weiterer Grund, um sich nicht erneut den Strapazen einer politischen Führungsposition auszusetzen.

Seine persönliche Entscheidung, als ehemaliger Emigrant nicht wieder politisch aktiv zu werden, auf alle anderen Emigranten zu übertragen, ist rational
schwer nachvollziehbar. Der Grund für seine generelle Forderung der politischen
Nichtbetätigung von Emigranten dürften seine schlechten Erfahrungen mit den
Emigranten in den USA gewesen sein. Er will verhindern, daß die überwiegend im
linken politischen Bereich anzusiedelnden Emigranten Einfluß auf den politischen
und administrativen sowie auch auf den geistigen und moralischen Neuaufbau
Deutschlands gewinnen. Er befürchtet, daß sich diese Emigranten als Vollstrecker
der alliierten Vernichtungspläne gegen Deutschland erweisen könnten. Konsequent lehnt er weiter alle Angebote politischer Ämter ab, so auch eine Kandidatur
für den zweiten Bundestag. Immerhin war ihm ein sicherer Wahlkreis in Westfalen
angeboten worden. Seiner Sekretärin Claire Nix schreibt Brüning, daß er sowohl
aus politischen als auch aus gesundheitlichen Gründen ablehnen werde. Er könne
wegen seiner Herzprobleme wohl keinen Wahlkampf durchhalten.[500]

Die Gesundheit bereitet Brüning häufig Probleme. Er sorgt sich darüber, wie es
in späteren Jahren um ihn stehen wird. Im Februar 1949 zieht er sich bei einem
Sturz in einem New Yorker Hotel einen Beinbruch zu. Ganze fünf Monate liegt er
im Krankenhaus.[501] Er braucht lange, bis er sich davon erholt hat, und geht seitdem
meist am Stock.

---

[499] Brief Brünings an Irene Heaton, in: Briefe II, S. 108.
[500] Brief Brünings an Claire Nix vom 30. April 1953, in: Briefe II, S. 328 f.
[501] Vgl. Brief H. Brüning an Heinrich Klasen, Harvard 1950, Privatarchiv Heinrich Klasen.

Auch ein an ihn herangetragene Angebot, die Präsidentschaft des Deutschen Roten Kreuzes zu übernehmen, lehnt er ab.[502]

Ebenso zurückhaltend reagiert er auf Adenauers Angebot einer Reichskanzlerpension. Er lehnt diese trotz seiner bedrängten finanziellen Lage ab. Gleichzeitig kritisiert er Ende 1949 die hohen Diäten und Spesen, die sich der Deutsche Bundestag bewilligt hat. Die Beamtengehälter, so beklagt er, habe man auf den Stand von 1927 erhöht, während die Arbeiterlöhne noch weit dahinter zurückgeblieben seien und rund 25 Prozent der Bevölkerung von der Wohlfahrt lebten. Bitter kommentiert er: *„Sie werden sich aus Ihrer langen parlamentarischen Erfahrung erinnern, daß man mit dem ‚Kaufen‘ ganzer Wirtschaftsgruppen, der Beamten und einzelner Parteien in der Weimarer Republik die böseste Erfahrung gemacht hat. Das ist ein System verhüllter Korruption, das man in einzelnen reicheren Städten früher durchführen konnte, das sich aber das heutige Deutschland weder finanziell noch moralisch leisten kann.[…] Das Gesetz, das mir eine Pension verschaffen würde, würde meinem Ansehen hier sicherlich nicht zuträglich sein …“*[503]

Der Ruf an die Universität zu Köln

Hermann Pünder, nunmehr Oberbürgermeister von Köln und Vorsitzender des Kuratoriums der Universität Köln, regt die Einrichtung eines Lehrstuhls für Brüning an. Dieser Vorschlag wird von der nordrhein-westfälischen Kultusministerin Christine Teusch verwirklicht. Dem Ruf der Universität Köln – ein Ausdruck moralischer Wiedergutmachung – kommt Brüning erst nach langem Zögern 1951 nach. Wegen seines Alters von 66 Jahren und seines fehlenden wissenschaftlichen Werkes waren innerhalb des Kuratoriums Bedenken gegen seine Berufung laut geworden. Des weiteren rechnet Brüning mit der Verhinderung seiner Berufung durch Adenauer. Diese Bedenken bestätigen sich nicht. Brüning nimmt daher die Lehrtätigkeit auf.

Er liest über vergleichende Verwaltungspraxis und internationale Beziehungen. An seine Sekretärin Claire Nix schreibt er: *„Heute befaßte ich mich mit meinen Vorlesungen. Ich werde sie so gestalten, daß klar wird, welche Probleme vor den Staatsmännern standen, was sie in jedem Augenblick des Handelns von zukünftigen Entwicklungen erraten konnten und was sie von den komplexen internationalen Auswirkungen und Folgen der Probleme verstanden. Das halte ich für meine Aufgabe“.*[504] In seinen Vorlesungen über die internationalen Beziehungen in der Zwischenkriegszeit erläutert er die Methoden und die Taktik der Diplomaten:

---

[502] Brief Brünings an Claire Nix vom 7. November 1951, in: Briefe II, S. 286 f.
[503] Brief an Helene Weber vom 30. Dezember 1949, in: Briefe II, S. 210 f.
[504] Brief an Claire Nix vom 7. November 1951, in: Briefe II, S. 286 f.

„*Wenn sich sachlich und technisch die Weltbedingungen völlig geändert haben, so ist das nicht der Fall in bezug auf die diplomatischen Methoden … Die Entwicklung der Kriegstechnik hat die rein militärischen Vorteile der inneren Linie für Deutschland endgültig zerstört, aber nicht notwendigerweise die politischen Vorteile der geographischen Lage Deutschlands.*" Brüning vertritt die These, daß die deutsche Diplomatie in den zwanziger Jahren einen Ausweg aus der Erstarrung fand, welche „*die internationale Politik in den ersten Jahren nach dem Krieg beherrschte und ein europäisches Chaos herbeizuführen drohte. Weder die Größe dieser Aufgabe noch die Konstruktion und Durchführung im einzelnen sind je vom deutschen Volk gewürdigt worden.*" Die deutschen Diplomaten „*waren sich bewußt, daß Deutschland nach 1919 seine sehr geschwächte Stellung nur erhalten könne, wenn man nicht zu einer Bündnispolitik zurückkehre, sondern ein System von Verträgen erdenken und zur Annahme bringen könne, das Deutschland aus allen kriegerischen Verwicklungen heraushalten könne … Es galt also, das für die Zukunft zu retten, was uns noch geblieben war. Beschränkten wir uns auf diese Aufgabe, so mußten wir nach einer gewissen Zeitspanne wegen unserer geopolitischen Lage wieder umworben werden … Wenn keine Tradition mehr in der Außenpolitik besteht, werden leicht Fehler gemacht.*"[505] Rein vom wirtschaftlichen und finanziellen Standort aus gesehen beurteilt Brüning die Lage der Weimarer Republik als schwieriger im Vergleich zu der der Bundesrepublik, weil es nach dem Zweiten Weltkrieg die Möglichkeit gab – noch bevor eine deutsche Regierung bestand –, Deutschland in die Hilfe des Marshallplanes mit einzubeziehen. In der Weimarer Republik gab es dafür eine außenpolitische Freiheit, die die Bundesrepublik nicht mehr kennt.

Weiter erläutert Brüning in seinen Vorlesungen die Einzelheiten der Reparationsverhandlungen und zeigt auf, wie eng die finanziellen, wirtschaftlichen, militärischen und politischen Motivationen miteinander verknüpft waren.

Besonders nachdrücklich spricht er auch über die Bedeutung des Unterschiedes zwischen einer defensiven und einer hegemonialen Sicherheit für zukünftige militärische Unternehmungen. Er betont den Obstruktionscharakter der französischen paneuropäischen Vorschläge von 1930 und beschreibt die Umschwünge in der US-amerikanischen Außenpolitik sowie die Festigkeit der französischen Diplomatie, die keine Gelegenheit ausließ, um Deutschland zu schwächen und zu teilen.

Während seiner Lehrtätigkeit in Köln verfaßt der Professor keine größere wissenschaftliche Arbeit. Ein von der Fakultät erhofftes Werk über die deutsche Politik seit dem Ersten Weltkrieg wird nicht verwirklicht.

---

[505] Briefe II, S. 354.

Mit den Arbeitsbedingungen an der Universität ist Brüning nicht zufrieden. Er fühlt sich durch die Masse von Briefen, Bittstellern und Besuchern erdrückt und von seinen Studien abgehalten. Zunächst muß er ohne Sekretärin auskommen. Auch ein Assistent wird ihm mit Hermann Josef Unland, dem späteren CDU-Bundestagsabgeordneten, erst im Jahre 1954 an die Seite gestellt. Zu seinen Anfangszeiten an der Universität ist Brüning gezwungen, um 5.00 Uhr in der Frühe aufzustehen und seine Vorlesungen sowie einen Teil der Korrespondenz selbst zu tippen. Das Porto, schreibt Brüning später einmal, habe ihn allein in manchem Monat 300 DM gekostet. Auch ist die Institutsbibliothek schlecht bestückt. Anfang 1956, als Brüning seine Lehrtätigkeit an der Kölner Universität de facto schon eingestellt hat, bewilligt die Gesellschaft der Freunde der Universität Köln ihm eine Summe von 3.000 DM zur Erweiterung der Institutsbibliothek.

Wachsende Entfremdung zwischen Brüning und Adenauer

Das Verhältnis zwischen Brüning und Adenauer verschlechtert sich zusehends. Brüning hat die Wahl Adenauers zum Bundeskanzler begrüßt, weil er glaubt, nur Adenauer könne diese Position kompetent und wirksam ausfüllen. Gleichzeitig betont Brüning, daß ihn mit Adenauer keine persönliche Freundschaft verbinde.

Beide trennen nun jedoch grundsätzlich verschiedene politische Vorstellungen über die deutsche Außenpolitik. Sie setzen unterschiedliche Prioritäten hinsichtlich der deutschen Nachkriegspolitik. Ordnet der Bundeskanzler der Sicherheitsfrage, die im Vordergrund seiner Politik steht, nationale Fragen unter, so richtet sich Brünings Interesse in erster Linie auf die Wiederherstellung der Einheit des Deutschen Reiches. Brüning hat große Sorge um den Bestand Deutschlands. Im Mai 1949 empfiehlt der Alt-Reichskanzler in einem Memorandum für Pünder und Adenauer, sich nach keiner Seite hin festzulegen, aber klare Konzeptionen für die Zukunft zu haben. Deutschland müsse versuchen, das Gebiet von 1933 – vorläufig unter Ausschluß des Saargebietes – zurückzugewinnen.

Brünings Abneigung gegenüber Frankreich läßt sich mit den Zielen des frankophilen Adenauers nicht vereinbaren. Auch ist der Alt-Reichskanzler ein entschiedener Kritiker der einseitigen Westorientierung der Bundesrepublik. Er befürchtet, daß die deutschen Ostgebiete im Zuge einer einseitigen Westbindung leichtfertig preisgegeben werden.

In Brünings Verständnis der freiheitlichen Staatsordnung nimmt die nationale Komponente einen breiten Raum ein. Sein Ziel ist die staatliche Souveränität. Er möchte die Tradition der autonomen deutschen Politik fortgeführt sehen. Brüning kritisiert Adenauers Außenpolitik als zu dogmatisch. Die Außenpolitik der Weimarer Republik mit ihrem als Ausgleichsmöglichkeit zwischen Ost und West interpretierten Vertragssystem hält er für nachahmenswert und stellt sich damit gegen Adenauers europäische Neudefinition der deutschen Interessen. Oberstes Ziel deutscher Politik muß nach Brünings Dafürhalten die Wiedervereinigung sein. Er bedauert häufig den Verlust des deutschen Nationalgefühls, das für ihn den wichtigsten Antrieb zur Wiedervereinigung und zur Rückgewinnung einer politischen Machtstellung darstellt.

So hält Brüning auch Adenauers Bemühen um eine westeuropäische Integration für falsch. Er erachtet dementsprechend den Beitritt der Bundesrepublik Deutschland zum Europarat als verfehlt. Schließlich habe Frankreich vorher seinen Beistandspakt mit Rußland, durch den es de facto die Oder-Neiße-Linie anerkannt habe, nicht gekündigt. Er wendet sich gegen die Mitglieder der deutschen Delegation beim Europarat, die die Souveränität Westdeutschlands leichtfertig aufgeben wollten. Dabei betont der Alt-Reichskanzler, daß Deutschland eine enge Verbindung der europäischen Staaten nicht ablehnen, jedoch darauf drängen solle, daß diese nur nach der Wiedergewinnung Ostdeutschlands möglich sei. Konsequent lehnt er auch die bedingungslose Annahme des Schuman-Planes zur Errichtung der Montanunion 1950 ab, den Adenauer als Beginn seiner leidenschaftlich angestrebten westeuropäischen Integration sieht. Brüning in einem Brief: *„Ich halte es nicht für richtig, in das Europakomitee zu gehen, ohne daß man vorher von Frankreich eine Kündigung des Bündnisvertrages, den de Gaulle seinerzeit mit Rußland geschlossen hat, durch den Frankreich de facto … die Oder-Neiße-Linie anerkennt, verlangt. Wenn man es getan hätte, würde man dafür bereits in den USA volles Verständnis heute gefunden haben … Der ganze Eisen- und Kohlenplan ist mit Unterstützung von Emigranten gemacht worden, die schon bei den Rep[arations]verhandlungen immer eine verhängnisvolle Rolle gespielt haben durch Präjudizierung der offiziellen Verhandlungen durch vorherige private, von der Regierung nicht autorisierte Verhandlungen. Ich bin daher sehr besorgt.“*[506] Den Schuman-Plan sieht Brüning als Glied einer Gesamtkette, mit der sich Frankreich eine dauernde Hegemoniestellung auf dem Kontinent verschaffen wolle: *„Jetzt wird es aber langsam tödlich ernst; wenn es so weitergeht, werden wir auf eine Generation festgelegt, vielleicht länger, und eine Wiedervereinigung mit unserm Osten kommt nicht mehr zustande, die vom Quai d'Orsay*[507] *unter allen Umständen verhindert werden soll.“*[508] Trotz aller Bedenken gegen die einseitige

---

[506] Brief Brünings an Manfred von Brünneck vom 23. Juni 1950, in: Briefe II, S. 229
[507] Französisches Außenministerium
[508] Brief Brüning an Hermann Pünder vom 25. Oktober 1950, in: Briefe II, S. 239.

Westbindung erkennt Brüning die von der Sowjetunion ausgehende Gefahr. Zutreffend charakterisiert er die bevorstehende Lage am 23. Juli 1950: *„Ohne einen Krieg wird der deutsche Osten unter der Herrschaft der Russen bleiben. Einen Krieg – in alter Art – wird aber Stalin zu vermeiden suchen. Er wird überall ,Feuerchen' anzünden, vor allem in Syrien und Palästina, sowie im ganzen südlichen Asien, um die Alliierten zu zwingen, dorthin ihre zur Verfügung stehenden Truppen zu schicken. Auch das scheint man nicht einmal in der vollen Bedeutung in Washington zu sehen, mit Ausnahme des Militärs.“*[509]

Im Januar 1951 tritt Brüning an den Bundesminister für gesamtdeutsche Fragen, Jakob Kaiser, mit der Bitte heran, Adenauer solle sich unbedingt in die Verhandlungen der Westalliierten mit der Sowjetunion einschalten, da die Westmächte unter französischem Einfluß bereit seien, eine dauernde Teilung Deutschlands hinzunehmen, wenn dadurch ein vorzeitiger Kriegsausbruch verhindert werden könne. Er schreibt eine Reihe von Briefen an Mitglieder des Bonner Kabinetts mit der Bitte, nach außen endlich klare Forderungen nach der Grenze von 1935 zu stellen, andernfalls befürchtet er eine Einigung der Franzosen mit den Russen auf Kosten Deutschlands.[510]

Die Chancen, durch Verhandlungen mit der Sowjetunion zu einer glücklichen und friedlichen Lösung der gesamtdeutschen Frage zu kommen, schätzt er als gering ein. Dennoch plädiert er dafür, die Verhandlungsspielräume so lange wie möglich offenzuhalten und auszureizen. So sieht er auch die sogenannte Stalin-Note vom März 1952. Wenn er sich auch nicht sicher ist, ob diese Note nicht nur ein taktischer Schachzug der Sowjetunion ist, so sieht er in ihr doch zumindest die Möglichkeit zu neuen Verhandlungen. Adenauers mangelnde Bereitschaft, das sowjetische Angebot auf mögliche Chancen hin abzuklopfen, enttäuscht ihn. *„Anscheinend hat man in Bonn die Fähigkeit verloren, die günstige Lage Deutschlands zum Aushandeln von Vorteilen durch Verhandlungen mit beiden Lagern zu benützen“.*[511] Brüning glaubt, daß Adenauer in Wirklichkeit gar kein Interesse an den deutschen Ostgebieten mehr habe.

Noch im Herbst 1954 schließt der Alt-Reichskanzler nicht endgültig aus, daß die Russen zu Verhandlungen über die Wiedervereinigung bereit seien. Im Rückblick jedoch erscheint ihm das Jahr 1952 als vermutlich zu spät für befriedigende Verhandlungen. Doch stellt er sich weiter gegen alle Vereinbarungen, die der Wiedervereinigung im Wege stehen könnten. 1951 hofft Brüning auf eine Weigerung der Westmächte, die Oder-Neiße-Linie gegen leere Versprechungen der Russen of-

---

[509] Brief Brünings an Manfred von Brünneck vom 23. Juni 1950, in: Briefe II, S. 229.
[510] Brief Brünings vom 5. Juni 1951, Harvard Archives, HUG FP 93.10.
[511] Brief Brünings an Heinrich Vockel, in: Briefe II, S. 297 f.

fiziell anzuerkennen. Ein Jahr später äußert er die Befürchtung, hinter den westlichen Vorbehalten hinsichtlich dieser Grenze könnte die Absicht stehen, die deutsche Wiedervereinigung zu blockieren. Ab Mitte der fünfziger Jahre gibt Brüning die Hoffnung nach und nach auf, daß Deutschland das Gebiet östlich der Oder-Neiße-Linie wiedergewinnen könne.

An Jakob Kaiser, der an ihn den Gedanken herangetragen hat, eine Vereinigung zu gründen, schreibt er am 17. April 1954: „*Ich halte Ihren Gedanken, eine überparteiliche Vereinigung zu schaffen, die das deutsche Volk aufrütteln und dem Auslande den Willen dokumentieren soll, ein geeinigtes Deutschland auch im Interesse der übrigen Welt zu schaffen, für sehr bedeutungsvoll und zeitgemäß. Ich werde mich gern in Köln Anfang Mai mit Ihnen über Ihren Plan unterhalten, aber ich halte es angesichts der Empfindlichkeit des Herrn Bundeskanzlers gegenüber jedem öffentlichen Auftreten oder Äußerung meinerseits nicht für opportun, daß mein Name dabei in Erscheinung tritt. Ich fürchte, es könnte der guten Sache schaden.*"[512]

Brüning meidet zunehmend die Öffentlichkeit, er hält seit Februar 1954 nur vor kleinem und geschlossenem Publikum Vorträge, vornehmlich zur außenpolitischen und militärischen Lage Deutschlands. Diese Vorträge sind positive Würdigungen der Außen- und Wirtschaftspolitik der Weimarer Republik und bilden den Hintergrund für die Rechtfertigung seiner Regierungspolitik in den Jahren 1930–1932. In einem Vortrag am 24. Mai 1954 in Neustadt an der Weinstraße, veranstaltet von der Industrie- und Handelskammer der Pfalz, entwickelt er das Konzept, durch eine Herabsetzung der Zölle die Volkswirtschaften in Europa zu einem Wirtschaftsgebiet zusammenwachsen zu lassen und ihm dann erst eine verfassungsmäßige Grundlage zu geben. Damit könne die Spaltung Europas in zwei Lager und auch die Teilung Deutschlands verhindert werden.[513]

Am 2. Juni 1954 kritisiert der Alt-Reichskanzler in Düsseldorf in einem Vortrag über „Die Vereinigten Staaten und Europa" vor den Gästen des Rhein-Ruhr-Klubs, einer Vereinigung zum Studium politischer, wirtschaftlicher und kultureller Fragen, die Außenpolitik der Bundesrepublik als zu dogmatisch, wirft ihr vor, eine zu einseitige Westbindung gesucht zu haben, mahnt das Fehlen weitschauender Ideen an und charakterisiert die deutsche Außenpolitik der Weimarer Zeit vergleichend als Mittlerrolle Deutschlands zwischen Ost und West. „*Ich habe zudem die Behandlung gewisser Probleme zu vermeiden, weil deren Anschneiden leicht zu Mißverständnissen führen könnte. Vor allem möchte ich nicht den Eindruck aufkommen lassen, als ob ich die Bonner und die Washingtoner Politik irgendwie kri-*

---

[512] Briefe II, S. 349.
[513] Vgl. Morsey: Brünings Kritik an Adenauers Westpolitik, S. 352.

tisieren wollte. Ich bin mir zu sehr der Zwangsläufigkeiten bewußt, die sich aus den Vereinbarungen von Teheran, Jalta und Potsdam ergeben mußten … Es wird die Zeit kommen, wo man einsehen wird, daß der größte aller Fehler, die gemacht wurden, die Aufteilung Deutschlands war … einer der Gründe, weshalb sich die Westmächte den Russen gegenüber in Sachen Deutschland so nachgiebig zeigten, war die wüste Agitation, nicht nur in den Vereinigten Staaten, sondern auch in England, gegen die deutsche Außenpolitik in den zwanziger Jahren … Die Vereinbarungen von Rapallo zwischen Deutschland und Rußland und der Berliner Vertrag zwischen Deutschland und Rußland von 1926 wurden zum Ausgangspunkt dieser tendenziösen Aktion gemacht, ohne den genauen Inhalt dieser Verträge überhaupt zu erwähnen. Es ist bedauerlich, daß man sich heute, selbst in Bonn, anscheinend noch nicht die Mühe gemacht hat, den Wortlaut dieser Verträge zu lesen und sich die Umstände klar zu machen, unter denen sie abgeschlossen wurden … Beide Verträge bezweckten nichts anderes, als Deutschlands geopolitische Lage für die Stabilisierung des politischen Gleichgewichts in Europa und so des Friedens auszuwerten. Diese Aufgabe hat Deutschland mit Hilfe dieser Verträge mit viel Erfolg erfüllt – bis Hitler sich durch Stalin in den Krieg mit den Westmächten hineindrängen ließ. Eine solche Aufgabe hätte Deutschland dank seiner geopolitischen Lage nach dem Zweiten Weltkrieg wieder erfüllen können. Ob es heute noch möglich ist, vermag ich nicht zu sagen. Nach dem Zweiten Weltkrieg wurde von unserer Seite Jahre hindurch wieder eine rein dogmatische Außenpolitik betrieben, wie das seit Bismarcks Abgang bis 1926 leider immer der Fall gewesen ist. In der Außenpolitik muß jede Dogmatik abgelehnt werden. Man muß weitschauende Ideen haben über das, was sich vielleicht einmal als Möglichkeit entwickeln kann, um schnell zugreifen zu können, wenn sich eine solche Möglichkeit plötzlich ergeben sollte … Wenn man dieses Problem ruhig betrachtet, so wird man sich darüber klar, daß eine Wiedervereinigung Deutschlands nicht erreicht werden kann, wenn verlangt wird, daß dieses wiedervereinigte Deutschland voll und ganz in den EVG-Vertrag und die Europäische Union einbezogen werden soll. Es ist ja keinem Vertragspartner zuzumuten, daß er politischen Selbstmord begeht – vor allem, wenn, wie in diesem Fall noch immer, das Bündnis zwischen Rußland und Frankreich besteht, das General de Gaulle 1945 mit der Sowjetunion geschlossen hat. Ich will nur einen Satz zur Betrachtung über dieses Problem hinzufügen: Je mehr wir gedrängt werden, weitere Souveränitätsrechte im wirtschaftlichen Bereich aufzugeben, desto geringer sind die Möglichkeiten, jene Rolle spielen zu können wie in den Jahren 1925 und 1926, wo wir durch Locarno und den Russenvertrag von allen Ländern und Völkern am meisten zur Befriedung Europas beigetragen haben.

Es ist durchaus verständlich, daß sowohl Frankreich wie die Vereinigten Staaten darauf drängen, daß Westdeutschland in irgendeiner Form von der westlichen Welt abhängig bleibt ..."[514]

Das Echo auf diese Rede ist groß, obwohl Brüning keine neuen Thesen vertritt. Vielmehr hat er schon seit drei Jahren in seinen Vorlesungen die Gedanken, die dieser Rede zugrundeliegen, ausführlich entwickelt und vertreten. Doch nun nimmt man Anstoß. Noch bevor die überregionale Presse über den Vortrag berichtet, hat Adenauer schon massiv und öffentlich auf die Kritik des ehemaligen Reichskanzlers reagiert. Als die Presse über Brünings Rede Bericht erstattet, druckt sie die Gegenposition Adenauers schon gleich mit ab.

Brüning ist die große Beachtung gar nicht recht. Er gerät ins Kreuzfeuer der Kritik und in die Schußlinie der Presse. Am 4. Juni titelt die deutsche Presse Schlagzeilen wie „Eine offene Stimme gegen die Außenpolitik des Bundeskanzlers" (Hannoversche Presse), „Duell Reichskanzler a.D. – Bundeskanzler" (Main-Post), „Adenauer contra Brüning" (Die Rheinpfalz). Selbst die ausländische Presse nimmt Notiz von dieser Rede. In den USA und England löst der Vortrag Unruhe aus und verursacht Zweifel an der Verläßlichkeit Deutschlands und Angst vor einer Rückkehr zur Rapallo-Politik. Brüning bemüht sich selbst um Schadensbegrenzung. Er bittet Jakob Goldschmidt, die Rede zu lesen und eine Gelegenheit zu suchen, um mit Allen Dulles zu sprechen und diesen zu beruhigen. „*Wenn er den Text meiner Rede liest, so wird er sehen, daß ich in bezug auf die Wirtschaftslage in den Vereinigten Staaten nicht das gesagt habe, was ihm berichtet wurde. Sie werden verstehen, daß ich mit wachsender Sorge seit Monaten die militärpolitische Entwicklung in der Welt und die Außenpolitik von Bonn verfolge. Ich hatte mich deshalb entschlossen, in kleinem, geschlossenen Kreise einige Warnungen auszusprechen ... ich war gezwungen, die Rede zu veröffentlichen; sie findet einen unerwartet großen Absatz ... Tatsächlich ist nach Veröffentlichung der Rede die Diskussion über unsere Außenpolitik zum ersten Mal in kritischer Form in Gang gekommen ... Mir lag daran, einmal das Andenken von Rathenau und Stresemann zu retten und dagegen aufzutreten, daß man in Bonn jetzt, genauso wie im Auslande während des Krieges, die Verträge von Rapallo und Locarno als Hemmungen für eine friedliche Entwicklung in Europa hinstellt. In Bonn weiß offenbar niemand mehr genau, was in beiden Verträgen gestanden hat ... Wenn Sie den Text der Rede lesen, so werden Sie sehen, wie vorsichtig ich gewesen bin. Ich mußte nur einmal scharf aussprechen, daß Bonn, wenn es immer wieder verlangt, daß ein wiedervereinigtes Deutschland ganz in die EVG-Verträge einbezogen werden müsse, die Tür zuschlägt für jede Verhandlung mit den Russen. Was das aber mi-*

---

[514] H. Brüning, Die Vereinigten Staaten und Europa, Stuttgart 1954, S. 3 ff.

litärisch für die Weiterentwicklung bedeutet, brauche ich Ihnen gegenüber nicht einmal anzudeuten ..."[515] Brüning hat offensichtlich nicht im entferntesten damit gerechnet, Aufsehen zu erregen. Rudolf Pechel schreibt er, in seiner Rede habe er nur Binsenweisheiten von sich gegeben. Hätte Adenauer geschwiegen, so hätte sich niemand um seinen Vortrag gekümmert. *„Der Rhein-Ruhr-Klub hat nun während meiner Abwesenheit die Drucklegung des Vortrages in Auftrag gegeben, auch um sich selber zu schützen gegen die massiven Angriffe. Man hätte mir sagen müssen, daß Presse ebenso wie das Auswärtige Amt stark vertreten war ... Von den vielen Briefen, die ich gestern vorfand, waren zwei zustimmend; die anderen waren alle Schmähbriefe ...*"[516]

Kurze Zeit später liegt die Druckfassung des Vortrages vor, doch die Meinungen sind schon verfestigt, und Adenauer glaubt, daß einige Passagen der Druckfassung abgemildert wurden.

Der Grund für die heftigen Reaktionen – besonders auch Adenauers – ist in der politischen Situation im Frühsommer 1954 zu sehen. Der Deutschland- und der EVG-Vertrag sind zwar schon abgeschlossen und in London, Washington und Bonn ratifiziert, jedoch noch nicht von Frankreich ratifiziert worden und damit auch noch nicht in Kraft getreten. Im Februar des Jahres scheiterte die Berliner Deutschland-Konferenz der Außenminister der Alliierten. Neutralistisch und national gesinnte Kreise bekommen dadurch in ihrer Kritik an der Westbindung der Bundesrepublik neuen Auftrieb. Hinzu kommt, daß gerade der Wahlkampf für die Landtagswahl in Nordrhein-Westfalen begonnen hat – ein weiteres Motiv für die Kritikunwilligkeit des Kanzlers. Die Überreaktion des Kanzlers zeigt jedoch gleichzeitig auch, wie hoch er Einfluß und Bedeutung Brünings einschätzt. Diese Einschätzung ist durchaus berechtigt, denn immerhin werden von Brünings Vortrag, ohne daß Werbung erfolgte, 6.000 Exemplare verkauft.

Adenauer spricht am 3. Juni vor Mitgliedern der Internationalen Handelskammer in Baden-Baden Brünings Vortrag an. Seine dort erhobenen Vorwürfe wiederholt er fortan bei Kundgebungen im Landtagswahlkampf Nordrhein-Westfalens. So sagt der Bundeskanzler am 27. Juni 1954 in Bochum: *„Ich verbitte mir, daß aus irgendeinem Ressentiment die Interessen des deutschen Volkes auf diese Weise geschädigt werden.*"[517] Adenauer weist eine Rückkehr zur „Schaukelpolitik" der Weimarer Zeit – bald mit dem Westen, bald mit dem Osten – entschieden zurück. Brüning kann die heftige Reaktion nicht verstehen, er sieht seine Rede als unverfänglich an: *„Es war nur ein Überblick über die derzeitige Lage mit einem Satz,*

---

[515] Brief an Jakob Goldschmidt vom 29. Juni 1954, in Briefe II, S. 355 f.
[516] Brief Brüning an R. Pechel, Briefe II, S. 352 f.
[517] Zit. nach Briefe II, S. 353.

den man als Kritik an der gegenwärtigen internationalen Politik auffassen konnte. In einer Rundfunkrede am nächsten Tag verwendete der Bundeskanzler einige Sätze meiner Rede ganz aus ihrem Zusammenhang gerissen und deshalb in völlig verfälschtem Sinn, und sofort war die Meute in Deutschland und in den Vereinigten Staaten hinter mir her. Lesen Sie aber den Leitartikel der Londoner Times vom 26. Juni, es scheint mir gelungen zu sein, den Geist und das Verhalten darzustellen, die zum Abschluß des Vertrages von Locarno führten ...«[518]

Brüning ist nicht nur über Adenauers Reaktion überrascht und verärgert, er ist enttäuscht über manche Pressestimme. Die Kritik geht ihm nahe. Die Presse wirft ihm vor, „zurückgewandt" zu sein. Der dem Bundesministerium für Vertriebene und Flüchtlinge angehörende Staatssekretär Peter Paul Nahm wirft dem Ex-Reichskanzler im Rheinischen Merkur vom 11. Juni vor, daß sein Europabild über das Jahr 1932 nicht hinausreiche. Dieser Artikel wird zu aller Enttäuschung Brünings auch noch von seinem ehemaligen Partei- und Fraktionskollegen Joseph Joos, der die Hauptarbeitsstelle der katholischen Männerseelsorge in Fulda leitet, verbreitet.

Am 30. August 1954 lehnt das französische Parlament den EVG-Vertrag ab, was Brüning mit den Worten kommentiert: *„Das Fallen der EVG ist für uns ein großer Vorteil, vorausgesetzt, daß er von Bonn aus ausgenutzt wird, was ich bezweifle. Trotzdem arbeitet die Zeit weiter für uns, wenn man in Bonn nur will und warten lernen kann."*[519] Im Oktober treten die Pariser Verträge in Kraft, die die Aufnahme der Bundesrepublik Deutschland in die Nato bedeuten. Damit wird der außenpolitische Handlungsspielraum Westdeutschlands geringer, Brünings Vorstellungen lassen sich mit der aktuellen Politik schwer vereinbaren. Der ehemalige Reichskanzler sieht einen Teil seiner in Düsseldorf geäußerten Befürchtungen durch die aktuelle Politik bestätigt. Er sieht die Richtigkeit seiner Ansichten durch die Überreaktionen aus dem Kanzleramt bestätigt, meint, daß diese doch zeige, wie recht er habe. Er bleibt dabei, daß Deutschland das Herzstück der Welt sei, daß ihm eine Mittlerrolle zukommen müsse und daß Frieden nur möglich sei, wenn die beiden Zonen wieder vereinigt würden. Es ist für ihn eine kleine Genugtuung, daß nach dem Scheitern der Genfer Gipfelkonferenz 1955 in den wichtigsten Leitartikeln der US-amerikanischen Zeitungen seine Ansichten von einer verpaßten Chance der Wiedervereinigung übernommen werden. Wieviel hätte es ihm jedoch bedeutet, er hätte nicht recht behalten und dafür die Wiedervereinigung erleben dürfen!

Brüning fühlt sich geistig eingeengt und vom Kanzleramt verfolgt. Dazu haben weitere negative Erfahrungen mit Verdrehungen seiner Aussagen das Ihre beige-

---

[518] Brief an Mona Anderson vom 29. Juni 1954, in: Briefe II, S. 353 f.
[519] Briefe II, S. 346.

tragen. So wird eine Bemerkung Brünings, Westdeutschland sei von der US-amerikanischen Konjunktur abhängig und sei anfälliger für eine Wirtschaftskrise als die USA selbst, dahingehend abgeändert, daß man Brüning vorwirft, er prophezeihe eine große Wirtschaftskrise in den Vereinigten Staaten.[520] In dieser schwierigen Zeit findet er dann aber doch seine Gelassenheit und sein Gleichgewicht wieder, nachdem in britischen Zeitungen zustimmende Beiträge zu seinen Ansichten erschienen. Seit diesem Düsseldorfer Vortrag hält sich Brüning aus der Öffentlichkeit zurück.

Um diese Zeit, also 1954, hat Brüning den Verdacht, daß sein Telephon abgehört wird.[521] In einem Brief heißt es: *„Es ist für mich schwer, in einem Briefe Ihnen meine Lage hier in wenigen Sätzen klarzumachen. Ich muß fast jeden Monat durch meinen Anwalt [Otto Eulerich] einzelne Zeitungen oder Rundfunkanstalten zwingen, unter Androhung von Prozessen, gefälschte angebliche Äußerungen von mir zu widerrufen. Mein Telefon wird abgehört; Sie wissen, was man aus Bandaufnahmen machen kann. Freunde haben mir einen Apparat geschenkt, um meine eigenen Telefongespräche auf Band sicherheitshalber aufnehmen zu können ..."*[522] Er setzt sich in dieser Angelegenheit mit dem Präsidenten des Bundesverfassungsschutzes, Otto John, in Verbindung. Seine Vermutungen gehen auch in die Richtung „Organisation Gehlen", der Spionageorganisation der US-amerikanischen Armee sowie auch britischer Geheimdienst. Telephon- und Postzensur gehören zu den Rechten der Besatzungsmächte, eine Gegebenheit, mit der sich Brüning nie abfinden konnte. John, der immer wieder betont, nichts mit den Abhörmaßnahmen zu tun zu haben, setzt sich wenige Tage später in die DDR ab.[523]

Außerdem wähnt Brüning in seinen Vorlesungen *„über 20 Sekretärinnen von Bonner Herren"*, die *„jedes Wort"* mitschreiben.[524]

Am 31. März 1955 wird Brüning von seiner Lehrtätigkeit an der Kölner Universität emeritiert, ab April ist er „bis auf weiteres" mit der vertretungsweisen Wahrnehmung des Lehrstuhls beauftragt. Während des Sommersemesters 1955 wird er sechs Wochen lang wegen einer Herzerkrankung in einem Paderborner Krankenhaus behandelt. Anschließend erholt er sich im Christlichen Bildungswerk Hegge bei Warburg in Westfalen. Kurz zuvor, am 12. Mai, starb seine letzte Verwandte, seine Schwester Maria, vierundsiebzigjährig in Münster. Die Kosten

---

[520] Vgl. Briefe II, S. 355.
[521] Die Richtigkeit dieser Annahme wird von einem Zeitzeugen bestätigt.
[522] Brief an Jakob Goldschmidt vom 11. März 1955, in: Briefe II, S. 385.
[523] Nach seiner Rückkehr in den Westen Deutschlands wurde John verhaftet und am 22. Dezember 1956 zu einer Gefängnisstrafe von vier Jahren wegen Verrats vermeintlicher Staatsgeheimnisse an den Osten verurteilt.
[524] Heinrich Brüning an Fritz Berger, 9.3.1952, Harvard-Archives, HUG FP 93.10, Box 3, Hans Berger, zit. nach F. Müller: Die „Brüning-Papers", S. 53.

für den Krankenhausaufenthalt sowie die Beerdigungskosten für seine Schwester stellen Brüning vor erhebliche finanzielle Schwierigkeiten, obwohl er von der Deutschen Verlagsanstalt für die geplante Herausgabe seiner Memoiren eine Vorauszahlung von 10.000 DM erhalten hat und von der Universität Köln eine Pension von 1.700 DM (damals knapp 400 Dollars) erhält.[525]

Während seiner Genesungszeit in der Hegge nimmt er Prüfungen seiner Kölner Studenten ab, die dafür eigens anreisen. Hier verfaßt er auch sein Testament, mit welchem er eine spätere Veröffentlichung seiner Memoiren verfügt. Wenn Brüning fortan in Briefen an seine Bekannten und Freunde das baldige Erscheinen der Memoiren immer wieder ankündigt, so will er damit nur von Nachfragen ablenken. Nach den vergangenen Auseinandersetzungen um seinen Düsseldorfer Vortrag will er Gleiches nicht mit der Publikation seiner Erinnerungen erleben.

Heinrich Brüning mit seiner Schwester Maria in Münster 1950

---

[525] In den USA erwuchsen den Professoren aus ihrer Lehrtätigkeit an Universitäten keine Pensionsansprüche. Die Professoren mußten sich von ihrem laufenden Gehalt eigenständig Altersrücklagen bilden.

ZWEITE EMIGRATION

Nach dem Tod der Schwester hat Brüning keine familiäre Verankerung mehr, nichts hält ihn mehr in seinem doch so über alles geliebten Vaterland. Er teilt der nordrhein-westfälischen Kultusministerin mit, daß er sich nach seiner Wiedergenesung am 8. September für längere Zeit in die USA begeben werde. *„Ich kenne mich in der Heimat nicht mehr aus!"* schreibt er in seinem Abschiedsbrief. Die Auswüchse des materiellen Wohlstandes in Westdeutschland bedrücken ihn. In einem Schreiben vom 20. April 1954 klagt er: *„Nach dem Ersten Weltkriege haben wir uns wieder großgehungert. Jetzt sind wir rein materialistisch geworden und haben von den Amerikanern alles übernommen, was dort weiterdenkende Menschen bereits als Dekadenz betrachten. Die deutsche Jugend will immer alle solchen Vorgänge vom theoretisch-philosophischen Standpunkt aus beurteilen. Das zeigt ihre Begabung, aber schafft weder eine spontane religiöse noch politische Kraft. Im Gegenteil, die Zersetzung wird dadurch noch gefördert. Jedes Volk, das leben will, klammert sich an seine eigenen Traditionen in solchen Augenblicken. Daß die Nazis diese Tradition vernichtet haben, wenigstens vorübergehend, ist als Milderungsgrund für unser Volk anzuerkennen. Aber wenn sich jetzt jeder danach drängt, für zwei Monate nach den USA zu kommen, und dann bei der Rückkehr alles dort Bestehende preist, so muß es zu einer Verwirrung führen, denn die geistige Zersetzung in den Vereinigten Staaten, im Gegensatz zum materiellen Wohlergehen, hat in den letzten zwanzig Jahren gewaltige Fortschritte gemacht ... Daß unter all diesen Umständen die meisten jungen Leute nur ein Brotstudium betreiben, ist nicht verwunderlich ..."*[526] Trotz dieser massiven Kritik an den geistigen Lebensverhältnissen in den USA zieht es ihn zurück in seine Gastheimat, zurück in die ihm vertrauten Wälder von Vermont, das ihn landschaftlich an seinen schlesischen Wahlkreis erinnert. Er findet eine erste Unterkunft bei der Deutschstämmigen Ilse Bischof in Hartland. Schließlich bezieht Brüning in Hartland in Norwich, Vermont, an der Grenze von New-Hampshire, eine Wohnung. Er empfängt gelegentlich Freunde, wie zum Beispiel Treviranus, der zu seinen treuesten Freunden gerechnet werden darf. Die Fülle an Glückwünschen aus Deutschland zu seinem

---

[526] Brief an Otto Most, Briefe II, S. 349 f.

70. Geburtstag am 26. November 1955, den er mit seinen US-amerikanischen Freunden feiert, überrascht ihn völlig. Was Brüning nicht erwähnt, ist, daß sich unter den Gratulanten neben dem Vorsitzenden der CDU/CSU-Bundestagsfraktion Heinrich Krone und nordrhein-westfälischen Ministerpräsidenten Karl Arnold auch Bundeskanzler Adenauer befindet.

Bis 1958 verfolgt Brüning von den Vereinigten Staaten aus weiter die deutsche Politik, liest regelmäßig vier Tageszeitungen aus verschiedenen Teilen Westdeutschlands[527] und teilt seine Einschätzungen über das politische Geschehen in Briefen seinen Freunden mit. Am 5. Februar 1956 zum Beispiel schreibt er an Thomas Dehler zur Moskaureise Adenauers, daß durch den Austausch von Botschaften zwischen Bonn und Moskau eine indirekte Anerkennung des Status quo erfolgt sei.[528] Auch artikuliert er seine Enttäuschung über die Haltung des deutschen Außenministers Heinrich von Brentano, der sich gegen eine Wiedereingliederung aller deutschen Gebiete jenseits der Oder-Neiße-Linie in den deutschen Staat ausspricht. Brüning wendet sich gegen Brentanos Konzeption der Befreiung der sowjetischen Satellitenländer. Er schreibt Josefine Blesch: *„Ihre Auffassung über die Brentanoschen Konzeptionen von der ‚Befreiung' der Satellitenländer kann ich nicht teilen. Realpolitisch geht uns deren Schicksal nichts an, solange die Wiedervereinigung der Ost- und Westzonen nicht gesichert ist. Im Gegenteil, unser außenpolitisches Interesse sollte uns klarmachen, daß wir uns in die Auseinandersetzung zwischen Rußland und seinen Satelliten nicht einzumischen haben. Das Ergebnis der ganzen Wirren und Aktion ist, daß die Russen erkannt haben, daß die deutsche Ostzone für sie strategisch und außenpolitisch wichtiger ist als die ganzen Satellitenstaaten (…) Es gibt Leute, die daraus den Schluß ziehen, daß je weniger sich Bonn öffentlich oder in diplomatischen Berichten an dem Geschick der Satellitenstaaten interessiert, desto größer die Chancen werden, daß Bonn und Moskau sich eines Tages einigen können, vorausgesetzt, daß Bonn die falsche Vorstellung aufgibt, daß Washington allein maßgebend für die weitere Entwicklung ist. Die westeuropäische Zollunion ist eine Tatsache geworden … Daß eine Einstellung Westdeutschlands auf die agrarpolitischen und industriellen Probleme der Westmächte die Wiedervereinigung der beiden Zonen erschweren muß, dürfte eigentlich jedem Menschen klar sein. Gleich nach der begeisterten Zustimmung Bonns zu diesen Plänen schloß Paris einen Handelsvertrag mit Rußland ab …"*[529] In einem anderen Brief vom 18. Juni 1956 schreibt er einem Bekannten: *„Was geschieht jetzt? Herr von Brentano hat bei seinem ersten Besuch in London, um sich*

---

[527] Brief Brünings an Dr. Horatz, 28. 2. 1950, Harvard-Archives, HUG FP 93.10.
[528] Zit. nach H. Berger, S. 83.
[529] Brief Brünings an Josefina Blesch vom 15. Februar 1957, in: Briefe II, S. 423.

dort populär zu machen, nicht nur gleich für immer auf die deutschen Gebiete jenseits der Oder-Neiße-Grenze verzichtet, sondern auch alle Wünsche der Engländer auf Übernahme der Besatzungskosten erfüllt."[530]

Als Walter Hallstein, Staatssekretär im Auswärtigen Amt, im Januar 1958 das Amt des EWG-Präsidenten übernimmt, fordert er ein europäisches Parlament, welches souverän über die Belange der Einzelstaaten entscheidet. Für Brüning ist dies vor dem Hintergrund einer noch ausstehenden Wiedervereinigung Deutschlands eine unvorstellbare Forderung. Damit werde, so meint er, jede Initiative Westdeutschlands in bezug auf die Wiedervereinigung auch dann unmöglich, wenn die Russen eines Tages dazu bereit sein sollten.

Die letzten Jahre

Brüning, der in Briefen an seine Freunde in Deutschland immer wieder von einer Rückkehr schreibt, kehrt nie wieder in sein Vaterland zurück. Es ist fraglich, ob er jemals ernsthaft nach Deutschland zurückkehren wollte. Es ist anzunehmen, daß er seine Freunde nur immer mit einer Rückkehr vertröstet hat. Bereits im Frühsommer 1956 beginnt Brüning, den Termin einer Rückkehr nach Deutschland vor sich herzuschieben. Das gleiche Verhalten legt er in bezug auf die angeblich bevorstehende Veröffentlichung der Memoiren an den Tag, die ein Hauptthema seiner Korrespondenz wird. Ihm selbst fehlt wohl die Veranlagung zur Selbstdarstellung. Seine in Briefen immer wiederkehrende Aussage, er sei mit den Memoiren beschäftigt, sind als ablenkende Floskel zu verstehen. Regelrecht absurd ist die seit dem Frühjahr 1957 benutzte Ausrede, daß er nicht nach Deutschland zurückkommen könne, weil er erst den Generalangriff auf seine Memoiren abwarten wolle. Da Brüning seine Erinnerungen jedoch noch nicht veröffentlicht hatte und auch gar nicht daran dachte, dies in absehbarer Zeit zu tun, konnte ein solcher Generalangriff überhaupt nicht stattfinden. Seit Sommer 1957 nennt er immer neue Termine für das Erscheinen seines Buches und immer neue Begründungen für die Verzögerung.

Letztendlich will er sich wohl einen erneuten Wirbel um die Bewertung seiner Kanzlerzeit ersparen und hat deshalb in seinem Testament die posthume Publikation festgelegt.

1959 bekommt er zu Gehör, daß man daran denke, ihn als Kandidaten für die Wahl des Bundespräsidenten aufzustellen. In einem Schreiben an Krone und Dehler winkt er ab. Wenn auch in der Forschung die Vermutung laut geworden ist, daß

---

[530] Brief Brünings an Herrn Friedrich, 18. Juni 1956, Harvard Archives, HUG FP 93.10.

sich in dieser Ablehnung eine typische Seite von Brüning zeige, nämlich die, *„zu viele Bedenken zu haben, Schwierigkeiten psychologisch zu steigern und damit vor lauter Zögern den geeigneten Zeitpunkt für den Einsatz zu versäumen, "*[531] so scheint das doch nicht ganz zutreffend zu sein. Denn Brüning hat sich seit Beginn seiner Exilzeit konsequent von allen politischen Ämtern und aller administrativen Verantwortung ferngehalten. Dies wurde bei ihm zu einem eisernen und bewußt getroffenen Grundsatz, der aus dem undankbaren Ende seiner Kanzlerzeit, den vielen Angriffen gegen ihn und auch seinen schlechten Erfahrungen mit seinen wenigen öffentlichen Aussagen während der Kanzlerjahre Adenauers heraus nachvollziehbar ist. Brüning kann zeit seines Lebens seinen Sturz nicht verwinden, kommt nicht darüber hinweg, daß er die Früchte seiner Arbeit nicht ernten durfte und daß ihm statt dessen nur Undank widerfuhr. Besonders die Umstände seines Sturzes versucht Brüning auch in der bundesrepublikanischen Zeit noch aufzudecken.[532] Bis zu seinem Tode wird ihn diese ‚Schmach' beschäftigen und aufwühlen.

Ein Bundesverdienstkreuz, das Bundespräsident Lübke ihm im Jahre 1960 anträgt, lehnt er ab. Diesmal aber weniger aus Bescheidenheit, sondern mit der Begründung, weil dies zuvor dem ehemaligen Staatssekretär im Reichsfinanzministerium Hans Schäffer verliehen worden war und Brüning mit ihm nicht auf eine Stufe gestellt werden will, da er ihn für seinen Sturz als Reichskanzler mit verantwortlich macht. *„Schäffer war einer derjenigen, die mit Hilfe der Franzosen meinen Sturz organisierten, in einem Augenblick, wo wir alles erreicht hatten (…). Ich hatte längere Zeit schon starken Verdacht, daß er hinter dem Rücken der Regierung ein Sonderspiel mit den französischen Politikern betrieb. Bei meiner Anwesenheit in London (…) nahm mich Montagu Norman, der Chef der Bank von England, beiseite und sagte, daß wenn ein englischer Beamter sich so wie Schäffer verhalten hätte, so wäre er längst im Tower eingesperrt. Seit jener Warnung habe ich Schäffer so weit wie möglich aus Kabinettssitzungen ferngehalten, zumal ich ihn dabei ertappte, daß er aus der Reichskanzlei mit Paris telefonierte. Ich drohte ihm mit einem Disziplinarverfahren und warnte ihn vor den Folgen, die sich für seine jüdischen Glaubensgenossen ergeben konnten, falls er seine eigene Politik fortsetzen würde. Um zu erfahren, was im Kabinett beschlossen wurde, machte er sich an den jungen Erwin Planck heran, den ich aus Verehrung für seinen Vater zu meinem Privatsekretär gemacht hatte. Eines Tages kam Bülow zu mir und sagte, ich dürfe nicht mehr mit Planck über außenpolitische Vorgänge sprechen. Denn*

---

[531] So Hans Berger: Heinrich Brüning und die deutsche Nachkriegspolitik, S. 77.
[532] Vgl. Brief Brünings an Manfred von Brünneck, Harvard-Archives, HUG FP 93.10, Box 5, ebenso Brief Brüning an Franz Graf von Galen, 12.10.1948, HUG FP 93.10, Box 11, zit. nach F. Müller: Die „Brüning Papers", S. 107.

Heinrich Brüning: Lebensabend in Vermont/USA

Planck sei von Schäffer überredet worden, Schleicher mitzuteilen, daß die Franzo-sen mit mir nicht weiter verhandeln würden. Schleicher, schon vorher dauernd von François-Poncet beeinflußt, brachte diese Mitteilung an Hindenburg an dem glei-chen Tag, an dem sich alle Reparationsgläubiger mit unserer vorgeschlagenen Lö-sung einverstanden erklärten und, unter dem Druck von Stimson (...) auch erreicht wurde, daß alle Westmächte mit Ausnahme von Frankreich unsere Abrüstungsvor-schläge annahmen. (...) Gegen diese Lösung hatte Schäffer, wiederum über Planck und Schleicher, bei Hindenburg gearbeitet durch die Mitteilung, daß man mir viel mehr zugestanden haben würde, wenn ich schärfer darauf bestanden hätte. Hin-denburg machte mir schwere Vorwürfe, daß ich freiwillig auf eine stärkere Aufrü-stung verzichtet habe...Schäffer ging mit allen seinen Akten nach Frankreich. In seinen Memoiren über unsere Finanzkrise beschrieb er ausführlich seine landes-verräterischen Verhandlungen, worin eine Erklärung zu lesen ist, daß er meine Politik bekämpfen mußte, weil ich ihn aus allen Verhandlungen ausgeschlossen habe."[533]

Im Oktober 1957 bezieht Brüning ein kleines rotes Blockhaus am Berghang, ca. 20 km von seiner bisherigen Wohnung entfernt. Es ist sein erster Immobilien-besitz. Die niedrige Zinslast der Hypothek kann er von der Pension seiner Profes-sur gerade bestreiten. Hier verbringt er nun seinen Lebensabend, umsorgt und ge-pflegt von seiner Mitarbeiterin Claire Nix, außerdem umgeben von seinem ungari-schen Schäferhund namens Puli. Auch wenn er hin und wieder noch Besucher empfängt, ist er doch einsam und von Altersbeschwerden stark geplagt. So berich-tet Claire Nix einem Neffen von Brüning 1960: „*Er* (Brüning) *ist, wie immer, den ganzen Tag mit hiesigen, englischen und deutschen Zeitungen beschäftigt. Aber er braucht viel Ruhe und erträgt keine Aufregung.*"[534]

Heinrich Krone schreibt sie im Jahre 1963, daß Brüning am liebsten mit sich alleine sei und viel lese, Gespräche ermüdeten ihn nach kurzer Zeit. Einige Jahre später, im Oktober 1968, schreibt Treviranus in einem Brief an Johannes Schauff, Brüning lebe bereits „*ohne jede Lebensfreude im Dämmerlicht.*"[535] Der nordrhein-westfälische Landtagsabgeordnete Dr. Josef Hofmann berichtet im November 1967 dem Verleger Dr. Kannengießer von seinem Besuch bei Brüning: „*Wir waren aber sehr erschrocken darüber, daß ein Sachgespräch mit ihm nicht mehr möglich ist. Im Frühjahr war er sehr krank, so daß schon das Generalkonsulat ihn wissen ließ, daß die Bundesregierung für einen Krankenhausaufenthalt aufkommen wer-*

---

[533] Brüning an Heinrich Lübke, 15.11.1960, Harvard-Archives, HUG FP 93.10. Box 20.
[534] Brief Claire Nix an Heinrich Klasen, Norwich 3.12.1960, Privatbesitz Heinrich Klasen.
[535] Zit nach F. Müller, Die „Brüning-Papers", S. 394.

de. Nun hat er sich körperlich wieder erholt, aber seine Gedanken gehen bereits durcheinander ...".[536]

Am 30. März 1970 schläft Brüning für immer ein, ein sanfter Tod, wie er ihn sich gewünscht hatte. Er stirbt damit auf den Tag genau 40 Jahre nach seiner Übernahme des Reichskanzleramtes.

Brünings Wunsch entsprechend, in seiner Heimatstadt die letzte Ruhestätte zu finden, wird sein Leichnam mit einer Maschine der deutschen Luftwaffe, die zweimal wöchentlich nach Boston fliegt, nach Frankfurt und von dort weiter zum Militärflughafen Köln/Wahn transportiert.[537] Nach einem militärischen Zeremoniell zu Ehren des Toten, an dem Bundeskanzler Willy Brandt, Verteidigungsminister Helmut Schmidt, der CDU-Vorsitzende Kurt Georg Kiesinger, der stellvertretende CDU-Vorsitzende Gerhard Stoltenberg, Bundestags-Vizepräsident Hermann Schmitt-Vockenhausen sowie Staatssekretär Dietrich Spangenberg teilnehmen und das mit den Klängen der Nationalhymne endet, geleitet eine Militär-Eskorte den Wagen der Bundesregierung, der den Leichnam des Reichskanzlers nach Münster überführt.

Brünings Wunsch entsprechend gibt es kein Staatsbegräbnis. Doch findet sechs Tage nach seinem Tod im Festsaal des Rathauses der Stadt Münster eine Trauerfeier für den Reichskanzler statt. Regierungssprecher Conrad Ahlers würdigt Brüning als einen Mann, der mit den Mitteln der damaligen Zeit alles ihm Mögliche versucht habe, um Deutschland vor dem Nationalsozialismus zu retten. Sein Leichnam wird nach der Totenmesse in der St. Ludgeri-Kirche in Münster im Grab der Eltern beigesetzt.

Viel hat Brüning nicht zu vererben, sein kleines Holzhaus geht seinem letzten Willen entsprechend in den Besitz von Claire Nix über.

Die Vielzahl an Nachrufen zollen Brüning zwar Respekt, stellen aber seine umstrittenen Kanzlerjahre in den Mittelpunkt der Betrachtung.

---

[536] Brief Josef Hofmann an Kannengießer vom 23.11.1967, Nachlaß Kannengießer, Konrad-Adenauer-Stiftung, Archiv für Christlich-Demokratische Politik, I – 182–018/01.

[537] Diese Angaben stammen von Herrn Eberhard Hoffschulte aus Münster, der als Beigeordneter der Stadt Münster die Planung der Beerdigung und der Trauerfeier für die Stadt Münster mit organisiert hat.

Militärisches Zeremoniell zu Ehren Heinrich Brünings

EXKURS: ZUM STREIT UM DIE AUTHENTIZITÄT DER MEMOIREN UND ZU DEN NACHLÄSSEN BRÜNINGS

Sieben Monate nach seinem Tod gab die Deutsche Verlagsanstalt in Stuttgart nun endlich – von der historischen Wissenschaft sehnsüchtig erwartet – die Memoiren des Reichskanzlers heraus, die die Jahre 1918–1934 umfassen. Die Erinnerungen lösten in der Tat die von Brüning befürchtete kontroverse Diskussion aus. Die Frage der Bewertung der Memoiren führte nicht nur aus inhaltlichen Gründen zur Kontroverse und teilweise zur Revision des Brünings-Bildes in der Forschung, auch über Entstehung und Authentizität des Buches wird seitdem gestritten. So brach in Deutschland ein Historikerstreit um Aussage und Quellenwert der Memoiren aus.

Zu den Hintergründen

Nach Brünings Tode fertigten Brünings Mitarbeiterin Nix, sein langjähriger Freund Theoderich Kampmann und der Direktor der Deutschen Verlagsanstalt Felix Berner gemeinsam aus den verschiedenen Teilskripten eine Publikationsgrundlage für die Memoiren an. Diese so erstellte Memoirenfassung basiert auf dem sogenannten ‚Manuskript B', einer mittlerweile verschollenen unvollständigen Abschrift des 1934/35 von Brüning verfaßten Urskriptes (‚Manuskript A'). In dieser Fassung B hat Brüning Ergänzungen und Änderungen vorgenommen. Diese sind nach Angaben der Deutschen Verlagsanstalt sämtlich in die veröffentlichte Version der Memoiren eingeflossen. In Skript B fehlte allerdings der Zeitraum vom Sommer 1932 bis zum Sommer 1934, für den deshalb eine Abschrift des Urskriptes A zu Grunde gelegt wurde.

Die deutschen Historiker mußten es als unbefriedigend empfinden, daß nicht das von Brüning 1934 und 1935 unter noch frischen Eindrücken verfaßte Urskript veröffentlicht wurde, sondern daß die Veröffentlichungsgrundlage das mehrfach überarbeitete und unvollständige Manuskript B wurde. Streitig war, welche Version von Brüning stammt und welche Änderungen nicht mehr von ihm autorisiert waren.

Fragen wurden laut: Welche Textpassagen des Urskripts wurden nicht in das Manuskript B übernommen? Welche Passagen wurden wann und von wem geändert? So wurden schließlich Zweifel an der Authentizität der Memoiren Brünings vorgebracht.

Der Kampf zwischen deutschen Historikern und dem Direktor der Verlagsanstalt wurde hart ausgetragen. Dem Historiker Karl Otmar Freiherr von Aretin wurden von Berner zum Beispiel gerichtliche Schritte angedroht, falls dieser seine öffentlich geäußerten Bedenken nicht zurücknehme.

Der von Brüning mit seiner Testamentsvollstreckung beauftragte Münsteraner Rechtsanwalt Otto Eulerich versuchte, die Zweifel durch eine Klage gegen die Deutsche Verlagsanstalt zu klären. Der jahrelange Rechtsstreit wurde schließlich in letzter Instanz im November 1978 vom Bundesgerichtshof dahingehend entschieden, daß das Gericht die Authentizität der veröffentlichten Version der Erinnerungen des ehemaligen Reichskanzlers feststellte. Während des Rechtsverfahrens wurde versucht, Eulerich durch Diffamierungen in einem Artikel im ‚Spiegel‘ einzuschüchtern.[538]

Dem Historiker Rudolf Morsey, der zusätzliche Zweifel an den ebenfalls bei der Deutschen Verlagsanstalt erschienenen Editionen von Brüning-Korrespondenzen äußerte, wurden solche gerichtlichen Schritte für den Fall einer gesonderten Veröffentlichung von Brünings Briefen angekündigt.[539]

1975 beauftragte die Deutsche Verlagsanstalt den Historiker Josef Becker mit der Erstellung einer historisch-kritischen Memoiren-Ausgabe. Weitere Editionen wie ein Folgeband der beiden Bände mit Briefen Brünings wurden ebenfalls angekündigt. Bis heute ist davon nichts erschienen. Der Historiker Frank Müller mutmaßt – wohl zu recht – *„daß sich im Lichte der genannten Materialien die an dem Editionsverfahren geäußerte Kritik aus geschichtswissenschaftlicher Sicht als berechtigt erwiesen hat."*[540]

---

[538] Spiegel-Artikel ‚Wilder Mann’, 14.6.1971, DER SPIEGEL, 1971, Nr. 25, S. 58–60

[539] Vgl. hierzu ausführlich Frank Müller: Die „Brüning-Papers“. Der Nachlaß des letzten Zentrumskanzlers in Harvard, in: Historisches Jahrbuch 1993, S. 388–410.

[540] F. Müller: Die „Brüning-Papers“, S. 127.

Die Memoiren lösten nicht nur formalrechtliche Streitigkeiten aus. Sie führten auch wegen der inhaltlichen Bekenntnisse des Reichskanzlers zum Ausbruch neuer Kontroversen. Besonders Brünings zutage gekommenes Bestreben nach Wiedereinführung der Monarchie überraschte die Historiker. Zuvor hatte Brüning über seine Pläne zur Wiedereinführung der Monarchie kein derart offenes Bekenntnis abgelegt, auch wenn er seine Neigung zur Monarchie gelegentlich in persönlichen Gesprächen oder Briefen angedeutet hatte. Für viele kam dieses Bekenntnis 1970 letztlich doch überraschend.

Besonders der Historiker Morsey zog die innere Stimmigkeit der Memoiren in Zweifel. Viele Beweggründe wurden von Brüning im nachhinein wohl verklärt und auch die Urteile über Personen haben sich im Laufe der Jahre geändert.

Zur Stimmigkeit der Memoiren muß generell festgestellt werden, daß die Zweifel daran grundsätzlich für Memoirenwerke erhoben werden müssen. Am Quellenwert von Erinnerungen müssen fast zwangsläufig Abstriche gemacht werden. Memoirenschreiber, die aus der Retrospektive heraus schreiben, bewerten viele Dinge häufig mit einem gewissen Abstand anders als zum Zeitpunkt der Ereignisse. Viele Memoirenwerke dienen den Verfassern auch als Rechtfertigungsmöglichkeit. So schreibt auch Brüning selbst in seinem Vorwort der Memoiren: *„Als ich am 30. Juni 1934, vier Wochen nach meiner Flucht aus Deutschland, am Rundfunk von dem Massenmord von politischen Freunden und Gegnern in Deutschland hörte, war mir klar, daß Hitler nicht nur jeden möglichen Widerstand, sondern alle Zeugen seiner dunklen Vergangenheit beseitigen wollte. Das allein ließ mich die innere Abneigung überwinden, Erinnerungen niederzuschreiben, ohne zunächst an eine Veröffentlichung zu denken. (…)*

Meine scharfen Urteile aus den Jahren 1934 und 1935 sind inzwischen erheblich milder geworden. Eigene Erlebnisse und die Beobachtung der politischen Entscheidungen in anderen Ländern haben mich gelehrt, versöhnlicher über viele Persönlichkeiten und Ereignisse des politischen Lebens in Deutschland zu denken. Nur die propagandistische Verfälschung der Ereignisse vor und während des Zweiten Weltkrieges und eine teils aus Angst, teils aus Selbstrechtfertigung entstandene Memoirenliteratur haben mich zu dem schweren Entschluß gebracht, diese Erinnerungen veröffentlichen zu lassen."

Erinnerungen geben persönliche ausgewählte Einschätzungen, Beweggründe und Empfindungen wieder und gehören somit in den Bereich persönlicher Bewertungen. Der wissenschaftliche Quellenwert ist daher nicht allzu hoch, doch als Ergänzung zu den vorhandenen Primärquellen können Memoiren durchaus wertvoll und aufschlußreich sein.

Heute befindet sich der Brüning-Nachlaß in der Nathaniel Marsh Pusey Library, die den Archiven der Harvard University angegliedert ist. Claire Nix übergab

1990 den Archiven die Brüning-Schriftstücke, deren Archivierung seit April 1992 abgeschlossen ist. Allein das Briefwerk umfaßt 50.000 Briefe, von denen 7.000 aus Brünings Feder stammen. Der Briefbestand ist dabei keinesfalls vollständig, Teile davon gingen durch die Einwirkungen des Zweiten Weltkrieges verloren oder wurden von Brüning aus Furcht vor Haussuchungen vernichtet. Ein Teil wurde von der SS beschlagnahmt und ist seitdem verschollen. Zum Teil hat Brüning auch selber seine Korrespondenz sortiert und vernichtet, weil ihm – besonders bei Umzügen – die gewaltige Menge an Briefen zur Last wurde. Bis alle Schriftstücke gesichtet und von der Forschung ausgewertet worden sind, werden wohl noch einige Jahre vergehen, doch grundlegend neue Erkenntnisse über den Reichskanzler oder gar eine Neubewertung Brünings sind dadurch kaum zu erwarten.

Für die Geschichtswissenschaft, vor allem für die deutsche, erweisen sich einige Dinge als äußerst problematisch.

Brüning formulierte als letzten Willen bezüglich seiner Schriftstücke: „*Mein gesamter politischer Schriftwechsel soll, soweit er nicht bereits von mir bei Lebzeiten bei der Universitätsbibliothek der Harvarduniversität (Harvard College Library) hinterlegt worden ist, nach meinem Ableben von Miß Claire Nix dort hinterlegt werden. Zwanzig Jahre nach meinem Ableben soll dieser vorgenannte Schriftwechsel in das Eigentum der Universitätsbibliothek (Harvard College Library) übergehen. Bis zu diesem Zeitpunkt steht das Recht, Einsicht in diesen hinterlegten Schriftwechsel zu nehmen und ihn für historisch-wissenschaftliche Zwecke zu verwenden, ausschließlich Miß Claire Nix allein und im übrigen im Einvernehmen mit Miß Nix Prof. Reginald Phelps, (…) und Mr. George Pettee (…) zu.*"[541]

Entgegen dieser Verfügung Brünings wurde sein Briefwerk nach seinem Tod nicht in Harvard hinterlegt, sondern wurde den Harvard-Archiven auf Initative der Archivleitung hin erst nach Ablauf der 20jährigen Sperrfrist übergeben. Teile des Nachlasses fehlten allerdings und gelten seitdem als verschollen. Nicht im Nachlaß befinden sich zum Beispiel Brünings privates Kriegstagebuch[542] und die Vorlesungsskripte aus der Zeit von Brünings Professur in Köln. Letzere wurden Frau Nix von Brünings letztem Universitätsassistenten Unland vollständig und in gebundener Form übergeben.

Auch der gesamte Nachlaß aus der Jugendzeit fehlt. Sein Verwahrort gilt als klärungsbedürftig. Einem Telefonat mit Claire Nix allerdings mußte die Verfasserin entnehmen, daß sich dieser Nachlaß noch bei Frau Nix selber befindet. Die Tatsache, daß der Jugendnachlaß für die Forschung nicht zugänglich ist, ist insofern bedauerlich, als Dokumente aus den Kindheits- und Jugendjahren sowie der Studi-

---

[541] F. Müller: Die „Brüning-Papers", S. 13, Anm. 17.
[542] Sogenanntes „grünes Kriegstagebuch".

enzeit des Reichskanzlers darüber hinaus kaum vorhanden sind. Auch die Briefwechsel zwischen Brüning und seinem Schulfreund Leo Tigges, die in Besitz der Familie Tigges sind, werden von den Nachfahren Leo Tigges' den Historikern vehement vorenthalten.

Auch die von Claire Nix veröffentlichten Briefe sind nicht mehr vollständig im Nachlaß vorhanden. Es wird vermutet, daß einige dieser Briefe im Zuge der Herausgabe verloren- oder in andere Hände übergingen.[543] Zum Teil wurden wichtige Korrespondenzteile auch falsch in die Bestände wieder eingeordnet.

Eine umfassende Einbeziehung aller Brüning-Dokumente in die Brüningforschung ist somit zur Zeit nicht möglich. Allerdings ist nicht zu erwarten, daß die derzeit der Forschung vorenthaltenen Dokumente zu einer Revision des Brüning-Bildes führen werden.

---

[543] F. Müller: Die „Brüning-Papers": Der Nachlaß des letzten Zentrumskanzlers in Harvard, S. 395.

URTEILE ÜBER HEINRICH BRÜNING

Gottfried Reinhold Treviranus

(Freund Brünings und Minister in den Kabinetten Brüning I und II)

„Den Schlüssel zum eigenen Herzen gab er selten aus der Hand. Im mittleren Alter gestand er mir: „… Ich habe früher geglaubt, wer sich dem Dienst an der Menschheit, dem Gemeinwohl verschreibt, der sollte sich keinem anderen allein zuwenden, keine Familie gründen. Nun ist es zu spät!" … Seine Zukunftsbetrachtungen pflegten in dunklen Farben, bestenfalls hellgrau getönt zu sein, um die Umwelt aufzurütteln und den Mut zur Gegenwehr zu stärken. Das führte manche Betrachter dazu, ihm Hang zur Spökenkiekerei anzukreiden, die ihn am Handeln hindere, wenn es not tue … Dimitri Mitropoulos, Gastdirigent in der Carnegie Hall, Manhattan, und griechisch-othodoxer Religionsphilosoph, schrieb mir 1954 nach einer gemeinsamen Mahlzeit mit Brüning: „Welch ein Mensch, aber zu schade für die Politik!" Mein musischer Freund irrte. Würde es mehr von Brünings Art unter den Politikern geben, würde die Zukunft der Menschheit weniger im Dunkeln liegen. In ihm steckte ein Erbe der Schwermut der Münsteraner Kinder von 1648, die nach dem feierlichen Friedensschluß in ihrer Stadt fragten: „Mutter, was ist Friede? Schlägt auch der Fried' uns tot?" Sie wußten, was Krieg und Not war. Das vergißt sich in bodenständigen Sippen auch nicht in dreihundert Jahren. Ein lautes Lachen habe ich von Brüning nur selten gehört, ein Lächeln oft genug gesehen. Seine Neigung zum einsamen Meditieren war angeboren und für ihn fruchtbringende Langeweile in Pascals Sinne. Aber wenn ein Freund auftauchte, wenn er in Gesellschaft gute Bekannte traf, entspannte sich der Mund zur Fröhlichkeit. Er hielt munter Schritt mit den Plauderern, erzählte eine Schnurre nach der anderen, meist Münsteraner Gewäsch, und war mit Zechern am Tisch oft der lustigste im Kreise. Die Zigarre, in den Jahren der Kaiserallee und der Reichskanzlei ständige Gewohnheit, hatte später der Zigarette Raum gegeben, auf die er auch als Achtziger nicht verzichtete, wie der Aschenbecher im Vermont-Haus zeigte …

Wer wie Heinrich Brüning in diesem Jahrhundert mit sensitivem Gefühlsleben, ständig überfordert in der Beanspruchung seiner Arbeitskraft an Leib und Seele, nie bedacht auf Dank und Würdigung dieser Arbeit durch die Volksgenossen, der unbestechliche Redlichkeit und innere Unabhängigkeit als oberste Tugend ansah, an Gewissenhaftigkeit den größten Maßstab anlegte, der konnte im Ausgang des Lebens nicht in tiefe Schwarzseherei verfallen …"[544]

Otto Meißner

(Staatssekretär der Reichskanzlei)

Meißner hielt Brüning für einen der fähigsten Politiker, die Deutschland seit Ende des Ersten Weltkrieges hervorgebracht hat: „Kein Kanzler des Reichs seit 1918 hatte solche inner-, wirtschafts- und außenpolitischen Schwierigkeiten zu überwinden, keiner einen so zerrissenen und oppositionellen Reichstag zu meistern wie Brüning. Er hatte trotz aller parlamentarischen Hemmnisse erreicht, von diesem Reichstag toleriert zu werden und wenigstens äußerlich parlamentarisch-demokratisch zu regieren.

Brüning war ein Staatsmann mit unermüdlicher Arbeitskraft und nüchterner Sachlichkeit, dabei doch erfüllt von Idealismus und tiefem vaterländischem Empfinden, dem Phrasentum ebenso fern lag wie die Anwendung von Zwang und Gewalt. Sein Fehler war, daß er zu gewissenhaft und zu skeptisch war und daß es ihm manchmal an der Kraft des Entschlusses fehlte. In seiner abwägenden und zweifelnden Gründlichkeit zögerte er oft zu handeln, bis seine Maßnahmen zu spät kamen und ihre Wirkung verfehlten; wenn er sich aber einmal zu einem Plan entschlossen hatte, führte er ihn mit zäher Beharrlichkeit und gutem Geschick durch. Die Überwindung der gefährlichen Wirtschaftskrise im Jahre 1931 und die endgültige Erlösung des deutschen Volkes aus den erdrückenden Fesseln der Reparationszahlungen im Jahre 1932 sind in erster Linie sein Verdienst."[545]

Kaiser Wilhelm II.

„Als ehemaliger Gewerkschaftler ist er an die Gewerkschaften für Gedeih und Verderben festgeschmiedet. Dazu ist er noch Jesuitenzögling, also ein Feind von allem, was Evangelisch-Hohenzollernsch-Preußisch ist. Ein Jesuit an der Spitze des Reichs!! Undenkbar."[546]

---

[544] G. R. Treviranus: Für Deutschland im Exil, S. 198 f.
[545] Otto Meißner: Staatssekretär unter Ebert – Hindenburg – Hitler, Hamburg 1950, S. 229.
[546] Brief Wilhelms II. an Dr. Edmund H. Stinnes, Doorn, 30.8.1931.

Theodor Heuss

(Reichstagsabgeordneter der DDP
und Deutschen Staatspartei)

„In diesen kritischen Tagen [Frühjahr 1930] trat der neugewählte Führer der Zentrumsfraktion, Dr. Heinrich Brüning, in ein breiteres deutsches Bewußtsein. Der sehr kluge Mann, der sich in der Mitarbeit bei Stegerwalds ‚Christlichen Gewerkschaften‘ entfaltet hatte, sorgte sich vor allem um den Weg, in den bei rückläufigem Steuerertrag das öffentliche Finanzwesen geraten würde, und als er dies dem Reichspräsidenten vortrug, fand er dessen persönliches Vertrauen. Im Felde hatte er sich als tapferer Offizier ausgezeichnet – die Kriegserinnerungen bestimmten auf langehin sein ehrendes Verhältnis zu dem ehemaligen Heerführer. Brüning wurde dann auch, nach dem selbstgewählten Auszug der Sozialdemokratie aus der Reichsregierung, mit deren Neubildung betraut. – In Preußen hielt Otto Braun, wenn auch mit Schwierigkeiten wegen des Abschlusses eines ‚Konkordats‘ mit der römischen Kirche, seine Position – er war willensmäßig robuster als sein Führungskollege im Reich. Auch Brüning wirkte in Gesichtszügen und straffer Haltung entschlossener, als er, bei vielem behutsamem Überlegen, tatsächlich gewesen ist.“[547]

Lutz Graf Schwerin von Krosigk

(Ministerialbeamter)

„Jetzt mußten die Triarier heran, jetzt mußte das Zentrum ins Feuer, das seit 1919 an jeder Regierung beteiligt gewesen war. Sein Führer war der einzige Mann, der für den Kanzlerposten in Frage kam: Dr. Heinrich Brüning, der erst vor kurzem als Leiter der Partei berufen worden war. Ein Regierungsamt hatte er noch nie bekleidet. Der weiten Öffentlichkeit war er kaum bekannt. Aber in parlamentarischen Kreisen wußte man von seinem Wert und seinen Fähigkeiten. In Ausschüssen arbeitete er mit einem geradezu verbissenen Fleiß. Der Mann mit dem hageren, blassen Gelehrtengesicht, dem man nicht ansah, was ihn bewegte, mit der randlosen Brille und dem schmallippigen Mund, sprach nicht häufig; seine Antwort auf Fragen konnte gelegentlich wohl auch ein Um- oder Ausweg sein, aber wenn er bedachtsam zu reden begann, hatte jedes Wort Gewicht. (…)

---

[547] Theodor Heuss: Erinnerungen 1905–1933, Tübingen 1963, S. 391.

Dem federnden Gang des straffen, mittelgroßen Mannes sah man an, daß er Soldat gewesen war. Es war etwas vom Asketen in seiner Erscheinung. Er besaß einen unbeirrbaren Blick für das, was notwendig war, und den unbeugsamen Willen, das als unvermeidlich Erkannte ohne Rücksicht auf Popularität zu tun."[548]

Paul von Hindenburg und von Beneckendorff
(Reichspräsident)

„… am 30. März hatte der Führer des Zentrums, der Westfale Heinrich Brüning, die Kanzlerschaft übernommen. Die Tragik einer Übergangszeit umweht seine herbe Gestalt. Aus Gewerkschaft und Partei hervorgegangen, rechnete er vorsichtig mit den Parteien, statt rücksichtslos mit ihnen abzurechnen, und stütze sich auf klüglich gewonnene parlamentarische Mehrheiten zu einer Zeit, da die überwältigende Mehrheit des deutschen Volkes von dem parlamentarischen Unwesen sich mit Verachtung abgewandt hatte. In der Außenpolitik zerschlug er die Illusion der „Erfüllung", in der Wirtschaftspolitik die Illusion eines erborgten Reichtums: hier wie dort zog er mit grausamer Strenge die Bilanz. Aber hier wie dort sprach er nur das Nein. Er mühte sich um Reformen und übersah, daß Reich und Volk nur mehr durch eine Reformation zu retten waren. Er liebte sein Vaterland mit der verhaltenen Glut des Niedersachsen, aber er konnte diese Glut nicht zur Flamme anfachen. Ein gläubiger Christ, mißtraute er dennoch den Wundern, die der Glaube an Deutschland rings um ihn wirkte, und wehrte sich immer schroffer gegen den Mann, der diesen Glauben wachgerufen hatte und entschlossen war, durch ihn zu siegen. Dieser sein Gegner, Adolf Hitler, besaß in überwältigender Fülle alle die Eigenschaften, die Heinrich Brüning fehlten. Als geborener Führer sah er das große Ziel vor seinen Augen und schritt unbeirrbar diesem Ziele zu."[549]

Karl Dietrich Bracher
(Politikwissenschaftler)

„Heinrich Brüning entstammte westfälischem Mittelstand; er war erst 45 Jahre alt, als er nach seiner steilen Karriere zur Schlüsselfigur des neuen Kurses wurde. In

---

[548] Lutz Graf Schwerin von Krosigk: Es geschah in Deutschland. Menschenbilder unseres Jahrhunderts, 1951, S. 131 f.

[549] Paul von Hindenburg: Briefe – Reden – Berichte, hrsg. von Fritz Endres, Ebenhausen 1934, S. 131.

seinem Wesen vereinigten sich romantische und sachlich-wissenschaftliche Züge, tiefe katholische Überzeugung und nüchterne politische Einsicht zu einem fast asketischen Arbeitsethos, das sich freilich mehr an der Sache selbst als an ihrer notwendigen psychologisch-taktischen Vorbereitung, Popularisierung und Durchsetzung im Feld des öffentlichen Meinungsstreits bewährte."[550]

Rudolf Morsey
(Historiker)

„Brüning wollte – nicht zuletzt mit Blick auf den greisen Reichspräsidenten – viel, zu vieles und dies zu schnell erreichen – aber nicht etwa, um dadurch Hitler den Weg in die Reichskanzlei zu ebnen, sondern im Gegenteil, um gerade diese Möglichkeit zu verhindern. Die stärkste Wirkung, die von diesem Reichskanzler in der ‚Weltkrisenzeit' ausging, war das von ihm verkörperte Ethos und sein aufopfernder Einsatz für das Gemeinwohl. Dabei definierte er die Interessen des Reichs aus dessen europäischer Mittellage, und zwar restaurativ – zugunsten eines wiedererstarkenden und bündnisoffenen National- und Militärstaates: Deutschland als ‚das Herz der Welt'."[551]

Josef Becker
(Historiker)

„Versäumnisse im Ringen um die Gunst des Reichspräsidenten und seine Entscheidungen, Unterlassungen in der Ausnützung der Macht- und Propagandamittel des Staates, ein Zuviel an „Sachgerechtigkeit", ein Zuwenig an „machtgerechtem Verhalten", Fehler in der Einschätzung des Nationalsozialismus lassen sich mit Recht geltend machen. Überschaut man jedoch im historischen Rückblick die Summe der außen- und innenpolitischen Probleme seiner Kanzlerschaft, dann gewinnt jenes Urteil an Wahrscheinlichkeit, daß Brüning an den Gegebenheiten einer einmalig-extremen Krisensituation scheiterte, …

---

[550] Bracher, Karl Dietrich: Die Auflösung der Weimarer Republik, 4. Auflage, Villingen 1955, S. 309.
[551] R. Morsey: Brüning und Adenauer – Zwei Wege deutscher Politik im 20. Jahrhundert. Eine Forschungsbilanz nach 25 Jahren. Speyerer Vorträge Heft 35, S. 37 f.

Es ist die moralische Potenz der causa victa, welche Brüning vertrat, es ist das, wie Jacob Burckhardt[552] meinte, mit politischer Größe kaum vereinbare, von Brüning verkörperte Ethos der Selbstlosigkeit, welches heute noch faszinieren könne und im Selbstbewußtsein einer Nation als Anspruch und Wirklichkeit gegenwärtig bleiben müsse, soll nicht auf die Dauer das Gemeinwesen Schaden leiden."[553]

Tilman Koops
(Historiker, Bearbeiter der Akten der Reichskanzlei der Brüningschen Kabinette)

„Nicht immer spiegeln die Kabinettsprotokolle den Eindruck des bedächtigen, zaudernden Reichskanzlers wider: Brüning lenkte die Diskussion mit behutsamer, aber fester Hand, ließ die Minister ausführlich zu Wort kommen, drängte zu Beschlüssen und konnte, wenn es die Situation erforderte, rasch handeln. Der Anschein der langsamen Entscheidungsbildung entstand meist aus der Notwendigkeit, die divergierenden Interessen und Meinungen im Kabinett auszugleichen und die Minister für einen gemeinsamen Beschluß zu gewinnen."[554]

Eilert Lohe
(Historiker)

„Zur Entlastung Brünings muß gesagt werden, daß er fachmännisch und ideenreich an die Bewältigung der Krise herangegangen war, die ihm zu meistern aufgegeben wurde, die Krise der Wirtschaft und Finanzen, die Krise der Parteien und des Parlaments. Der innen- und außenpolitische Kurs des Kanzlers hatte in der Grundkonzeption Aussicht auf Erfolg. Als fehlerhaft erwies sich jedoch, nur fachmännisch und nicht zugleich psychologisch voranzugehen, harte finanzielle Sparmaßnahmen von zu lange ausbleibendem Erfolg ergriffen zu haben, ohne Berücksichtigung ihrer psychologisch-politischen Wirkung auf die Wähler und die breite Masse. Seinen Dienstherren Hindenburg vermochte Brüning überdies nicht zu nehmen wie etwa Bismarck Wilhelm I. Der Mann der Mitte mit gleichzeitig sozi-

---

[552] Bedeutender Historiker des 19. Jahrhunderts.
[553] J. Becker, Heinrich Brüning in den Krisenjahren der Weimarer Republik, S. 219.
[554] T. Koops: Akten der Reichskanzlei, Die Kabinette Brüning I u. II, S. XXIV.

alreformerischen und traditionsgebundenen-konservativen Überzeugungen konnte sich nicht für nur eine Überzeugung entscheiden und erlag denen, die sie je einseitig vertraten. Zum Warten und Besinnen nahm sich außer Brüning keiner die Zeit mehr. Sein Vertrauen auf ein existenziell wie notbedingtes Einlenken der Versailler Vertragspartner erwies sich ebenso trügerisch wie sein Glaube an einen stabil bleibenden Abscheu innenpolitischer Gegner vor einer roten oder braunen Diktatur. Die Verantwortlichen im Ausland und Inland wurden ihrer Fehler einsichtig, aber zu spät. Wirtschaftskrise und Nationalsozialismus wurden in ihrer Dynamik unterschätzt. So wirkten charakterliche und schicksalhafte Momente an der Gesamttragödie mit."[555]

Gerhard Schulz
(Historiker)

„Die Zahl der Plenarsitzungen, die zunehmend unter Rüpelszenen Radikaler litten, betrug 1930 noch 94, 1931 nur 41, und 1932 gar nur 13. Gleichzeitig mehrten sich die teilweise gesetzesbuchähnlichen umfangreichen Notverordnungen, in die manche Zufallsfrucht administrativer Arbeit einfloß, die mit der legitimierenden Zweckbestimmung der Krisenbekämpfung und der Abwendung von Notständen beschlossen und in Kraft gesetzt wurden. Hierbei kamen wiederholt Ansätze von Reformgedanken vergangener Jahre zum Vorschein. Von Reformen wurde häufig gesprochen; aber es fehlte jegliches geklärte, konstruktive und vorausschauende Programm, das über die Wahrnehmung von Okkasionen hinauswies.

Hierin offenbarte sich die größte Schwäche Brünings, der, auf kleine, wechselnde Kreise weniger Ratgeber vertrauend, zusehends die Kontrolle über einzelne Sachen und Fragen verlor, die Einsicht in manche Vorgänge nie gewann und sich niemals zur Erklärung programmatischer Leitlinien oder Gedanken aufschwang – von einzelnen Parolen und der Forderung nach Beseitigung der Reparationen abgesehen. Hält man dies den teilweise eindrucksvollen Reden des Kanzlers entgegen, so ergeben sich Fragen, die sowohl auf die politische Situation als auch auf die Persönlichkeit verweisen."[556]

---

[555] Eilert Lohe: Heinrich Brüning, S. 65f.
[556] Gerhard Schulz: Von Brüning zu Hitler, Bd. 3, S. 871 f.

Die beiden Kabinette Brüning

Erstes Kabinett Brüning
(30. März 1930 – 7. Oktober 1931):

Reichskanzler:	Dr. Heinrich Brüning (Z)
Vizekanzler:	Dr. Hermann Dietrich (DDP)
Auswärtiges:	Dr. Julius Curtius (DVP)
Inneres:	Dr. Joseph Wirth (Z)
Finanzen:	Dr. Paul Moldenhauer (DVP)
	ab 26.6.1930 Hermann Dietrich (DDP)
Wirtschaft:	Hermann Dietrich (DDP)
	ab 26.6.1930 Dr. Ernst Trendelenburg (parteilos)
Arbeit:	Adam Stegerwald (Z)
Justiz:	Prof. Dr. Viktor Bredt (W)
	ab 5.12.1930 Dr. Kurt Joël (parteilos)
Wehr:	Dr. Wilhelm Groener (parteilos)
Verkehr:	Theodor von Guérard
Ernährung:	Dr. Martin Schiele (Deutschnational,
	ab 22.7.1930 Christliches Landvolk)
Post:	Dr. Georg Schätzel (BVP)
Besetzte Gebiete:	Gottfried Reinhold Treviranus (Deutschnational, später Volkskonservativ) bis 30.9.1930
Reichskommissar ohne Geschäftsbereich, Reichskommissar für die Osthilfe:	Gottfried Reinhold Treviranus seit dem 30.9.1930
Staatssekretär der Reichskanzlei:	Dr. Hermann Pünder (Z)

Zweites Kabinett Brüning
(10. Oktober 1931 – 30. Mai 1932):

Reichskanzler:	Dr. Heinrich Brüning
Vizekanzler:	Dr. Hermann Dietrich
Auswärtiges:	Dr. Heinrich Brüning
Inneres:	Dr. Wilhelm Groener
Finanzen:	Dr. Hermann Dietrich
Wirtschaft:	Dr. Hermann Warmbold (parteilos) bis 6.5.1932, danach Dr. Ernst Trendelenburg
Arbeit:	Adam Stegerwald
Justiz:	Dr. Kurt Joël
Wehr:	Dr. Wilhelm Groener
Post:	Dr. Georg Schätzel
Verkehr:	Gottfried R. Treviranus
Ernährung:	Dr. Martin Schiele
Kommissariat für die Ostsiedlung:	Hans Schlange-Schöningen (Christl. Landvolk) 5.11.1931–30.5.1932
Staatssekretär der Reichskanzlei:	Dr. Hermann Pünder

Festakt in Münster 5. April 1970
Gedenkstunde für Heinrich Brüning
(Ansprache: Oberbürgermeister Dr. Albrecht Beckel)

Es ist schon vor dem Tode still um ihn geworden. Paßte er nicht mehr in die politische Landschaft? Oder kennt ihn einfach keiner mehr?

Natürlich kennen ihn die, für die Politik und Geschichte Lebensinhalt sind. Und die, für die Weimar ein Stück eigene Lebensgeschichte gewesen ist. Aber kennen ihn auch die, für die Geschichte nur ein Stück Allgemeinbildung bedeutet? Oder auch die, die Zukunft für einzig wesentlich erachten und die Persönlichkeiten der Vergangenheit nur danach befragen, was sie für die Zukunft bedeuten?

Sie sollten ihn kennen, alle, nicht nur wenn Sie aus Münster, aus Westfalen, sondern wenn Sie aus Deutschland sind.

Er war ein außergewöhnlicher Politiker in des Wortes genauer Bedeutung. Er gab sich dem Machtrausch nicht hin und kannte nicht die Taktik, Mengen zu dirigieren. Er war kein Mann der Anpassung mit dem Ziel, an der Oberfläche des politischen Stroms zu bleiben. Er war schließlich kein Mann, dem Politik das Erste und das Letzte war. Im Gegenteil: „Es muß zu jeder Stunde Männer geben, die bereit sind, die Selbstentäußerung im Interesse der Gesamtheit bis zum Äußersten zu treiben", hat er noch 1950 gesagt. Die Sachlichkeit und die Nüchternheit bestimmten ihn, die fast dürre Rationalität, der tiefeingewurzelte Zug zur stetigen Selbstzurücknahme und zur Aszese, jene ihm oft nachgesagte Mischung aus Mönch, Offizier und Professor, drei Typologien, die weder die eine noch die andere den durchschnittlichen Politiker ausweisen.

Und – wenn dieser lokalpatriotische Seitenblick gestattet ist – gar nicht zum Klischee von Münster und von Westfalen passen.

Dem Menschen dieser Landschaft wird immer wieder dasselbe Bild angeheftet: Derbheit und vitale Unmittelbarkeit, saftige Originalität und breughelsche Dörflichkeit. All das war ihm vollkommen fremd. Er war ein urbaner Mann und trotzdem dieser Stadt und dieser Landschaft fest verbunden. Vielfach berichteten Besucher in den letzten Jahren, daß er nach Münster Grüße übermittelte, von Münster gesprochen, auf Münsters Bilder an seinen vier Wänden aufmerksam gemacht habe. Bei der Grundsteinlegung zu diesem Rathaus 1950 hat er gesagt, wir sollten „mehr denn je in Bewunderung und Bescheidenheit vor dem stehen, was in unserer Heimatstadt Geschlecht auf Geschlecht aufgebaut hat, immer etwas schönes Neues in den Rahmen des Bestehenden einfügend, ohne je den Gesamtcharakter und, wenn ich so sagen darf, die Seele einer Stadt wie der unsrigen zu verderben. In einer Stadt wie der unsrigen sind die Bauten der Vergangenheit mehr als tote Steine. Sie reden zu uns und geben uns besonders in der Jugend, wo das Gemüt am empfänglichsten ist, einen unauslöslichen Eindruck von den ewigen Irrungen der Menschen, aber auch von der Kraft der Menschen, auch das Schwerste zu tragen und zu überwinden und wieder gläubig zurückzukehren zu den großen christlichen Traditionen und ewigen Rechtsprinzipien, die die Grundlage der Blüte und der einzigartigen Freiheits- und Rechtsentwicklung unserer schönen alten deutschen Städte gewesen sind."

Er war ein Mann der Kontinuität. Ein Mann, dem die Wurzeln in der Vergangenheit ebenso selbstverständlich waren wie die entschlossene Sorge für die Zukunft. Das war ja auch sein Programm der zwei Kanzlerjahre: Hindurchzukommen durch die Niederungen der kurzatmigen Gegenwart, mit dem Mittel der Aszese, die er einem ganzen Volke auferlegte, um dadurch Freiheit für die Zukunft zu gewinnen und an die größten Fäden der Vergangenheit anknüpfen zu können. Seine Leistung ist immer umstritten geblieben.

Die Stadt Münster hat sie anerkannt und über ihn gesagt, als sie ihm 1932 das Recht der Ehrenbürgerschaft verlieh: „Bei Ihrer Verabschiedung aus dem hohen verantwortungsvollen Amte als Reichskanzler gedenkt Ihre Vaterstadt über parteipolitische Gegensätze hinweg in freudigem Stolz der kraftvollen Mannestugenden des in schwerster Notzeit um des bedrängten Vaterlandes Geschick so hochverdienten Sohnes, erweist Ihnen zum bleibenden Ausdruck und Zeichen die höchste bürgerliche Ehrung".

Ob er gescheitert ist, ob er die berühmten 100 m vor dem Ziel hätte hinter sich bringen können, ob er die Nazi-Herrschaft hätte aufhalten können, – diese Fragen gehören dem Bereich der Phantasie mehr an als der Geschichte.

Der tote Heinrich Brüning mahnt als Mensch. Als Mensch, der sich nicht versagte, der das Äußerste versuchte, der für sich persönlich nichts wollte und erhoffte, der Ehre hatte und behielt und noch bei seiner Entlassung keine Kompromisse schloß. Er war ein Mensch, der das Vorletzte vom Letzten zu unterscheiden vermochte.

Erfolg? Erfolg ist keiner der Namen Gottes, heißt es bei Martin Buber. Erfolg ist auch keiner der Namen von Heinrich Brüning.

Sollte er sich nicht gerade dadurch als ein Mann Gottes ausgewiesen haben, daß er viele Namen hatte, die vor Gott mehr zählen als Erfolg?

Ich danke Ihnen, daß Sie zum Gedenken des großen Toten hierher gekommen sind.

Predigt des Bischofs von Münster Heinrich Tenhumberg

in der St. Ludgeri-Kirche zu Münster am 8. April 1970
im Beerdigungsamt für den verstorbenen Reichskanzler Dr. Heinrich Brüning

Wer aber die Wahrheit tut, kommt zum Licht und an seinen Taten wird offenbar,
daß sie in Gott getan sind.

Worte aus dem 3. Kap. des Joh. Evangeliums, das wir eben gehört haben.

Meine lieben Brüder und Schwestern!

Wer im Glauben an Jesus Christus stirbt, geht seinen Weg nicht allein; denn christliches Sterben ist Vollendung der Taufe und darum zugleich Eingehen in seinen Tod und in seine Auferstehung. Christliches Sterben ist sogleich die Eröffnung jener Verheißung, die wenige Kapitel später im Johannes-Evangelium niedergeschrieben ist: „Wer dieses Brot, das Brot des Lebens ißt, der wird nicht sterben in Ewigkeit." Christliches Sterben also ist nicht Ende, sondern Anfang. So liegt über dieser Feier, die dem Gedächtnis des Todes und der Auferstehung Christi zunächst, in ihm zugleich aber auch der ehrenden Erinnerung an den jüngst verstorbenen Heinrich Brüning gilt, der Glanz österlicher Freude, und unsere Herzen sind zugleich bewegt von der Hoffnung, daß auch unser Heimgang einmal ein Hinscheiden in die Ewigkeit des Auferstandenen sein möge: Wer in Christus stirbt, geht seinen Weg nicht allein, das gilt aber auch in einem anderen Sinne, das gilt auch von der Solidarität derer, die in Christus ihren Weg gemeinsam gehen, alle, die auf Christus ihre Hoffnung setzen. So schenken wir unserem verstorbenen Bruder, dem Reichskanzler Dr. Heinrich Brüning besonders in dieser Stunde unser betendes Gedenken, aber über die Stunde hinaus unser dankbares Gebet. Diese christliche Solidarität wird einmal auch unser Trost sein, wenn man unsere sterbliche Hülle zu Grabe tragen wird.

Über dem Leben unseres Verstorbenen liegt ein eigenartiges Geheimnis. Wie ein Schleier ist es über sein Dasein gebreitet und wir wissen nicht, ob dieser Schleier über seiner Person und seinem Werk jemals ganz wird gelüftet werden können. Dieses Geheimnis ist begründet in seiner Person und seiner Persönlichkeit. Er, der Staatsmann, war nämlich in seinem tiefsten Wesen zugleich ein Asket, ja man wäre bald versucht zu sagen: er, der Reichskanzler, war zugleich in seinem tiefsten Innersten der einsame Beter. So widerspricht es sich in seinen Lebenswerken nicht, daß er am Ende des Ersten Weltkrieges in Maria Laach mit dem großen Abt Ildefons von Herwegen und dem späteren französischen Minister Schuman und anderen jungen Soldaten zusammen war, um die ersten Grundlagen für eine liturgische Erneuerung unseres Gottesdienstes und damit für eine innere Reform christlichen Lebens zu bedenken, und auf der anderen Seite, daß er in den gewaltigen Auseinandersetzungen der frühen Dreißigerjahre kraftvoll, wenn auch bedroht von ständig schwersten Gefahren, das Steuer des Weimarer Staatsschiffes in die Hand nahm. Dr. Heinrich Brüning hat als gläubiger Christ seinen politischen Dienst getan und als gläubiger Christ das Kreuz dieses Dienstes auf sich genommen und bewältigt, und Niemanden hat es darum eigentlich überrascht, daß er in seinem Testamente festlegte, man solle nach seinem Tode jedes äußere Gepränge zu seiner Ehre meiden, und nur ein stilles Amt des Gedenkens und des Betens für ihn in seiner Taufkirche halten. Er ist in seinem ganzen Leben der einsame Beter geblieben. Das aber gibt uns die Gewißheit, daß an ihm jenes Wort erfüllt werde, das wir im 3. Kap. bei Johannes soeben gelesen haben: „An ihren Taten wird offenbar, daß sie in Gott getan sind." Über dem politischen Wirken liegt nicht minder dieser Schleier des Unverstandenen, der Mißverständnisse und vielleicht dürfen wir gar sagen auch das Geheimnis seines Erfolges und zugleich seines Mißerfolges.

Ihre Gründe dafür zu suchen ist sicherlich nicht die Aufgabe eines Bischofs in dieser Stunde, aber aus der Verantwortung der Kirche auf einen Grund hinzuweisen scheint doch meine Pflicht zu sein. Es ist dies, daß zur Zeit eines Dr. Heinrich Brüning nicht minder wie heute politisches Handeln nur dann dem Wohle des Volkes und der Völker dienen kann, wenn es von einem tiefen Ethos getragen und gesichert ist. Ein Grund für den Mißerfolg und sein Scheitern lag sicher darin, daß sowohl die Großen der internationalen Politik zu seiner Zeit seine sittliche Lauterkeit und die daraus entsprungenen Intentionen und die Chancen seines politischen Handelns nicht verstanden, wie sie ebenso mißverstanden wurden von vielen der damaligen Führer und Verantwortlichen in den demokratischen Parteien des Weimarer Staates. Mit Trauer stellen wir heute diese Mißverhältnisse fest und beklagen die Folgen, daß ein Mann, der in letzter Stunde, wie er selbst nannte, hundert Meter vor dem Ziel, betrogen um seine Früchte, gestürzt wurde. Wenn wir auf solche Weise in betendem Gedenken und in kritischer Besinnung auf das Leben des verstorbenen Reichskanzlers schauen, dürfen wir gewiß daraus eine Mahnung für unser Zusammenleben von heute und morgen entnehmen. Meine Brüder und Schwestern! Was sichert denn heute eigentlich unseren Staat, was garantiert für heute und für morgen unsere freiheitliche Demokratie? Ist das die Kraft und die Kunst der politisch tätigen Menschen, ist das die innere demokratische Zuverlässigkeit und Sicherheit der Massen in unserem Volke, ist das die Objektivität und die Neutralität unserer Massenmedien, ist das die Weisheit unserer Professoren auf den Lehrkanzeln der Universitäten, ist das das kritische Grundbewußtsein unserer Studenten?

Wie wankelmütig, wie unsicher ist das alles und wie wankelmütig und unsicher hat sich das alles in den vergangenen Jahrzehnten in unserem Volke und in allen

Völkern erwiesen, aber wie notwendig wäre auch all das, daß es aber so sein könne, das setzt eben bei den Menschen, die handeln, tätig sein wollen, das Bemühen um jenen sittlichen Ernst in der politischen Verantwortung und Mitverantwortung voraus, von dem das Leben Dr. Heinrich Brünings getragen war. Menschliches Zusammenleben ohne eine Grundübereinstimmung in sittlichen Grundhaltungen ist auf lange Sicht unmöglich, und eine bloße Humanität, ohne die Sicherung in Gott und seinem Gesetz, wird auf Dauer zur Brutalität und Bestialität. Das Leben unseres Verstorbenen mahnt uns alle die sittlichen Grundlagen unseres demokratischen Staatswesens neu zu bedenken und die Ereignisse, die seinen Tod düster umrahmen, mahnen uns nicht minder dazu. Der Tod eines Grafen von Spreti, das Luftpiratentum in mehreren Erdteilen, die Privatkriege von Ölkonzernen und der internationale Waffenhandel und Waffenschmuggel und mancherlei Korruption in Staaten, in Regierungen, in Kontinenten, in internationalen wirtschaftlichen Beziehungen, all das mahnt uns, die sittlichen Grundlagen unseres Zusammenlebens neu zu bedenken und mahnt die Kirche in ihren Mühen um die Grundlegung solcher sittlichen Prinzipien nicht nachzulassen, und das ist in dieser Stunde über die Fürbitte für den Verstorbenen hinaus zugleich unser Gebet auch zu Gott, daß sein Vorbild die junge Generation von heute anspornen möge in seinem Geiste dem Vaterlande und dem Frieden unter den Völkern zu dienen.   Amen!

LITERATURVERZEICHNIS

Quellen:

Akten der Reichskanzlei. Weimarer Republik. Die Kabinette Brüning I und II, hrsg. von Karl Dietrich Erdmann und Hans Booms, bearbeitet von Tilman Koops, Boppard 1982 (Bände 1 und 2) und 1990 (Bd. 3).

Maurer, Ilse/Wengst, Udo (Bearb.): Quellen zur Geschichte des Parlamentarismus und der politischen Parteien, 3. Reihe: Weimarer Republik, Band 2–4, Düsseldorf 1974, 1977, 1980.

Michaelis, Herbert/Schraepler, Ernst (Hrsg.): Ursachen und Folgen. Urkunden und Dokumentensammlung. Vom deutschen Zusammenbruch 1918 und 1945 bis zur staatlichen Neuordnung Deutschlands in der Gegenwart, Bd. 8: Die Weimarer Republik. Das Ende des parlamentarischen Systems, Berlin o. J.

Morsey, Rudolf (Bearb.): Die Protokolle der Reichstagsfraktion der Deutschen Zentrumspartei 1926–1933, Mainz 1969.

Statistisches Jahrbuch für das Deutsche Reich 1936 (1938), 55. Jg. (57. Jg.), hrsg. vom Statistischen Reichsamt, Berlin 1936 (1938).

Werke von Heinrich Brüning

Brüning, Heinrich: Die finanzielle, wirtschaftliche und gesetzliche Lage der englischen Eisenbahnen unter Berücksichtigung der Frage der Verstaatlichung, Diss., Bonn 1915.

Ders.: Die Vereinigten Staaten und Europa. Vortrag vor dem Rhein-Ruhr-Klub in Düsseldorf, Stuttgart 1954.

Ders.: Memoiren 1918–1934, Stuttgart 1970.

Ders.: Briefe und Gespräche 1934–1945, hrsg. von Claire Nix, Stuttgart 1974.

Ders.: Briefe 1946–1960, hrsg. von Claire Nix, Stuttgart 1974.

Zwei Jahre am Steuer des Reichs. Reden aus Brünings Kanzlerzeit, Köln 1932.

Das Programm der Reichsregierung. Rede des Reichskanzlers Dr. Brüning im Reichstage am 16. Oktober 1930, Berlin 1930.

Gesamtdarstellungen Weimarer Republik:

Karl Dietrich Bracher; Manfred Funke; Hans-Adolf Jacobsen (Hrsg.): Die Weimarer Republik, Bonn 1987.

Erdmann, Karl Dietrich: Die Weimarer Republik. Gebhard, Handbuch der deutschen Geschichte, Bd. 19, hrsg. von Herbert Grundmann, München 1981 (2).

Heiber, Helmut: Die Republik von Weimar. dtv-Weltgeschichte des 20. Jahrhunderts, hrsg. von Martin Broszat und Helmut Heiber, 18. Aufl., München 1988.

Kolb, Eberhard: Die Weimarer Republik. Oldenbourg Grundriß der Geschichte, Bd. 16, 2. Aufl., München 1988.

Stürmer, Michael (Hrsg.): Die Weimarer Republik, Königstein 1980.

Tormin, Walter (Hrsg.): Die Weimarer Republik, Hannover 1980.

Schwarz, Albert: Die Weimarer Republik, Konstanz 1958.

Einzeldarstellungen

Abelshauser, Werner (Hrsg.): Die Weimarer Republik als Wohlfahrtsstaat. Zum Verhältnis von Wirtschafts- und Sozialpolitik in der Industriegesellschaft, Stuttgart 1987.

Barandon, Paul: Der Vertrag von Versailles in seiner Bedeutung für Deutschlands Osten und die Nachbarstaaten, in: Das östliche Deutschland, hrsg. vom Göttinger Arbeitskreis, Würzburg 1959, S. 429–476.

Barmeyer, Heide: Andreas Hermes und die Organisation der deutschen Landwirtschaft, Stuttgart 1971.

Beckel, Albrecht: Festansprache zu der Gedenkstunde zum Tode Heinrich Brünings am 5.4.1970, in: Heinrich Brüning, Münster 1970, S. 5–7.

Becker, Josef: Zentrum und Ermächtigungsgesetz 1933, in: VfZG 1961, S. 195–210.

Ders.: Brüning, Prälat Kaas und das Problem einer Regierungsbeteiligung der NSDAP 1930–1932, in: HZ, Bd. 196, 1963, S. 74–111.

Ders.: Heinrich Brüning in den Krisenjahren der Weimarer Republik, in: GWU 1966, S. 201 -219.

Ders.: Kanzler der Krise. Zu den Memoiren Heinrich Brünings, in: Das historisch-politische Buch 19, 1971, S. 129 f.

Ders.: Heinrich Brüning und das Scheitern der konservativen Alternative in der Weimarer Republik, in: Aus Politik und Zeitgeschichte. Beilage zur Wochenzeitung Das Parlament, Nr. B 22/80 vom 31. Mai 1980, S. 3–17.

Ders.: Geschichtsschreibung im politischen Optativ? Zum Problem der Alternativen im Prozeß der Auflösung einer Republik wider Willen, in: Aus Politik und Zeitgeschichte. Beilage zur Wochenzeitung Das Parlament, Nr. B 50/80 vom 13. Dezember 1980, S. 27–36.

Ders.: Probleme der Außenpolitik Brüning, in: Internationale Beziehungen in der Weltwirtschaftskrise 1929–1933, hrsg. von Josef Becker und Klaus Hildebrand, München 1980, S. 265–286.

Beer, Rüdiger Robert: Heinrich Brüning. 2. Aufl. Berlin 1931.

Ders.: Rückschau nach 30 Jahren, in: Wilhelm Vernekohl (Hrsg.): Heinrich Brüning. Ein deutscher Staatsmann im Urteil der Zeit, Münster 1961, S. 65–121.

Berger, Hans: Heinrich Brüning und die deutsche Nachkriegspolitik, in: Internationale katholische Zeitschrift Communio, 60. Jg., 1977, S.73–85.

Beyer, Hans: Die Agrarkrise und das Ende der Weimarer Republik, in: ZAA 13, 1965, S.62–92.

Blaich, Fritz: Der Schwarze Freitag. Inflation und Wirtschaftskrise. Deutsche Geschichte der neuesten Zeit vom 19. Jahrhundert bis zur Gegenwart, hrsg. von Martin Broszat, Wolfgang Benz und Hermann Graml in Verbindung mit dem Institut für Zeitgeschichte, 3. Aufl., München 1994.

Boldt, Hans: Der Artikel 48 der Weimarer Reichsverfassung. Sein historischer Hintergrund und seine politische Funktion, in: Die Weimarer Republik, 2. Auflage, Königstein/Taunus 1985, S. 288–309.

Borchardt, Knut: Wachstum und Wechsellagen 1914–1970, in: Handbuch der Deutschen Wirtschafts- und Sozialgeschichte, Bd. 2, Stuttgart 1976.

Ders: Zwangslagen und Handlungsspielräume in der großen Wirtschaftskrise der frühen dreißiger Jahre. Zur Revision des überlieferten Geschichtsbildes, in: Internationale Beziehungen in der Weltwirtschaftskrise 1929–1933, hrsg. von Josef Becker und Klaus Hildebrand, München 1980, S. 287–325.

Ders.: Zwangslagen und Handlungsspielräume in der großen Wirtschaftskrise der frühen dreißiger Jahre. Zur Revision des überlieferten Geschichtsbildes, in: Michael Stürmer: Die Weimarer Republik, Königsstein 1980, S. 318–339.

Ders.: Wachstum, Krisen, Handlungsspielräume der Wirtschaftspolitik, Göttingen 1982.

Ders.: Noch einmal: Alternativen zu Brünings Wirtschaftspolitik?, in: HZ 237, 1983, S. 67–83.

Ders.: Die Wirtschaftspolitik Brünings, in: Der Reichskanzler Dr. Brüning. Das Brüning-Bild in der zeitgeschichtlichen Forschung. Gedenkveranstaltung zum 100. Geburtstag, hrsg. vom Oberstadtdirektor der Stadt Münster, Münster 1986, S. 31–44.

Borcke-Stargordt, Graf Henning von: Der ostdeutsche Landbau zwischen Fortschritt, Krise und Politik. Ostdeutsche Beiträge aus dem Göttinger Arbeitskreis, Bd. 3, Würzburg 1957.

Born, Karl Erich: Deutschland vom Ende der Monarchie bis zur Teilung, in: Handbuch der europäischen Geschichte, hrsg. von Theodor Schieder, Bd. 7, 1. Teilband, Stuttgart 1979, S. 544–546.

Bowien, Ulrich: Die Durchführung der Ostpreußenhilfe und Osthilfe in Ostpreußen, Bonn 1933.

Boyens, Wilhelm Friedrich: Die Geschichte der ländlichen Siedlung, 2 Bde., hrsg. von Oswald Letznich, Berlin, Bonn 1959, 1960.

Braatz, Werner E.: Die agrarisch-industrielle Front der Weimarer Republik 1930–1932, in: Schmollers Jahrbuch Wirtschafts- und Sozialwissenschaften 91, 1971, S. 541–565.

Bracher, Karl Dietrich: Parteienstaat, Präsidialsystem, Notstand. Zum Problem der Weimarer Staatskrise, in: Politische Vierteljahresschrift 1962, Heft 3, S. 212–224.

Ders.: Die Auflösung der Weimarer Republik, 5. Aufl., Villingen 1971.

Ders.: Brünings unpolitische Politik und die Auflösung der Weimarer Republik, in: VfZG 19, 1971, S. 113–125.

Branig, Hans: Pommern als Grenzland in der Zeit der Weimarer Republik, in: Studien zum Deutschtum im Osten, hrsg. von der Senatskommission für das Studium des Deutschtums im Osten an der Rheinischen Friedrich-Wilhelms-Universität, Heft 3: Die deutschen Ostgebiete zur Zeit der Weimarer Republik, Köln 1966.

Braun, Magnus Freiherr von: Weg durch vier Zeitepochen, Limburg an der Lahn 1965.

Brecht, Arnold: Vorspiel zum Schweigen. Das Ende der deutschen Republik, Wien 1948.

Bredt, Johannes Victor: Erinnerungen und Dokumente von Joh. Victor Bredt 1914–1933, bearbeitet von Martin Schumacher, Quellen zur Geschichte des Parlamentarismus und der politischen Parteien, Dritte Reihe, Die Weimarer Republik, hrsg. von Karl Dietrich Bracher, Erich Matthias und Rudolf Morsey, Bd. 1, Düsseldorf 1970.

Breyer, Richard (Hrsg.): Deutschland und das Recht auf Selbstbestimmung nach dem Ersten Weltkrieg. Probleme der Volksabstimmungen im Osten (1918–1922), Kulturstiftung der deutschen Vertriebenen, Bonn 1985.

Brühl, Heinrich Joseph: Brüning/unser Führer, Mönchengladbach 1932.

Buchheim, Karl: Heinrich Brüning und das Ende der Weimarer Republik, in: Hochland 1965/66, S. 501–512.

Ders.: Das Zentrum und die Republik, in: Hochland, 59. Jg., 1966/67, S. 111–128.

Buchstab, Günter/Brigitte Kaff/Hans-Otto Kleinmann (Hrsg.): Keine Stimme dem Radikalismus. Christliche, liberale und konservative Parteien in den Wahlen 1930–1933, Berlin 1984.

Bulletin des Presse- und Informationsamtes der Bundesregierung Nr. 186 vom 26.11.1965, S. 1503.

Bulletin des Presse- und Informationsamtes der Bundesregierung, Nr. 47 vom 8.4.1970, S. 447.

Conze, Werner: Zum Sturz Brünings, in: VfZG 1, 1953, S. 261–288.

Ders.: Brünings Politik unter dem Druck der Großen Krise, in: HZ 199, 1964, S. 529–550.

Ders.: Brüning als Reichskanzler. Eine Zwischenbilanz, in: HZ 214, 1972, S. 310–334.

Ders.: Die politischen Entscheidungen in Deutschland 1929–1933, in: Conze/Raupach: Die Staats- und Wirtschaftskrise des Deutschen Reiches 1929/33, Stuttgart 1967.

Ders.: Die Reichsverfassungsreform als Ziel der Politik Brünings, in: Der Staat 11, 1972, S. 209–217.

Ders.: Zum Scheitern der Weimarer Republik. Neue wirtschafts- und sozialgeschichtliche Antworten auf alte Kontroversen, in: Vierteljahresschrift für Sozial- und Wirtschaftsgeschichte 70, 1983, S. 215–221.

Conze, Werner/Raupach, Hans: Die Staats- und Wirtschaftskrise des Deutschen Reiches 1929/33, Stuttgart 1967.

Craig, Gordon A.: Die Regierung Hoover und die Abrüstungskonferenz, in: Internationale Beziehungen in der Weltwirtschaftskrise 1929–1933, hrsg. von Josef Becker und Klaus Hildebrand, München 1980, S. 101–127

Curtius, Julius: Sechs Jahre Minister der deutschen Republik, Heidelberg 1948.

Deist, Wilhelm: Brüning, Herriot und die Abrüstungsgespräche von Blessinge 1932, in: VfZG 1957, S. 265–272.

Dietze, Constantin von: Die gegenwärtige „Agrarkrisis", Berlin 1930.

Ders.: Deutsche Agrarpolitik seit Bismarck, in: ZAA 12, 1964, S. 200–215.

Dorpalen, Andreas: Hindenburg in der Geschichte der Weimarer Republik, Berlin, Frankfurt a. M. 1966.

Dräger, Heinrich: Arbeitsbeschaffung durch produktive Kreditschöpfung. Neudruck einer Schrift von 1932 mit Stellungnahmen von Reichskanzler a. D. Professor Dr. Heinrich Brüning, Reichskanzler a. D. und Reichsbankpräsident a. D. Dr. Hans Luther sowie Reichsminister a. D. Treviranus, Düsseldorf 1956.

Drescher, Leo: Entschuldung der ostdeutschen Landwirtschaft, Berlin 1938.

Erdmann, Karl Dietrich/Hagen Schulze (Hrsg.): Weimar. Selbstpreisgabe einer Demokratie. Eine Bilanz heute, Düsseldorf 1980.

Eschenburg, Theodor: Die Rolle der Persönlichkeit in der Krise der Weimarer Republik. Hindenburg, Brüning, Groener, Schleicher, in: VfZG 1961, S. 1–29.

Eulenburg, Franz: Großraumwirtschaft und Autarkie. Kieler Vorträge, Bd. 37, hrsg. von Bernhard Harms, Jena 1932.

Eulerich, Otto: Brüning als Politiker, in: Wilhelm Vernekohl (Hrsg.): Heinrich Brüning. Ein deutscher Staatsmann im Urteil der Zeit, Münster 1961.

Fensch, Hans Ludwig: Die Rentabilität der deutschen Landwirtschaft, in: Deutsche Agrarpolitik, hrsg. von Fritz Beckmann/ Bernhard Hams/Theodor Brinkmann, Teil 1, Berlin 1932, S. 379–405.

Fiederlein, Friedrich Martin: Der deutsche Osten und die Regierungen Brüning, Papen, Schleicher, Phil. Diss., Würzburg 1966.

Finckenstein, Hans Wolfram Graf Finck von: Die Entwicklung der Landwirtschaft in Preußen und Deutschland 1800–1930, Würzburg 1960.

Fischer, Wolfram: Die wirtschaftspolitische Situation der Weimarer Republik. Schriftenreihe der Niedersächsischen Landeszentrale für Politische Bildung, Zeitgeschichte-Hefte 9, Hannover 1960.

Ders.: Deutsche Wirtschaftspolitik 1918–1945, Opladen 1968.

Ders.: Weltwirtschaftliche Rahmenbedingungen für die ökonomische und politische Entwicklung Europas 1919–1939, Wiesbaden 1980.

Flemming, Jens/Krohn, Claus-Dieter/Stegmann, Dirk/Witt, Peter-Christian (Hrsg.): Die Republik von Weimar, Bd. 2: Das sozialökonomische System, Düsseldorf 1979.

Forstreuter, Kurt: Ostpreußen, in: Studien zum Deutschtum im Osten, hrsg. von der Senatskommission für das Studium des Deutschtums im Osten an der Rheinischen Friedrich-Wilhelms-Universität Bonn, Heft 3: Die deutschen Ostgebiete zur Zeit der Weimarer Republik, Köln 1966, S. 13–41.

Friedrich-List-Gesellschaft (Hrsg.): Deutsche Agrarpolitik, Berlin 1932.

Gayl, Wilhelm Freiherr von: Ostpreußen unter fremden Flaggen, Königsberg o. J.

Geßler, Otto: Reichswehrpolitik in der Weimarer Zeit, hrsg. von Kurt Sendter, Stuttgart 1958.

Gessner, Dieter: Agrarprotektionismus und Welthandelskrise 1929/1932, in: ZAA 26, 1978, S. 161–187.

Ders.: Industrie und Landwirtschaft 1928 – 1930, in: Hans Mommsen/Dietmar Petzina/Bernd Weisbrod (Hrsg.): Industrielles System und politische Entwicklung in der Weimarer Republik, Düsseldorf 1974, S. 762–778.

Ders.: Agrardepression und Präsidialregierungen in Deutschland 1930–1933, Düsseldorf 1977.

Glashagen, Winfried: Die Reparationspolitik Heinrich Brünings 1930–1931. Studien zum wirtschafts- und außenpolitischen Entscheidungsprozeß in der Auflösungsphase der Weimarer Republik, 2 Bde. Phil. Diss. Bonn 1980.

Görlitz, Walter: Die Junker, 3. Aufl., Limburg 1964.

Golla, Guido: Zielvorstellungen und Auswirkungen der Brüningschen Sparmaßnahmen, hrsg. von F.-W. Henning, Köln 1994.

Gosmann, Winfried: Die Stellung der Reparationsfrage in der Außenpolitik der Kabinette Brüning, in: Internationale Beziehungen in der Weltwirtschaftskrise 1929–1933, hrsg. von Josef Becker und Klaus Hildebrand, München 1980, S. 237–263.

Gotto, Klaus: Die Memoiren eines Kanzlers. Heinrich Brüning in der Diskussion, in: Die politische Meinung, 1971, Heft 139, S. 85–91.

Gotto, Klaus/Konrad Repgen (Hrsg.): Kirche, Katholiken und Nationalsozialismus, Mainz 1980.

Graml, Hermann: Präsidialsystem und Außenpolitik, in: Vierteljahrshefte für Zeitgeschichte 21, 1973, S. 134–145.

Grotkopp, Wilhelm: Die große Krise. Lehren aus der Überwindung der Wirtschaftskrise 1929–1932, Düsseldorf 1954.

Grübler, Michael: Die Spitzenverbände der Wirtschaft und das Erste Kabinett Brüning, Düsseldorf 1982.

Gründer, Horst: Heinrich Brüning – Der Kanzler zwischen Republik und Diktatur, in: Geschichte, Politik und ihre Didaktik. Beiträge und Nachrichten für die Unterrichtspraxis 14, 1986, H. 1/2.

Ders.: Heinrich Brüning und das Problem der außenpolitischen „Kontinuität" im Untergang der Republik von Weimar, in: Der Reichskanzler Dr. Brüning. Das Brüning-Bild in der zeitgeschichtlichen Forschung. Gedenkveranstaltung zum 100. Geburtstag, hrsg. vom Oberstadtdirektor der Stadt Münster, Münster 1986, S. 57–81.

Hanau, Klaus: Landwirtschaft und allgemeine Wirtschaftskrise 1929–1932, Stuttgart 1959.

Hauser, Oswald: Der Plan einer deutsch-österreichischen Zollunion von 1931 und die europäische Föderation, in: HZ 179, 1955, S. 45–92.

Haushofer, Heinz: Die deutsche Landwirtschaft im technischen Zeitalter. Deutsche Agrargeschichte, Bd. 5, hrsg. von Günther Franz, Stuttgart 1972.

Heinrich, Hans/Otto, Werner: Die gesamte Osthilfegesetzgebung, Berlin 1933.

Helbich, Wolfgang J.: Die Reparationen in der Ära Brüning, Berlin 1962.

Ders.: Die Bedeutung der Reparationsfrage für die Wirtschaftspolitik der Regierung Brüning, in: Gotthard Jasper (Hrsg.): Von Weimar zu Hitler 1930–1933, Köln, Berlin 1968, S. 72–98.

Herdach, Gerd: Weltmarktorientierung und relative Stagnation. Währungspolitik in Deutschland 1924–1931, Berlin 1976.

Hertz-Eichenrode, Dieter: Politik und Landwirtschaft in Ostpreußen 1919–1930, Köln, Opladen 1969.

Ders.: Wirtschaftskrise und Arbeitsbeschaffung. Konjunkturpolitik 1925/26 und die Grundlagen der Krisenpolitik Brünings, Frankfurt a. M., New York 1982.

Heuss, Theodor: Brünings Sieg. Betrachtungen nach der Schlacht, in: Der deutsche Volkswirt vom 17.4.1930.

Hieronimi, Theo (Hrsg.): Um die Osthilfe!, Gladbach-Rheydt 1933.

Hindenburg, Paul von: Briefe – Reden – Berichte, hrsg. von Fritz Endres, Ebenhausen 1934.

Hoeltje; Christian: Die Weimarer Republik und das Ostlocarno-Problem, Phil. Diss, Göttingen 1958.

Hoernle, Edwin: Der Osthilfe-Skandal, in: Unsere Zeit vom 5.2.1933, 6. Jg., Heft 3, S. 134–139.

Hölzle, Ewin: Die Weltpoltik und das Deutschtum im Osten am Ende des Ersten Weltkrieges, in: Studien zum Deutschtum im Osten, hrsg. von der Senatskommission für das Studium des Deutschtums im Osten an der Rheinischen Friedrich-Wilhelms-Universität Bonn, Heft 3: Die deutschen Ostgebiete zur Zeit der Weimarer Republik, Köln 1966, S. 1–12.

Holtfrerich, Carl-Ludwig: Alternativen zu Brünings Wirtschaftspolitik in der Weltwirtschaftskrise?, in: HZ 235, 1982, S. 605–631.

Ders.: Zur Debatte über die deutsche Wirtschaftspolitik von Weimar zu Hitler, in: VfZG 44, 1996, S. 119–132.

Hürten, Heinz: Ein Reichskanzler im Exil. Heinrich Brüning als Emigrationspolitiker, in: Zeitgeschichte, 1975, Heft 9/10, S. 195–201.

Jaitner, Klaus: Deutschland, Brüning und die Formulierung der britischen Außenpolitik Mai 1930 -Juni 1932, in: VfZG 28, 1980, S. 440 ff.

James, Harold: Gab es eine Alternative zur Wirtschaftspolitik Brünings?, in: VSWG 1983, 70. Bd., S. 523–541.

Jasper, Gotthard: Von Weimar zu Hitler 1930–1933, Köln/Berlin 1968.

Jeretin-Kopf, Maja: Der Niedergang der Weimarer Republik im Spiegel der Memoirenliteratur: mit einem Überblick über die Ergebnisse der geschichtswissenschaftlichen Literatur über die Ursachen des Niedergangs der Weimarer Republik, Frankfurt a. M. 1992.

Jochmann, Werner: Brünings Deflationspolitik und der Untergang der Weimarer Republik, in: D. Stegmann/B.-J. Wendt/P.-Ch. Witt (Hrsg.): Industrielle Gesellschaft und politisches System. Festschrift für Fritz Fischer zum 70. Geburtstag, Bonn 1978, S. 97–112.

Junker, Detlef: Heinrich Brüning, in : Die deutschen Kanzler, von Bismarck bis Schmidt, hrsg. von Wilhelm von Sternburg, Königstein/Ts. 1985, S. 311–323.

Kammerschen, Bernd-Dietmar: Heinrich Brüning (Lb, Bd, Wf): Die Tagödie eines Staatsmannes, in: academia Nr. 1/1986, S. 29–32.

Kampmann, Theodor: Brüning oder die deutsche Mitte, in: Wilhelm Vernekohl, Heinrich Brüning. Ein deutscher Staatsmann im Urteil der Zeit, Münster 1961, S. 39–56.

Kessler, Harry Graf: Tagebücher 1918–1937, hrsg. von Wolfgang Pfeiffer-Belli, Frankfurt a. M. 1961.

Kim, Hak-Ie: Industrie, Staat und Wirtschaftspolitik: die konjunkturpolitische Diskussion in der Endphase der Weimarer Republik 1930–1932/33, Diss., Berlin 1997.

Kindleberger, Charles P.: Die Weltwirtschaftskrise 1929–1939, München 1973.

Kitani, Tsutomu: Brünings Siedlungspolitik und sein Sturz, in: ZAA 14, 1965, S. 54–82.

Knapp, Thomas A.: Heinrich Brüning im Exil. Briefe an Werner Sollmann 1940–1946, in: VfZG 22, 1974, S. 93–120.

Knipping, Franz: Der Anfang vom Ende der Reparationen: Die Einberufung des Beratenden Sonderausschusses im November 1931, in: Internationale Beziehungen in der Weltwirtschaftskrise 1929–1933, hrsg. von Josef Becker und Klaus Hildebrand, München 1980, S. 211–236.

Knoche, Heinrich: Die Wirtschafts- und Sozialpolitik der Regierungen Brüning, Papen, Schleicher und Hitler in den Jahren der Weltwirtschaftskrise von 1928, 30–1934, Diss., Marburg 1990.

Köhler, Henning: Arbeitsbeschaffung, Siedlung und Reparationen in der Schlußphase der Regierung Brüning, in: VfZG 17, 1969, S. 276–307.

Ders.: Sozialpolitik von Brüning bis Schleicher, in: VfZG 1973, 21. Jg., S. 146–150.

Kommunistische Reichstagsfraktion: Zwei Jahre Brüning-Diktatur. Handbuch der kommunistischen Reichstagsfraktion, Berlin 1932, S. 66–69.

Koops, Tilman P.: Zielkonflikte der Agrar- und Wirtschaftspolitik in der Ära Brüning, in: Hans Mommsen/Dietmar Petzina/Bernd Weisbrod (Hrsg.): Industrielles System und politische Entwicklung in der Weimarer Republik, Düsseldorf 1974, S. 852–868.

Ders.: Heinrich Brünings „Politische Erfahrungen", in: GWU 1973, H. 4, S. 197–221.

Krohn, Claus-Dieter: Wirtschaftstheorien als politische Interessen. Die akademische Nationalökonomie in Deutschland 1918–1933. Frankfurt a. M., New York 1981.

Ders.: „Ökonomische Zwangslagen" und das Scheitern der Weimarer Republik. Zu Knut Borchardts Analyse der deutschen Wirtschaft in den zwanziger Jahren, in: Geschichte und Gesellschaft 8, 1982, S. 415–426.

Kruedener, Jürgen Freiherr von: Hätte Brünings Deflationspolitik erfolgreich sein können? in: Zerrissene Zwischenkriegszeit. Wirtschaftshistorische Beiträge. Knut Borchardt zum 65. Geburtstag, hrsg. von Christoph Buchheim, Michael Hutter, Harold James, Baden-Baden 1994, S. 289–306.

Krüger, Peter: Die Außenpolitik der Republik von Weimar, Darmstadt 1985.

Landauer, Carl: Die neue Agrarpolitik, in: Der deutsche Volkswirt vom 11.4.1930, 4. Jg., Nr. 28, S. 935–938.

Lohe, Eilert: Der Bruch der großen Koalition und die Anfänge der Regierung Brüning im Urteil englischer Diplomaten. Eine Untersuchung der britischen Gesandschaftsberichte über Fragen der deutschen Innen- und Außenpolitik von der Bildung des Kabinetts Brüning bis zur Begegnung in Chequers. Phil. Diss., Berlin 1961.

Ders.: Heinrich Brüning. Offizier – Staatsmann – Gelehrter, Zürich, Frankfurt 1969.

Longerich, Peter: Deutschland 1918–1933. Die Weimarer Republik, Hannover 1995.

Luther, Hans: Vor dem Abgrund 1930–1933, Berlin 1964.

Männel, Hansjörg: Die grundsätzliche Kritik der Öffentlichkeit an den Osthilfemaßnahmen und -projekten, Diss., Dresden 1934.

Mannes, Astrid Luise: Die Agrarpolitik der Regierung Brüning. Eine Auswertung der edierten Quellen und Literatur, Aachen 1997.

Matthias, Erich/Morsey, Rudolf (Hrsg.): Das Ende der Parteien 1933, Düsseldorf 1960.

Meinecke, Friedrich: Die deutsche Katastrophe, Wiesbaden 1946.

Meißner, Otto: Staatssekretär unter Ebert – Hindenburg – Hitler, Hamburg 1950.

Meyer, Gerd: Die Reparationspolitik, in: Bracher, Karl-Dietrich/Funke, Manfred/ Jacobsen, Hans-Adolf (Hrsg.): Die Weimarer Republik 1918–1933, Bonn 1987.

Mirgeler, Albert: Brünings Memoiren, in: Hochland, 63. Jg., 1971, S. 201–226.

Ders.: Heinrich Brüning in Briefen und Gesprächen, in: Internationale Katholische Zeitschrift 4, 1975.

Mommsen, Hans/Petzina, Dietmar/Weisbrod, Bernd (Hrsg.): Industrielles System und politische Entwicklung in der Weimarer Republik, 2 Bde., Düsseldorf 1974, 1977.

Morsey, Rudolf: Hitlers Verhandlungen mit der Zentrumsführung am 31. Januar 1933, in: VfZG, 1961, S. 182–194.

Ders.: Festansprache der Gedenkstunde zum Tode Heinrich Brünings am 5.4.1970, in: Heinrich Brüning, Münster 1970, S. 9–16.

Ders.: Zur Gründung der Tageszeitung „Der Deutsche", in: Publizistik, 17. Jg. 1971, S. 351–358.

Ders.: Brüning und Adenauer, Düsseldorf 1972.

Ders.: Heinrich Brüning, in: R. Morsey (Hrsg.): Zeitgeschichte in Lebensbildern, Mainz 1973, S. 251–262.

Ders. (Hrsg.): Wilhelm Marx/Heinrich Brüning. Reichstagsreden, Bonn 1974.

Ders.: Brünings politische Weltanschauung vor 1918, in: Gesellschaft, Parlament und Regierung. Zur Geschichte des Parlamentarismus in Deutschland, hrsg. von Gerhard A. Ritter, Düsseldorf 1974, S. 317–335.

Ders.: Brünings Kritik an der Reichsfinanzpolitik 1919–1929, in: Erich Hassinger/ J. Heinz Müller/Hugo Ott (Hrsg.): Geschichte, Wirtschaft, Gesellschaft. Festschrift für Clemens Bauer, Berlin 1974.

Ders.: Zur Entstehung, Authentizität und Kritik von Brünings „Memoiren 1918–1934", Opladen 1975.

Ders.: Brüning und Bayern, in: Archivalische Zeitschrift 73, 1977, S. 199–208.

Ders.: Emigration und Nachkriegsplanung. Vorschläge und Vorstellungen Heinrich Brünings über den Neuaufbau in Deutschland, in: Politische Parteien auf dem Weg zur parlamentarischen Demokratie in Deutschland, hrsg. von Lothar Albertin und Werner Link, Düseldorf 1981, S. 223–237.

Ders.: Brünings Kritik am politischen Wiederaufbau, in: Demokratie in Anfechtung und Bewährung, hrsg. von Joseph Listl/Hermann Schambeck, Berlin 1982.

Ders.: Leben und Überleben im Exil. Am Beispiel von Joseph Wirth, Ludwig Kaas und Heinrich Brüning, in: Um der Freiheit willen. Eine Festgabe für und von Johannes und Karin Schauff zum 80. Geburtstag, hrsg. von Paulus Gordan, Pfullingen 1983, S. 86–117.

Ders.: Heinrich Brüning, in: Die Großen Deutschen unserer Epoche, hrsg. von Lothar Gall, Frankfurt a. M. 1985.

Ders.: Brüning in der historischen Forschung, in: Der Reichskanzler Dr. Brüning. Das Brüning-Bild in der zeitgeschichtlichen Forschung. Gedenkveranstaltung zum 100. Geburtstag, hrsg. vom Oberstadtdirektor der Stadt Münster, Münster 1986, S. 13–30.

Ders.: Brünings Kritik an Adenauers Westpolitik, in: Demokratie und Diktatur, hrsg. von Manfred Funke/Hans-Adolf Jacobsen/Hans-Helmuth Knütter und Hans-Peter Schwarz, Schriftenreihe der Bundeszentrale für politische Bildung, Bonn 1987, S. 349–364.

Ders.: Christliche Demokraten in Emigration und Widerstand 1933–1945. Kirche und Gesellschaft Nr. 145, hrsg. von der Katholischen Sozialwissenschaftlichen Zentralstelle Mönchengladbach, Köln 1987.

Ders.: Brünings Einschätzung der politischen Entwicklung, in: Christliches Exil und christlicher Widerstand, hrsg. von Wolfgang Frühwald und Heinz Hürten, Regensburg 1987.

Ders.: Vorstellungen Christlicher Demokraten innerhalb und außerhalb des „Dritten Reiches" über den Neuaufbau Deutschlands und Europas, in: Christliche Demokratie in Europa, hrsg. von Winfried Becker und Rudolf Morsey, Köln 1988, S. 189–212.

Ders.: Zentrumspartei und Zentrumspolitiker im rückblickenden Urteil Heinrich Brünings, in: Wege in die Zeitgeschichte, Berlin 1989, S. 49–68.

Ders.: Brüning und Adenauer – Zwei Wege deutscher Politik im 20. Jahrhundert – Eine Forschungsbilanz nach 25 Jahren, Speyerer Vorträge, hrsg. von der Hochschule für Verwaltungswissenschaften Speyer, Heft 35, Juli 1996.

Ders.: Heinrich Brüning. Zielsetzungen und Vorstellungen, in: Von Windthorst bis Adenauer. Ausgewählte Aufsätze zu Politik, Verwaltung und politischem Katholizismus im 19. und 20. Jahrhundert, hrsg. von Ulrich von Hehl/Günter Hockerts/Horst Möller und Martin Schumacher, Paderborn 1997, S. 315–431.

Muckermann, Hermann: Wie Heinrich Brüning am 21. Mai 1934 Deutschland verließ, in: Deutsche Rundschau 71, 1948, Heft 8, S. 112–117.

Müller, Albert: Der andere Brüning, in: Neue Zürcher Zeitung, Fernausgabe Nr. 50 vom 21.2.1971.

Müller, Frank: Die „Brüning-Papers". Der letzte Zentrumskanzler im Spiegel seiner Selbstzeugnisse, Frankfurt a. M. 1993.

Ders.: Die „Brünings-Papers". Der Nachlaß des letzten Zentrumskanzlers in Harvard, in: Historisches Jahrbuch, 113. Jg., 1993, S. 388–410.

Müller, Klaus: Agrarische Interessenvertretung in der Weimarer Republik, in: Rheinische Vierteljahrsblätter, 38, 1974, S. 386–405.

Muth, Heinrich: Quellen zu Brüning, in: GWU 1963, S. 221 ff.

Ders.: Zum Sturz Brünings. Der agrarpolitische Hintergrund, in: GWU 1965, S. 749.

Ders.: Agrarpolitik und Parteipolitik im Frühjahr 1932, in: Staat, Wirtschaft und Politik in der Weimarer Republik. Festschrift für Heinrich Brüning, hrsg. von Ferdinand A. Hermens und Theodor Schieder, Berlin 1967, S. 317–362.

Ders.: Innenpolitik 1919–1932, GWU 35, 1984, S. 329–342.

Neumann, Klaus: Heinrich Brüning. Aus der Reihe Persönlichkeiten aus Westfalen, Heft 2, hrsg. im Auftrage des Landschaftsverbandes Westfalen-Lippe von Wolfgang Linke, Münster 1987.

Niehaus, Heinrich: Zur Agrarreform, Opladen 1947.

Ders.: Die Osthilfe, in: Studien zum Deutschtum im Osten, hrsg. von der Senatskommission für das Studium des Deutschtums im Osten an der Rheinischen Friedrich-Wilhelms-Universität Bonn, Heft 3: Die deutschen Ostgebiete zur Zeit der Weimarer Republik, Köln 1966, S. 187–211.

Niemann, Hans-Werner: Die Russengeschäfte in der Ära Brüning, in: Vierteljahresschrift für Sozial- und Wirtschaftsgeschichte 72, 1985, S. 153–174.

N. N.: Vom Frontoffizier zum Reichskanzler, Karlsruhe 1932.

N. N.: 4 Monate Brüning-Regierung. Auf dem Wege zur faschistischen Diktatur. April bis Juli 1930. Beiträge von Eduard Alexander, Berlin 1930.

Nobel, Alphons: Brüning, Leipzig 1932.

Oldenburg-Januschau, Elard von: Erinnerungen, Leipzig 1936.

Petzina, Dietmar: Hauptprobleme der deutschen Wirtschaftspolitik 1932/33, in: VfZG 15, 1967, S. 18–55.

Ders.: Die deutsche Wirtschaft in der Zwischenkriegszeit, Wiesbaden 1977.

Phelps, Reginald H.: Aus den Groener-Dokumenten, in: Deutsche Rundschau, 77, 1951, H. 1, S. 19–31.

Plumpe, Gottfried: Wirtschaftspolitik in der Weltwirtschaftskrise, in: Geschichte und Gesellschaft 11, 1985, S. 326–357.

Pünder, Hermann: Politik der Reichskanzlei. Aufzeichnungen aus den Jahren 1929–1932, hrsg. von Thilo Vogelsang, Stuttgart 1961.

Purlitz, Friedrich/Steinberg Sigfrid H. (Hrsg.): Deutscher Geschichtskalender, begründet von Karl Wippermann, 46.-48. Jg., Abteilung A: Inland, Leipzig o. J.

Quante, Peter: Die Flucht aus der Landwirtschaft, Berlin 1933.

Ders.: Die Abwanderung aus der Landwirtschaft. Kieler Studien. Forschungsberichte des Instituts für Weltwirtschaft an der Universität Kiel, Bd. 48, hrsg. von Fritz Baade, Kiel 1958.

Radkau, Joachim: Die deutsche Emigration in den USA. Ihr Einfluß auf die amerikanische Europapolitik 1933–1945, Düsseldorf 1971.

Repgen, Konrad: Reichskonkordats-Kontroversen und historische Logik, in: Demokratie und Diktatur, hrsg. von Manfred Funke/Hans-Adolf Jacobsen/Hans-Helmuth Knütter und Hans-Peter Schwarz, Schriftenreihe der Bundeszentrale für politische Bildung, Bonn 1987, S. 158–177.

Rödder, Andreas: Stresemanns Erbe: Julius Curtius und die deutsche Außenpolitik 1929–1931, Paderborn 1996.

Ders.: Dichtung und Wahrheit. Der Quellenwert von Heinrich Brünings Memoiren und seine Kanzlerschaft, in: Historische Zeitschrift, Bd. 265, Heft 1, August 1997, S. 77–116.

Rolfes, Max: Landwirtschaft im Deutschen Reich 1914–1945, in: Handbuch der deutschen Wirtschafts- und Sozialgeschichte, hrsg. von Hermann Aubin und Wolfgang Zorn, Bd. 2, Stuttgart 1976, S. 741–774.

Ruge, Wolfgang: Das Ende von Weimar. Monopolkapital und Hitler, Berlin 1989.

Sanmann, Horst: Daten und Alternativen der deutschen Wirtschafts- und Finanzpolitik in der Ära Brüning, in: Hamburger Jahrbuch für Wirtschafts- und Gesellschaftspolitik, hrsg. von Heinz-Dietrich Ortlieb und Bruno Molitor (Hrsg.), 10. Jg. Tübingen 1965.

Schaap, Klaus: Die Endphase der Weimarer Republik im Freistaat Oldenburg 1928–1933, Düsseldorf 1978.

Schiemann, Jürgen. Die deutsche Währung in der Weltwirtschaftskrise 1929–1933. Währungspolitik und Abwertungskontroverse unter den Bedingungen der Reparationen, Bern, Stuttgart 1980.

Schlange-Schöningen, Hans: Acker und Arbeit, Oldenburg 1932.

Ders.: Am Tage danach, Hamburg 1946.

Schmidt, Hermann: Die Landwirtschaft von Ostpreußen und Pommern 1914/18–1939, Marburg 1978.

Schreiber, Georg: Brüning – Hitler – Schleicher. Das Zentrum in der Opposition, 12. Aufl., Köln 1932.

Schuker, Stephen A.: Ambivalent Exile: Heinrich Brüning and America's Good War, in: Zerrissene Zwischenkriegszeit. Wirtschaftshistorische Beiträge. Knut Borchardt zum 65. Geburtstag, hrsg. von Christoph Buchheim/Michael Hutter/Harold James, Baden-Baden 1994; S. 329–356.

Schulz, Gerhard: Staatliche Stützungsmaßnahmen in den deutschen Ostgebieten, in: Staat, Wirtschaft und Politik in der Weimarer Republik. Zur Vorgeschichte der „Osthilfe" der Regierung Brüning, Festschrift für Heinrich Brüning, hrsg. von Ferdinand A. Hermens und Theodor Schieder, Berlin 1967, S.141–204.

Ders.: Reparationen und Krisenprobleme nach dem Wahlsieg der NSDAP 1930. Betrachtungen zur Regierung Brüning, in: Vierteljahrsschrift für Sozial- und Wirtschaftsgeschichte 76, 1980, S. 200–222.

Ders.: Die große Krise der dreißiger Jahre, Göttingen 1985.

Ders.: Erste Stationen und Perspektiven der Regierung Brüning (1930), in: Die Weimarer Republik. Belagerte Civitas, hrsg. von Michael Stürmer, 2. Aufl., Königstein/Ts. 1985, S. 349–367.

Ders.: Deutschland am Vorabend der Großen Krise, Berlin, New York 1987.

Ders.: Von Brüning zu Hitler, Berlin, New York 1992.

Ders.: Die Suche nach dem Schuldigen. Heinrich Brüning und seine Demission als Reichskanzler, in: Karl Dietrich Bracher, Paul Mikat, Konrad Repgen, Martin

Schumacher, Hans-Peter Schwarz (Hrsg.): Staat und Parteien. Festschrift für Rudolf Morsey zum 65. Geburtstag, Berlin 1992, S. 669–685.

Schumacher, Bruno: Geschichte Ost- und Westpreußens, 6. Aufl., Würzburg 1977.

Schumacher, Martin: Wahlen und Abstimmungen 1918–1933, Düsseldorf 1976.

Ders.: M.d.R. Die Reichstagsabgeordneten der Weimarer Zeit in der Zeit des Nationalsozialismus. Politische Verfolgung, Emigration und Ausbürgerung 1933–1945. Eine biographische Dokumentation, 3. Aufl., Düsseldorf 1994.

Schwerin zu Krosigk, Graf Lutz: Es geschah in Deutschand. Menschenbilder unseres Jahrhunderts, Stuttgart, Tübingen 1951, S. 130–140.

Sering, Max: Die Weltkrise und die Neuordnung Europas. Tribute, Abrüstung, Donauraum, Berlin 1932.

Ders.: Die deutsche Landwirtschaft unter volks- und weltwirtschaftlichen Gesichtspunkten, Berlin 1932.

Ders.: Deutsche Agrarpolitik auf geschichtlicher und landeskundlicher Grundlage, Leipzig 1934.

Shuster, George N.: Dr. Bruening's Sejourn in the United States, in: Ferdinand A. Hermens/Theodor Schieder: Staat, Wirtschaft und Politik in der Weimarer Republik, Berlin 1967, S. 449–466.

Stöcker, Jakob: Heinrich Brüning. Asket und Zauderer, in: Männer des deutschen Schicksals, Berlin 1949, S. 86–101.

Sundhausen, Holm: Die Weltwirtschaftskrise im Donau-Balkan-Raum und ihre Bedeutung für den Wandel der deutschen Außenpolitik unter Brüning, in: Wolfgang Benz/Hermann Graml (Hrsg.): Aspekte deutscher Außenpolitik im 20. Jahrhundert. Aufsätze Hans Rothfels zum Gedächtnis, Stuttgart 1976, S. 121–164.

Thedieck, Franz: Der Staatsmann Heinrich Brüning. Leben und Werk aus meinem Erleben, in: Das Parlament 30, 1980, Nr. 13, S. 14.

Treue, Wilhelm (Hrsg.): Deutschland in der Weltwirtschaftskrise in Augenzeugenberichten, Düsseldorf 1967.

Treviranus, Gottfried Reinhold: Heinrich Brüning, in: Deutsche Rundschau, 1955, Heft 11, S. 1146–1149.

Ders.: Das Ende von Weimar. Heinrich Brüning und seine Zeit, 1. Aufl., Düsseldorf, Wien 1968.

Ders.: Für Deutschland im Exil. 1. Aufl., Düsseldorf 1973

Ullmann, Hermann: In der großen Kurve. Führer und Geführte, Berlin 1933, S. 69–92.

Unland, Hermann Josef: Heinrich Brüning. Memoiren 1918–1934, in: Deutsches Monatsblatt Nr. 11, 1970

Ders.: Der letzte demokratische Kanzler von Weimar. Zum 20. Todestag Heinrich Brünings, in: Das Parlament Nr. 14 vom 30. 3.1990, S. 16.

Vernekohl, Wilhelm: Heinrich Brüning. Ein deutscher Staatsmann im Urteil der Zeit, Münster 1961.

Vierteljahreshefte zur Konjunkturforschung, hrsg. vom Institut zur Konjunkturforschung, 5. Jg. Heft 1, Teil A, Berlin 1930.

Vogelsang, Thilo: Reichswehr, Staat und NSDAP. Quellen und Darstellungen zur Zeitgeschichte, Bd. 11, Stuttgart 1962.

Vogt, Dietrich: Der Großpolnische Aufstand 1918/19, Marburg 1980.

Vormbrock, Heinrich: Muß Deutschland wieder stärker Bauern- und Ackerbürgerland werden?, in: W. F. Bruck (Hrsg.): Die deutsche Siedlung, Münster 1932, S. 162–175.

Walz, Dieter: Die Agrarpolitik der Regierung Brüning, Diss. Phil., Erlangen, Nürnberg 1970.

Welzk, Stefan: Brüning pur, in: Blätter für deutsche und internationale Politik, 1996, 6, S. 675–684.

Wendt, Bernd-Jürgen: Politik zwischen Parlamentsdemokratie und Präsidialdiktatur. Die Ära Brüning im Spiegel der Kabinettsakten, in: HZ 254, 1992, S. 383–395.

Wengst, Udo: Schlange-Schöningen, Ostsiedlung und die Demission der Regierung Brüning, in: GWU 30, 1979, S. 538–551.

Ders.: Politik und Wirtschaft in der Krise 1930–1932, 1980.

Ders.: Heinrich Brüning und die „konservative Alternative". Kritische Anmerkungen zu neuen Thesen über die Endphase der Weimarer Republik, in: Aus Politik und Zeitgeschichte. Beilage zur Wochenzeitung Das Parlament, Nr. B 50/80 vom 13. Dezember 1980, S. 19–26.

Wessling, Wolfgang: Die staatlichen Maßnahmen zur Behebung der wirtschaftlichen Notlage Ostpreußens in den Jahren 1920 bis 1930, in: Jahrbuch für die Geschichte Mittel- und Ostdeutschlands, hrsg. vom Friedrich-Meinecke-Institut der Freien Universität Berlin, Bd. 6, Tübingen 1957.

Weyerer, Godehard: Die Not von damals und der „Hungerkanzler", in: Die Zeit vom 14. März 1997, S. 92.

Winkler, Heinrich A.: Mußte Weimar scheitern? Das Ende der ersten Republik und die Kontinuität der deutschen Geschichte, München 1991.

Zahlen und Bilder aus dem Deutschen Landbau. Arbeiten des Reichsnährstandes, Bd. 12, bearbeitet von H. L. Fensch/K. Padberg/H. Weitz, Berlin 1936.

Ziemer, Gehard: War Brünings Entlassung gerechtfertigt? in: konservativ heute, hrsg. von der Gesellschaft für konservative Publizistik e.V. 4. Jg. 1973, S. 138–144.

ABKÜRZUNGSVERZEICHNIS

AA	Auswärtiges Amt
a. a. O.	am angegebenen Ort
Abs.	Absatz
Abt.	Abteilung
Art.	Artikel
Aufl.	Auflage
BA	Bundesarchiv
Bearb.	Bearbeiter
Bd.	Band
BVP	Bayerische Volkspartei
bzw.	beziehungsweise
CDU	Christlich Demokratische Union Deutschlands
CV	Cartellverband
DDP	Deutsche Demokratische Partei (ab 1930: Deutsche Staatspartei)
ders.	derselbe
DIHT	Deutscher Industrie- und Handelstag
Diss.	Dissertation
DNVP	Deutschnationale Volkspartei
Dok.	Dokumentation
DVP	Deutsche Volkspartei
f.	folgende
FDP	Freie Demokratische Partei
ff.	fortfolgende
Fn.	Fußnote
GWU	Geschichte in Wissenschaft und Unterricht
H.	Heft
Hrsg.	Herausgeber
hrsg.	herausgegeben
Hz	Historische Zeitschrift
insg.	insgesamt
Jg.	Jahrgang

KDStV	Katholische Deutsche Studentenverbindung
KPD	Kommunistische Partei Deutschlands
MGSS	Maschinengewehr-Scharfschützen-Abteilung
Mill.	Millionen
Mrd.	Milliarden
N. F.	Neue Folge
N. N.	nomen nominandum
Nr.	Nummer
NSDAP	Nationalsozialistische Deutsche Arbeiterpartei
o. J.	ohne Jahresangabe
phil.	philosophisch
RGBl.	Reichsgesetzblatt
RM	Reichsmark
S.	Seite
SPD	Sozialistische Partei Deutschlands
u. U.	unter Umständen
v.	von
VfZG	Vierteljahreshefte für Zeitgeschichte
vgl.	vergleiche
WRV	Weimarer Reichsverfassung
Z	Zentrum
ZAA	Zeitschrift für Agrargeschichte und Agrarsoziologie
z. B.	zum Beispiel
zit.	zitiert

PERSONENVERZEICHNIS

Wilson, Woodrow (US-Präsident 1914–1921) 38, 67

Windthorst, Ludwig (Zentrumsabgeordneter 1867–1891) 189

Winkelmann, August (Freund Brünings) 60

Winterfeld, Detlef von (General) 136

Wirth, Dr. Joseph (Reichskanzler 1921–1922, Reichsinnenminister im ersten Kabinett Brüning) 73, 125, 160, 183f., 189, 206

Zweigert, Erich (Staatssekretär im Reichsinnenministerium) 140